广视角·全方位·多品种

权威·前沿·原创

皮书系列为
"十二五"国家重点图书出版规划项目

新媒体蓝皮书

BLUE BOOK OF NEW MEDIA

中国新媒体发展报告
No.5（2014）

ANNUAL REPORT ON DEVELOPMENT OF NEW MEDIA IN CHINA
(2014)

中国社会科学院新闻与传播研究所
主　编／唐绪军
副主编／吴信训　黄楚新　刘瑞生

社会科学文献出版社
SOCIAL SCIENCES ACADEMIC PRESS (CHINA)

图书在版编目(CIP)数据

中国新媒体发展报告. 5, 2014 / 唐绪军主编. —北京：社会科学文献出版社，2014.6
 (新媒体蓝皮书)
 ISBN 978-7-5097-6039-0

Ⅰ.①中… Ⅱ.①唐… Ⅲ.①传播媒介-发展-研究报告-中国-2014 Ⅳ.①G219.2

中国版本图书馆 CIP 数据核字（2014）第 106807 号

新媒体蓝皮书
中国新媒体发展报告 No.5（2014）

主　　编／唐绪军
副 主 编／吴信训　黄楚新　刘瑞生

出 版 人／谢寿光
出 版 者／社会科学文献出版社
地　　址／北京市西城区北三环中路甲29号院3号楼华龙大厦
邮政编码／100029

责任部门／皮书出版分社 （010）59367127　　　责任编辑／姚冬梅
电子信箱／pishubu@ssap.cn　　　　　　　　　　责任校对／王望春
项目统筹／邓泳红　郑庆寰　　　　　　　　　　责任印制／岳　阳
经　　销／社会科学文献出版社市场营销中心 （010）59367081　59367089
读者服务／读者服务中心 （010）59367028

印　　装／北京季蜂印刷有限公司
开　　本／787mm×1092mm　1/16　　　印　张／26.5
版　　次／2014年6月第1版　　　　　　字　数／428千字
印　　次／2014年6月第1次印刷
书　　号／ISBN 978-7-5097-6039-0
定　　价／79.00元

本书如有破损、缺页、装订错误，请与本社读者服务中心联系更换
▲ 版权所有　翻印必究

新媒体蓝皮书编委会

（以姓氏笔画为序）

刘瑞生　闵大洪　宋小卫　吴信训　孟　威
姜　飞　杨瑞明　钟　瑛　赵天晓　彭　兰
秦　雯　钱莲生　唐绪军　黄楚新　殷　乐

协编单位： 上海市社会科学创新研究基地/吴信训工作室·
　　　　　　 上海大学文化繁荣与新媒体发展研究基地
数据支持： 北京缔元信

主要编撰者简介

唐绪军 中国社会科学院新闻与传播研究所所长,研究员,新闻与传播研究所学术委员会主任,中国社会科学院研究生院教授、教授委员会委员、新闻学与传播学系主任、博士生导师、系学位评定委员会主任,《新闻与传播研究》主编,中国记协第八届理事会常务理事、国家新闻出版总署报业专家顾问团顾问,享受政府特殊津贴。

吴信训 上海大学中国艺术产业研究院院长,教授,博士生导师。上海市社会科学创新研究基地(文化繁荣与新媒体发展研究方向)及上海发展战略研究所吴信训工作室首席专家,全国"十佳"广播电视理论工作者,享受政府特殊津贴,中国传媒经济与管理学会常务副会长兼秘书长。

黄楚新 中国社会科学院新闻与传播研究所传媒发展研究中心主任,副研究员,博士。首都互联网协会新闻评议专业委员会评议员,《中国报业》杂志学术顾问。

刘瑞生 中国社会科学院新闻与传播研究所副研究员,《新闻与传播研究》副主编,国家互联网信息办公室互联网新闻研究中心特约研究员,北京市微博客发展管理专家顾问团成员,中国社会科学院青年人文社会科学中心特约研究员。

摘　要

《中国新媒体发展报告》是由中国社会科学院新闻与传播研究所主持编撰的系列年度报告，2014卷分为总报告、热点篇、调查篇、传播篇和产业篇五部分，全面盘点中国新媒体发展现状，解读新媒体发展大势，探析新媒体的深刻影响。

2013年以来，中国新媒体在移动化发展中加速与社会的融合。基于移动互联网的微博、微信、微视频等应用大行其道，微传播进一步改变中国传播生态和舆论格局，微政务成为创新中国社会治理的新路径，新媒体向经济领域深度渗透引发产业升级和互联网金融热兴。

总报告全面概括了当前中国新媒体的发展态势，盘点了移动互联网、大数据、微博、微信、云计算、4G、新媒体经济等新技术、新应用和新形态；透析了国家对新媒体发展的高度重视，传统媒体的融合转型，国家网络安全、网络谣言治理等全社会关注的热点和焦点；解析了中国新媒体发展对政治、经济、文化、社会等方面的深刻影响；展望了中国新媒体的发展趋势。

全书收入了数十位专家学者撰写的分报告，深入探讨了中国网络空间安全、微信发展状况、微博发展态势、社交媒体舆情、传统媒体转型、新媒体产业发展、主流媒体舆情引导、网络助政、青少年新媒体使用、新媒介素养、电子书包等重要问题。同时，还总结了数字电视、手机游戏、网络视频、IPTV、新媒体广告、移动新闻客户端等新媒体产业的发展状况。

本书认为，2013年，中国新媒体经历了急剧的移动化发展，同时快速的社会化与融合化促推新媒体的功能不断拓展，社会影响强势延伸。在国家顶层设计的强化下，中国新媒体在社会发展中的战略地位进一步凸显，新媒体超越传统媒体成为跨越诸多领域的"超级产业"，并进一步成为中国社会转型关键期的结构性因素，新媒体与政治、经济、文化的深度融合不断释放正能量。中国正迈步从新媒体大国走向新媒体强国。

目录

BⅠ 总报告

B.1 移动化的新媒体：微传播改变中国
　　　　　　　　　　　　　　　　　　　　唐绪军　黄楚新　刘瑞生 / 001
　　一　总体概况与发展态势 / 002
　　二　热门盘点与焦点透视 / 007
　　三　传播分析与影响解读 / 012
　　四　未来展望与政策建议 / 020

BⅡ 热点篇

B.2　2013年网络空间安全发展研究报告
　　　　　　　　　　　　　　　　　方兴东　胡怀亮　张　静 / 027
B.3　2013年中国微信发展报告 ………………………… 匡文波 / 041
B.4　微传播格局中的强媒体
　　　——2013年中国微博发展报告 ……………… 刘瑞生　王　井 / 053
B.5　2013年中国社交媒体舆情发展报告
　　　　　　　　　　　　　　　　　刘鹏飞　卢永春　邱若辰 / 067
B.6　2013年中国电视的新媒体转型报告 ……………… 殷　乐　徐　畅 / 085
B.7　新媒体环境下英国BBC的融合发展研究
　　　　　　　　　　　　　　　　　黄楚新　邱智丽　王诗雨 / 097

B.8 全球视野下的中国新媒体产业发展态势及对策
　　　　　　　　　　　　　　　　　　　范　周　吴佳宁 / 108

B.9 新技术与新应对：主流媒体舆论引导走势分析
　　　　　　　　　　　　　　　　　　　孟　威　姚金楠 / 120

BⅢ 调查篇

B.10 2013年中国政务微信发展报告 …………………… 侯　锷 / 130

B.11 中国青少年网络使用行为调查分析 ……… 钟　瑛　李青青 / 141

B.12 社会化媒体下公众新媒介素养的调查分析 … 曾凡斌　彭　兰 / 163

B.13 2013年中国网络助政发展现状、问题及对策
　　　　　　　　　　　　　　　　　刘　厚　阳美燕　晏　璐 / 178

B.14 社交媒体与司法传播研究
　　——基于"李天一案"原创微博的实证分析
　　　　　　　　　　　　　　　　　孙祥飞　董　军　杨　秀 / 192

B.15 电子书包在中国的发展历程、问题及对策建议
　　　　　　　　　　　　　　　　　　　姜　飞　吴雅婧 / 205

BⅣ 传播篇

B.16 2013年中国网络媒体与网络传播 …………………… 闵大洪 / 217

B.17 大数据时代的《纸牌屋》 ……………………………… 向　芬 / 230

B.18 社交电视的内涵、模式及其社会影响 …… 郭小平　陈　茜 / 241

B.19 云传播时代的大众媒介变革 ………………………… 李卫东 / 249

B.20 知识库和社会化媒体融合现状与策略 …… 刘　君　吴卓晶 / 258

BⅤ 产业篇

B.21 2013年中国新媒体产业发展特点及展望 …………… 郭全中 / 271

B.22 2013年中外移动阅读终端产业发展报告 … 吴小坤　吴信训 / 282

B.23 2013年中国网络视频产业发展报告
　　…………………………………………… 张　斌　曹三省　唐朵朵 / 300
B.24 2013年中国手机游戏发展报告 ………………… 张　倩　童清艳 / 315
B.25 2013年网络广告发展报告 ……………………………… 王凤翔 / 331
B.26 2013年中国移动新闻客户端发展报告 ………………… 贾金玺 / 344
B.27 2013年中国数字电视产业发展报告 …………………… 高红波 / 355
B.28 2013年中国手机视频产业发展报告 …………………… 江　凌 / 365
B.29 2013年中国IPTV产业发展报告 ………………………… 王建磊 / 375
B.30 2013年中外数字报纸发展报告 ………………………… 李　珠 / 383

Abstract ………………………………………………………………… / 395
Contents ………………………………………………………………… / 397

皮书数据库阅读 **使用指南**

总报告

General Report

移动化的新媒体：微传播改变中国

唐绪军　黄楚新　刘瑞生*

摘　要： 2013年以来，中国新媒体在移动化发展中加速与社会的融合。基于移动互联网的微博、微信、微视频等应用大行其道，微传播进一步改变中国传播生态和舆论格局，微政务成为创新中国社会治理的新路径，新媒体向经济领域深度渗透引发产业升级和互联网金融热兴。在新媒体的社会化发展进程中出现一些新问题，网络信息安全问题日益凸显，商业秩序亟待规范、个人信息的保护有待加强等成为中国新媒体健康发展的主题。

关键词： 新媒体　移动化　微传播　网络安全　融合

---

* 唐绪军，中国社会科学院新闻与传播研究所所长、研究员、博士生导师；黄楚新，中国社会科学院新闻与传播研究所传媒发展研究中心主任、副研究员、博士、首都互联网协会新闻评议专业委员会评议员；刘瑞生，中国社会科学院新闻与传播研究所副研究员、《新闻与传播研究》副主编、国家互联网信息办公室互联网新闻研究中心特约研究员。

2013年，中国4G移动通信的正式启动和以3G为基础的移动互联网的深度渗透为新媒体发展带来了新的契机。新一代高速、泛在、智能、开放的宽带网络，进一步推动了大数据、云计算、物联网、移动互联网等新应用的发展。移动互联网、智能便携终端和云计算等新媒体技术形成的信息服务，为各行各业提供了崭新的融合渗透平台，使信息业、传媒业、IT业、金融业融合成新的信息、传媒、金融服务业。这种融合正不断改变着人与人、人与物、物与物之间的信息交流模式与形态，从而使公共信息的提供方式、社会关系的处理方式、社会结构的演进方式、金融服务的经营方式等发生革命性改变。

2013年，既有微博、新闻客户端等弱关系新媒介的广泛覆盖和高效应用，又有微信、陌陌等强关系互动型新媒介的迅速普及，新媒体强大的移动性、融合性、动员性和渗透率空前显现。与此同时，网络安全的重要性也日益凸显。由斯诺登爆出"棱镜门"事件所引发的国家网络安全问题已引起各国的广泛关注和高度重视；在国内，通过整治网络谣言、打击网络水军，网上舆论环境开始清朗起来。

2013年，中国新媒体不断向移动化发展，在"快速扩张"中更加重视"网络安全"，在"相互影响"中更加强调"融合渗透"。微传播正在改变中国。

一 总体概况与发展态势

1. 中国新媒体稳步发展，移动化趋势明显

中国新媒体用户增长已走过高速发展时期而进入稳定增长期。据中国互联网络信息中心（CNNIC）第33次《中国互联网络发展状况统计报告》显示，截至2013年12月底，中国网民规模达6.18亿，全年共计新增网民5358万人。互联网普及率为45.8%，较2012年底提升了3.7个百分点。手机网民继续保持良好的增长态势，规模达到5亿人，年增长率为19.1%，继续保持第一大上网终端的地位。

2013年中国新增网民中使用手机上网的比例高达73.3%，远高于使用其他设备上网的比例，手机依然是中国网民增长的主要驱动力。可以看出，中国的新媒体应用正向移动化方向发展。

移动化的新媒体：微传播改变中国

2. 中国新媒体发展进入"微时代"

国务院办公厅 2013 年 10 月 1 日发文，明确指出要进一步加强政务信息平台建设。这是国务院首次通过政府公文的形式明确了政务信息公开的地位和作用，对政务微博、微信的健康发展具有重大意义。政府信息公开制度建设开始迈入微政务时代。截至 2013 年 10 月底，经腾讯微博平台认证的政务微博已达 16 万个，其中党政机构 92000 个、党政官员 67000 个。较 2012 年同期，总增长率为 128.39%，其中政府机构增长率为 104.60%，公务人员增长率为 171.17%。①

在微信平台上，已开通的公众账号超过 200 万个，公众账号日均注册量为 8000 个，其中经认证的公众账号超过 5 万个，而政务微信公众账号总数超过 3000 个，约占认证公众账号的 6%。政务微信在应急管理、舆论引导、社会组织动员等领域发挥了强大的社会功能，产生了积极有效的影响。

2013 年微电影市场蓬勃发展，成为新媒体文化产业发展领域的一股"微势力"。北京国际微电影节参与奖项角逐的 1000 余部微电影中，明星参与的微电影有 50 余部，商业微电影近 100 部，同时涌现大批的优质公益微电影。

由于新媒体发展而产生的微政务、微电影、微视频，构成了 2013 年中国新媒体发展的"微时代"景观。

3. 微信发展火爆，成为年度标志性特征

2013 年是微信快速发展的一年。微信以操作便捷、多媒体传播、免费使用等优势赢得用户的喜爱。目前，微信用户已达 6 亿，海外注册用户超过 1 亿，且"微信已经覆盖全球 200 多个国家和地区，发布超过 20 种语言版本，国内外月活跃用户超过 2.7 亿。其中，微信公众账号在最近 15 个月内增长到 200 多万个，并且保持每天 8000 个的增长速度以及超过亿次的信息交互"。②

2013 年底，升级微信 5.1 版的用户可以将自己创建的群聊人数调整为 100 人，进一步提升了微信的社交覆盖力。2014 年 1 月 4 日，微信在产品中添加由"嘀嘀打车"提供的打车功能。2014 马年春节之季，微信"抢红包"功能更是抢占了支付宝钱包的风头。从除夕到初八，超过 800 万用户参与了微信红包活动。

---

① 人民网舆情检测室：《2013 年腾讯政务微博和政务微信发展研究报告》，2013 年 12 月。
② 腾讯科技：《微信公众平台注册账号超 200 万个每天增长 8 千个》，2013 年 11 月 18 日，http://tech.qq.com/a/20131118/013814.htm。

但微信发展中存在的问题也不容忽视,如信息碎片化、垃圾信息泛滥、安全性脆弱等,应引起足够重视。

4. 移动新闻客户端成为公众新闻接触新入口

2013年,移动新闻客户端成为各互联网公司和传统媒体在移动端的竞争新焦点。移动新闻客户端是借助数字、移动技术,以智能手机、平板电脑等移动终端为传播载体,向用户提供以新闻信息为主的服务软件程序。以网易、搜狐、腾讯为代表的门户网站,以《人民日报》为代表的传统媒体竞相打造并优化各自的新闻客户端产品,以占领尽可能多的移动新闻客户端市场。目前,搜狐、网易、腾讯、新浪四大门户网站所推出的新闻客户端产品占据市场主导地位。其中,搜狐新闻客户端率先成为国内首个用户数突破1亿的新闻客户端。

移动新闻客户端愈发受到公众的欢迎,逐渐成为公众获取新闻信息的主流渠道。据DCCI互联网数据中心2013年底发布的一项调查数据显示,新闻资讯类应用在移动端的渗透率在过去一年显著提升,已有高达96.7%的互联网用户会用新闻客户端浏览新闻,同时,73.9%的互联网用户表示,最近一年使用移动设备浏览新闻的时长有增加。① 艾媒咨询(iiMedia Research)的调查数据显示,2013年底中国手机新闻客户端用户规模达3.44亿,同比增长48.3%,环比增长9.2%。手机新闻客户端在中国手机网民中的渗透率已经达60.4%。② 新闻客户端已成为公众获取新闻资讯的新入口。

5. 社交媒体成政治传播新平台

2013年,中国政治领域的头等大事是中国共产党十八届三中全会的召开。在会议召开期间和结束后的一段时期内,微信、微博对这次会议的讨论堪称热烈。会议的宣传报道和有关解读,在社交媒体新平台中无处不在,其突出的特点是贴近百姓。这既是政情民意互动的生动典范,也是新闻主动适应时代要求的必然选择。

微博、微信和新闻客户端移动化、便捷化、及时化的传播方式,能切中受众心理,满足其随时随地的阅读需求。据统计,微博、微信、移动新闻客户端

---

① 人民网研究院:《DCCI调查显示:移动新闻客户端用户渗透率已达96.7%》,http://yjy.people.com.cn/n/2014/0121/c245079-24185188.html。
② 艾媒咨询:《2013年中国手机新闻客户端市场研究报告》,http://www.iimedia.cn/37080.html。

等平台在一周时间内共摘编《中共中央关于全面深化改革若干重大问题的决定》(以下简称《决定》)以及习近平总书记关于《决定》的说明超过60条,网民转发量超过70万次,评论超过800万条,相关信息覆盖超过3亿网民。网民通过不同的媒体平台获取《决定》全文,对政策走向展开热议,发表分析意见。社交媒体成为参政议政、表达政见的一个重要平台。

2013年12月28日,中共中央总书记习近平在北京市西城区的庆丰包子铺吃午饭。画面通过微博传播后,被迅速转发和评论,在网民中形成热议,网友积极点赞转载,达到了良好的传播效果,开创了社交媒体政治传播的新模式。

社交媒体能够为政治传播提供一条深入民间、繁荣有序、"润物细无声"的传播途径,拉近领导人与民众的距离。虽然还存在一些不确定的风险,但仍是政治传播和公共外交的重要工具和崭新平台。

6. 大数据驱动互联网应用加速推进

2013年是大数据技术落地之年,也是其接轨商业应用的快速发展阶段。IBM(国际商业机器有限公司)推出数据加速技术,使大数据处理更为简易、快速,在分析数据时更节约成本,在生成报告和分析时能节约25%的时间。① 一些国家制定了大数据产业发展战略,如美国提出了"打造以大数据为基础的创新平台",即通过更多的处理手段及创新型尝试,将事务数据资产转至一套平台中,从而为各私营部门和研究机构的创新活动和开发工作提供可能。

大数据应用构建新媒体发展的全新商业模式。目前国内网民数据的市场价值达16亿元,未来随着大数据技术的逐渐成熟,市场体量将进一步放开,到2020年网民数据的价值将突破300亿元。2013年,国内几家数据平台相继进行大数据投资,希望覆盖用户在全部生活场景下的数据地图。以阿里巴巴为例,其在基础功能网络的社交化媒体领域投资了高德地图,在核心网络应用领域投资了新浪微博、虾米音乐搜索引擎和美团网,在增值衍生网络领域投资了UC浏览器和墨迹天气,在垂直领域投资了快的打车,整合了数据分析企业友盟。②

大数据的价值还体现在互联网营销上。阿里巴巴、京东都在追踪平台上消

---

① 中国政府采购网:《IBM发布最新技术提速大数据分析》。
② 易观智库:《盘点2013大数据成为互联网第四种商业模式》,http://www.enfodesk.com/SMinisite/maininfo/articledetail - id - 396135.html。

费者的浏览和购买等行为,并将消费者归类,分析每个消费者的需求类型、购买周期等数据。百度则通过全面追踪受众的兴趣点、搜索关键词、浏览主题词、到访页、网站等,进而将受众特征全方位立体呈现,找到特定消费者的需求特点,为商家提供广告精准投放服务。目前,最典型、最主要的互联网服务和应用还包括网络新闻、搜索引擎、网络购物等,对其中许多服务和应用来说,大数据的新理论、新技术将助推其得到更好发展,而数据本身也找到了在互联网行业新的应用点,进而实现新媒体与大数据两大新兴领域的有机结合。新媒体逐渐从以前的卖流量到卖内容到卖商品再到如今的卖数据。大数据成为以互联网为主的新媒体产业的第四种商业模式。

7. 4G 技术开始商用

2013 年,中国移动、中国电信和中国联通国内三大电信运营商获颁 4G 牌照,即工业和信息化部颁发的"LTE/第四代数字蜂窝移动通信业务(TD - LTE)"经营许可。据 GSA(全球移动设备供应商协会)公布的数据显示,截至 2013 年 11 月,全球已有超过 474 家运营商投入 LTE 网络建设,LTE 商用网络已达到 222 张,其中,全球有 18 个国家部署了 23 张 TD - LTE 商用网络。[①] 其中 4G 技术的商用,将为以信息传播业为主的行业带来重大机遇和挑战。4G 是集 3G 与 WLAN 于一体,能够传输高质量视频图像,其图像传输质量与高清晰度电视不相上下。同时 4G 具备下载视频文件方便快捷的优势,如下载一部 1G 大小的电影只需 2 分钟,如果资费合适,手机或将成为人们观赏视频的首选工具,电视面临着移动化接收的转变和小屏幕化节目生产制作需求旺盛的前景。[②] 4G 将会大大促进移动互联网的快速发展,这将会对三网融合中开始进行互联网接入的有线电视网络造成较大的冲击。

随着 4G 时代的到来,其推广与资费下调以及移动终端设备的发展将有助于微视频突破流量、流畅度等瓶颈的限制,视频 App 将首先迎来发展高峰,移动视频正酝酿数量的大爆发。新闻客户端的竞争也不可避免地会进入视频新闻阶段,移动微视频将成为下一个社交媒体的竞争高地。

---

① 陈敏:《4G 商用开启:三大运营商均获 TD - LTE 牌照》,网易科技,2013 年 12 月 4 日,http://tech.163.com/13/1204/15/9F8T0UDO000915BE.html。
② 郝大秦:《4G 将会冲击谁?》,经济观察网,http://www.eeo.com.cn/2013/1206/253146.shtml。

二 热门盘点与焦点透视

2013年,移动互联网、大数据、微博、微信、云计算、新媒体经济等新技术、新应用、新形态成为中国信息传播领域令人关注的话题。尤其是国家对新媒体发展的高度重视、传统媒体的融合转型、国家网络空间安全、网络谣言治理等更成为全社会关注的热点和焦点。

1. 移动互联网成为新媒体发展的新引擎

2013年,移动互联网继续呈现快速增长态势。据中国互联网络信息中心(CNNIC)统计报告,中国手机用户已突破12亿,手机网民规模已突破5亿,网民中使用手机上网的人群占比达到80%以上。

随着手机用户成为中国新增网民的第一来源,手机客户端应用已成为2013年中国互联网应用发展的主要驱动力。2013年,我国网民互联网应用状况总体上保持平稳发展态势,使用率保持第一且持续攀升的即时通信,其增长率主要来自手机客户端;在所有应用中创增长率新高(17.5%)的网络新闻,也主要得益于移动互联网条件下碎片化阅读的大量增加;手机网络音乐、手机网络视频、手机网络游戏和手机网络文学的用户规模均保持了12%以上的增长率。手机客户端的移动互联网已成为互联网应用规模增长的重要突破点。从消费趋势来看,目前全球范围内的网络流量,有1/5来自移动终端,社交与音乐移动消费成为主流,商务流量中的20%也来自移动设备。移动新媒体催生了新型的娱乐、通信、媒体和商务消费文化。

2. 新媒体发展被提高到国家战略高度

新一届中央政治局在2013年密集地做出加强重视新媒体建设的有关决策,表明了党中央对新媒体的高度重视。党的十八届三中全会通过的《决定》,要求加大依法管理网络力度,完善互联网管理领导体制,形成从技术到内容、从日常安全到打击犯罪的互联网管理合力,确保网络的正确运用和安全。

在加强社会主义民主政治制度建设、推进法治中国建设、强化权力运行制约和监督体系、创新社会治理体制等方面,对发挥互联网新兴媒体的作用提出了明确要求。最高人民法院开通了中国裁判文书网,并积极推动符合条件的裁判文书全部网上公布。山东省济南市中级人民法院通过"@济南中院"对庭审薄熙来的情况进行了全程实时播报，及时、准确地公布庭审信息，148条微博、近16万字的图文以及薄谷开来的作证视频，极大地满足了广大群众对薄案的关切，同时显示了中国司法审理的透明、公开，获得了全社会的高度评价，被认为是法治中国的历史性进步。刘铁男等一批被网络实名举报的涉嫌违纪官员先后落马，表明网络反腐力度在逐步加大。

发展好、利用好、管理好互联网，是全面看待和处理互联网各方关系的基点。中共中央政治局在以实施创新驱动发展战略为主题的第九次集体学习中，采取走出中南海把"课堂"搬到中关村，采取调研、讲解、讨论相结合的形式进行。中央领导深入实地了解新媒体的发展，包括云计算、大数据等在内的发展情况。

在推进中国互联网发展方面，国务院发布了《"宽带中国"战略及实施方案》，提出了2020年前两个阶段性的发展目标，明确了加快宽带网络建设的技术路线、发展时间表、五项重点任务和七个方面的扶持措施，表明宽带建设已在国家战略层面实施。

3. 新媒体产业成为重要的经济增长点

2013年，新媒体产业在全球缓慢的经济增长中显示了强劲的发展态势，在技术升级、市场整合、文化创新等方面呈现新的发展特点和发展趋势。依托互联网、物联网、移动互联网等IT技术，推动产业结构转型，使我国的经济转型获得新的经济增长点。

2013年全球新媒体产业发展迅速，从市值来看，以苹果、谷歌、亚马逊、脸书、雅虎等为首的新媒体公司市值已超过1万亿美元，而以迪士尼、时代华纳、新闻集团、21世纪福克斯为代表的传统媒体公司市值仅为4800亿美元，尚不足新媒体市值的一半，体现了新媒体产业在2013年强劲有力的发展势头。从技术创新来看，4G网络的迅猛发展、可穿戴设备的新鲜出炉、OTT TV的收视模式为新媒体产业创造了巨大的产业空间。易观数据显示：2013年中国网络广告市场规模达1000.1亿元，较2012年增长了36.8%。2013年，中国智能手机产量达3.48亿部，比2012年同期增长178%，成为新的信息消费热点。

伴随着信息技术创新不断加快，各类信息产品和信息服务大量涌现，不断激发居民新的消费需求，电子产品、即时通信、网络购物等信息消费已成为大众生活不可或缺的重要组成部分。2013年"双11"期间，淘宝和天猫一天的销售额为350亿元，相当于当月全国社会消费品零售总额日均700.4亿元的一半，显示了互联网消费的强大潜力。

经过20年发展，中国互联网目前有超过400万家网站，人民网、新华网、央视网、腾讯、阿里巴巴、百度、网易、搜狐、新浪、奇虎360等一大批互联网企业脱颖而出，总市值超过2000亿美元。当前，移动互联网将更多的实体、个人和设备连接在一起，互联网不再只是新经济、虚拟经济，而已经成为实体经济不可分割的一部分。

4. 网络与信息安全成为全球关注话题

2013年，围绕互联网安全问题，国际国内话题不断。从世界范围看，美国"棱镜门"事件曝光，网络安全问题再度升级。在国内，个人信息安全、黑客攻击、病毒肆虐等问题，一再引起社会高度关注。伴随着虚拟化、大数据、云应用、自带设备办公及可穿戴智能设备的广泛应用，互联网信息安全正面临着不断增多的新挑战，隐私安全问题愈加突出。

2013年11月，中央决定成立国家安全委员会，完善国家安全体制和国家安全战略。中国网络安全与发展也进入全新历史阶段，国家层面对安全的重视达到新高度。从国际形势来看，网络空间安全对现实空间的政治、经济、文化、社会、军事等领域的影响越来越显著，甚至成为影响这些领域安全的主导因素。因此，成立国家安全委员会并由国家最高领导出任组长、副组长，既符合当今国际惯例，又符合当前全球网络空间安全形势。

全球互联网发展突飞猛进，同时网络安全形势也愈加严峻。全球范围内，上至国家政府，下至普通民众，已经不仅从技术、经济角度，而且从政治、社会和文化等角度，对给生产生活带来巨大影响的互联网有更深刻的认识和理解。2013年下半年再次进入公众视野的Windows XP停止服务事件让网络空间安全问题再次成为关注焦点。

在互联网广泛渗透于政治、经济、文化、社会生活各方面的今天，互联网安全与国家、个人、社会的命运息息相关。中国是网络攻击的主要对象，2013年有7.3万个境外IP地址攻击中国境内1400余万台主机。因此，加强网络信

息安全合作,共同打击黑客攻击、木马控制、病毒传播等不法行为,让信息在互联网上安全有序地流动,已经成为当务之急。

"斯诺登事件"给中国和其他国家敲响了警钟。这一事件将进一步推进中国树立网络空间安全观和确立网络空间战略意识。加强信息安全立法是中国在新一轮国际竞争中获得信息技术制胜能力的重要保障。

5. 各方合力整治网络谣言行动取得成效

2013年,国家有关部门在全国范围内开展规范互联网新闻信息传播秩序专项整治行动。国家互联网信息办公室要求网络名人承担更多的社会责任,传播正能量,并提出"七条底线"。

各地公安机关对网络谣言制造者和传播者以及网络诽谤者、敲诈勒索者进行严厉打击。网络大V薛蛮子因涉嫌嫖娼被公安部门拘捕,"立二拆四"、"秦火火"等一批兴风作浪的"网络大谣"相继落马,显示了政府净化网络空间的决心。随着网络管理的进一步规范,网络空间也将更加清明、有序。"两高"(最高人民法院和最高人民检察院)公布了《关于办理利用信息网络实施诽谤等刑事案件适用法律若干问题的解释》。该《解释》明确了利用信息网络捏造事实诽谤他人,严重危害社会秩序和国家利益以及实施寻衅滋事犯罪、敲诈勒索犯罪所适用的刑法条款,厘清了网络信息传播、网络言论发表的法律边界,为惩治利用网络实施诽谤等犯罪行为提供了明确的法律标尺。同一诽谤信息实际被点击、浏览次数超过5000次,或者被转发次数超过500次的,应当认定为刑法第二百四十六条第一款规定的"情节严重"。如此明确、可操作的量化界定,一时成为社会关注的热点。网络不是法外之地,将网络空间全面纳入公共管理空间,对于保障公民知情权、参与权、表达权、监督权,还互联网一片清朗的天空,有着重大而深远的影响。

6. 传统媒体向新媒体融合转型成为趋势

随着新媒体时代的到来,如何应对新媒体时代的变革和挑战,是全球传媒业特别是传统媒体无法回避的重要课题,也是关乎其生存发展的重大问题。

2013年对于传媒行业而言,既是一个临界期也是一个突破期。以互联网、移动终端等为代表的新媒体对传统媒体的冲击日渐深远。传统媒体在接收终端、突发事件传播和信任度上的领先优势日趋变弱,而基于互联网的新媒体则优势明显，移动终端更是来势凶猛。在技术和政策支持下，传统媒体积极探索转型之道，其行业形态、生产方式、传播流程、营销渠道和传受关系都正在经历巨大变革，与新媒体的关系正从竞合走向融合。新闻信息产品的内容与结构、传播终端的形态与功能、媒体生产传播新闻信息的思路与模式、用户获取新闻信息的心理和习惯，都在发生革命性变化。

面对各类新媒体咄咄逼人的态势，传统主流媒体战略转型的步伐随之加快。国家广播电影电视总局下发了2013年1号文《广电总局关于促进主流媒体发展网络广播电视台的意见》，要求将网络广播电视台提升到与电台电视台发展同等重要地位，鼓励电台电视台与宽带互联网、移动通信网等新媒体结合，发展新形态广播电视播出机构——网络广播电视台，经过三至五年的努力，确立网络广播电视台在新媒体传播格局中的主流地位，包括北京电视台在内的地方电视台纷纷加大力度成立网络广播电视台。由此可以感受到广电系统面对新媒体挑战时的整体危机感。

传统报业在新媒体的冲击下，面临读者流失、广告下滑、盈利降低的严峻现实，这一现实倒逼传统报业战略转型。解放日报报业集团和文汇新民联合报业集团整合重组的上海报业集团正式成立。新集团将实现资源重组、结构再造，并制订更积极的新媒体发展计划，增强自身的传播力、影响力。新集团所属的《新闻晚报》宣布于2013年底停刊，与此同时，大规模的新媒体从业人员招聘活动拉开帷幕。

7. 互联网金融及跨界渗透备受关注

在互联网、移动通信技术和数字技术的引领下，新媒体与其他行业相互交融、交叉、跨界、渗透、融合成为显著特征，传媒产业范围不断扩大。互联网金融、智能电视、智能机顶盒等继续给传统企业带来挑战。受此影响，传统金融、传统零售、传统旅行社、运营商、传统家电、传统IT硬件等都在向"互联网化"进军。

2013年最撩拨人心的跨界融合领域是互联网金融。传统银行、基金公司、电信巨头、互联网大佬纷纷聚集力量，抢占新高地。余额宝、百度百发、人人贷、京宝贝……各种基于互联网的金融创新产品层出不穷，竞相争夺着人们曾经寄存于银行的钱包。互联网金融正在成为撬动网络、通信、金融等多个行业产业格局的

"新杠杆",甚至有业内人士将其看作颠覆已有产业的一股"革命性力量"。

微信5.0版携"微支付"正式上线,招商银行、中国银行、浦发银行、工商银行、建设银行等纷纷推出"微信银行"系列产品。电商企业通过大数据应用积极开拓发展新蓝海——互联网金融业务。目前,阿里巴巴、京东、苏宁三大主流电商企业已相继试水。"阿里小贷"模式渐具雏形,京东模式也开始浮出水面。互联网与金融行业的跨界融合渐入佳境。

2013年最无法忽视的跨界融合产品是智能电视。互联网电视服务提供商——乐视网和手机制造商——小米科技,分别推出其自主研制开发的品牌智能电视机"乐视超级TV"和"小米电视"。这两款产品不仅打破了传统电视机厂商独占电视整机硬件设备市场的局面,而且还打通了电视机生产与电视节目制作的界限。从此,传统电视产业有可能演变成为电视传媒机构、电信企业、视频网站、电视机设备厂商等"跨界"竞争的"大视频产业"。

三 传播分析与影响解读

2013年,中国新媒体经历着急剧的移动化发展,快速的社会化及其与诸多产业的融合致使其功能不断拓展,影响力强势延伸。在国家顶层设计的强化下,中国新媒体在社会发展中的战略地位进一步凸显,新媒体远远超越传统媒体成为跨越诸多领域的"超级产业",成为不断推动传统产业升级的支柱性力量,并进一步成为中国社会转型关键期的结构性因素。中国正从新媒体大国迈步走向新媒体强国。这一进程亦同步强力塑造着独具中国特色而波澜壮阔的新媒体传播景观。

1. 以国家发展为制高点,顶层设计新媒体强国战略

2013年以来,无论是中国还是全球,随着移动通信和互联网的高度融合,新媒体的移动化转型趋势明显。高度网络化、社会化、移动化、融合化的新媒体已经大大超越文化传媒产业,成为向诸多领域强势蔓延的支柱性产业,也成为各国经济社会发展的战略重地和高地。

2013年,世界主要国家先后推出新媒体发展的国家战略。检视这些国家战略,我们可以发现两大特点。

一是高度重视网络安全，以安全促发展。目前，已有超过40个国家制定了网络空间国家安全战略并成立了相应机构。2013年1月，澳大利亚政府宣布成立国家网络安全中心；2013年5月，印度政府批准了新的《国家网络安全策略》，目标是建立"安全可信的计算机环境"；2013年6月，日本在出台的《网络安全战略》中明确提出"网络安全立国"；2013年7月，新加坡政府发布"国家网络安全发展蓝图2018"，重点要在未来5年内提升关键领域抵御网络袭击的能力。

二是重视技术和应用，以技术求强大。多个国家制定了专门的大数据、云计算、智慧城市等方面的战略规划。2013年2月，美国政府推出了为期十年、耗资数十亿美元的人脑研究计划，大数据技术上升为国家重大创新的关键技术；2013年5月，英国技术战略委员会发布了《2013~2014年度执行计划》，将2014年对英国创新企业的资助金额提高到4.4亿英镑，大力扶持包括可再生能源、未来城市、新材料、卫星技术、数字技术以及医疗卫生等领域的技术发展；2013年7月，日本政府通过了2013年版《信息通信白皮书》，将充分利用大数据服务以提高经济效益；2014年1月，法国政府公布《互联网，展望2030年》；2014年2月，澳大利亚公布《澳大利亚云计算战略》。

2013年8月8日，中国工业和信息化部发布《信息化和工业化深度融合专项行动计划（2013~2018年）》。11月，国家发改委发布《关于组织开展2014~2016年国家物联网重大应用示范工程区域试点工作的通知》，为推进物联网产业持续、健康发展，国家将重点支持示范效果突出、产业带动性强、推广潜力大的应用示范项目，对单个项目的投资规模不低于5000万元。

不断出台的国家战略对新媒体产业发展具有现实指导和长期推动的意义，中国新媒体产业将进入发展关键期。

2. 经济规模不断扩张，推动中国产业全面升级

中国新媒体高度社会化的重要特征表现在经济层面，即产业化属性日益增强。2013年以来，中国新媒体全面呈现跨行业发展的态势，相关产业规模迅速增长并呈现拓展态势，已经成为推动中国产业全面升级的重要动力。

根据工业和信息化部统计，2013年我国信息消费整体规模达2.2万亿元，比上年增长28%；电子商务交易规模约10万亿元，比上年增长25%；物联网产业规模突破6000亿元，比上年的3650亿元增长了64%。此外，我国主导制定的全球第一个物联网总体技术标准被国际电信联盟批准通过。

艾瑞咨询的数据显示，2013年中国电子商务市场交易规模达9.9万亿元，同比增长21.3%；中国移动互联网市场规模达1059.8亿元，同比增长81.2%；国内网络广告市场规模突破千亿元大关，达1100亿元，同比增长46.1%；中国网络视频市场规模达128亿元，同比增长42%；中国在线教育市场规模达839.7亿元，同比增长19.9%。

2013年是中国移动支付爆发的一年。中国银行业协会发布的《2013年度中国银行业服务改进情况报告》显示，2013年移动支付业务共计16.74亿笔，同比增长212.86%；移动支付金额为9.64万亿元，同比增长317.56%。

总体而言，2013年中国互联网企业发展态势良好。2013年中国移动营业收入6302亿元，同比增长8.3%；中国联通全年营业收入2950.4亿元，同比增长18.5%；腾讯总营业收入99.13亿美元，同比增长38%；阿里巴巴全年总营业收入79.52亿美元，同比增长95%；百度全年净营业收入达52.77亿美元，同比增长43.2%。主要新媒体企业可谓全面"飘红"。

截至2013年11月，中国共有近70家互联网上市公司，其中46家在美国上市，10家在中国香港上市，12家在内地上市。这些上市公司的经营业务涵盖媒体、游戏、旅游、教育、广告、电商、信息技术、芯片设计、安全服务、基础设施服务等众多领域。

新媒体发展带动新一轮的创业和就业。仅以网店为例，由人力资源和社会保障部组织、中国就业促进会实施的"网络创业就业统计和社保研究项目"调查结果显示，全国网店创业就业总人数约为962.47万人。其中，个人网店占96.3%，带动网络创业就业人数达600万人。

移动化进一步推动中国新媒体的社会化发展，体现到经济与产业层面为新媒体日益跨行业发展，大量涌现新产品、新服务、新应用、新业态，成为涉及诸多领域的支柱性产业，不断刺激产生新的消费热点。作为全球最大的新媒体市场，高度社会化的新媒体已经成为促进我国传统产业升级和信息化、工业化、城镇化、农业现代化的强势助力。

3. 微传播政治热兴，提升党的网络执政能力

在微博、微信热兴的大背景下，网络化微传播成为中国共产党反腐倡廉制度化的必然路径和践行群众路线的新载体。

网络反腐提升制度化水平。2013年以来,党中央加大反腐肃贪的力度,截至12月中旬,已有10多名省部级官员落马。中央尤其重视互联网的作用。9月初,整合监察部网站、国家预防腐败局网站之后,新版中纪委监察部网站上线。新版中纪委网站有六项主要功能,接受网络信访举报是其中之一。网站主页突出了"信访举报",设置了"举报指南"、"我要举报"、"举报查询"、"其他举报网站"、"举报方式"五个菜单。9月12日,中央纪委常委、秘书长崔少鹏通过在线访谈表示,中纪委将适应新媒体移动性强的特点,适时推出网站的移动客户端。9月13日,中纪委在其官方网站上贴出公告,欢迎举报"两节"期间公款送礼、公款吃喝等不正之风。这是新版中纪委监察部网站上线后,第一次接受专题举报。

政务微博在影响力、传播力、互动性等方面有了较大提升。微政务在社会治理和社会服务方面发挥着重要作用。例如,截至2013年11月8日,"@平安北京"2013年共新增微博粉丝233万,同比增长26%;发布各类资讯12000余条,同比上升25%;解决网友反映的突出问题和实际困难219件,同比上升63%。政务微博、微信已经成为推动社会管理创新的有效方式。

4. "新旧"媒体加强融合,共建"新"传播格局

传媒是受新媒体影响最大的领域,尤其是传统媒体的"衰落"成为一个备受热议的话题。据中国互联网络信息中心统计,2013年中国网络新闻用户总数为4.91亿,仅次于即时通信(5.32亿),是中国第二大网络应用,普及率高达79.6%。这说明,在新媒体时代,网络新闻仍然是网民最重要的应用,其关键在于对新的传播生态的适应。2013年以来,中国多元媒体共生互融的趋势更加明显,中国新闻媒体加速数字化、网络化、移动化、社交化和融合化发展。尤其是传统媒体纷纷进行数字化转型,不断应用新媒体来拓展传播空间。

第一,主流媒体新闻网站和商业新闻网站共生的新闻传播大格局已经形成。

根据CNNIC的中国互联网数据平台统计,在网络新闻传播领域,主流媒体新闻网站和商业新闻网站在覆盖人数、访问次数、页面浏览量、访问时长等方面都已形成二极鼎立格局。

表1 2013年下半年中国主要新闻网站基本数据

网站	总覆盖人数（万人）	总覆盖人数比例（%）	总访问次数（万次）	总访问次数比例（%）	总页面浏览量（万次）	总页面浏览量比例（%）	总访问时长（小时）	总访问时长比例（%）
全部	35088.1	100	1053767.4	100	3319559.2	100	889426634	100
人民网	20652.6	58.86	179825.3	17.06	502903.9	15.15	109958220	12.36
中国网络电视台	20596.6	58.70	165046.3	15.66	305038.2	9.19	295486443	33.22
新华网	20193.5	57.55	148421.8	14.08	478288.4	14.41	104812896	11.78
中国网	13869.6	39.53	48589.8	4.61	213570.7	6.43	28710302	3.23
中国新闻网	13430.6	38.28	63347.2	6.01	213376.5	6.43	48075683	5.41
中国国际广播电台	8015	22.84	22538.3	2.14	211285.9	6.36	17221014	1.94
环球网	7915.9	22.56	86615.5	8.22	269378.3	8.11	62513294	7.03
中国日报网	7666.2	21.85	17616.6	1.67	57160.3	1.72	9876041	1.11
中央人民广播电台	7344	20.93	25556.2	2.43	68914.4	2.08	20161919	2.27
东方网	3856.5	10.99	10213.1	0.97	16664.1	0.50	3854460	0.43
千龙网	2560.7	7.30	4169.1	0.40	11181.2	0.34	2117411	0.24
大河网	2464	7.02	5769.7	0.55	30629.4	0.92	4577074	0.51
南方网	2338.8	6.67	4014.7	0.38	6213.2	0.19	1492819	0.17
大洋网	1738	4.95	4288.5	0.41	15365.2	0.46	2738115	0.31
中国文明网	1048	2.99	2312.3	0.22	4770.1	0.14	1057940	0.12

表 2 2013年下半年中国主要商业新闻网站基本数据

网站	总覆盖人数（万人）	总覆盖人数比例（%）	总访问次数（万次）	总访问次数比例（%）	总页面浏览量（万次）	总页面浏览量比例（%）	总访问时长（小时）	总访问时长比例（%）
全部	38590.2	100	1849296.8	100	8032690.1	100	1610649554	100
QQ新闻	26279.7	68.10	374080.4	20.23	1668319.8	20.77	351758790	21.84
凤凰网资讯	23883.7	61.89	465718.5	25.18	3181993.7	39.61	482422986	29.95
网易新闻	20768	53.82	287519.6	15.55	1239880.7	15.44	205979504	12.79
搜狐新闻	20303	52.61	316468.8	17.11	912906.4	11.36	228361012	14.18
新浪新闻	18372.5	47.61	199872	10.81	605129.4	7.53	179619757	11.15
百度新闻	13527	35.05	135063.6	7.30	186837.3	2.33	130098072	8.08
搜狗新闻	4885.4	12.66	11368.8	0.61	18759	0.23	2668456	0.17
21CN新闻	2866.9	7.43	4532.3	0.25	19016.9	0.24	1543024	0.10
中华网新闻	2278.9	5.91	9055.6	0.49	81160	1.01	5492237	0.34
奥一网	2276.3	5.90	7086.4	0.38	19867.2	0.25	3488361	0.22
搜搜新闻	1288.7	3.34	2838.5	0.15	4332.1	0.05	609959	0.04
优酷资讯	704.9	1.83	2023.1	0.11	2299.1	0.03	946273	0.06
土豆网热点	544.6	1.41	1003.2	0.05	1011.2	0.01	299200	0.02
雅虎资讯	532.1	1.38	945	0.05	3012.4	0.04	648206	0.04
MSN中国资讯	423.2	1.10	2199.3	0.12	5490.6	0.07	1305783	0.08
TOM新闻	202.5	0.52	596.4	0.03	956.4	0.01	104528	0.01
中评网	166.5	0.43	1086.7	0.06	9299.2	0.12	2255617	0.14
Google新闻	97.8	0.25	176.8	0.01	324.9	0.00	45682	0.00
有道热闻	73.3	0.19	85.7	0.00	99.9	0.00	6806	0.00

第二，报刊数字化、移动化趋势明显。

2013年，在印刷出版发行量下降、广告收入明显减少的形势下，中国报刊的数字化趋势明显。2013年10月28日，由解放日报报业集团和文汇新民联合报业集团整合重组的上海报业集团正式成立。新集团将实现资源重组、结构再造，并制订更积极的新媒体发展计划，增强自身的传播力、影响力。2013年12月10日，上海报业集团推出第一个新媒体阅读产品——"上海观察"。用户可通过手机下载客户端或电脑登录网站浏览，同名微博、微信也已同步推出。

人民网研究院发布的《2013中国报刊移动传播指数报告》显示，在统计的150家报纸中，开通新浪认证微博的有149家，开通腾讯认证微博的有137家，还有121家拥有微信认证公众账号。报纸的App拥有率也较高，150家报纸中有110家拥有苹果版App（33家是非独立App），105家拥有安卓版App（29家是非独立App）。

2013年5月，京华时报社联合全国数十家媒体共同发起组建"全国云报纸技术应用平台"，推动云报纸媒体形式的发展。来自全国各地的60家媒体通过复制京华云报纸模式，共同探索媒体转型之路。这个平台是以技术为核心的应用平台，平台参与者各自对其内容负责，通过使用相同技术，培养读者相同的阅读习惯，实现推广相同的客户端。

第三，电视开启新媒体、全媒体化战略。

2013年10月24日，由湖北、湖南、四川、山东、华数（浙江）、重庆、贵州、甘肃、云南、新疆等19家省级和太原等3家市级广播电视网络运营商共同发起的"中国广电云服务产业联盟"在杭州正式揭牌成立。

各大电视台也纷纷推出电视社交应用。如，湖南卫视的"呼啦"、浙江卫视的"潮浙看"、东方卫视的"哇啦"、北京电视台的"摇乐摇"、苏州广播电视总台的"无线苏州"等。随着移动终端以及4G技术的应用，以电视台为代表的电视媒体纷纷通过布局移动端来进行内容的全媒体覆盖。同时，电视台通过App、微信等不同形式，与新媒体深度联姻。

第四，媒体微博进入常态化运营。

据人民网舆情监测室统计，截至2013年10月底，新浪微博认证的媒体微博总数达129822个，包括23449个媒体机构认证微博和106373个媒体从业者认证微博；腾讯微博认证的媒体微博总数达110879个，包括14148个媒体机构认证微博和96731个媒体从业者认证微博。经过近几年的发展，作为微博空间的主流声音，媒体微博已经进入常态化运营。

第五，主流媒体向微传播转型。

2013年"两会"期间，央视新闻频道开始微信的试运营，并于4月1日正式推出微信认证公众账号。在央视新闻频道播出微信公众账号上线的消息后，第一天订户数就超过22万，收到用户回复信息12万多条。

从影响力来看，@人民日报、@新华社发布、@央视新闻等中央级媒体微博各有特点，又相互配合，在2013年许多公共事件中显现一种"微传播国家队"的本色。主流媒体微传播和政务信息微传播在2013年的强势崛起，成为改善网络舆论生态、发挥建设性的舆论监督作用、重塑媒体公信力、凝聚社会共识、传播正能量的关键性力量。

5. 微平台不断滋生新文化，微表达汇聚强能量

日益社交化的新媒体不断滋生一些新的文化，并迅速汇集成强能量。

第一，独特的网络流行语文化盛行。

网络流行语又称网络热词，2013年网络流行语盛行，"我伙呆"、"何弃疗"、"不明觉厉"、"人艰不拆"、"累觉不爱"、"十面霾伏"、"开房找我"、"大妈"、"土豪"、"小伙伴"、"女汉子"等新词，除了具有易记易读、幽默有创意、紧随社会热点事件、传播频率高、范围广、扩散快等特点外，还有变异复杂、难以理解、使用难度加大、标签化等特点，反映了当前社会转型期网民个性化、矛盾化、情绪化、自娱性的心态。

第二，微传播成为新的文化载体。

微信成为新的文化载体。据工业和信息化部统计，2014年春节，移动互联网接入流量消费比平日增长25%。从除夕到正月初七的八天内，全国手机用户共消费了3674.6万G移动互联网接入流量，每户平均使用46.6M，比平日流量高25.3%。微信、微博等新型移动互联网业务成为流行的拜年方式，而受其影响，传统的短信和语音业务量明显下降，全国移动短信于除夕当日发送量为110.4亿条，比2013年除夕下降了8.0%。此外，"强关系"的微信群已经成为广大用户表达、沟通的主要渠道。

四 未来展望与政策建议

1. 十大未来展望

（1）互联网普及率达 50%，手机网民将大幅增长

随着 4G 网络和智能移动终端的进一步普及，中国手机网民将在 2014 年大幅增长，预计会超过 5.5 亿，互联网普及率将超过 50%。

（2）移动互联网全面进入爆发期

艾瑞咨询数据显示，2013 年中国移动互联网市场规模达 1059.8 亿元，同比增长 81.2%，预计到 2017 年，市场规模将增长约 4.5 倍，接近 6000 亿元。移动互联网正在深刻影响人们的日常生活，移动互联网市场进入高速发展阶段。中国移动互联网产业将全面进入爆发期。

（3）新媒体资本市场掀起新一轮上市、并购热潮

2014 年，随着新浪微博登陆纳斯达克（NASDAQ），又将有多家中国互联网企业赴美上市。据估计，将有 30 家左右的中国企业开启赴美上市的旅程。其中包括京东、聚美优品、安居客、途牛、神州租车、盛大文学、迅雷、触控科技等公司。在移动互联网概念下，中国互联网企业将掀起赴美上市和并购热潮，热点领域主要在移动互联网、电商、视频、游戏及生活服务等细分行业。

（4）4G 成为新媒体投资热点

4G 对经济的拉动作用更加明显，将成为投资热点。据工业和信息化部相关部门预计，2014 年中国 4G 基站数将超过 50 万个，4G 网络将覆盖全国 300 多个城市，用户也将超过 3000 万，4G 投资将达到 1600 亿元，带动国内投资经济发展将超过 9000 亿元。

4G 网络发展除了促进网络基础设施直接投资外，还将有利于拉动上下游产业，预计 4G 终端消费量 2014 年将超过 1 亿元，同时芯片、软件、云计算、大数据、移动金融、智慧城市等产业和新兴业态的快速发展都将拉动 4G 终端消费量的增长。

（5）互联网金融进入"深水区"

2014 年，中国的互联网金融热仍将延续，并进入"深水区"。一方面，各

互联网企业仍在努力加大移动端的金融服务；另一方面，传统银行也在加速向互联网金融转型。因此，企业间的博弈在所难免。例如，建设银行在2012年即推出电子商务金融服务平台，2013年其电子银行和自助渠道账务性交易量占比提高至85.40%，个人网银客户数达1.50亿，手机银行客户数达1.17亿，2014年初进一步明确提出，以互联网金融作为互联网时代建设银行转型发展的战略抓手。

（6）电子商务开启新商业模式

贝恩管理咨询公司（Bain & Company）的一份报告指出，2013年中国超过美国成为全世界最大的数字零售市场，并预计到2015年，中国电商市场的规模将达到5430亿美元。2014年阿里巴巴与新浪微博联手，苏宁改革成立融合线上线下的大"运营总部"，电商将加速成为主流商业模式。

（7）移动视频之争愈演愈烈

被称作4G时代"杀手级"的应用是视频传输。2014年2月，搜狐2013年财务报告显示，其广告业务年度收入增长率超过100%，其中，投放移动端视频广告的广告主数量不断增加，移动视频商业化正处于上升轨道。优酷土豆网也将在2014年加大内容投入。除视频网站和互联网企业外，三大电信运营商也积极推动视频业务。2014年，移动视频将成为新媒体竞争的重要战场。

（8）宽带发展提速

随着"宽带中国"战略的实施，2014年的宽带发展将加快速度，同时会进一步带动新媒体应用的发展。

（9）主流媒体加快微传播转型

随着微信和移动客户端的发展，2014年中国主流媒体，包括传统主流媒体和重点新闻网站将进一步应用微传播，传统媒体将加速与新媒体的融合。

（10）新媒体成为推动社会治理创新的重要力量

低成本、高效率、强互动的新媒体已经成为党和政府与人民群众沟通的重要渠道。2014年，中国政务微博将进入功能深化期，新媒体将成为推动中国社会治理理念、模式创新发展的重要"试验场"。

2. 八大政策建议

2014年是中国开通国际互联网的20周年。弹指20年间，以互联网为代

表的新媒体在中国从无到有、从小到大。如今,中国已经成为一个新媒体大国,并逐步迈向新媒体强国。从1994年中国开通国际互联网到2003年的第一个10年是中国新媒体的网络化时代;2004~2013年的第二个10年是中国新媒体的社交化时代;而从2014年开始的第三个10年,中国新媒体将全面进入移动化时代。

未来的10年将是中国新媒体发展的关键期和机遇期。能否抓住机遇,开局之年很重要,为此我们提出促进中国新媒体发展的八大建议。

(1) 高度重视新媒体安全问题,进一步加强顶层设计和整体规划

2014年2月27日,中央网络安全和信息化领导小组宣告成立,这表明新媒体发展和管理已经被提升到最高的顶层设计。习近平总书记在主持召开中央网络安全和信息化领导小组第一次会议时强调总体布局、统筹各方、创新发展,努力把我国建设成为网络强国。

这不仅明确提出中国要从新媒体大国走向新媒体强国的战略目标,还表明在中国走向新媒体强国的进程中,网络安全是最基础和最重要的问题,没有安全就难以健康发展,也就无法成为新媒体强国。当前,中国正处于新媒体发展关键期。第一,新媒体作为国家发展的制高点地位日益显现,应尽快抓住移动互联网的发展机遇缩小与发达国家的差距。第二,新媒体的产业属性和跨产业发展的特点日益明显,应尽力发挥好新媒体产业促进产业结构升级转型的作用。第三,网络和信息安全牵涉国家安全和社会稳定,是我们面临的新的综合性挑战。为促进中国新媒体进一步健康发展,提出如下建议。

第一,统一布局,整体规划。新媒体的发展与综合国力、科技水平等诸多因素相关,中国要真正成为一个新媒体强国,必须要加强顶层设计。作为一个新媒体大国,我国新媒体发展亟须由国家统一布局规划,特别要加强整个产业发展和大数据、云计算等技术应用的战略规划。

第二,制定国家网络安全战略确保网络信息安全。没有网络安全就没有国家安全。在新媒体发展建设中,要特别重视确保移动网络信息安全问题,建议借鉴其他国家经验,尽快制定专门的国家网络安全战略。

第三,发挥地方政府的积极性,制定符合实际的地方规划。中国各地新媒体发展水平不均衡,因此要充分发挥地方政府的积极性和能动性,鼓励地方政

府结合实际进行科学规划。

第四，要以移动互联网为中心制定产业发展战略。云计算、大数据是移动化时代新媒体发展的关键，应进一步加强各地云计算、大数据、智慧城市建设的统筹布局。目前，广东、上海、天津等地已经就移动互联网、云计算、大数据等进行布局，以积极推动产业转型。

（2）充分把握新媒体发展机遇，着力推进自主技术创新

技术自主是中国成为新媒体强国的基础。中共中央总书记、国家主席、中央军委主席、中央网络安全和信息化领导小组组长习近平指出：建设网络强国，要有自己的技术，有过硬的技术。要有良好的信息基础设施，形成实力雄厚的信息经济。要制定全面的信息技术、网络技术研究发展战略，下大力气解决科研成果转化问题。要出台支持企业发展的政策，让其成为技术创新的主体，成为信息产业发展的主体。

第一，把创新摆在国家发展全局的核心位置。技术是新媒体的核心推动力，尽管近年来中国新媒体领域的技术创新能力有了很大提高，但与美、日等发达国家相比，中国创新基础仍比较薄弱，提升创新能力仍需长期持续努力，因此应把自主技术创新摆在国家发展全局的核心位置，并不断加大投入和优化投入。

第二，推进新媒体的关键领域创新。在新媒体技术创新上，要坚持创新发展、全面提升的原则，特别要着力推进互联网关键技术、业务和商业模式的自主创新，围绕应用服务、网络设施、终端平台等关键环节，攻克和掌握核心技术，促进应用、网络、技术和产业的互动协同。

（3）加快部署4G基础设施建设

全球新媒体正处在移动化转型期，中国应加强以4G为标志的移动互联网技术创新，在应用和基础设施方面有所突破。

第一，重点突破智能手机操作系统。移动互联网时代，行业竞争是以移动智能终端操作系统为核心的产业生态体系的竞争。中国在部分关键技术创新上有了长足进步，但操作系统、核心芯片等关键技术的瓶颈仍未在根本上突破。因此，要特别加大对新媒体企业的扶持力度，重点支持移动智能终端操作系统、网络化操作系统平台等领域的创新，对目前已经研发出来的操作系统，要

加大政策、智力和资金的投入力度和市场转化率。

第二，加快4G部署。网络基础设施是4G发展的基础，中国移动、中国联通、中国电信应加大基站等网络设施建设。

第三，加大"宽带中国"战略的实施力度。宽带对新媒体极为重要。中国需要推动实施"宽带中国"战略，继续加大技术和资金的投入，扩大和优化3G、移动通信网络的覆盖，统筹推进4G网络部署的进程。

第四，大力推动云计算。目前，在云计算领域，亚马逊、谷歌、微软实力最强，尤其是亚马逊，起步最早，占据了领先优势，其覆盖全球220个国家的巨大在线商务规模，即依赖其云计算系统实现的。值得关注的是，这些企业早已在中国市场占有一席之地。而中国新媒体企业在技术方面一直处于模仿和追赶状态，如不尽快投入力量在上述重要领域发力，下一轮发展势必陷入对国际企业巨头更深的依赖。尤其是目前中国在云计算、大数据等方面存在概念炒作和忽略核心技术发展的问题，这不仅容易造成巨大浪费，而且会误导产业发展。建议国家尽快从政策层面着手，制定总体规划，推动中国互联网企业向大数据、云计算和移动互联网领域加大技术研发投入，同时尽快叫停地方政府和相关部门抢滩式的盲目立项，优化云计算资本和产业格局。

第五，推进智慧城市建设。随着科技的日新月异，近几年来，国际社会普遍开始关注智慧城市的建设，它也被认为是新一代信息技术支撑、知识社会创新环境下最理想的城市形态。中国也要真正推进智慧城市的发展和建设。

（4）高度重视新媒体与经济、金融行业的融合

2013年以来的互联网金融热，实际上反映了新媒体与经济的高度融合已经进入金融层面。对于中国而言，互联网金融才刚刚起步，应该及早进行规范，促进其健康发展。

第一，尽快建立制度，明确监管。互联网金融在不断创新的同时，也必须接受有效的监管。互联网金融行业门槛低，进入无障碍，目前已经有上百家P2P公司从事互联网金融服务，但缺乏有效的监管和规范。要从立法和监管体系方面完善网络金融监管，制定严格的制度和监督机制，设置适当的准入门槛，完善监管体系。

第二，建立行业协会，加强自律。应尽快建立行业协会，充分发挥互联网

金融专业委员会等行业组织的作用，提高行业自律。

第三，强化市场监管体系建设。应规范互联网信息服务活动，理顺产业链上下游关系，维护公平、公正、有序的市场秩序。

（5）推动形成开放、有序、活跃的资本格局

市场资本是新媒体发展的重要条件，而在中国新媒体资本市场进入新一轮活跃期，为此提出如下建议。

第一，充分优化资本投入，保证资本在核心技术方面的投入，同时避免重复浪费。

第二，鼓励海外投资，支持中国新媒体走向世界。

第三，规范资本市场，加强监管。

（6）主动积极推动产业转型升级

第一，大力推广4G。当前中国电信运营商正在大力推进4G网络发展。4G对扩大就业、增加出口、促进产业升级具有重要作用。新媒体是全球产业竞争最激烈、技术发展最迅猛的领域之一，中国应抓住主导TD-LTE标准的良好机遇，主动推广TD-LTE在国内外的发展，加大对TD-LTE海外推广的金融、财税等政策支持力度。

第二，传统行业要抓紧利用新媒体进行产业升级。在遭受新媒体冲击的同时，传统行业亦面临难得的升级机遇。建议金融、物业、教育、医疗、社会服务等诸多传统行业要主动积极地与新媒体结合，顺应信息化发展大趋势。

（7）充分发挥新媒体促进社会发展的正能量作用

新媒体对于中国的发展而言，一直是正能量远大于负影响的，应进一步发挥其促进社会全面发展的作用。

第一，加快运用新媒体，实施电子政务和信息公开的制度化建设。新媒体带来一个全新的政治时代，党的执政方式和政府的服务方式也经历着新媒体转型。党和政府应加快网络反腐、电子政务、信息公开、网络社会服务的制度化建设。

第二，利用新媒体促进中国新农村建设。中国农村的新媒体将进入快速发展期。在中国新农村建设中，建议通过新媒体平台开展全方位、综合化的农村信息服务，进行村务、商务、农务的全方位互动，使新媒体成为中国新农村建

设的推动性因素。

第三，推动新媒体和教育、医疗相结合，促进社会服务管理模式创新。教育和医疗是关系民生的重要领域，而中国目前存在着明显的优质医疗和教育资源不均衡的特点，建议运用新媒体推进教育和医疗改革，促进社会服务管理模式的创新发展。

第四，支持主流媒体进一步新媒体化。主流媒体走向新媒体化是大势所趋。建议在资金、政策、机制上对主流媒体给予最大力度的支持，做强做大一些国家级主流新媒体。

第五，提高微传播生态下舆论的管理和引导水平。微信、微博等应用的热兴极大地改变了传播生态，应高度重视日渐成为主流传播生态的微传播，积极提高舆论管理和引导的制度化、规范化。

(8) 加强法规建设，提高管理水平

第一，加强法规建设。在新媒体管理方面，法律是最有力的保障。但是目前中国仍缺乏层级高、效力强的专门的互联网法规，其他法律中相关互联网的条款修订和补充速度也比较慢，这对于法治国家依法管理互联网来说是不够的。为了促进新媒体健康有序地发展，发挥新媒体在促进社会发展中的积极作用，要进一步完善有中国特色的新媒体法规体系。

第二，加强对突出问题的治理。新媒体信息来源纷繁复杂，传播和聚合能力空前增强，信息内容形态和交互模式日益复杂，对不良信息的管理面临严峻挑战。以智能终端和应用商店为代表，网络、系统、终端、应用的安全问题相互交织，应用和终端的网络信息安全问题越来越突出。建议在不断加强法制环境建设的基础上，对网络与信息安全、个人隐私、青少年保护和知识产权等突出问题进行专项治理，特别要构建全方位的社会化治理体系。

第三，要大力倡导行业自律。积极发挥行业协会作用，强化行业自律机制，完善行业规范与自律公约，加强从业规范宣传。

热点篇
Hot Topics

B.2 2013年网络空间安全发展研究报告

方兴东 胡怀亮 张 静*

摘 要：

2013年6月"斯诺登事件"是全球互联网的重大事件；2013年11月中央决定成立国家安全委员会，某种程度上意味着，中国网络安全与发展将进入全新历史阶段。只有充分认识国内、国际网络安全态势，才能更加从容地面对未来中美网络空间的长期博弈。

关键词：

网络安全 网络强国 战略元年

2013年，美国监控互联网的丑闻持续发酵，中国是最大的受影响国之一。2013年是美国互联网发展的第45个年头，也是中国互联网第19个年头！这

---

* 方兴东，浙江传媒学院特聘教授、博士、互联网与社会研究中心主任、互联网实验室创始人；胡怀亮、张静，北京互联天下信息咨询服务有限公司分析师。

是一个特殊的年份，也是一个历史的拐点。

在人类网络空间安全历史上，2013年占据了特别重要的位置。这一年发生了震惊全球的"斯诺登事件"，这是全球互联网的重大事件，其影响程度之深远大大超越人们估计。2013年底，中国国家安全委员会成立，表明国家层面对安全的重视程度达到新高度，其对网络空间的间接影响也是全局性和长期性的。这两大事件帮助我们大致勾勒出2013年全球和中国的网络安全态势和格局。

首先，这两大事件直接影响国际和国内网络空间格局、网络空间的治理体系、各国网络政策、安全战略、产业竞争与发展和社会全民性的安全意识。2013年是全球互联网发展过程中具有里程碑意义的一年，尤其是全球对网络安全的关注上升到史无前例的高度。全球互联网发展突飞猛进，同时带来的网络安全形势愈加严峻。全球范围内，上至国家政府，下至普通民众，不仅从技术、经济角度，而且从政治、社会和文化等角度，对给生产生活带来巨大影响的互联网有更深刻的认识和理解。

其次，在美国的影响下，网络空间安全问题首先是政治问题，其次是社会问题，最后才是技术问题。网络安全研究工作早期叫信息安全研究。信息安全侧重于软件系统与业务流程和信息内容等领域的安全。2012年中国华为、中兴等企业遭到美国国会调查以及2013年"斯诺登事件"之后，网络安全问题已经延伸到国家政治安全、文化安全等领域，各国对网络安全的看法已经超越技术问题，上升到社会问题、政治问题。

本文通过梳理2013年重大网络空间安全事件，结合国际国内背景，从公共政策角度给出应对当前网络安全形势的建议对策，并为建设网络强国做一些有积极意义的探讨。

一　2013年——全球互联网开启"后美国时代"

（一）曼迪昂特报告鼓吹"中国黑客威胁论"

2013年"中国黑客威胁论"的声音仍不时出现，其中影响最大的是2月的一份曼迪昂特（Mandiant）报告。2013 年 2 月 19 日，多家西方媒体引述美国网络安全公司 Mandiant 发表的一份报告，该报告称近年美国遭受的网络黑客攻击多与中国军方有关。《纽约时报》19 日援引报告摘要称，该公司历时 6 年追踪 141 家企业遭受攻击的数字线索，证实实施攻击的黑客组织隶属于"总部设于上海浦东一栋 12 层建筑内的中国人民解放军 61398 部队"。① 中国官方表示仅凭 IP 地址的通联关系就得出攻击源来自中国的结论，难以让人信服。中国外交部和国防部在回应这个报告时都使用了三个字："不专业"。3 月份，原美国国家安全局（NSA）局长、网络部队司令部司令基思·亚历山大向国会坦诚正在建设网络战部队，包括 13 支进攻性部队和 27 支防御性部队。

美国鼓吹中国黑客威胁到美国国家安全，其目的是在舆论上陷中国于被动，同时更加明确和公开地发展本国网络军事力量。

（二）通过"斯诺登事件"反思全球互联网安全

2013 年对全球互联网影响最大的是"斯诺登事件"。6 月 6 日，英国《卫报》与美国《华盛顿邮报》几乎同步报道美国情报部门的"棱镜门"等系统监控项目，引起全球各界巨大震动和广泛关注。美国前中情局（CIA）职员爱德华·斯诺顿披露给媒体两份绝密资料：一份资料称美国国家安全局有一项代号为"棱镜"的秘密项目，要求电信巨头威瑞森公司必须每天上交数百万用户的通话记录；另一份资料更加惊人，称美国国家安全局和联邦调查局通过进入微软、谷歌、苹果等九大网络巨头的服务器，监控美国公民的电子邮件、聊天记录等秘密资料。此后斯诺登现身香港，声称自己良心感悟，无法允许美国政府利用"棱镜"项目侵犯全球民众隐私以及互联网自由。他表示，美国政府早在数年前就入侵中国一些个人和机构的电脑网络，其中包括政府官员、商界人士甚至学校。斯诺登后来前往俄罗斯申请避难，获得俄罗斯政府批准。

"斯诺登事件"的后续影响异常深远。下面简单分析此事件产生的六个层面的影响。

---

① FT 中文网：《中国军方被指从事黑客活动》，http://m.ftchinese.com/story/001049050。

1. 对美国形象的冲击

"斯诺登事件"最直接的影响就是让美国走下神坛。作为互联网的发源地和互联网发展的主要驱动力,几十年来美国一直掌控互联网,拥有绝对主导权,一直占据互联网精神的道义高地,把控互联网问题的话语权,也一直标榜是最安全可靠的守卫者和互联网精神的守护者,担当网络空间事实上的"世界警察"。"斯诺登事件"让人们对美国管理互联网的信任一夜坍塌,包括美国最紧密的盟友。

2. 对美国互联网控制权的实质冲击

美国是全球互联网事实上的独家管理者。由于历史、制度以及创新能力和国家实力等因素,全球互联网的管理权一直以NGO的名义,游离在联合国、国际电信联盟等国际组织之外,实际上依然掌控在美国政府手中,形成美国独一无二的互联网控制权。"斯诺登事件"之后,各国对网络安全的重视程度急剧增加,一向力挺美国的欧洲盟友也不再放心,这种情况下,美国将不得不让渡更多的权力给更具代表性的国际组织。全球互联网的制度与规则制定将逐渐走向全球化,虽然步伐不可能很快。

3. 对全球网民的影响

"棱镜门"以及后续不断披露的信息显示,美国不但严密监视本国人民,更"不辞辛劳"地监视全球网民。使全球网民安全感顿失,引发了一次网民隐私安全意识的全球启蒙。

4. 对全球网络空间安全问题的影响

"斯诺登事件"不但是网民安全意识的一次启蒙,更是全球网络空间安全意识的启蒙,是一次全球性的安全大警示。甚至可能在全球范围掀起网络空间安全的"军备竞赛",加大预算投入。

5. 对美国高科技产业和企业的影响

美国高科技产业是美国掌控全球互联网的重要环节,一直以纯粹市场形象昭示自己的美国企业难逃干系,在美国国家安全的进攻型战略思想下,很有可能成为美国政府的炮灰。如果它们受命于美国政府,那么其他国家将对其失去信心,并不断加强戒备和相应的安全措施。

6. 对未来中美网络空间博弈的影响

这可能是最富有意味的影响，斯诺登藏身香港，绝对不是偶然。中美围绕网络安全问题的争端已经持续很久，这是两种模式、两种价值观、两种道路的竞争与较量。但是如果中美双方未来能够取长补短，形成良性竞争，则是互联网发展的最大福音。

（三）中美两强网络空间博弈拉开序幕

网络空间的中美两强格局是互联网在美国发展45年和在中国发展20年最直观的结果。尽管美国在互联网基础资源和技术实力、产业实力上拥有不可比拟的优势，但当前中国网民数量已经远远超过美国，成为网民数量第一的网络大国。据世界银行统计数据显示，2012年，全球网民数量为25.1亿，而中国网民规模就超过全球网民的1/5，达到5.7亿，美国仅为2.5亿，在全球网民中仅占2.5%。此外，中国的网民数量不仅在绝对数上远超美国，增长速度也是美国无法企及的。中国网民规模在2000年仅有2000多万，经过12年的发展迅速增长到2012年的5亿多，增长25倍之多。美国网民在2000年已达1.2亿的规模，但是经过12年的发展，网民规模仅增长了2倍多点，与中国25倍之多的增长速度相比相差甚远。可以说美国掌握的是互联网势能，而中国拥有更多的是动能。长期来看，未来中美在网络空间的两强博弈格局将持续存在。

在全球背景下看中国的网络安全现状，既不像2013年上半年美国政府主导的舆论战那样，貌似中国已经有足够实力可以采取积极主动的进攻战略，也不像业界人士哀叹的那样毫不设防，一无所是。冷静审视中美的实力差距，分析发展趋势，未来5~10年，中国完全可以立足现实，规划积极有效的网络空间安全防御型战略，逐渐扭转战略上的被动局面，掌握主动权和主导权。

网络空间安全已经成为中美外交的核心要素，也将成为未来国家经济、政治、军事的核心，甚至最大的引爆点。美国充分利用了网络安全问题的复杂性及其规则的模糊性，占据了舆论的主导权和主动权。与现实三个世界的划分类似，互联网也可以划分为三个世界。现实世界是以经济发展程度来划分，而互

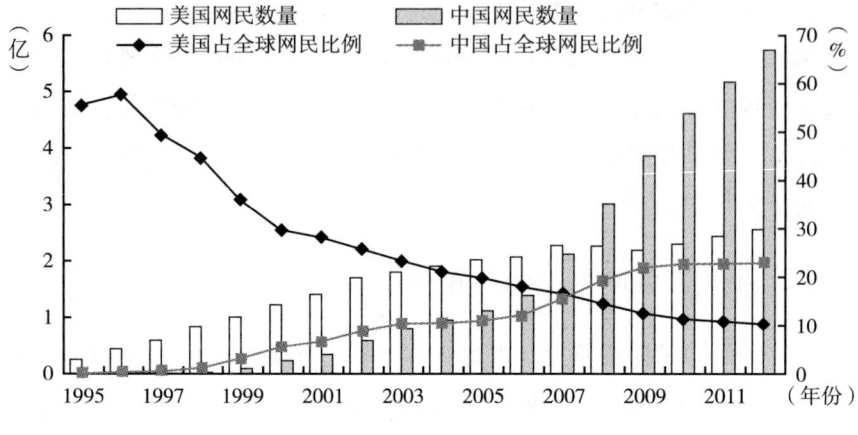

图1 中美网民情况对比

联网略有不同，以网络的主导权来划分，分为网络殖民国家、网络主权国家和网络霸权国家。从互联网基础设施、互联网产业竞争力和网络战实力三个角度来看，全球只有美国一马当先，是唯一具备网络霸权的国家。而中国、俄罗斯、印度、日本、澳大利亚、韩国以及英国、德国等欧洲国家，其实力可以掌握本国网络的主导权，形成了一批网络主权国家。而相当一批国家，受制于经济实力和发展状况，不具备足够的互联网力量和竞争力，只能成为在互联网上受制于人的网络殖民国家。

随着网络空间重要性不断上升，社会、经济、生活等活动的重心逐渐转移到互联网上，各个国家均开始重视网络空间战略。全球网络空间战略可以分为两种：一种是进攻型战略，另一种是防御型战略。战略部署根据国家经济基础和实力，网络空间战略与国家安全战略相匹配。与传统安全战略一样，目前全球唯一有实力和能力实施进攻型战略的，只有美国一家。而中国、俄罗斯等只有能力实施防御型战略，其战略重点在于如何有效做好自身防御，保障自身网络安全。

以下将对不同层面的三大战争的真实本质进行分析。

舆论战是利用事件的新闻效应，在舆论上压倒对方，占据最有利地位。美国利用自身软实力，尤其是新闻话语上的主导权，把中国塑造成网络战的进攻方，把自己塑造成弱势的防御方。将IP地址属于中国等同中国黑客发起攻击，将中国黑客等同政府支持，依靠这种完全不合理的逻辑，获得舆论得分，谋取更多其他方面的利益，同时在不断压缩经费的趋势下，最大限度地为自己获取网络安全的经费投入。其实，美国是黑客文化的发源地，其黑客已有超过50年的历史。美国也是全球黑客的大本营，无论人才和技术都首屈一指。虽然中国网民数量已经是美国两倍以上，但是在黑客攻击方面，依然缺乏对等的实力，差距甚至不低于中美传统军事历史的差距。

基础设施的市场战。全球互联网的核心基础设施，比如根服务器、域名服务器等都放在美国，处于美国政府实际控制之下。全球互联网基础设施的主要供应商，无论是骨干网的路由器，还是服务器和终端的芯片和操作系统以及应用商店等，基本由思科、英特尔、高通、微软、苹果、谷歌等美国公司绝对主导。包括中国在内的任何国家敢于对美国采取进攻型举措，都无异于以卵击石。

信息战。国家网络空间的战略是美国最早完成顶层设计的，并在战略高度上重视和部署信息战。国家的网络安全战略由总统直接领导，每年推出相关战略研究报告，并由总统直接撰写导语。美国从最高层出发，自上而下的一体化网络空间安全战略，进一步提升了美国在网络时代的霸主地位。

未来5～10年，中国的主要任务是确立并完善自己有效的网络空间安全防御型战略。无论是面对美国进攻型的舆论战，还是强化自身基础设施安全建设，都亟须补课，提升基本的应对能力，摆脱今天的被动局面。

二 2013年——中国网络空间战略觉醒年

2013年可以称为中国网络空间战略觉醒之年。围绕国家网络空间战略的顶层设计第一次进入议程，并加速推进和落实，这将全面、深刻地影响和改变未来中国互联网的发展。在客观上，曼迪昂特发布针对中国"网络黑客"问题的报告促使中国不得不应对在网络空间安全领域来自美国强烈的政治和外交攻势；而主观上，"斯诺登事件"让国家认识到网络安全问题的重要性和严重性。

中国战略觉醒的导火索是斯诺登,同时也因为互联网的发展到了一个拐点。2013年是新一届政府亮相之年,也正是这一年,中美围绕互联网展开的博弈到达临界点,上升为中美之间最重要的议题之一。

2013年下半年再次进入公众视野的Windows XP停服事件和中国共产党十八届三中全会决定成立国家安全委员会,让网络空间安全再次成为关注焦点,同时也考验着中央维护包括网络空间安全在内的国家安全的决心和意志。

(一)"七条底线"、"薛蛮子事件"等考验网络舆论引导能力

2013年8月10日,在中央电视台新址举行的"网络名人社会责任论坛",国家互联网信息办公室主任鲁炜与十多位网络名人举行座谈交流,就承担社会责任、传播正能量、共守"七条底线"达成共识。

2013年8月23日,北京朝阳警方在安慧北里一小区将涉嫌卖淫嫖娼的薛某、张某查获,警方依法对二人行政拘留。后证实,嫌疑人为知名天使投资人、微博红人、网络大V薛蛮子(薛必群)。事后,央视《新闻联播》报道播出薛蛮子嫖娼被抓一事。该事件被称为"薛蛮子事件"。[①]

2013年,可以说,政府、业界、学界和公众对当下的舆情状况都不满意。虽然各自的角度不同,侧重点不同,但是,大家共同的认识是:当下中国网络舆情处于明显的失衡状态,对政府公信力形成一定的损害,对民众社会信心也形成损害,对中国软实力的损害也不可低估。造成这个局面的根源并不是监管不力。虽然近几十年,其发展已形成有效体系,最近几年也越来越多地增加了投入,但局势并没有得到根本改观。

只要能够准确把握变化趋势,在趋势中寻找规律,在规律中找到方法,在方法中走出旧有模式,当前的问题基本都可以迎刃而解,达到事半功倍的效果。准确地说,基于传播过程和内容以"堵"为目的的传统模式,已经不适应新时期的舆情趋势,而基于直达个人和网站以"疏"为目的的新兴模

---

① 百度百科:http://baike.baidu.com/link?url=Zhz3n7lxvmQfrImcmHmSfkQYnzNTvIa7yxtV9ySbfFhqvwOobjScKucDSxfxMB0Ydx1i_CJgm3zB5sFj_0m0-K。

式，才能达到长治久安的目标，实现良好的网络舆情状况，为中国崛起营造最佳的环境。

（二）把握网络传播规律提升舆论引导能力

2013年，大规模用户同时在线促使舆论引导难度加大，过去一贯由传统媒体主导的舆情管理体系，即基于传播过程、基于传播内容的舆情管理与控制模式，面临彻底失效。我们需要在把握网络传播规律的基础上找到舆情监管的新模式和"巧方法"。核心在于三点：一是统筹整个网络空间的顶层设计，二是强大的社会化动员和管理体系，三是跨部门的协同和联动能力。

目前，中国网民数量已超6亿，① 通过博客、SNS、微博和微信等应用，网民已经成为社会内容生产和信息传播的绝对主力。任何一家公司的员工都不可能完成如此巨大的用户群体的生产能力。也没有任何一个政府部门的人力、物力能够拥有掌控和管理这些网民的能力。所以，互联网的管理也必须通过社会化的方式。网民、企业和非政府机构，将是互联网管理的主力军。

在互联网越来越全球化、越来越社会化的今天，网络舆情工作只有通过不断增强的社会化能力提升，通过社会化力量的发展和增强，才可能不在趋势面前越来越被动。

中国一直有着良好的群众动员传统和能力。但是，网络空间同时需要我们增强意见领袖的动员能力。与广大的意见领袖保持日常的沟通、交流、互动和对话，成为工作的新重点。只要这个工作做到位、做扎实，任何互联网的新变化和新趋势，我们都可以牢牢掌握主导权。

面对新的趋势，我们必须充分认清互联网信息传播变革的规律，改变自己、改变思路、改变模式。政府部门要有智慧地在网络空间"隐身"，减少直接介入和强势呈现。

---

① 《中国网民规模达6.18亿 手机网民人数5亿》，http://society.people.com.cn/n/2014/0117/c136657-24145036.html。

(三) Windows XP 停服事件带来巨大网络安全隐患

2013年10月18日,微软公司将个人计算机历史上服务时间最长的电脑操作系统——Windows XP 捐赠于国家博物馆永久收藏。并向公众宣布,于2014年4月8日正式停止对 Windows XP 的服务支持。同时,微软 Office 2003 也将于2014年4月8日停止服务。从所谓稳定性和安全性的角度考虑,提醒用户尽快升级微软旨在扭转 Windows 8 等操作系统在移动终端领域的弱势地位。所谓正式停止对 Windows XP 的服务支持,是指不再提供针对该操作系统的系统安全补丁、升级以及其他相关服务。

微软将停止 Windows XP 的服务支持这一事件表面看起来,似乎只是微软的一个产品问题。事实上却可能成为中国有史以来最严重的网络安全事故。首先,Windows XP 的用户群体主要在中国,涉及2亿多用户。其次,外界很少知情的是,基于信息安全考虑,从 Windows XP 之后的 Windows Vista 到 Windows 7 和 Windows 8,都被禁止进入或未被列入我国的政府采购目录。所以,目前中国的党政军以及核心行业和企业,都还是以 Windows XP 为主。微软逼迫用户放弃 XP 系统,要么使用微软可以全面掌控电脑和数据的新版本,要么就将面临严重的安全隐患。不解决自主可控和有效防御的问题,网络强国只是空中楼阁。这个问题的解决不可能一蹴而就,也不可能再继续延误。所以,必须在3年之内有所作为。在核心技术方面,着力解决可替代的问题,初步实现自主可控;在关键基础设施方面,建立产品安全审查、源代码托管、首席安全官、安全性攻防监测等一系列措施,建立基本的保障能力。

在微软步步紧逼的形势下,中国亟须成立一个政府支持、企业团结、行业响应的全新联盟。这个联盟首先是真正为用户的安全着想。首要任务是拿出切实可行的方案,在没有微软服务的前提下,继续保障 Windows XP 用户的安全。

(四) 中国成立国家安全委员会

2013年11月12日,党的十八届三中全会公报提出设立国家安全委员会,完善国家安全体制和国家安全战略,确保国家安全。① 2014 年初中共中央政治局召开会议,研究决定设置中央国家安全委员会,作为中共中央关于国家安全工作的决策和议事协调机构,向中央政治局、中央政治局常务委员会负责,统筹协调涉及国家安全的重大事项和重要工作。中央国家安全委员会由习近平任主席,李克强、张德江任副主席。

从国际形势来看,国家面临的传统安全威胁与非传统安全威胁情况不容乐观,尤其是网络空间安全对现实空间的政治、经济、文化、社会、军事等领域的影响越来越显著,甚至成为影响这些领域安全的主导因素,因此成立国家安全委员会并由国家最高领导出任主席、副主席,既符合当今国际惯例,又符合当前全球网络空间安全形势。

三 维护网络空间安全的对策建议

(一)理解网络空间的全新思维范式

维护网络空间安全,建设网络强国,最基本的是在观念上扭转错误思路,创新思维,真正把握网络空间下应对各种挑战的新思维、新模式。

我们认为,中国在网络空间安全问题上与美国的差距主要不是技术性的,而在于思维模式和范式的差距。最核心的误区在于主体和客体的倒置。网络空间安全问题的主体是网络空间,而不是信息和网络,信息和网络只是其中的客体,是重要组成部分。打个比方,网络空间是一个人,那么信息就是肉,网络是骨。人(网络空间)的安全问题当然不是简单的肉(信息)的安全或者骨(网络)的安全。

网络空间安全,英文名称为"Cybersecurity",最恰当的翻译为"赛伯空间安全",通俗的翻译为"网络空间安全"。这与信息安全(Information Security)和网络安全(Network Security)是完全不同层面的概念。名称中所

---

① 新华网:《中国将建立国家安全委员会》,http://news.xinhuanet.com/yzyd/local/20131112/c_118113378.htm。

谓的"网络空间",是指与现实世界的空间对应的全新虚拟空间。也就是说,一个国家的网络空间安全,不是指这个国家的网络安全,而是指这个国家在网络空间中的安全。

表面上的概念之差,本质上是思想观念和思维范式之差。厘清这一点,有着对等的思维模式,才可以扭转战略上的被动局面,可以从容地见招拆招。因此,走出狭隘的技术层面的网络安全,在新的思维模式和战略高度上完成顶层战略设计、机构设计和对策研究,是建设网络强国的第一个环节。

(二)建设网络强国须平衡十大关系

网络强国有两重含义。一是网络的强国,侧重于信息网络发展程度与水平;二是以网络强国,通过举国之力发展信息网络经济,促进形成强大的国家综合国力。网络强国是21世纪以来,中国提出的重要举措,它关乎国计民生,与每个人的生活息息相关,同时也需要国家各个层面共同努力。值得注意的是,建设网络强国和以网络强国可以是两个阶段,也可以是相互促进、相辅相成的两翼,统一于国家整体发展战略之中,其直接体现是网络强国将和两个一百年奋斗目标相结合,构成最为广泛的人民共识。

网络强国战略制定与实现的过程中,需要对以下十大关系进行平衡,这十大关系很大程度上是一枚硬币的两面,是矛盾的统一体,是体现战略制定和实施的智慧水平的关键所在。

一是现实世界与网络空间的关系:网络空间与现实世界呈现不同的规律与特性,其中最重要的是思维模式的不同,即互联网思维模式。网络强国建设之路需要在相关的战略部署、制度与管理设计上转变现有思维模式,适应网络空间的发展规律。

二是安全与发展的关系:"网络安全和信息化是一体之两翼、驱动之双轮"。互联网发展到今天,安全已经超越了技术的范畴,更具决定性意义。谁掌握了安全这条"生命线",谁就掌握了先机,谁就能在下一代互联网发展中脱颖而出。但是,任何安全都是有成本、有代价的,也必然会在一定程度上影响甚至牺牲发展,而没有发展就没有安全。因此,必须在保持良好的发展态势下求安全。

三是短期路径与长期规划的关系：作为一个正在崛起的发展中大国，网络强国战略面临的问题是众多且繁杂的。我国在网络强国的战略部署规划上必须把问题合理放置在一个较长的时间轴上，长期路径要遵循全局性的趋势和规律，短期路径要针对主要矛盾追求高效的解决方案。

四是对内与对外的关系：网络空间是全球统一的空间，需要学会站在世界的角度看中国。随着互联网的发展，对外关系将逐渐成为中国互联网发展的主要矛盾，这也是网络强国的重要体现。

五是中美博弈与全球格局：与现实世界类似，网络强国是中国在全球格局的基本定位。但是在未来10年，产业竞争力、创新能力、互联网治理能力包括全球互联网管理权等工作部署需要着眼于中美博弈是所有关系的核心。

六是进攻与防御、军与民的关系：中国需要根据具体国情，以形成网络威慑力为目的进行进攻与防御兼顾的战略规划。有效的防御是网络强国的根本保障。但是，具有一定威慑力的进攻能力也是网络强国的必要条件。现阶段以打造局部领先的进攻能力、全面部署网络防御能力为主。同时，在网络空间下，传统高度封闭的军事模式已不适用，需要将军民的融合纳入常态考量。

七是自上而下与自下而上的关系：中国互联网发展20年的历程中自下而上的自组织文化特性对推动中国互联网的创新发展起到了重要作用。而今，网络强国成为国家战略，并成立了最高级别的专门机构，自上而下的力量将强势介入其未来发展之中。自上而下与自下而上两股力量如何相互促进网络强国建设需要综合考虑。

八是自主可控与开放的关系：如何保障关键基础设施的自主可控与鼓励产业的全球化发展需要多方协同解决。自主可控不代表闭关自守和简单的国产替代，而是需要设立战略规划，通过政府部门的统筹、各方的协同、相关制度的落地、产业核心技术的自主创新实现既具有防御能力又能有效推动产业发展。

九是顶层设计与基层设计的关系：在顶层设计发挥指导统筹作用的同时，

审慎落地解决日常发展与安全问题的基层设计，例如对信息产品安全审查、源代码托管制度、首席安全官制度、关键基础设施保障等进行一系列配套的基层设计，落实到日常工作之中。

十是单点突破与整体布局的关系：具体到网络强国的建设，需要掌控全局，更需要删繁就简；需要整体布局，更需要单点突破。

B.3
2013年中国微信发展报告

匡文波[*]

摘　要：

2013年以来，中国微信进入稳定发展期。本报告对2013年微信的发展进行了量化研究，样本规模为1200人，涵盖北京、武汉、广州三大城市。从用户数量、功能完善、商业模式等角度全面梳理微信的发展状况，指出微信的发展符合创新扩散理论。探索了微信的用户行为、用户结构、用户关系等方面的特征。分析了微信的传播优势，即操作便捷、多媒体传播、免费使用、用户黏度高等。微信传播的不足主要在于信息过载、垃圾信息泛滥、安全性脆弱等。并从传播方式、传播效果等角度对微信与微博进行比较研究，发现微信信息的可信度最高，微信、微博、网络新闻信息、报纸、广播、电视新闻的信任度分别为：63.4%、38.6%、21.7%、19.6%、14.6%、33.9%。最后展望了微信发展态势，并提出了发展对策，即技术创新、增强用户体验、加强与运营商战略合作、发展平台扩展赢利模式。

关键词：

微信　微信用户　媒体信任度

微信在2011年1月正式推出后，其发展速度远超微信团队的预期，也超出外人的想象。经过3年的发展，微信的功能逐渐走向丰富和成熟，与人们的

---

[*] 匡文波，中国人民大学新闻学院教授，博士生导师，中国人民大学新闻与社会发展研究中心研究员。

日常生活和情绪形成更为深层的联系。微信不仅为用户提供了一种新型交流体验，也在深化利用人际网络关系的过程中逐步延伸商业化发展路径，呈现社会化电子商务系统的趋势。

我们对微信 2013 年的发展进行了量化研究。通过随机抽样，调查范围为中国大陆地区的三个具有代表性的城市：北京、武汉、广州。调查时间是 2013 年 12 月 1 日至 12 月 31 日。调查对象按性别、年龄、职业进行条件划分。设计样本规模为 1200，在北京、武汉、广州三大城市，按调查对象条件各选择 400 人。本次调查共有有效样本 921 个。

一 微信发展现状分析

微信（WeChat）是腾讯公司于 2011 年 1 月 21 日推出的一款可以发送文字、对讲、视频聊天、晒图、摇出朋友、扫二维码、看新闻、嘀嘀打车、享受打折优惠等的智能手机 App。支持语音对讲，超越了手机只能打电话、发短信的单一模式。微信提供公众平台、朋友圈、消息推送等，用户可以通过添加 QQ 好友、添加手机联系人、查找公众号、一起按加朋友、"摇一摇"、"附近的人"、扫二维码等方式添加好友和关注公众平台，将内容分享给好友、群和朋友圈。

微信不是国内第一款移动互联网即时聊天工具，设计理念也非原创。其学习的榜样是加拿大 Kik Interactive 公司推出的即时通信软件 Kik。国内第一款类似 Kik 的产品是小米科技推出的米聊。该产品主张"熟人关系"，在米聊联系人中，100% 是互联网圈内好友，米聊在普通用户中接受程度并不高，主要是缺乏推广。

在海外，微信还面临以 LINE 为代表的国外应用程序的挑战。LINE 是一款由韩国最大的门户集团 NHN 子公司 NHN Japan 于 2011 年推出的即时通信软件，支持免费电话、免费短信等，全球注册用户超过 3 亿，其颇具特色的贴图商店被部分网友认为是微信借鉴的对象。

（一）用户数量

腾讯公司发布的即时通信免费应用程序——微信（WeChat），在推出 433

天后，其用户数量突破1亿。

2013年1月15日，微信团队宣布微信用户数突破3亿，成为全球下载量和用户量最多的通信软件。除了中国大陆，微信用户还分布于中国香港、中国台湾及东南亚等地，影响力开始不断扩大。2013年7月，工业和信息化部消息显示，上半年中国微信用户超过4亿，拉动移动互联网流量收入同比增长56.8%。同年8月15日，微信海外版——WeChat的注册用户数突破1亿。10月24日，腾讯团队宣布微信用户数超过6亿。上线三年后，腾讯产品部的数据显示，这款应用在国内外的月活跃用户数量超过2.7亿。

2013年是微信迅速发展的一年，从用户规模到功能开发，从国内到国外，从用户数量到用户黏性都有较大的突破性发展。

2014年1月4日，微信在产品内添加由"嘀嘀打车"提供的打车功能。截至2014年1月，中国移动互联网用户总数达8.38亿，在移动电话用户中的渗透率达67.8%；移动互联网接入流量1.33亿G，同比增长46.9%，户均移动互联网接入流量达165.1M。而微信就拥有超过6亿用户。[1]

2014马年春节之季，微信"抢红包"功能更是抢占支付宝钱包风头。从除夕到初八，超过800万用户参与了微信红包活动，最高峰期间每分钟有2.5万个红包被领取。2014年3月，微信开放支付功能。

微信出世后迅速占领市场，曾在27个国家和地区的App应用排行榜上排名第一。

（二）功能完善

从发布最初至今，微信围绕社交不断衍生出新的功能，以加速用户的信息分享，完善沟通体验，同时搭建微信开放平台，通过与第三方合作，接入银行卡支付、扫描条码、打车等功能，使得微信朝着一个新的方向发展。

1. 基础功能的完善

基础功能，通常是针对微信作为社交工具本身而设计的，目的在于进一步降低用户的沟通交流成本，同时增强用户对应用程序的黏性，吸引用户的持续

---

[1] 《移动互联网用户总数达8.38亿户》，《人民日报》2014年3月14日，第18版。

使用，未与第三方有直接关联。

微信的基础功能即发送信息。可以替代短信、发送语音、实时对讲、利用手机号添加通信录里的好友、利用QQ号添加好友、朋友圈、语音提醒、漂流瓶功能等。

2. 衍生功能的发展

衍生功能主要是指以微信为平台，接入第三方的功能。在2013年两次主要的版本更新中，微信加入了更多与第三方链接的功能设计，利用社交工具所维系的人际网络逐步使微信向集成化发展。

微信的衍生功能有：银行卡支付功能的提升；二维码扫描；基于LBS技术的"摇一摇"让用户实现近距离陌生社交，同时也让商业经营者随时向近距离的潜在顾客推送商务信息；游戏中心；添加银行卡，进行支付操作；微信商城等。

3. 功能拓展

2012年8月23日推出的微信公众平台主要面向企业、媒体、公共机构、明星名人、个人用户等。公众平台功能主要为多媒体信息规模推送、定制信息推送、互动交流、智能回复等，这些功能为平台实现营销、客服、公众服务和用户管理等方向的应用。

微信客服公号，加入自动值守客服和人工值守客服功能，用户在经历首次操作后，只需输入简单的指令就能获取相关信息，再结合微信随时随地的沟通特点，令传统查询方式望尘莫及。

微信功能的多元化，深刻地改变了微信的用户黏性，使微信与用户生活深度结合，使微信成为一种生活方式。

（三）微信用户特征

1. 用户行为

2013年12月我们对北京、武汉、广州三地的微信发展做了量化研究，关于微信用户部分的调查结果如下。

对微信用户的调查结果显示，有90.6%的用户使用过微信，微信的普及率已经非常高。74.6%的用户选择是"因为朋友、同学等周围的人都在使用"。微信是一个社交软件,更多地来自圈子推广和口碑宣传。有25.1%的用户出于好奇而尝试使用微信,这些创新使用者也是微信的第一批用户。有76.7%的用户出于"免费传输语音、文字信息等",说明微信免费的功能吸引用户使用,并通过社交圈子来传播。

微信的使用频率比较高,57.6%的用户每天使用一次,42.3%的用户每天使用多次。对很多用户来说,使用微信的频次都超过了手机QQ。从用户每次使用微信的时长看,小于15分钟的占大多数,其中27%的用户使用微信时长小于5分钟,39%的用户使用时长在6~15分钟。只有34%用户使用时长在15分钟以上。语音聊天是用户首选的微信功能,96.1%的用户使用微信这一功能,其次是发送图片功能,使用这一功能的约占70.8%的用户。

查看"朋友圈"的照片(41.3%),在朋友圈分享照片(33.7%),接受QQ离线消息(49.2%),查看附件的人(31.2%),"摇一摇"找朋友(29.9%),这几个功能的主要集中点都是社交。此外,查看腾讯新闻的用户占20.5%,订阅公众账号的用户占12.4%。

2. 用户结构

2013年,微信用户结构的性别差异并不明显,呈现明显的年轻化趋势。根据2013年12月我们对北京、武汉、广州三地微信发展的调查显示,微信用户月度覆盖人数中男性占比50.5%,女性占比49.5%;而月度总有效使用时间中男性占比47.6%,女性是52.4%。年龄结构中使用率最高的为24岁以下,占比33.7%;收入结构中占比最高的是月收入3000~5000元的中产阶层,占比32.0%。从微信的用户结构分布来看,其用户结构的主体属于社会大众消费主体,消费潜力较大,适宜开展普适性的大众营销活动。

3. 用户关系特征:强社交关系

从微信用户关系来看,微信是建立在基于手机通信录或QQ通信录的强社会关系基础上的,量化研究表明,微信用户添加好友的方式中81.6%来自QQ好友,62.4%来自手机通信录。QQ经过多年沉淀,其用户关系也基本上以熟人为主。手机通信录更是用户现实核心社交关系的反映。实名制的强关系一直是社交网站可望而不可即的,微信却轻而易举地实现。

（四）商业模式逐渐清晰

微信在推出5.0版本之后，商业道路逐渐清晰。增值服务是微信获得收益的一个渠道，其中付费表情复制QQ秀的商业模式，开始产生收益。公众号区分服务号和订阅号，减少了对用户的信息干扰，旨在优化用户体验。公司、企业、个人都可以通过公众账号开展营销活动，如北京的星巴克通过微信公众账号推广品牌文化，发布优惠信息，吸引用户线下光顾，实现线上线下的商业互动。"扫一扫"结合"微信支付"为微信进入移动电商和O2O领域做了准备。游戏中心则将游戏作为社交元素引入微信，借助好友之间的游戏互动，生命值互赠等方式获得经济收益，游戏内购买成为微信赢利点之一。从微信功能模块的设计可以预见微信未来的赢利模式在于增值、游戏、营销和电商四位一体，并借助广告实现赢利。

2013年，微信开始试水电子商务。"双11"当天微信和腾讯旗下易迅合作的"微信卖场"成交超过8万单，微信支付占易迅全站的13%。电子商务领域强敌颇多，阿里巴巴、京东、亚马逊先入为主，微信能否后来居上，占据一席之地，尚待观察。

二 微信的传播特征

微信是移动互联网的代表性产品。微信的广泛应用，冲击了之前所有的人际沟通方式，为现代人带来了前所未有的交流体验，引发了人际沟通领域的革命。

（一）微信的传播优势

微信支持腾讯微博、QQ邮箱、QQ同步助手等插件功能，支持Android、iPhone、Windows Phone、Symbian、Blackberry平台的手机之间相互收发消息，几乎所有即时通信用户都能使用。

微信本身是免费的；相较短信，微信的语音和视频传播功能使信息传播者与接收者双方更直接、更真实；相较QQ与电子邮件，又具有更高的到达性；

相较微博平台，沟通更为私密。具体来说，微信的传播优势如下。

1. 人性化设计，操作便捷

微信打破了传统网络交流的固定范围。通过微信，用户可以与QQ好友、手机通信录联系人，甚至微博的用户进行交流。这样的跨平台交流更加便捷，用户使用一种工具就可以与不同平台和圈子的用户进行沟通，节省了用户熟悉不同产品的时间，提高了沟通效率，也拉近了用户之间的距离，衔接了用户的网络生活与现实生活。微信可以实现永远在线，并且不占多少内存，资源消耗很少。

2. 多媒体传播

微信可以通过实时传播文字、图片、音频、视频全方位、立体地展示传播内容，使信息形式和结构发生本质的变化，使不同阅读或收视习惯的受众都得到满足。

微信综合运用语音、文字、图片、视频等多种方式，使得传受双方可以进行充分有效地自我表达，多元化的传播方式满足了用户的各种需求。

3. 系统开放，免费使用

微信使用费用约等于零资费，性价比非常高。微信可以跨运营商和跨手机操作平台互发"免费"短信，短信通过使用GPRS流量发出。30M流量可以发送上千条语音信息，而目前运营商的短信标准收费为0.1元/条，相较之下，微信的资费基本可以忽略不计了。因此，微信对传统短信和飞信产生了非常大的冲击。

4. 用户黏度高

为了推广微信，腾讯旗下产品全线联合，从QQ聊天面板到QQ邮箱，不遗余力。从传播模式看，基于微信的传播主体非常明确，就是手机QQ用户。在不同的即时通信工具中，手机QQ占据着几乎99%的份额。与米聊等需要注册信息的即时通信相比，微信通过QQ、QQ邮箱、QQ音乐等相关联，可以直接登录并且在QQ好友里添加好友，可以接收离线信息，这些优势增加了用户黏度，使微信得到了更大范围的普及。

5. 传播主体——双向性、互动性

基于微信传受双方是选取自QQ好友和手机通信录，信息传受双方关系亲密。微信的主要功能是类似于电话联系的语音对话，从用户的心理和习惯来说，使用语言进行聊天的传受双方关系更为密切，在精确化的交际圈里，微信的传受双方以亲人、闺蜜、朋友、同事为主，这也决定了双方通过媒介传递与反馈信息的互动性更强。

6. 传播内容——私密性、即时性

由于传受双方的强人际关系，微信信息交流内容也更为私密。微信在添加好友、建立朋友圈时，只有选择通过用户关系的验证，才能与其互动聊天或者在朋友圈状态中留言。尤其在朋友圈中，用户的好友可以看到其发布的状态信息，且信息互动只停留在传受双方的移动终端上，只有传受双方能够听到、看到，其他用户无法在自己的界面获知。用户在使用这一款软件时隐私得到了保护，利于私密内容的交流，恶意骚扰和垃圾广告无法介入。

微信整合了 QQ 和微博的功能，其内容发布具有即时性。只要用户在线，就能够对信息进行快速接收和反馈，且微信还支持 QQ 离线消息接受，信息传达比较迅速。

7. 传播效果：微信信息可信度高

微信的传播对象多为手机通信录中的熟人、朋友、亲属，所以信息可信度高。通过 2013 年 12 月我们对北京、武汉、广州三地的微信发展做的量化研究，发现了有趣的现象：微信的可信最高，其次为微博。微信、微博、网络新闻信息、报纸、广播、电视新闻的信任度分别为：63.4%、38.6%、21.7%、19.6%、14.6%、33.9%。

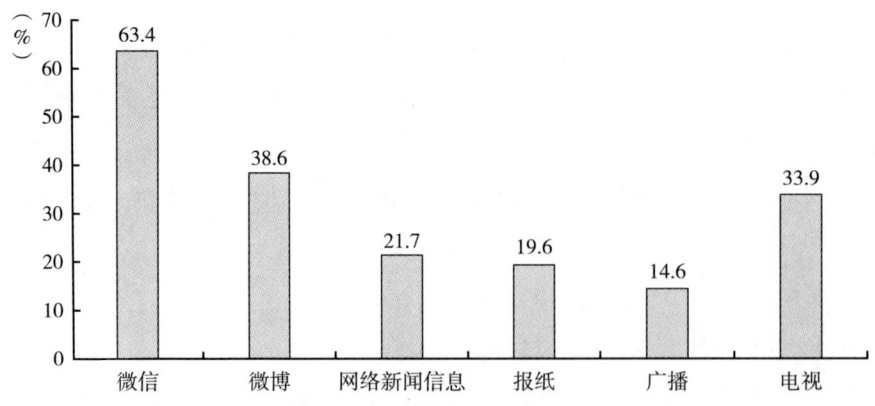

图 1 各类媒体新闻信任度

（二）微信传播的不足

1. 信息过载与垃圾信息泛滥

微信信息过载主要是指微信推送造成的垃圾信息问题。微信的信息传达方式是通过实时推送来完成的，推送不会让用户遗漏任何信息。然而，正如垃圾邮件一样，如果微信信息推送被滥用，就会降低用户体验，不可避免地给客户带来困扰。同时，许多传统媒体纷纷希望通过微信扩大自己的影响力而试水公众平台。如果用户关注的公众平台较多，而媒体每天推送的内容高度相似，容易使用户产生不耐烦甚至厌恶的情绪，对用户来说，过载的信息就变成了垃圾。

2. 安全性脆弱

微信目前面临各种不同的安全问题。一方面是自身技术性问题，另一方面是用户的安全意识也影响了软件使用的安全性。

（1）隐私保护

微信涉及用户的个人数据和隐私，如果保存和管理不当（比如手机丢失或者微信平台泄露），就会有信息泄露的危险。另外，用户利用LBS功能时，也存在个人作息行踪信息泄露的问题。

（2）恶意使用

陌生交友网络扩展了社会交往的范围，"摇一摇"、"查看附近的人"开启了陌生人交往的模式。但是这些功能有可能被不法分子利用或者非道德滥用，导致道德伦理问题甚至违法案件。

（3）支付风险

微信新增加的支付功能更是增加了微信使用的风险。微信是基于客户服务器结构的，用户在自己的系统上安装微信程序，通过腾讯提供的服务器与其他用户进行交流。在这种模式下，发送方发送没有加密的信息到服务器，服务器再转发到接收者，此过程就存在着安全隐患。

三 发展对策

针对微信出现的这些问题，我们提出如下对策建议。

（一）技术创新，增强用户体验

作为一种工具性应用，微信首要的工作就是在用户体验上加强创新，增强用户体验的舒适度[①]。例如，尽管微信拥有和 LINE 相同的实时对讲功能，但是由于流量、信号、网速等的限制，中国用户鲜少使用微信的这一功能。反观 LINE，与日本第二大的电信运营商 KDDI 合作，为该运营商提供定制版的 LINE 应用，加入其免流量 App 计划[②]，使用户使用实时对讲时不会耗费太多流量。

由于微信的用户主体以年轻人为主（70 后、80 后、90 后等）[③]，而用户使用微信的动机本质上是通过电子媒介的一种自我呈现。对于年轻人来说，在自我呈现过程中，追求表达符号的多样化和创意性，这很大程度上需要由应用创意"表情"来实现。微信目前的表情，是模拟 LINE 采取免费与收费表情并行的方式。但是，微信的表情推出速度较慢（可能由于表情生产过程还不够成熟和稳定），表情与时事流行结合较少（如微信与某知名电视剧合作推出系列表情），因此，微信的表情开发程度还有待提高。

（二）加强与运营商战略合作

目前，运营商提供的数据业务大多是以套餐的形式出现，流量的单位价格很低，但是类似微信这样的移动应用保持在线时，数据流频繁产生却不会占用太多的流量，对运营商而言造成的服务器压力与流量收入并不匹配。当用户量还不大的时候，运营商可能感觉压力还不是很大，而如今微信的发展速度如此迅猛，数亿用户保持在线，对运营商来说就是一大挑战。[④]

在与运营商的合作方面，微信可以学习 LINE。LINE 与运营商之间的合作关系一直很融洽，其在探讨合作模式方面极为积极开放，在不同地区采取不同的策略，在照顾运营商利益的同时极大限度地发展自身。例如，在日本，

---

① 晏阳、吴江秋：《略论微信的商业化道路》，《企业导报》2013 年第 22 期。
② 葛甲：《LINE 比微信会赚钱》，《商界评论》2013 年第 10 期。
③ 童慧：《微信的自我呈现与人际传播》，《重庆社会科学》2014 年第 1 期。
④ 郑淑荣：《从微信收费之争看运营商合作创新路径选择》，《通信企业管理》2014 年第 2 期。

LINE 与最大电信运营商 NTT Docomo 合作推出定制版 LINE 应用，用户选择 NTT Docomo 号码的同时，可以享受免费版的通话服务，或收费版的高质量通话服务。在台湾，LINE 在应用内为运营商内置一系列服务，以获得运营商的支持，例如从通信软件转型为生活服务平台等。①

（三）发展平台扩展赢利模式

目前，微信主要依赖第三方平台进行赢利，这样的赢利模式由于太过单一而有非常大的风险。为了丰富赢利模式，微信可以学习 LINE，培养用户付费习惯。目前，微信尽管推出了小游戏（内含收费道具）以及付费表情，但是却没能习得腾讯 QQ 在增值服务领域的成果。比较而言，在 LINE 平台上运营的游戏每季度能给 LINE 贡献 5000 万美元以上的营收②。

除了第三方平台和增值服务，微信还可以积极发展企业公共平台账号。以 LINE 为例，企业服务是 LINE 收入的第三大来源，以台湾市场为例，企业开设公众账号就需要支付 20 万元新台币，而拥有 60 多万粉丝的公众账号，在选择每月 30 条信息推送的情况下，也要按月向 LINE 支付 16000 美元以上的费用。③

微信还可以发展电子商务平台。由于微信的用户群大部分都是善于使用新媒体的年轻人，其与利用电子商务进行购物的人群可以说是几近重合的，这为微信发展移动电子商务奠定了良好的基础。

微信公众平台的推出，为精准营销提供可能。企、事业单位公众平台的推送信息所到用户都是选择"关注"的用户，是潜在的消费者群体。这样的推送信息实质上是一种精准营销。同时，微信公众账号的后台可以对用户的基本信息进行管理，实现更深层次的精准营销。

微信广告类型多样，如漂流瓶广告（招商银行"爱心漂流瓶"）、互动式的推送广告、陪聊式的对话微信、朋友圈"广而告之"、公众平台发布具有广告性质的信息，还有以文字和语音甚至游戏的形式发送活动的内容、促销信

---

① 葛甲：《LINE 比微信会赚钱》，《商界评论》2013 年第 10 期。
② 葛甲：《LINE 比微信会赚钱》，《商界评论》2013 年第 10 期。
③ 葛甲：《LINE 比微信会赚钱》，《商界评论》2013 年第 10 期，第 124~126 页。

息、产品推介等。商家利用微信基于LBS功能划定的千米交际圈功能,在展览馆、社区、商圈、学校等特定商品对应人群点举办促销活动,可以利用微信的"查看附近的人"和"摇一摇"功能,即时推送促销信息,以引起"微友"围观。微信广告具有深度沟通、投放精准、话题互动性、粉丝忠诚性和成本低廉的特点。

总而言之,微信发展问题并非纸上谈兵就可以解决,需要根据社会的实际情况去进行探索和发现,并采取切实可行的措施加以解决。

B.4
微传播格局中的强媒体
——2013年中国微博发展报告

刘瑞生 王井*

摘 要： 2013年以来，在微传播日益盛行的新媒体传播格局中，微博的强媒体属性进一步凸显，功能进一步深化。本报告主要基于中国互联网数据平台的微博数据，通过全面梳理中国微博的发展状况和微博用户的基本特征，展望微博发展态势，并提出相关建议。

关键词： 微博 用户特征 网络舆论

一 中国微博发展的六大特点

2013年以来，作为微传播格局中的主力，中国微博的强媒体属性日益显现，其发展有六大特点。

第一，目前中国微博百花齐放，有超过100个网站推出了微博服务，中国成为世界微博品牌第一大国。

第二，中国微博用户数量虽增速放缓，但仍然是全球微博用户第一大国。

---

* 刘瑞生，中国社会科学院新闻与传播研究所副研究员，《新闻与传播研究》副主编，国家互联网信息办公室网研中心特约研究员，北京市微博客发展管理专家顾问团成员，中国社会科学院青年人文社会科学中心特约研究员，研究方向为网络传播、新媒体；王井，湖北大学新闻传播学院讲师、博士，研究方向为网络传播。本文为中国社会科学院党组交办的"2014年度创新工程重大研究问题"课题"新媒体管理与舆论导向问题研究"的阶段性成果。本文未注明的微博数据主要来自中国互联网络信息中心（CNNIC）的中国互联网数据平台。

第三，中国微博用户整体上呈现学历低、年龄低、收入低、集中在大中城市的特征，与中国网民特征极为贴近，这标志着微博发展已进入稳定期。

第四，在微博用户数量上，腾讯微博仍稍领先新浪微博，但在活跃度上新浪微博则成为一枝独秀。

第五，与2012年相比，2013年中国微博的活跃度虽有所降低，但政务微博、境内媒体微博、境外媒体微博仍在不断增加并已成为一种常态，尤其是腾讯微博与新华社等传统媒体合作，大力推出"媒体微博发布厅"，传统媒体大力开展微传播，进一步增强了微博的媒体属性。

第六，新浪微博的上市及其与阿里巴巴的合作，标志着微博的社会化、商业化程度不断加深，基于移动互联网和社交网络的微传播已经成为主流传播方式。

二 中国微博发展基本状况

1. 中国提供微博服务的网站达103家，是世界微博品牌第一大国

中国微博独具特色，与全球微博Twitter一家独大和其他国家微博服务不多的状况相比，中国目前提供微博服务的网站就有103家，是绝对的世界微博品牌第一大国。

据相关部门统计，这103家网站分布于23个省市，其中北京有7家，分别是新浪网、搜狐网、网易网、凤凰网、和讯网、搜房网、139移动微博；广东有8家，分别是腾讯网、金羊网、大洋网、奥一网、嘀咕网、饭否网、广佛都市网、深圳新闻网。此外，山东、安徽、浙江、上海、湖北、福建、湖南、江苏、吉林、海南也有多个网站提供微博服务。

中央新闻网站提供微博服务的有8家，分别是人民网、新华网、央视网、中新网、中国西藏网、光明网、中青网、正义网。

2. 在用户数量上，腾讯稍稍领先，腾讯、新浪二强占据绝对优势地位

关于微博用户的数量，由于腾讯、新浪等网站公布的均为注册用户，而注册用户与独立的互联网用户有相当大的区别，因此出现了中国103家微博平台的用户账号总数已达13亿的统计，这可以说明中国微博的热度，但绝非真实的微博用户数量。

微博真实的用户到底有多少？从科学调查的角度来看，这是个颇为复杂的问题。而据中国互联网络信息中心（CNNIC）统计，截至2013年12月，中国微博用户规模出现下降，为2.81亿，较2012年底减少2783万，下降9.0%；网民中微博使用率为45.5%，较上年底降低9.2个百分点。但是，中国互联网络信息中心（CNNIC）的中国互联网数据平台相关统计则显示，中国微博总覆盖人数在2013年上半年为3.12亿，在2013年下半年为3.46亿，也就是说，2013年中国微博总覆盖人数仍然在平稳上升。①

表1 2013年上半年中国微博用户数量

网址	域名	总覆盖人数（万人）	总覆盖人数比例（%）
全 部		31202.2	100
新浪微博	weibo.com	24414.6	78.25
腾讯微博	t.qq.com	23498	75.31
搜狐微博	t.sohu.com	6800.3	21.79
网易微博	t.163.com	2785.8	8.93
凤凰网微博	t.ifeng.com	1006.4	3.23
嘀咕网	digu.com	880.4	2.82
和讯财经微博	t.hexun.com	729.4	2.34
139社区	shequ.10086.cn	703.2	2.25
糖果微博	t.sdo.com	224.2	0.72

表2 2013年下半年中国微博用户数量

网址	域名	总覆盖人数（万人）	总覆盖人数比例（%）
全 部		34561.7	100
腾讯微博	t.qq.com	26729.2	77.34
新浪微博	weibo.com	25756.5	74.52
搜狐微博	t.sohu.com	4945.3	14.31
网易微博	t.163.com	3167.1	9.16
凤凰网微博	t.ifeng.com	750	2.17
和讯财经微博	t.hexun.com	429.3	1.24
糖果微博	t.sdo.com	347.6	1.01
嘀咕网	digu.com	295.6	0.86
139社区	shequ.10086.cn	107.3	0.31

① 总覆盖人数，指该网站独立访问用户数，用户重复访问只计1人。

值得关注的是，根据中国互联网数据平台的数据，在微博独立用户数量方面，2013年上半年，新浪微博曾超越腾讯微博达2.44亿，但2013年下半年，腾讯微博又达2.67亿，比新浪微博领先0.1亿。此外，无论是腾讯微博还是新浪微博的总覆盖人数，2013年均比2012年有一定增长。2013年，腾讯微博总覆盖人数比2012年下半年增长0.22亿，而新浪微博总覆盖人数同期则增长0.34亿。

此外，尽管中国有超过100个微博种类，但腾讯微博和新浪微博具有绝对优势地位，其用户数量远远大于其他微博。这反映了腾讯基础用户的巨大优势和新浪微博的战略成果颇丰。

3. 在微博活跃度上，整体略有下降，新浪微博仍是一枝独秀

2013年上半年中国微博总访问次数达到147.57亿次，总页面浏览量达609.62亿次，总访问时长达13.82亿小时，比2012年下半年均略有下降（总访问次数为155.56亿次，总页面浏览量为739.85亿次，总访问时长为15.18亿小时）。

其中，2013年下半年新浪微博的总访问次数为84.97亿次（占比63.02%），总页面浏览量为391.52亿次（占比78.93%），总访问时长为8.43亿小时（占比78.53%）；腾讯微博的总访问次数为45.59亿次（占比33.81%），总页面浏览量为97.19亿次（占比19.59%），总访问时长达1.98亿小时（占比18.46%）。即在活跃度方面新浪微博仍是一枝独秀。

表3 2013年上半年中国主要微博网站活跃度数据统计

网址	总访问次数（万次）	总访问次数比例（%）	总页面浏览量（万次）	总页面浏览量比例（%）	总访问时长（小时）	总访问时长比例（%）
全部	1475725.1	100	6096193.2	100	1381638255	100
新浪微博	932984.9	63.22	4883045.2	80.10	1157560360	83.78
腾讯微博	485726.4	32.91	1086138.7	17.82	186547073	13.50
搜狐微博	36863	2.50	92448.9	1.52	28760114	2.08
网易微博	12679.2	0.86	19763.9	0.32	5159112	0.37
凤凰网微博	2062.8	0.14	2913.3	0.05	900547	0.07
嘀咕网	1399.8	0.09	5165.1	0.08	2078331	0.15
和讯财经微博	886.8	0.06	1296.4	0.02	133061	0.01
139社区	2427.7	0.16	4203.4	0.07	233009	0.02
糖果微博	449.4	0.03	605.7	0.01	77836	0.01

表4　2013年下半年中国主要微博网站活跃度数据统计

网址	总访问次数（万次）	总访问次数比例（%）	总页面浏览量（万次）	总页面浏览量比例（%）	总访问时长（小时）	总访问时长比例（%）
全　部	1348315.4	100	4960239.1	100	1073324481	100
腾讯微博	455906.8	33.81	971899.2	19.59	198110911	18.46
新浪微博	849654.5	63.02	3915245.3	78.93	842835468	78.53
搜狐微博	27435.7	2.03	49501.2	1.00	25314847	2.36
网易微博	9688.2	0.72	14835.8	0.30	5490172	0.51
凤凰网微博	1615.7	0.12	2213.6	0.04	818325	0.08
和讯财经微博	595.3	0.04	1113.4	0.02	125296	0.01
糖果微博	2384.1	0.18	2932.6	0.06	444644	0.04
嘀咕网	380	0.03	1096.5	0.02	81626	0.01
139社区	428.8	0.03	529.1	0.01	14656	0.00

三　中国微博用户的基本特征

关于中国微博用户的基本特征，2013年6月出版的《中国新媒体发展报告（2013）》中的数据曾引发广泛热议。因此，在本报告中，笔者首先强调二点区别。

第一，不同的报告统计口径和方法间存在着巨大的差异。本报告中的中国微博用户特征是根据中国互联网数据平台对3亿中国微博用户的统计，样本量相对比较大，统计方法在中国相对专业，因此数据相对于新浪、腾讯公布的数据要权威和科学。

第二，整体用户的特征和个别用户、活跃用户的特征有很大区别。个体的经验性认识与大规模样本的统计结果会存在比较大的差异，而活跃用户作为微博用户中的极小部分，其特征和整体用户相比必然存在巨大差异。

鉴于此，本报告将中国微博用户的特征与中国网民的整体特征做了比较。

1. 性别：男性高于女性，接近于互联网用户的整体性别特征

2013年，在微博用户的性别比例方面，男性用户数量为1.59亿人，占比56.7%；女性用户数量为1.21亿人，占比43.3%。男性用户数量的比例比女性用户的高13.4%。而中国整体网民的性别比例为男性56%，女性44%。据2010年第六次全国人口普查数据，中国男性占总人口的51.27%，女性占总人口的48.73%。从性别特征看，2013年微博用户中男性比例高于女性，基本接近于互联网用户的整体性别特征。

表5 2013年微博用户性别相关数据

性别	总覆盖人数(万人)	总访问次数(万次)	总页面浏览量(万次)	总访问时长(小时)
男	15925.7	825741.6	3221057.1	689719446
女	12143.9	578735	2623092.9	626721627
共计	28069.6	1404476.6	5844150.0	1316441073

此外，男性的微博总访问次数、总页面浏览量、总访问时长均高于女性，这表明，男性的微博用户黏性高于女性。

2. 年龄：10~39岁用户近八成，青少年是绝对主体

从用户的年龄统计来看，20~29岁微博用户最多，有8178.8万人，占微博用户比例达29.1%；10~19岁用户数为6251.5万人，占比22.3%；30~39岁用户数为7392.7万人，占比26.3%。这三个年龄段用户占比高达77.7%，与中国互联网用户中这三个年龄段的用户占比（79.2%）大致相当。

表6 2013年微博用户年龄结构

年龄段	总覆盖人数(万人)	占比(%)
10岁以下	167.5	0.6
10~19岁	6251.5	22.3
20~29岁	8178.8	29.1
30~39岁	7392.7	26.3
40~49岁	3918.6	14.0
50~59岁	1597.7	5.7
60岁及以上	562.8	2.0
共计	28069.6	100

10~39岁用户总访问次数占比77.0%，总页面浏览量占比81.7%，总访问时长占比80.5%，这说明青少年是微博的主体和活跃用户。

表7 2013年各年龄段微博用户活跃度相关数据

年龄段	总访问次数（万次）	总页面浏览量（万次）	总访问时长（小时）
10岁以下	12570.7	74885.7	25563647
10~19岁	248186.1	1124986.8	190740101
20~29岁	442555.5	2192731.5	453888000
30~39岁	390596.7	1455499.9	414454080
40~49岁	197170.4	646866.9	140497157
50~59岁	90114.6	296144.3	74307985
60岁及以上	23282.6	53034.8	16990104
共计	1404476.6	5844149.9	1316441074

3. 学历：高中以下学历用户占比超3/4，大学本科以上学历用户活跃度高

微博用户整体呈现低学历特征：初中学历用户9822万人，占比约35%；高中/中专/技校学历用户为9119.9万人，占比32.5%；小学及以下学历用户为2913.5万人，占比10.4%，即高中及以下学历用户占比达77.9%，已经超过微博用户的3/4。这个比例接近于中国互联网用户该用户群的占比（79.1%）。2010年第六次全国人口普查主要数据显示，中国总人口为13.7亿人，其中具有高中（含中专）文化程度的人口为1.88亿人（占比13.72%），具有初中文化程度的人口为5.20亿人（占比37.96%）；具有小学文化程度的人口为3.59亿人（占比26.20%），即高中及以下学历者占中国总人口的77.88%。① 由此可见，中国微博用户的学历特征接近于中国总人口的学历特征。

从活跃度来看，大学本科及以上学历用户尽管人数占比为11.6%，但其总访问次数占比达14.4%，总页面浏览量占比达15.6%，总访问时长占比达16.1%，即其活跃度相对比较高。

4. 职业结构：分布多元，学生是最大的微博用户群体

微博用户的职业结构比较多元，其中学生有7086.5万，占比25.3%，是微博用户的最大群体。微博用户的职业结构与中国网民的整体结构接近。

---

① 2010年第六次全国人口普查主要数据统计，以上各种受教育程度的人包括各类学校的毕业生、肄业生和在校生。

表8　2013年微博用户学历结构

年龄段	总覆盖人数（万人）	总访问次数（万次）	总页面浏览量（万次）	总访问时长（小时）
小学及以下	2913.5	165345.3	981136.6	243489665
初中	9822	489080.2	1889465.5	399115167
高中/中专/技校	9119.9	418122.1	1587740.5	339538304
大专	2949.9	129156.1	475601.5	121965143
大学本科	2880.6	178569.3	817653.5	187702311
硕士及以上	383.7	24203.7	92552.3	24630483
共计	28069.6	1404476.7	5844149.9	1316441073

表9　2013年微博用户职业结构

职业	总覆盖人数（万人）	总访问次数（万次）	总页面浏览量（万次）	总访问时长（小时）
学生	7086.5	387821.1	2075430.2	373887798
党政机关事业单位领导干部	477.2	15952.9	58595.2	13187492
党政机关事业单位一般职员	944	36957.4	121731.1	33556365
企业/公司管理者	1714.5	76271.5	298341.4	67583921
企业/公司一般职员	4545	243404.3	910090.7	206058767
专业技术人员	2513.7	111384.3	371414.4	80567672
农村外出务工人员	745.1	27410.5	78918.3	21943417
产业、服务业工人	1635.8	78601.1	252482.8	48762941
个体户/自由职业者	3428.4	192359.1	798204.8	207667552
农民	482.6	15685.1	35106.3	3906154
退休	695.1	36433.4	132536.5	36096590
无业、下岗、失业	967.2	32471.6	104070.1	27443349
其他	2834.5	149724.2	607228.1	195779055
共计	28069.6	1404476.5	5844149.9	1316441073

5. 收入：微博用户低于中国互联网用户

从微博用户的收入来看，月收入5000元以上的用户占8.95%，5000元以下的则占91.05%。其中无收入群体人数最多，达7196.7万人（占比25.6%），这与学生是微博用户最大的职业群体有关；其次为月收入2001～

3000元群体（6655.4万人，占比23.7%）和月收入3001～5000元群体（4686.0万人，占比16.7%）。在收入特征上，中国互联网用户月收入5000元以上的占比为12.8%，而无收入群体占比9.7%，这说明微博用户的收入整体低于中国互联网用户的收入。

表10　2013年微博用户的收入结构

收入	总覆盖人数（万人）	总访问次数（万次）	总页面浏览量（万次）	总访问时长（小时）
无收入	7196.7	395741.3	2109062.1	426855007
500元及以下	1139.1	48272.2	277031.8	60254209
501～1000元	1161.9	48220.2	172720.2	38884709
1001～1500元	1721	72972.8	240181	67304686
1501～2000元	2997.2	164516	595734	144026252
2001～3000元	6655.4	344896.5	1278262.2	281021196
3001～5000元	4686	227119.3	779844.9	172891539
5001～8000元	1660.2	70872.2	258568	77288480
8001～12000元	481.9	15025.1	47571.5	14269726
12000元以上	370.2	16841	85174.3	33645268
共　　计	28069.6	1404476.6	5844149.9	1316441072

6. 地域：东部地区近半，集中在大中城市

从地域来看，东部地区的微博用户数量达1.40亿，占总用户数量的49.9%，并相对集中于一、二、三级城市（占比79.3%）。

表11　2013年微博用户地域特征

地区	总覆盖人数（万人）	总访问次数（万次）	总页面浏览量（万次）	总访问时长（小时）
东　部	14021.4	807107.2	3467418.2	748147330
中　部	5628.1	207329.6	685417.3	165006981
西　部	6274.5	313040.2	1437974.3	340168839
东　北	2145.6	76999.6	253340.1	63117922
共　　计	28069.6	1404476.6	5844149.9	1316441072

表12 2013年微博用户城市特征

等级	总覆盖人数（万人）	总访问次数（万次）	总页面浏览量（万次）	总访问时长（小时）
一级	3103.7	171582.4	710910.3	161797268
二级	10711.7	581718.6	2585019.5	571317389
三级	8426.3	419695.8	1685630.6	361535498
四级	5149	212951.7	807752.9	211738401
五级	655	18351.6	54489.1	9988853
共计	28045.7	1404300.1	5843802.4	1316377409

四 中国微博活跃用户状况

1. 微博活跃用户整体状况

对全国微博网站进行统计，至2013年11月，103家微博网站的注册用户总账号已达13亿，其中腾讯微博为5.4亿个，新浪微博为5.36亿个。其中比较活跃的用户共有约1.4亿个，仅占10.1%。在日均总发帖量上，新浪微博为1.2亿条，腾讯微博为1亿条。

2. "大V"用户情况

"大V"用户指身份经过认证、粉丝（腾讯微博则为"听众"）数量较多、影响较大、活跃度较高的微博账号。据统计，新浪微博中，粉丝数量在10万～100万的账号有8300个，100万～1000万的账号有2100个，1000万以上的账号有123个；腾讯微博中，听众数在10万～100万的账号有6782个，100万～1000万的账号有1076个，1000万以上的账号有80个。

值得关注的是，据相关部门2013年统计，在新浪微博、腾讯微博中，粉丝量自然排名前10位的均是文体明星。而排名前2000位的用户中，文体明星用户占60%以上，发布内容多与自身相关，娱乐性强；商界人士用户占10%，话题多涉及企业经营、产品信息，并经常讨论时政话题；而学者、媒体人、评论员、作家群体共占8%，这些人偏重时政评论。也就是说，经济界人士和媒体界、学界人士的舆论影响更大。

3. 政务微博账号仍保持高速增长

国家行政学院电子政务研究中心发布的《2013年中国政务微博客评估报告》显示，截至2013年12月31日，新浪网、腾讯网、人民网、新华网四家网站共有认证政务微博账号258737个，较2012年增长了46.42%。其中，党政机构微博账号有183232个，增长率为61.61%；党政干部微博账号有75505个，增长率为19.22%。总体来看，在地区分布上，经济发展水平较高地区、东部沿海地区、一线城市的政务微博发展较好。从政务行业的分布来看，占比最高的是公安系统的微博。① 除数量仍保持高速增长外，政务微博在影响力、传播力、互动性等方面有了较大提升。政务微博已经成为推动社会管理创新的有效方式。

4. 境内媒体微博成为微传播常态

据人民网舆情监测室统计，截至2013年10月底，新浪微博认证的媒体微博总数达12.98万个，包括23449个媒体机构认证微博和106373个媒体从业者认证微博；腾讯微博认证的媒体微博总数突破11.09万个，包括14148个媒体机构认证微博和96731个媒体从业者认证微博。② 经过近几年的发展，作为微博空间的主流声音，媒体微博成为微传播的一种常态。

5. 境外媒体微博和外国驻华使领馆微博用户账号状况

作为一个全球化的新媒体，具有强大传播影响力的微博自然为境外媒体和机构青睐。据相关部门统计，2013年，境外媒体及其工作人员的微博用户账号超过2000个，美联社、华尔街日报中文网、福布斯中文网、FT中文网、俄新社、法新社、朝日新闻中文网等50余家境外主流媒体及中文网在我国境内开设微博账号，其中境外媒体机构及其工作人员在新浪微博开设账号1578个，在腾讯微博开设账号428个。此外，驻华使领馆及其工作人员的微博用户账号超过400个，美国、俄罗斯、英国、法国、德国等近40个国家驻华使领馆及其下属机构在我国开设微博账号，在新浪微博有360余个，在腾讯微博有15个。

---

① 国家行政学院电子政务研究中心：《2013年中国政务微博客评估报告》，2014年4月。
② 人民网舆情监测室：《2013年政务微博、媒体微博发展报告》，2013年10月。

五 发展态势及建议

1. 态势

展望未来微博的发展,有几点值得关注。

第一,微博仍处于平稳发展期。从整体特征来看,中国微博用户已经与互联网用户极为接近,这说明经过2010年之后的发展,微博已经拥有了较为稳固的用户,成为相对成熟的应用。此外,从2013年下半年腾讯微博、新浪微博、搜狐微博的覆盖人数变化来看,三大微博整体仍处于平稳甚至微增趋势,但在8~9月出现明显下滑。由此可见,中国微博用户整体数量平稳,目前部分认为微博已衰落的观点还为时尚早。

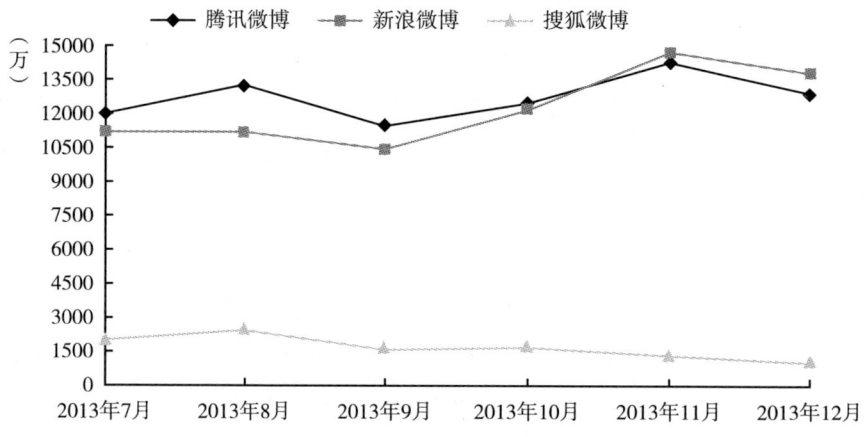

图1 2013年下半年腾讯微博、新浪微博、搜狐微博覆盖人数变化趋势

第二,微博的功能将进一步深化。作为一种顺应新媒体移动化、融合化和社交化发展大势而热兴的传播形态,微博将会随着移动化而不断融合其他功能。此外,微博的功能不仅是表达,更重要的是社会化,通过固有的社交化渠道向其他产业延伸。2013年4月,中国电子商务巨头阿里巴巴斥资近6亿美元,购入新浪微博18%的股份。阿里巴巴与新浪微博的合作充分说明了微博的社会化趋势。

第三,微传播的常态化为微博提供了一定的发展空间。当前,在新媒体移动化的促引下，即时通信已经成为中国新媒体的第一应用，在这种态势下，微信顺势而兴，微传播将日益常态化，成为主流传播方式。2014年2月25日，新浪发布了2013年第四季度和全年财报。数据显示，微博商业化的进程稳步推进，第四季度微博营收7140万美元，同比增长151%，环比增长33.7%，首次实现了季度盈利。同时，新浪微博拟在纽约首次公开募股，计划筹集7亿美元，这将使其市值达到70亿美元。在IPO报告中，新浪首次公布月活跃用户（MAU），截至2013年12月，月活跃用户数达1.29亿人。日活跃用户6140万，与2012年同期相比增长36.1%，其中70%的用户是通过移动端访问新浪微博。这表明新浪的商业重心开始转向微博，新浪必定会全力提升微博的功能。因此，在大趋势、技术、资本的多重张力下，微博仍将会有一定的发展空间。

2. 建议

第一，要进一步优化微博空间的传播秩序。2013年开展的网络谣言治理行动，以治理微博舆论乱象为目标，极大地遏制了网络诽谤、谣言传播、非法营销等扰乱微博传播秩序的行为，虽在一定程度上降低了热度，但有利于微博的长远发展。建议进一步加强微博治理的常规化和商业网站的自律。

第二，政府要加强信息公开回应社会关切。微博谣言之所以广泛传播，一个重要原因就是政府在信息公开方面还不能完全适应新媒体环境，尤其是在重大事件和重大决策中仍然存在信息公开不及时和不充分的问题，如长期积累，不仅无法遏制谣言的传播，还会极大影响党和政府的公信力。对此，2013年10月1日，国务院办公厅发布《国务院办公厅关于进一步加强政府信息公开回应社会关切提升政府公信力的意见》，要求进一步加强信息公开的平台建设、加强机制建设、完善保障措施，提出进一步加强新闻发言人制度建设、充分发挥政府网站在信息公开中的平台作用、着力建设基于新媒体的政务信息发布和与公众互动交流新渠道、健全舆情收集和回应机制、完善主动发布机制等。

2013年10月11日，中华人民共和国中央人民政府门户网站（简称中国政府网）官方微博（包括新浪微博和腾讯微博）和官方微信正式开通，这是国务院政府信息公开的又一重要平台。国务院重要政务信息将第一时间通过微博、微信等新媒体形式，向社会公众公开。建议各级政府充分贯彻《国务院办公厅关于进一步加强政府信息公开回应社会关切提升政府公信力的意见》，尽快完善信息公开，这是根治微博谣言传播、优化网络传播秩序之根本。

第三，党和政府进一步运用好微博接地气。作为社会化媒体，微博是一种低成本、高效率的沟通方式，建议党和政府充分运用好微博，充分挖掘微博对于社会治理创新的正能量。

第四，通过法制化的途径不断提升微博秩序治理水平。目前，我国互联网传播秩序治理方面的法律不多且层级低，因此在日常管理中，专项行动一直发挥着重要作用。建议进一步加强法制，通过法制进一步提升微博治理水平，方能达到长治久安的效果。

第五，传统媒体要加强与微博等新媒体的融合。在新媒体时代，传统媒体与新媒体似乎一直属于对立关系。而实际上，传统媒体和新媒体各有优势，关键在于如何充分互补。2013年，活跃的中国微传播阵营中出现了一支"新军"。2月1日，新华社法人微博发布厅入驻腾讯。由国家通讯社和中国最重要的互联网服务商联合推出一个新的新闻传播平台——"媒体发布厅"。通过传统媒体与新媒体的深度融合，实现互联网传播平台和新闻机构优质资讯的强强联合，有效地实现了腾讯平台传播广度与主流媒体传播深度的倍增传播力，彻底突破了互联网发展早期不同媒体以竞争、对立为主的发展模式，提出了不同媒体优势互补、同赢共兴的媒介融合新理念。当前，"媒体发布厅"已迎来包括国家通讯社新华社和经济日报社在内的30余家传媒集团入驻，成为传统媒体与新媒体加速融合的一个新模式。

第六，我国主流媒体和涉外机构应充分利用境内外微平台拓展传播力，提升中国形象。在新媒体社交化、移动化、个性化发展的大势下，传播正在经历从大众门户到"微门户"的重大转变，作为微传播时代的强媒体，微博具有强大的传播影响力。海外媒体和机构已经在积极应用我国境内的微博进行公共外交，我国也应该充分利用好境内外各种微平台，不断提升中国的大国形象。

B.5
2013年中国社交媒体舆情发展报告

刘鹏飞　卢永春　邱若辰[*]

摘　要：

2013年，我国社交媒体舆情发生重要变化。无线舆论场中微信、微博和新闻客户端三足鼎立之势初步形成。国际国内舆论场共振更加频繁，时政话题更加活跃，需要加快提升国际传播与新媒体传播能力。

关键词：

社交媒体　微博　微信　新闻客户端　舆情

2013年以来，我国互联网舆情的最大看点在于，社交平台舆情的持续升温。2013年微博、社交网站、论坛等的使用率有所下降。即时通信类社交媒体发展稳定，通信、分享功能更强，并为用户提供了诸如支付、金融等服务，增加了用户黏性，保证了用户规模的持续增长。随着3G/4G技术、智能手机和无线网络的发展普及，网络舆论面貌将加速改变。

一　2013年社交媒体和无线舆论场发展概况

2013年，显性舆情与隐形舆情此消彼长，圈子化网络结构的无线舆论场已经形成。既有微博、新闻客户端等新媒体的广泛覆盖和高效传播，又有微信、陌陌、朋友圈、QQ群等熟人关系互动，互联网的渗透率和动员性空前强大。从社交媒体来看，微信自诞生以来用户增长迅速，新闻客户端的发展势头

---

[*] 刘鹏飞，人民网舆情监测室副秘书长；卢永春、邱若辰，人民网舆情监测室舆情分析师。

看涨，致使微博热度大幅下降，逐渐形成微博、微信和新闻客户端"三分天下"的格局，移动互联网开始成为社会舆论的新信息来源。

（一）微博舆情出现波动

2013年，我国微博用户规模出现下降，微博活跃度降低。这一方面是因为其他新媒体竞争者兴起，大量微博用户流出，微博也常出现网络谣言等问题，带有自身缺陷；另一方面，也与管理的进一步规范有关，不少水分和杂质被去除。因此，一度有人发出疑问："微博是否已经开始走下坡路？"通过东莞扫黄事件和昆明火车站恐怖袭击事件，微博的优势得以体现，其对现场信息的报道，在速度和丰富程度上都领先于传统媒体，不少记者都盯着新浪微博寻找线索。作为一个公开互动的信息平台，微博具有独特的优势，在重大事件中往往能成为网络舆论的集散中心。

（二）微信火爆成为年度标志性特征

1. 移动互联网时代，微信拜年冲击电话、短信拜年

据工业和信息化部报告，利用微信、微博等新型移动互联网业务拜年已成为流行的拜年方式。2014年除夕移动互联网接入流量消费比平日增长25%。除夕到初七的8天内，全国手机用户共消费了3674.6万G移动互联网接入流量，每个用户平均使用46.6M，比平日流量高25.3%。

2. 群组拓展，微信社交覆盖力进一步发展

2013年底，升级微信5.1版的用户可以将自己创建的群聊人数调整为100人，进一步提升了用户个人微信的社交覆盖力。2014春节期间，"微信红包"一夜走红，各个微信群被"红包"刺激得活跃度大涨。在微信关系链滚雪球效应的加力下，此次"抢红包"活动的传播效率和转化率很高。每个喜欢抢红包、发红包的人，都不自觉地成为微信支付的免费宣传员，通过朋友圈、关系链进行传播，影响力呈几何级数增长。

3. 微信公共账号快速增长

截至2013年10月31日，微信平台已开通的公众账号超200万个，公众账号日均注册量为8000个，其中经认证的公众账号超过5万个。每天在公众

账号中有数亿条的信息交互。在微信公共账号中，活跃着一批新闻媒体账号，如人民日报、央视新闻、湖南卫视、浙江卫视等，其纷纷开展公众平台的运营。央视新闻作为其中有代表性的账号，于2013年4月1日当天上线后立即引发近10万用户参与互动，可见传统媒体的品牌效应。2014年1月21日，央视新闻微博公开宣布：微信公众账号订阅户已超过120万。

目前，政府、公共机构、非营利性组织、高校等越来越多的公共服务机构进驻微信。媒体公开报道显示，2013年12月至2014年1月，全国各地大致有超过3000家各级党政部门、600家公共服务机构开通微信。微信团队近期表示要扶持政府、教育等行业的公共账号，政务微信也因为和人们日常生活联系的紧密性、发布消息的权威性而受到广泛关注。

（三）新闻客户端成为公众新闻接触的新入口

据艾媒咨询统计，2013年我国新闻客户端用户达3.44亿，同比增长48.3%，新闻客户端在国内手机网民中的渗透率达到60.4%。手机新闻客户端的用户规模已进入了稳定发展阶段。其中，搜狐、腾讯、网易、新浪、今日头条、百度、凤凰等新闻客户端的活跃用户比例较高。[①] 随着4G时代的到来，新闻客户端的竞争也不可避免地进入视频新闻阶段。移动微视频也可能成为下一个社交媒体的竞争高地。

二 2013年社交媒体舆情结构特征

2013年，网络舆论板块发生重要变化。随着网络传播日趋碎片化和复杂化，在保障公众表达和社会监督的积极功能之外，其潜在的谣言、有害信息等负面效应也日益显现。政府加大了对互联网的依法管理力度，话题类微博大V遭遇一定打击。从内容来看，2013年8月以来，互联网话题主要集中在网络名人社会责任、打击网络谣言、"两高"（最高人民法院和最高人民检察院）有关网络诽谤的司法解释等，这些都对网络舆论生态治理产生巨大作

---

① 艾媒咨询：《2013年中国手机新闻客户端市场研究报告》。

用，不仅注重网民自律和网络自治的柔性治理思路，也体现出对网络消极现象从被动应对向主动依法治理的转变。这导致网上负面爆料和网络谣言有所减少，但意识形态和思想文化话题有所上涨；另外，舆论也反思和呼吁有关部门找准执法的边界。

2013年，反腐与司法案件成为热点，特别是党的十八届三中全会以来的一系列反腐举措引起强烈反响。互联网金融、打击网络谣言、公共安全、社会民生政策等话题也备受网民关注（见表1）。国际方面，"斯诺登事件"折射出的网络信息安全隐患、美国政府遭遇"棱镜门"事件和"窃听"传闻，引发了广泛争议。此外，"马航失联事件"引发了公众对境外突发安全事件的关注，也同时暴露出我国媒体国际新闻调查的薄弱和国际传播能力的不足。

（一）百大舆情事件领域分布

由于集中了重大政治议题及传统节日，如党的十八届三中全会、元旦、春节、地方及全国"两会"等，2013年末至2014年3月成为社交媒体舆情高发期。自2013年12月起，在全国范围内产生重大影响的舆情事件数量一路攀升（见图1）。

人民网舆情监测室对2013年3月至2014年3月的全国舆情事件进行分析梳理，选取了100个热点舆情案例作为研究样本。其中，与反腐相关的舆情事件（20%）成为年度最受网民关注的事件类别，司法案件（10%）和灾害事故（10%）等类型舆情也备受社会各界关注，其余还包括公共卫生、恐怖袭击、政策争议、网络谣言、社会道德、经济事件、媒体事件和领导人形象等（见图2）。

1. 反腐与整风话题

近年，反腐与整风话题成为社交舆论场的大热门。随着薄熙来案、刘志军案和多起高层违规干部被查处案件一一曝光，中央"既打苍蝇，又打老虎"的做法获民众肯定。"十八大"以来，又有20名省部级官员被查处，2014年的反腐工作重点，"坚决查处大案要案、形成威慑力"、"支持网络监督、舆论监督"以及"进一步健全反腐相关法律法规"成为网民主要期待。

2013年中国社交媒体舆情发展报告

表1 2013年度20件网络舆情热点事件*（2013年3月至2014年3月）

单位：篇，条

序号	事件/主题	新浪微博	腾讯微博	人人网	知乎	百度贴吧	天涯论坛	开心网	推特	热度
1	多地爆发禽流感	20285323	498600	402000	36400	479000	262000	20200	51410	2400357.03
2	马航事件	12017208	1273200	152000	11941	250000	28900	384	189060	1501269.48
3	芦山地震	5285549	335800	30300	25500	290000	138000	746000	26810	864103
4	斯诺登事件	4847702	161000	198000	20700	121000	76400	10000	315500	636006
5	微信红包	2391530	309800	210000	247000	1580000	150000	18900	6260	555334
6	薄熙来案庭审直播	977599	854200	1460000	18700	40500	156000	12600	11610	327724
7	打车软件	1958606	153300	143000	171000	131000	212000	580	37490	294511
8	李某案	1930209	12,600	486000	7310	69300	208000	8730	14490	281888
9	薛蛮子被拘事件	2229945	108400	32700	27300	21900	64900	1830	11750	268534
10	昆明暴恐事件	1377073	140000	266000	26600	229000	262000	823	8530	234182
11	单独二胎政策	1218676	327700	342000	18100	55200	118000	2550	9660	208436
12	新快报记者陈永洲被批捕事件	1465292	399300	73400	32	4230	16500	1430	8163	202721
13	东莞扫黄	1249060	80400	224000	45600	200000	64000	4700	8010	201131
14	南京护士被打事件	593548	104300	1040000	10300	20200	68400	2070	1187	175253
15	多地遭遇重度雾霾	1167454	59000	17800	8540	40800	21000	1570	7220	143628
16	十八届三中全会	337768	874600	62300	18600	112000	91200	4630	4111	135948
17	"校长，开房请找我"事件	768026	27300	46700	5130	89700	53900	8130	3630	108581
18	习大大排队买包子	208741	105000	161000	5160	43500	65800	2407	2866	56496
19	甘肃张家川初中生发微博被拘	362604	113300	603	73	3530	13100	739	1497	50551
20	领导人漫画系列	118670	27520	99000	6102	88300	150427	1890	10690	46012

注：*①舆情热点，一般指的是较为具体的事件，只选取其中的具体事件。对于庞大且笼统的事件，新闻、帖文、微博均以包含原创与转载。这里也一并计入。④事件网络总热度的计算方法：将从各大社交媒体平台统计得到的数据进行归一化处理，新浪和腾讯微博搜索。②以上各列数据中，有可能衍生出引用网络新词，SNS分享帖文不包含评论，搜索工具有人民在线综合管理系统、百度、合歌、全文搜索得出统计结果，存在一定的误差。③部分事件从事件始发时间开始搜索，通过设置多个关键字多途径。③监测时间跨度2013年3月至2014年3月；部分事件采用变异系数法进行计算，搜索引擎无法抓取的被删除的页面。由于数据量纲差异较大，本文中采用变异系数法进行计算，得出各项权重系数依次分别为0.11、0.08、0.09、0.12、0.13、0.05、0.27、0.15，从而得到综合热度排名前二十的网络舆情热点事件。

071

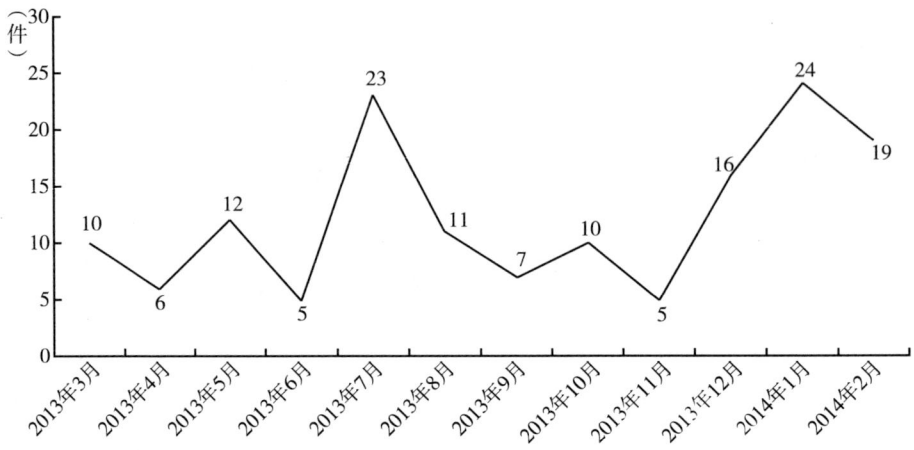

图1　2013年重大社交媒体舆情事件走势*

注：* 本图统计自2013年3月至2014年3月影响全国的重大舆情事件共有148件，反映了2013年重大舆情发生的频率分布。

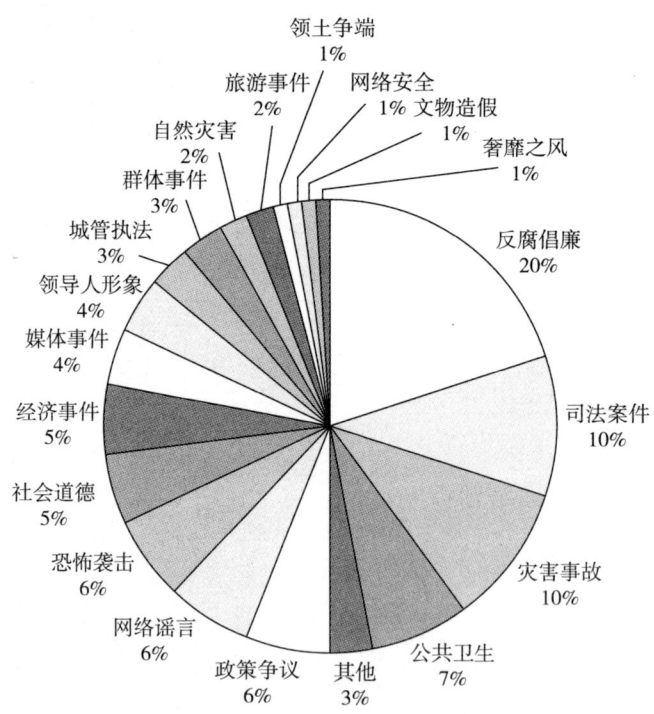

图2　百大社交媒体重大舆情事件类型分布（2013年3月至2014年3月）

2. 司法类案件

2013年9月薄熙来案微博直播和一审宣判之后，陕西"房姐"龚爱爱案、"高铁一姐"丁书苗案陆续开审。湖南特大非法集资案主犯曾成杰被执行死刑，成为继"吴英案"后又一起引发民营企业人士震动的案件。北京大兴摔童案、李某某强奸案、河北王书金强奸案等相继宣判，夏俊峰被执行死刑，这些都使得司法公正成为空前集中的网络议题，折射出民众对我国社会转型期局部阶层固化、道德滑坡、特权滋生、贫富差距拉大、冤假错案出现等现象的不满和忧虑。随着司法机关在审判制度、职业制度、信息公开等方面的改善，2014年全国"两会"、"两高"工作报告的反对票明显减少。

3. 突发事件与公共安全

2014年全国"两会"召开前夕，昆明"3·01"暴力恐怖袭击事件发生，不但给公共安全带来新的挑战，更引发公众的忧虑和恐慌。社交媒体平台充满了正义的声音，但也有少量偏激、标签化的地区歧视性言论。不少网民和主流媒体纷纷澄清，一方面谴责极少数恐怖分子，另一方面捍卫广大新疆同胞的形象与尊严。同时，部分关于"暴恐事件"的谣言也充斥于社交媒体平台中，长沙、广州、成都等地相继因"暴恐谣言"发生街头恐慌事件，并通过网络媒体进一步扩大了传播范围，造成了不良的社会影响。

4. 行政审批与政策争议

新一届政府成立以来，取消和下放的行政审批事项达400项，力度空前，在网络舆论场引发如潮好评。"两会"期间，"广州政协委员列出中国人一生所需的103种证件"、"最多可能办400多种证件"、"办证难"问题引发社交舆论场共鸣，"央视曝光北漂小伙返乡6次办护照遭刁难"、"外地夫妇为办一胎准生证半年奔波盖40个章，至少须盖13个章"、"卫计委：夫妻异地办生育证2020年前基本实现"、"公安部日前明确了户籍制度改革时间表"等成为热点议题。烦琐的行政审批增加了社会成本，缺乏有效监管，容易造成巨大的寻租空间或地区部门推诿"踢皮球"现象，且其与民众切身利益相关，因此常常为舆论所诟病，对政府公信力的伤害较为严重。有观点认为，计划生育、社会保障与户籍部门信息化建设严重滞后，与当前市场化、城镇化的经济社会环境不适应，让民众来往奔波折腾，因而导致网络舆论的不满。

5. 医患关系

2013年以来，医疗纠纷日益增多，"医闹"现象屡屡出现，"广州百人冲击医院"、"温岭杀医事件"、"潮州辱医事件"、"南京护士被打"等，医患纠纷不断通过社交媒体进入公众视野，甚至引发线下行动，引起社会各界关注和高层批示。"医闹"现象逐渐成为社会转型期的一个突出矛盾。如何捋顺医患关系、推进医改、增进医患互信和提高道德素养，成为新的舆论关注点。

（二）百大舆情地区分布

从地区分布来看，北京、湖南、浙江、广东、山东、安徽是2013年以来舆情事件的高发省份。此外，发生于全国多个地区并造成重大影响的舆情事件共25起，与国际事务相关的重大舆情也达到了5起（见表2）。

表2 近期百大社交媒体重大舆情地区分布（2013年3月至2014年3月）

序 号	省 份	事 件	地 区
1	北 京	13	华 北
2	湖 南	6	华 中
3	浙 江	5	华 东
4	安 徽	4	华 东
5	山 东	4	华 东
6	广 东	4	华 南
7	河 北	3	华 北
8	吉 林	3	东 北
9	海 南	2	华 南
10	辽 宁	2	东 北
11	上 海	2	华 东
12	江 苏	2	华 东
13	福 建	2	华 南
14	江 西	2	华 中
15	河 南	2	华 中
16	新 疆	2	西 北
17	陕 西	2	西 北
18	云 南	2	西 南
19	山 西	1	华 北
20	黑龙江	1	东 北

续表

序　号	省　份	事　件	地　区
21	湖　北	1	华　中
22	广　西	1	华　南
23	甘　肃	1	西　北
24	四　川	1	西　南
25	香　港	1	港澳台
26	贵　州	1	西　南
—	全　国	25	—
—	国　际	5	—

从地域划分来看，华北、华东地区成为2013年社交媒体舆情的高发地带。华中、华南、东北地区引发全国关注的重大舆情事件低于平均数值，西南和西北地区相对较少，但恐怖袭击事件多发（见图3）。

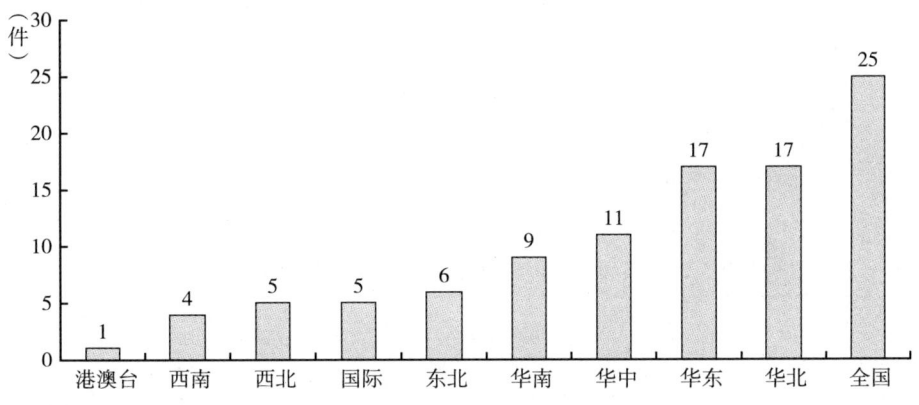

图3　近期百大社交媒体舆情地域分布

（三）社交媒体舆论场现实影响的加深

目前，手机网民获得信息的主要途径是通过微信、微博和新闻客户端。在信息获取能力方面，新闻客户端＞微博＞微信；在社交属性方面，微信＞微博＞新闻客户端。2013年，微信等移动通信工具对微博用户的分流作用明显。这种基于手机的信息供给，囊括各种行业内容和网友评论，用户可以根据兴趣订阅，自主选择公开转发或在熟人圈分享交流，开启了社交阅读的新时代。

值得注意的是，本报告将2012年和2013年百大微博热点舆情事件的网民参与形式进行了对比，发现相较于2012年21%的线下行动率，2013年以来线下行动的比例发生微弱上升（23%），接近1/4的社交媒体舆情会引发线下行动和人肉搜索。其中，微公益、领导人亲民形象、网络监督和维权是引发社交媒体社会动员能力提升的重要因素。

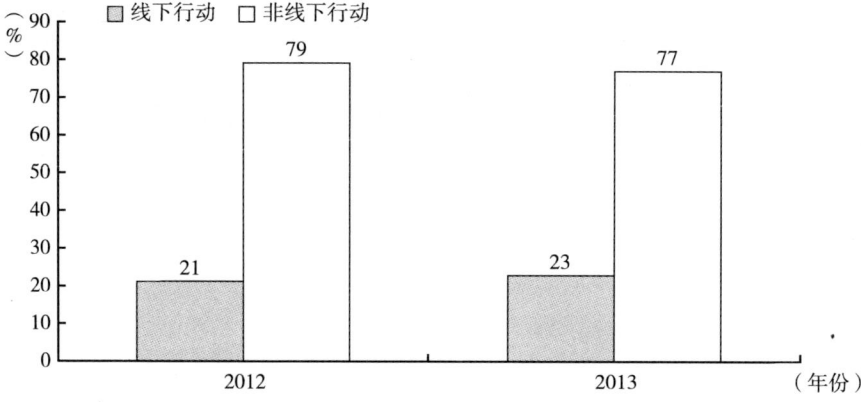

图4　2012~2013年百大微博热点舆情网民参与形式比较

表3　近期出现线下行动和人肉搜索的社交媒体舆情事件

时间	地区	事件/话题
2013年1月13日	全　国	光盘行动
2013年3月4日	吉　林	吉林长春两月大男婴随车被盗事件
2013年4月3日	三　亚	三亚海天盛筵事件
2013年4月20日	四　川	四川芦山地震事件
2013年5月6日	国　际	10万人白宫网站签名关注清华大学朱令案
2013年5月8日	北　京	京温商城安徽女孩坠亡事件
2013年5月24日	江　苏	南京男孩埃及千年神庙刻"到此一游"事件
2013年5月24日	云　南	昆明PX项目遭遇抵制事件
2013年5月29日	全　国	20天8起校园性侵案
2013年6月7日	福　建	厦门公交车起火事故
2013年7月1日	国　际	斯诺登与"棱镜门"事件

续表

时间	地区	事件/话题
2013年7月12日	湖南	长沙曾成杰案
2013年7月21日	北京	吴虹飞微博称"炸建委"事件
2013年7月25日	山东	薄熙来案
2013年8月4日	上海	上海法官涉嫌集体嫖娼案
2013年8月10日	山东	平度陈宝成抗拆事件
2013年9月7日	北京	方舟子、崔永元微博论战转基因食品话题
2013年9月17日	甘肃	张家川初中生微博转发超500次被刑拘事件
2013年10月6日	浙江	余姚水灾
2013年10月20日	湖北	300网友武汉试吃"黄金大米"
2013年12月28日	北京	"习大大"排队买包子引关注
2014年1月22日	全国	打车软件之争
2014年2月19日	全国	领导人漫画系列

在我国社会转型关键时期，探索社会动员的新形式，提高对社交媒体社会动员机制的认识和创新运用，是积极凝聚虚拟社会共识和建设力量的重要前提，如何发挥社交媒体积极的社会动员作用，化解破坏性影响和消极矛盾，是亟须解决的重要课题。

三 社交媒体舆论格局的演变

（一）网络舆论场的力量变化

目前，社交媒体舆论力量的构成主要包括普通网民、意见领袖、市场化媒体、体制内媒体和政务新媒体（微博、微信）五支力量。本文抽取了2013年3月至2014年3月100件在全国范围内产生重大影响的舆情事件，以成功实现议程设置或使舆情发生重要转折为标准，评估哪一类或哪几类媒体话语权较强。结果显示，2013年以来，体制内媒体和普通网民的舆论影响力上升，意见领袖和市场化媒体的舆论影响力则有所下滑（见图5）。

此外，网络自媒体对舆情事件走向的影响力（29%）与市场化媒体

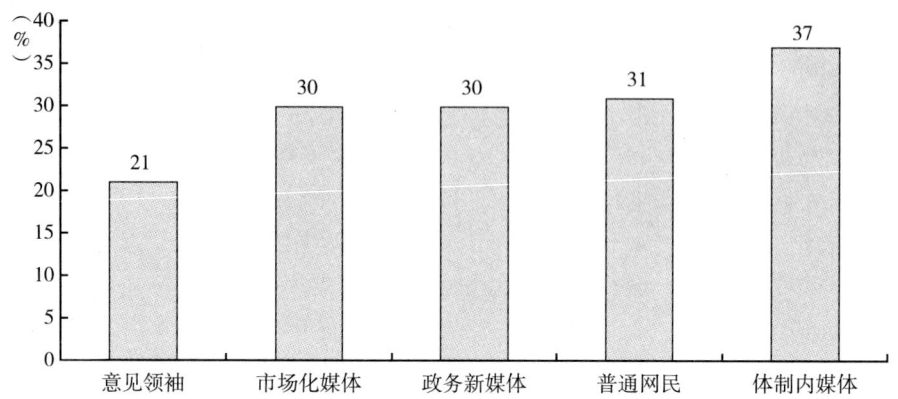

图5 近期社交媒体重大舆情话语权分布（2013年3月至2014年3月）

（28%）平分秋色，而体制内媒体（43%）在重大事件中则显得较为强势。（见图6）相比之下，用户群体通过社交平台发表看法，影响事件发展和议程设置的作用明显，体制内媒体也表现出大致相当的舆论引导力（见表4）。过去一年中，市场化媒体账号虽然在传播力上表现出明显优势，但由于网络冲击、商业力量和个体化力量兴起等，除少数账号仍表现强劲外，影响力出现大面积下滑。

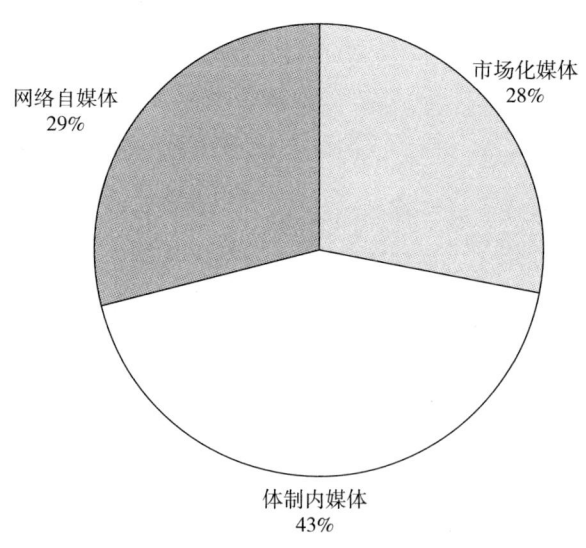

图6 2013年热点舆情媒体话语权分布

表4 2013年第三季度舆论议程设置主导力量变化

单位：件，%

类型	7月	8月	9月
舆情样本量	26	20	20
意见领袖	50	55	45
体制内媒体	42	40	45
普通网民	8	5	10

2013年8月以来，打击网络谣言话题热度上升的同时，网络大V整体社交媒体的热度下降较为明显，特别是一些极为活跃、微博情感词烈度较高的网络名人，时政话题比例和发微博总量都有下降。同时，"两个舆论场"的话语权力量分布逐渐走向均衡。有更多的舆情事件呈现复合型的特点，网络意见领袖、传统媒体、网民群体常常形成"默契"，共同推动话题升温。特别是2014年东莞扫黄事件，出现"网络舆论狂欢"。与多年前北京警方查处"天上人间"酒店不同，此次网络媒体中出现大量"东莞挺住"、"今夜，我们都是东莞人"之类的言论。"两个舆论场"形成巨大的反差。有观点认为，网民对东莞扫黄舆情事件的反应也由于网民对央视2013年以来一系列独家曝光存在"刻板印象"。但在舆情高涨期，主流媒体和司法机关坚决捍卫法律权威和社会公序良俗的决心，发挥了至关重要的作用。各地公安的扫黄行动也有利于净化社会环境。

随着社交媒体、打车软件和网络购物的持续火爆，有关支付宝、余额宝、微信红包和财付通等话题逐渐升温。甚至有评论称余额宝是"寄生虫"、"吸血鬼"，引发舆论热议。随着有关部门表态支持互联网金融创新，警惕金融风险，并加强了互联网金融支付工具的监管，网上白热化的争论逐渐变成理性讨论。2013年下半年以来，论坛、微博、新闻跟帖中庞大的普通网民人群，在网络舆论场中常常能够发挥主导性力量，与政务微博、媒体微博共同构成舆论发酵的重要基础。更多专业人士的影响力也在增大，能够在网民中提供科学专业的理性判断。

（二）政务新媒体的表现及启示

2013年以来，改革议题、公共政策和突发事件，在社交媒体舆论场引发

火热讨论，尤其是在熟人互动社区。筑坝放水、疏堵结合，是互联网生态治理的有效途径。打击网络谣言、净化网络环境是一方面，加强政府信息公开是另一方面，二者相辅相成。

截至2013年11月底，我国各微博平台中的政务微博账号总量已经突破24万。① 包括中国政府网在内的几十家中央部委及其直属机构开设政务微博，全国司法系统省级以上级别的政务微博纷纷开通，济南中院薄熙来案微直播等活动推动司法公开，成为2013年政务微博发展的亮点。政务微博大V和媒体"微博国家队"交相辉映。党政干部微博和一些媒体人士微博的活跃度有所上升。

微博是媒体平台，以内容为核心，更多地用来发布和传播信息，完成公共话题的意见交换，加速微博舆论的形成和话题的导向。微信是交流平台，关注的是人，人与人之间的交流是微信平台的价值所在。许多党政机构已经尝试将微博、微信打通运营，让政府部门的信息发布与政务服务更好地结合起来。②

Web 3.0时代，政府网站或将迎来改版热潮。2013年9月，整合原监察部、国家预防腐败局等部门网站之后，新上线的中央纪委监察部网站在开通后第一个月里，点击量就达到3000万次，远远超过了其他政务网站。目前，该网站已成为网民第一时间了解中央反腐动态的权威窗口。2014年3月1日零点整，全新改版的中国政府网也正式上线运行，网民查找信息和服务的便捷度明显提升，政府信息更公开透明，服务内容上更加突出回应社会关切。

从某种意义上说，以中央纪委监察部网站、中国政府网为代表的政府门户网站改版，标志着政府网站服务转型升级处于一个全新的发展阶段，将充分融合社交媒体基因，从过去的"信息为王"进入"服务为王"的时代，公众满意度、服务辐射力与网络影响力成为未来政府网站变革的主要导向标。

（三）社交媒体成政治传播新平台

党的十八届三中全会召开期间，微信群对其的讨论热度甚至高于微博。对会议的宣传报道和有关解读，不仅见诸报纸、广播、电视等传统媒体，而且在

---

① 蒋彦鑫：《政务微博认证账号超24万个》，《新京报》2013年11月29日。
② 陈宁、潘宇峰等：《2013年腾讯政务微博和政务微信发展报告》，人民网舆情监测室，2013年12月6日。

社交媒体新平台也无处不在,其突出特点是贴近老百姓,这既是政情民意互动的生动典范,也是新闻主动适应时代要求的必然选择。有观点认为:"碎片化、便捷化、及时化的微博、微信和新闻客户端等传播方式,能切中受众心理和满足其随时随地的阅读需求。"① 据不完全统计,微博、微信、手机新闻客户端等平台在一周时间内共摘编了《中共中央关于全面深化改革若干重大问题的决定》以及习近平关于《决定》的说明超过60条,网民转发量超过70万次,评论超过800万条,相关信息覆盖超过3亿网民。网友获取高端信息的门槛正在不断降低,传统媒体借助新媒体抢"首发"、推"独家"的意识正在不断增强。网民通过不同媒体平台获取《决定》全文,对政策走向展开热议,充分发表分析见解,使社交媒体成为反映社情民意、倾听网民呼声的一个重要平台。

全国"两会"期间,网上出现很多政治类视频,脚本简洁易懂,里面有很多有趣的"包袱"。因为其本身是动画,观看的时候不需要深入思考,且时间短、传播渠道广,因此更吸引人。当时《壹读》制作了"新鲜的中央政府"视频,讲述"两会"到底如何运转,搜狐也做了一个"小狐狸教你看懂两会"。②

2013年,领导人漫画形象也开始出现,其不仅形式丰富,而且更加亲民。2014年2月18日,千龙网发布一组漫画版的"习主席的时间都去哪儿了"的图表新闻,也被舆论解读为"官媒首次公布习近平的漫画形象"。此后,2014年2月26日晚10时12分,中国政府网发布一组名为《图解2月26日国务院常务会议》的图片新闻,开头便是国务院总理李克强的漫画。此前,李克强已有民间版漫画画像,其是漫画家和市民所创作的。这样的漫画打破了领导人给大家的神秘感,是中国社会更自信和更开放的一种表现。

2013年10月14日,在十八届三中全会即将召开之时,由"复兴路上工作室"推出的《领导人是怎样炼成的》短片引发轰动,中共中央政治局七大常委和国际政要均以卡通形象出现。优酷网指数显示,截至10月23日,这部

---

① 韩元俊:《网民盛赞微博微信新闻客户端传播三中全会〈决定〉精神》,新华网,2013年11月26日。
② 刘斌、宋凌燕:《领导人"卡通片"网上爆红 "复兴路上工作室"到底是谁》,《南方周末》2013年10月24日。

动画短片中文版总播放量已超过246万次，英文版被播放10万余次。"亲民"、"眼前一亮"、"耳目一新"成为关键词，有人大呼"习大大萌翻了"。之后其又推出宣传片《中国共产党与你一起在路上》，网友热烈点赞转载，开创了政治传播新模式。另外，在习总书记北京视察工作期间，其在庆丰包子铺排队买包子、走访看望北京南锣鼓巷居民等消息，都率先在微博上发布和传播开来，引发网络好评。而一些地方因"偶遇领导"，不少转发传统媒体内容的政务微博受到质疑，其原因是雕琢痕迹太重，迟于传统方式播报，失去了求真务实、自然清新，容易陷入形式主义。

2013年英国首相卡梅伦访华期间，也通过开设微博与中国网民交流，却遭遇了很多始料未及的提问，但总体上拉近了中英关系。由此可见，社交媒体能够为政治传播提供一条深入民间、繁荣有序、"润物细无声"的传播途径，拉近领导人与民众的距离。虽然存在一些不确定的风险，但仍是政治传播和公共外交的重要工具。

（四）国际舆论场时政话题更加活跃

近一年来，国际国内舆论场共振更加频繁，时政话题更加活跃。我国政情、改革政策、经济形势、机构调整、人事布局、反腐大案等，均引发境内外的深度关注，或最早由外媒爆料出来。从斯诺登和美国政府"棱镜门"事件开始，网络安全话题就成为热点。其间，外媒活动较为活跃，如2014年全国"两会"开幕时，全国政协新闻发言人吕新华回答《南华早报》记者提问，"你懂的"很快成为社交媒体热词。同时，在社交媒体和视频领域也掀起对政治与文化议题的讨论。因此，我国媒体要朝着提升国际传播专业能力、提升国家软实力的目标不断迈进。

四 社交媒体发展走向与管理建议

1. 网络空间管理将逐步走向法治化

2014年2月27日，习近平总书记主持召开中央网络安全和信息化领导小组第一次会议时强调，"做好网上舆论工作是一项长期任务，要创新改进网上宣传，运用网络传播规律，弘扬主旋律，激发正能量，把握好网上舆论引导的时、度、效，使网络空间清朗起来。"作为互联网大国，我国将全面进入"依法治网时代"。2014 年，有关部门将继续加大网络治理的力度，特别是在依法治理网络空间、完善互联网信息内容管理等法律法规方面可能迈出新步伐。

2. 兼顾改革发展大局，推进社会综合治理工程

网上的问题往往来自现实生活，网络舆论生态治理，要解决根本的问题，不仅要强调政务新媒体、网络名人、网站、编辑记者和普通网民的社会责任，更要找准公共治理的根本问题和网络信息的传播规律，坚持政府信息及时公开，从制度设计和信息发布机制上建立网络舆论生态治理体系。

3. 社交媒体运营，需要一套规范、科学和高效的管理制度

编辑记者和知名人士必须遵守所在媒体机构的员工社交媒体使用规范，如路透社、美联社、人民日报社、中央电视台等均已出台相关规定。

4. 对不实信息和违法有害信息应依法查处

2014 年 3 月 13 日晚间，一部分被网民举报的微信自媒体公众账号被关闭数天。腾讯方面次日发公布称，"为保障用户体验，微信公众平台严禁恶意营销以及诱导分享朋友圈，严禁发布色情低俗、暴力血腥、政治谣言等各类违反法律法规及相关政策规定的信息"。

5. 加强网络信息安全和治理网络欺诈隐患

随着无线舆论场的形成，2013 年各地媒体不断爆出因社交媒体使用而出现的恶性事件，如公民或儿童隐私泄露致伤害、盗取个人社交媒体账号密码、盗取手机支付账号密码、植入各种吸费木马和流氓软件、利用社交媒体搭讪性犯罪和抢劫、利用社交媒体造谣传谣等犯罪现象，说明我们不能对网络安全掉以轻心。比如东莞扫黄期间，爆发性出现骗子以"招嫖被捕"诈骗短信要求家人汇款的现象。

6. 网络舆论管理蔓延到电商、金融和交通等领域

社交媒体舆情有牵一发而动全身之势，存在大量未知领域。由于受互联网生存法则和赢利模式的内驱力影响，围绕人的一般需求，舆论流可能会向广告流、金融流、技术流、交通流等不同领域扩散。如同快递业加强监管一样，化学品泄漏致人死亡事件提醒人们，安全成为行业发展的生命线。在监管部门看来，互联网金融创新或许值得鼓励，但就全局而言，面对潜在风险，改革发展需要相关配套和适应的平稳过程。

7. 兼顾显性舆论场和隐性舆论场的舆情研判

在熟人圈层化、半封闭化、半匿名化的无线舆论场，群体话题变得更加散落与私密，人群从公开的微博舆论场过渡到私密的微信、陌陌等移动社交圈子，反而使突发舆情事件的民意诉求更加封闭，其实并不利于了解真实的舆论意见构成。因此，在无线舆论场域中，有以媒介属性更强的微博、视频网站、新闻客户端互动跟帖为代表的显性舆论场，也有以社交属性更强的微信、微信群、QQ群、社交网络、熟人问答社区等为代表的隐性舆论场。对此，要想准确把握社会舆论格局和民意走向，就需要兼顾显性舆论与隐性舆论的双向研判，兼顾网上网下的真实民意构成。

8. "反心灵鸡汤"声浪越来越强，社交媒体向个体生活略有回归

2014年2月23日，学者于丹在微博发布一条谈雾霾的"心灵鸡汤式"的文字，有网友赞誉，也有人抨击，质疑声主要是不赞同将严肃公共议题置换为私人体验。但是，微博、微信"朋友圈"里的"心灵鸡汤"依旧占据着不大的手机屏幕。另外，中央主流媒体微博中"防骗防盗""×××产品质量"、"好人好事"等内容在2013年下半年也显著增强，并赢得较高的转发量。由此可见，网民群体在关注硬新闻的同时，也通过社交媒介对身边事务有了更强的认知。严肃媒体往往坚持软硬新闻的二八定律，社交媒体向社会个体生活体验靠拢，是拉近受众关系的有效路径之一。

2013年中国电视的新媒体转型报告

殷乐 徐畅*

摘　要：

2013年，电视行业最为热门的领域依然是新媒体转型。本文主要从数字电视/IPTV/OTT TV、网络视听、多元终端及社交媒体四个方面探讨电视的新媒体转型路径和发展态势。

关键词：

广播电视　新媒体转型　数字电视

国家新闻出版广电总局的"十二五"规划明确了传统电视媒体要向现代传媒转型发展，以融合为方向，统筹传统媒体和新媒体发展。2013年对于广播电视行业而言，既是一个临界期也是一个突破期：一方面，以互联网、移动终端等为代表的新媒体对传统广播电视的冲击日渐深远，多项调查显示，传统电视在接收终端、突发事件传播和信任度上的领先优势趋于式弱，而互联网则是后力绵绵，移动终端更是蓄势待发；另一方面，在技术和政策支持下，传统电视积极探索转型之道，其行业形态、生产方式、传播流程、营销渠道和传受关系都正在经历巨大变革，在某种程度上，与新媒体形态正从竞争走向融合，此电视已非彼电视。本文以技术和关系变革为脉络，从四个方面关注中国电视的新媒体转型路径和发展态势。

---

* 殷乐，中国社会科学院新闻与传播研究所研究员，广播影视研究中心主任；徐畅，中国社会科学院研究生院2013级研究生。

一 数字化改造深化，数字电视、IPTV 与 OTT TV 并行

（一）有线数字电视

在中国，有线数字电视起步最早、发展时间最长，也是相对成熟的一项技术，其发展大致经历了三个阶段：1992～2003 年是技术平台建设的准备阶段；2004～2006 年，主要城市的有线数字电视产业进入扩张期，数字机顶盒大规模进入家庭，2006 年达 1266 万用户；2006 年之后，开始转入产业链的构建和赢利模式的探索阶段。由于中国居民尤其是中老年人仍然把电视作为主要媒体渠道，加之国家政策的大力推动，使得中国数字电视的普及率比较高，渗透率呈稳步增长趋势。数据显示，截至 2013 年 8 月底，中国数字电视用户为 1.5955 亿户，有线电视数字化渗透率达 75.98%[①]。

但是仍然存在着不少问题，主要表现在推广数字电视以后人们看的仍然是模拟信号时代的节目，很多节目源的数字信号仍然由模拟信号转换而来，数字电视应该给用户带来的高清享受没有明显体现，而且中国居民尤其是二、三线城市用户没有购买付费频道的习惯。总体而言，节目匮乏，软件、硬件跟不上仍然是主要问题，数字电视给用户带来的生活变化并没有达到推广数字电视时的预期。

（二）IPTV/OTT TV

不同于数字电视，IPTV 与 OTT TV 均通过 IP 网传输视频内容，但二者各有长短。经过多年积累，IPTV 以高速高质的网络，对广播电视与互联网特质的融合，直播、点播和应用并行的模式满足了多重用户需求，加之收费模式等问题的解决，用户拓展十分迅猛。但是中国 IPTV 的发展情势依然严峻，存在

---

① 易观网：《2013 年 8 月中国有线数字电视用户为 1.5955 亿户 有线电视数字化渗透率达 75.98%》，2013 年 10 月 8 日，http://data.eguan.cn/qitashuju_176357.html。

着内容质量、利益分配等问题。对此，有关部门要提升内容以及技术质量，多方引进优质片源，提高IPTV的使用价值，同时也要按照法律规定明确各方利益分配，做好职能分工。这样，IPTV才能在中国真正健康、有效地拓展开来。而因2011年的181号文件合法化的OTT TV在理论上具有通过公共互联网向电视、电脑、iPad、智能手机等多终端提供服务的优势，目前产业链也基本形成，互联网电视集成业务牌照持有者负责播出平台，内容服务牌照持有者负责内容，智能电视和机顶盒等终端也在发展中。但还是存在着管控制约、网络质量不能保障、商业模式不确定和内容传播上的局限等问题。可以预见，IPTV和OTT TV等还将在相当长的一段时间内并存共进。

二 网络电视台不均衡发展，网络视频多向开拓

（一）网络电视台

传统广播电视如何更好地利用网络平台焕发新的生机活力是转型重点之一。2009年以来，中央电视台、新华社以及各大卫视纷纷开办网络电视台，经过数年的运营，网络电视台呈不均衡发展状态，其中中国网络电视台（CNTV）作为国家队代表在该队列遥遥领先，其整体用户访问量自开播后逐年增加。

有关网络电视台浏览量的调查显示，2014年1月，中国网络电视台收获了8592万小时的有效浏览量，独占全部有效浏览时间的91%。有学者总结其成功的原因：一是内容整合能力强。CNTV整合了中央电视台所有优秀历史影像资料和全国电视机构每天1000多个小时的视频节目，直播与点播结合，吸引用户。二是广泛开发多媒体多介质终端。CNTV将多样化的网络音频、网络视频、图文推送到个人电脑、手机、楼宇电视、地铁、机场、公共汽车、户外大屏幕等多种终端上。三是聚焦公众关心的热点话题，吸引公众注意力。[1]

然而，网络电视台整体发展活力欠缺，如在网络电视台浏览量排名第二、

---

[1] 吴刚：《CNTV媒介融合策略与思考》，《新闻前哨》2010年第6期。

第三的CCTV、齐鲁网仅占据全部有效浏览时间的1.8%、1.6%。①其原因为，网络电视台生存压力小，内容同质化严重，资源整合能力不足，服务意识不到位，没有发挥应有的用户资源、广告资源的优势，与较专业的视频网站相比，网络电视台在流量、用户黏性等方面存在着较大差距。这一分化格局既说明目前网络电视台有很多不足，也预示其可发展的用户市场有很大潜力。从未来发展来看，网络电视台应该充分发挥自身片源正规、信息权威、公信力强的优势，树立用户意识和服务意识，同时在平台开拓上摆脱既有媒体身份的障碍，借助多重平台拓展功能。调查也显示，用户对网站提供的综合视频、网页搜索、宽屏影视等用途有较高的热情，用户月度覆盖比例达88%以上，此类内容可能是传统媒体进入网络视频行业较好的切入点②。

（二）视频网站

视频网站既是传统电视深度竞合的重要领域，也是多终端视听服务的内容构成。经过数年的关停并转，视频网站在2013年进入了多向拓展期，尤其是媒体化作为视频网站的发展重点，出现了多领域的开拓与尝试，而视频分享则维持较为稳定的发展状态。有数据称，中国网络视频市场规模达128.1亿元，同比增长41.9%。预计未来几年，其仍将保持较快增长态势，2017年预计将达366.0亿元③。2013年各大视频网站的竞争主要集中在以下几个方面。

1. 网络独播

2012年，乐视网首先发起独播剧之战。年度独播大戏《甄嬛传》，迄今已经为乐视网贡献了超过46亿次的播放量，也以此凸显了乐视品牌。其选择独播主要有两方面的原因：一是经过市场的几番大浪淘沙，活跃的一线视频网站已经不多，为了在竞争中凸显优势，需要增加自身的内容差异化进而增加网站的识别度和用户倾向性；二是视频网站实力已经今非昔比，尽管独播的价格昂

---

① 艾瑞网：《艾瑞 iUserTracker：2014年1月在线电视台行业数据》，2014年3月5日，http://service.iresearch.cn/shuziyule/20140305/227937.shtml。
② 艾瑞网：《艾瑞 iUserTracker：在线视频用户规模跃居第一　在线电视台成为传统媒体新阵地》，2012年7月3日，http://video.iresearch.cn/iptv/20120703/175861.shtml。
③ 艾瑞网：《艾瑞专题：2013年度中国在线视频核心数据发布》，2014年1月8日，http://news.iresearch.cn/zt/225543.shtml。

贵，但是因此带来的视频广告收入更加可观。2013年，搜狐视频斥资1亿元独播《中国好声音》第二季而广告卖出了2亿元，不仅顺利回本，还名利双收；而2014年初《爱情公寓4》在爱奇艺和PPS未开播之前，广告收入就已经超过6000万元。

2. 高清体验

2013年8月15日，中国互联网协会联合迅雷共同发布了《迅数榜·2013年第二季度中国互联网下载调研报告》。《调研报告》显示，2013年在网民视频下载中，标清视频资源的文件下载数量占61.09%，低清视频的量略少，占26%左右，而高清及全高清资源合计已占12.44%，比2012年12月稳步提升，这说明用户对视频的质量要求在提高，当用户想看高清、全高清的视频时，还是倾向于选择下载。高清视频可以给用户增加视听方面的享受。另外，随着视频网站的竞争进一步加剧，未来用户对高清视频的需求必将进一步增加，高清视频已经成为视频网站发展的必然趋势。

3. 网站自制电视剧

近年来，动辄与电视剧时长相当的网络自制剧发展势头迅猛。以较早投入网络自制电视剧的乐视网为例，2012年10部网络自制剧中，乐视占据5席。2014年情人节推出的自制剧《光环之后》一经播出即冲至乐视热播榜前十名。网络自制剧的赢利主要靠两方面：一方面是独播剧自身的广告植入，另一方面是网站的流量变现。并且，自制剧的资金投入仅为电视剧的1/3，在回收成本上有先天优势，这也是自制剧的价值核心。和传统的影视剧相比，现场制作成本相近，而自制剧的演员和营销成本要少很多。但是，由于网络自制电视剧现在无法在卫视播出，且地面频道播出收益不足以弥补播出剧成本，因此很多视频网站开始寻求海外合作，而亚洲地区是网站首选。

国家新闻出版广电总局在2014年初也出台《关于进一步完善网络剧、微电影等网络视听节目管理的补充通知》，强调从事生产制作网络剧、微电影等网络视听节目的机构，应依法取得广播影视行政部门颁发的《广播电视节目制作经营许可证》，对网络自产内容也进行了规范和约束。

4. 抢滩国外热播剧，搭建网络直播平台

2013年12月，《来自星星的你》在爱奇艺、PPS两大平台同步开播，上

线首周播放量即破千万，更新15集后破5亿。随后，爱奇艺、PPS在2月12日临时对该剧的播放策略进行调整：与韩国SBS电视台同步直播。虽然同步直播没有中文字幕，但直播当晚播放点击量仍然直奔6亿。截至2月17日，《来自星星的你》在爱奇艺和PPS平台播放量已经超过了8.3亿。而搜狐视频则从逐渐在国内扩大影响力的美剧入手，先后引入了美国综艺节目《周六夜现场》与《艾伦秀》，打出了"美剧+美综"的双重策略。2014年初独家引进的《纸牌屋》为其带来了巨大收视和话题效应，同时搜狐也打出直播牌，设置专门直播频道播出卫视节目和地方台节目。

此外，电视台与视频网站的合作也走向深化。一是内容互通，视频网站与电视台内容双向互通的渠道和形式日趋丰富，不仅视频网站有大量的影视节目，网络自制内容也返销电视台，如土豆网自制剧《爱啊哎呀我愿意》以每集五六十万元的版权价格返销深圳电视台，乐视网自制剧《青春大爆炸》在成都电视台热播，爱奇艺自制剧《奇异家庭》也在江西电视台影视频道播出。中国各级电视台的节目中用户原创视频所占的比例也在逐步提升。二是深度联盟，如爱奇艺与河南卫视合作的《汉字英雄》，在投资、策划、制作、宣传、播出乃至招商的各个环节都实现了深度合作，也取得了不俗成绩。未来的视频网站较量，不仅是电视台、网络电视台与视频网站的资源深层联动，跨国合作也已经并将继续成为视频网站较量的新趋向。

三 终端多元化态势明显，移动客户端发展空间巨大

（一）多元化终端布局

在媒介融合的大背景下，多终端化已经成为当前媒体传播与消费的一个重要特征，媒体消费不再是单一媒体状态，而是多终端或多屏幕共时或异时相伴获取资讯或娱乐。越来越多的人收听收看广播电视的同时，使用平板电脑、笔记本电脑、智能手机等终端。关于使用哪些终端获得媒体内容的调查显示，使用电脑获得新闻内容的比例（66.8%）超过了使用纸版报纸的比例（60.3%），这也是此次调查中唯一一个电脑终端比例超过原有媒体终端的。

同时，运用手机、平板电脑获取新闻、广播内容的人群比例也较高。41.8%的人通过手机看新闻，19.3%的人通过平板电脑看新闻，36.5%的人通过手机听广播，13.4%的人通过平板电脑听广播。① 央视五年一度的全国电视观众抽样调查即发现，多屏收看成为趋势，35.18%的观众在电视上收看节目，20.57%的观众通过网络收看，还有7.51%的人是通过手机观看。②

多终端发展正成为广播电视转型的一个重要方面。2013年，央视建立了"央视新媒体"平台，实现电视屏幕、央视网、微博、微信和客户端五大平台联动，其优质内容可以在网络电视、IP电视、互联网电视、手机电视、移动电视和移动客户端多终端上进行传播。2013年台网融合、全媒体发展等提法的强化和相关实践也体现了这一多终端布局的意旨。

多终端布局中尤其值得重视的是移动终端，当前中国移动终端的发展正处于蓄势待发阶段。首先，2013年是"大数据元年"，也是"4G元年"。中国互联网络信息中心（CNNIC）在京发布的第33次《中国互联网络发展状况统计报告》显示，截至2013年12月，中国手机网民规模达5亿，占总网民数的81.0%。其中，中国手机端在线收看或下载视频的用户数为2.47亿，与2012年底相比增长了1.12亿人，增长率高达83.8%，使用率为49.3%。手机视频跃升至移动互联网第五大应用。在大数据和移动互联网的推动下，作为传统媒体的广播电视要想求得生存，基于移动终端的转型路径颇为关键。其次，中国移动互联网进入高速发展阶段。工业和信息化部数据显示，2013年上半年中国移动用户数量达11.8亿，移动互联网用户数量约8亿，3G用户数量为3.2亿，同比增长81%。2013年上半年新增移动互联网用户5000多万，智能手机出货量约2.14亿部，为历史新高，可以预见其未来还会不断创出新高。技术、终端软硬件的飞速发展和资费下调以及用户对伴随式内容消费的强烈需求，都将推动移动终端开发在未来几年进入爆发式发展，广播电视亟待把握机遇，布局移动终端。

---

① 殷乐：《中国新闻传播的发展热点和前沿态势报告》，《中国新闻传播的发展——现状与趋势报告》，中国社会科学出版社，2013。

② 张宁、王建宏、赵文江：《中国电视观众现状报告：2012年全国电视观众抽样调查与分析》，中国传媒大学出版社，2013。

（二）移动客户端

目前，基于移动终端的传播渠道主要有客户端（App）、网站、手机报、微博、微信等，其中浏览器的重要性在移动互联网领域有所下降，竞争最为激烈的领域为 App。调查显示，在移动终端上，人们获取新闻最普遍的方式是直接访问新闻机构的网站或者 App。① 在平板电脑上，用户使用视频 App 的时间占比超过 20.1%，是第一大应用，即时通信位列次席。② 视频 App 的观看时间和人群也在快速增长，艾瑞咨询近期推出的《2012～2013 年中国在线视频行业年度监测报告》指出，2013 年 6 月，在线视频 App 的月度覆盖人数为 12918 万，较 2012 年 8 月快速增长 64.0%。同期，在线视频 PC 端网络服务的月度覆盖人数为 45685 万，较 2012 年 8 月仅增长 3.7%。在线视频移动 App 相对 PC 端网络服务的渗透率也由 2012 年 8 月的 17.9% 快速上升至 2013 年 6 月的 28.3%。另一调查显示，从 2012 年 8 月至 2013 年 10 月，智能设备上在线视频的观看时间增长了近 5 倍。

各级电视机构及网络电视台大多开设了机构或栏目客户端，但其内容倾向于母版内容的再传播，形式较为单一，且各机构的客户端之间同质化内容较多。其中也不乏有特色者，如央视新闻客户端与央视 13 频道对接，"听新闻"的设置凸显人性化，获得用户的普遍认可。CNTV 客户端也以丰富的视频资源引来关注，截至 2013 年 7 月中旬，CNTV 的 iPhone、iPad 客户端合计下载用户数达到 3256 万，下载用户数保持稳步增长。苏州广播电视总台则发挥移动终端的 LBS 功能使服务的触角更为深入，其"无线苏州"App 强调地域特色，定位于新闻生活类城市应用 App，提供新闻资讯直播、交通出行、天气、爆料等新闻内容，迅速赢得 60 万用户。调查显示，未来，用户最期望"无线苏州"能够更加深入地做好生活服务类信息模块③。2013 年 1 月 2 日，湖南卫视首款基于电视互动的

---

① The State of the News Media 2012，2013. From Pew Internet Reports. http://stateofthemedia.org/overview-2012/.
② 艾瑞网：《艾瑞咨询：CNTV 等发力推广移动 App 传统媒体加速移动转型》，2014 年 1 月 8 日，http://video.iresearch.cn/sharing/20140108/224571.shtml。
③ 无线苏州：《〈无线苏州 3.0 版本〉实名调查报告暨获奖公告》，2013 年 3 月 31 日，http://www.wisesz.com/news/zxhd/2013/3/1333121254934.shtml。

社交应用"呼啦"安卓版开放注册,"呼啦"可以将家庭共享的电视大屏与个人私享的手机小屏结合起来,实现手机用户与电视观众的匹配。经过半年的发展,湖南卫视分享出的数据显示,"呼啦"已有超过600万的注册用户。

各大视频网站移动终端也是生机勃勃。包括优酷土豆、搜狐等在内的视频网站主要通过移动端App来获得流量;而腾讯制定了"移动为先"的战略,利用腾讯的移动产品线,通过与新闻客户端、微信朋友圈、微博、微视等媒体内容类App产品的内容合作提高腾讯视频用户量;爱奇艺等则更多地选择与手机、电视等硬件厂商合作的方式来布局①,这些也为广播电视的移动终端发展策略提供了借鉴。

决定App影响力的因素除内容外,还有价格、更新频率、页面风格、易操作性、推出时间等。总体来看,当前视听机构的App有以下几方面的问题:一是操作烦琐。用户想要看到视频,经常需要连续点好几个页面,烦琐的操作让用户不胜其烦。对于App来讲,"傻瓜式操作"对用户是最有吸引力的。二是播放界面干扰多。这涉及网站本身赢利和用户观看体验的博弈。但是若不能给用户良好的观看感受,广告收入又从何而来?三是资源整合能力欠缺。对于用户而言,用最少的App观看最全面的资源是关键所在。最近在App中异军突起的手机迅雷支持第三方站点资源的搜索、下载和观看,是未来App发展的思路。

四 微博、微信平台初建,社交化传播前景广阔

以微博、微信为代表的社交媒体影响力在2013年进一步扩张,运用多终端观看电视并进行多维互动成为全球新态势,社交媒体客户端也在不断开发中。微博、微信平台的搭建成为电视新媒体转型中的重要一环。

(一)微博平台

微博方面,通过对新浪、腾讯、搜狐、网易等微博网站的电视媒体微博梳

---

① 谭天、刘方远:《移动化数据化平台化——2013年中国传媒转型的三个维度》,《新闻与写作》2014年第1期。

理发现，当前中国主要媒体均已开设微博，在平台选择上以商业门户网站的微博为绝对主体，其中又以新浪微博和腾讯微博为主，网易、搜狐微博为辅。新浪微博官方数据显示，在新浪开通官方微博的电视台、电视频道和节目总量超过7000个。当前，电视媒体与微博正在建构多层次合作平台。一是交互推广及营销，在各类节目中大多附有其微博链接，而媒体微博也开始推广自有节目；二是内容联动，以微博内容构成部分或全部节目内容，而微博亦以电视节目构成话题；三是互动交流，利用微博平台形成即时交互平台；四是收视评价，如央视索福瑞与新浪微博联手打造国内首个微博收视指数，参照国际通行标准，对新浪微博上关于电视节目的讨论量及用户规模等进行统计分析，为电视节目在微博上的传播、营销与评估提供数据支持。

在电视媒体的微博平台建构中，不仅需要做好内容编排和经营策略，争取"粉丝"也是一个重要策略。从2013年各大卫视收视率排行榜前十名以及各自的新浪微博粉丝数结合来看，微博的粉丝数既与卫视的收视率有较大关系（见表1），也与微博本身的经营有关系。各大卫视微博主要提供的是与观众交流的平台，发布最新节目信息。有些卫视的王牌节目，如湖南卫视的《爸爸去哪儿》还有专门微博账号，截至2014年2月19日上午，其有4254157名粉丝，新浪微博的粉丝关注度与卫视的收视率总体成正向关系。未来发展中，电视媒体还需要多方调动用户的积极性和参与性，为媒体服务，机构账号与媒体工作人员个人账号的复合传播效应也有待进一步探索。

表1 中国全媒体卫视收视率排行与粉丝数（2013年）

排名	频道	年度总收视率	粉丝数
1	湖南卫视	6.060	6593114
2	浙江卫视	3.229	4195769
3	江苏卫视	2.893	4098136
4	东方卫视	2.035	2727475
5	安徽卫视	1.797	4348563
7	山东卫视	1.454	5012653
6	深圳卫视	1.390	2671230
8	北京卫视	1.274	4225613
9	天津卫视	1.084	1370001
10	湖北卫视	0.871	1698695

数据来源：泽传媒，粉丝数据自行整理，截至2014年2月17日。

（二）微信公众账号

2013年11月腾讯Q3财报显示，微信及WeChat的合并月活跃用户数达2.72亿，同比增长124%。目前已经有超过6亿的微信注册账号，伴随着微信覆盖面和影响力的扩张，电视媒体的微信平台也初见规模。截至2014年初，34个省级卫视中有24个卫视开通了公共微信认证账号，比例达70.6%，而能做到每日更新的达18个，占开办账号的卫视频道的75%。另外，旅游卫视、凤凰卫视、三沙卫视还有自己的微信公众平台。通过微信公众平台可以与特定群体进行全方位沟通，朋友圈亦可以分享各种新闻资讯和链接。目前，各媒体的微信公众账号存在的主要问题：一是终端虽多但内容雷同，其每日推送的信息与客户端高度同质化；二是信息推送的形式单一，目前媒体公众账号多为图片与文字并存的界面设计，通常为二到三级阅读界面，首页为题图外加三到四条标题与小图，也有题图配单条导读，二级为大图和新闻阅读，页尾"阅读原文"键可将用户引向网站；三是交互手段较受限制。这些都在一定程度上限制了传统媒体的微信平台发展。基于人际网络的微信传播具有主动性、私密性和精确的定向性，互动平台是微信的重要特色所在。未来在深化发展微信人际传播的即时互动特性的同时，还需要在内容上有所区分。2013年调查发现，用户关注最多的是资讯类公众平台，占比达65.7%，其次是搞笑/玩乐类公众平台和科技类公众平台，占比分别为37.1%和31.4%。关注目的上，持"获取优惠/独家信息"目的的用户最多，达34.3%；随后，26.0%的用户以"关注热点问题"为目的，还有22.9%的用户选择"娱乐，打发时间"。① 因此，应依据用户需求进行有针对性的交流和互动。

总体而言，随着互联网的发展、移动终端的普及，传统媒体的新媒体转型是必然趋势，这也会在很长一段时间内成为业界热点和学界焦点。同时，从学术研究来看，广播电视新媒体转型已经成为本领域学术期刊的关注焦点，在《广播电视学刊》《电视研究》等广播电视类学术期刊中，2013年涉及媒介融

---

① 易媒网：《艾媒咨询：2013中国微信公众平台用户研究报告》，2013年5月23日，http://data.eguan.cn/hudongyule_163917.html。

合、广播电视转型的内容占近1/3。

从未来发展态势来看，单一数字战略已经不能满足广播电视的转型需求，以三网融合、移动互联网为基础，以关系变革为核心，以多屏为终端的整套数字战略是电视行业未来发展的关键所在。同时，还需要在监管、内容等方面做出重大改革，由此才能真正推动电视行业的转型发展。

B.7 新媒体环境下英国BBC的融合发展研究

黄楚新　邱智丽　王诗雨 *

摘　要： 在媒介融合不断深入发展的时期，世界广播电视巨头英国广播公司迎头赶上，一改传统广播电视的运营模式，以用户需求为导向，为受众提供多媒体视听信息服务，成为媒体融合变革中的翘楚。本文主要探讨新媒体环境下英国BBC媒介融合的动因、路径、效果及其意义，以期通过BBC的媒体转型之路为我国广播电视转型提供些许参考。

关键词： BBC　新媒体　融合发展　媒介融合

英国广播公司（British Broadcasting Corporation）作为英国独立运作的公共媒体，其运营资金主要来自英国国民缴纳的电视牌照费及政府有关部门的相关补贴。鉴于其经济来源的独特性，BBC的电视节目不播放商业广告。理论上节目制作人不应为任何商业利益所驱使，但事实上迫于激烈的商业电视台竞争现状以及政府改变接收执照费等因素，BBC的发展仍面临众多压力。在这样的发展背景下，BBC做出了一些调整，通过开展商业活动赚钱，如出售曾经播出过的节目等。

---

* 黄楚新，中国社会科学院新闻与传播研究所传媒发展研究中心主任、博士、副研究员，首都互联网协会新闻评议专业委员会评议员，《中国报业》杂志学术顾问，研究方向为新媒体、品牌传播；邱智丽、王诗雨，中国青年政治学院新闻与传播系硕士研究生，研究方向为新媒体。

如今，BBC已经成为一家包括电台、电视台服务，报刊、互联网新闻服务，交响乐、英语教学和书籍出版等其他服务的综合性媒体公司。

一 BBC转型的动因及路径

（一）转型动因：新媒体的快速发展及财务压力

进入21世纪以后，英国的社交媒体和移动媒体快速发展，吸引大量年轻受众从传统媒体转至新媒体，用户活跃度激增，而传统媒体却出现用户活跃度下降甚至流失的状况。2004年，BBC开始思考媒介融合和转型。

2005年，BBC花了将近一年的时间对正在发生重大变化的媒介环境、受众需求及未来的前景展望进行有史以来规模最大的调研。调研结果显示，16~24岁的青少年中有25%的人一周内不会收看任何BBC的节目，而转至手机媒体与社交媒体。新技术使受众的需求方式发生了变化，受众不仅要求按照自己的需求和喜好在特定的时间通过特定的渠道选择特定的内容，而且还希望主动付出和参与其中。这样的调查结果让BBC意识到，除非其内容是一流的，而且是以受众希望的方式传递的，否则其将被那些能够满足这些不断增长的新需求的媒体所代替。BBC时任总裁马克·汤普森（Mark Thompson）指出："唯一能确保BBC持续发展的成功方法就是能追随和连接未来的受众，否则，BBC最终将永远地失去一代人。"作为公共广播电视机构，BBC肩负着"数字革命领袖"和"创造公共价值"的责任，必须以受众需求为指向，服务于受众，受众的流失意味着影响力的下降，也意味着其服务宗旨的丧失，因此，转型的重要性不言而喻。

另外，英国的经济持续低迷，BBC的财务压力也逐年增加。服务收入一直在减少，而英国政府却要求BBC在经济通胀期内不能增长执照费。在经济压力下，为了降低节目运营和管理成本，BBC采取媒介融合重构的方式减少重复设置，即在伦敦城中心的一块原有地产上翻新装修，整合内部资源，集中分散的新闻制作机构，节约土地资源。从这一层面讲，BBC的转型也是一次迫不得已的媒介革命，并且这场革命在不断地深刻变化，且远没有结束。

由于媒介环境的变化和经济压力，BBC 开始筹划媒介融合与转型。BBC 做的第一步是了解流失的受众去哪了；第二步就是追随受众。在长达一年的调研基础上，BBC 在 2006 年 4 月 25 日提出了"创意未来"（Creative Future）的六年改革发展计划，开始了它的转型之路。BBC 秉持的基本理念和目标是：BBC 不应把自己建设成附带一些新媒体的传统广播电视机构，而是要超越传统广播电视模式，改造成根据用户需求提供以视听节目和视听信息服务为主的新型传播媒体。

（二）转型理念：分享、导航和点播

BBC 确定了从传统单一媒体向全媒体战略转型的发展蓝图后，其所有数字内容和服务的提供都围绕着"分享"（Share）、"导航"（Find）和"点播"（Play）三大核心理念展开。

"分享"是 BBC 进军 Web 2.0 的核心战略理念。分享理念强调的是受众的高度参与性与内容的交互性。随着以提倡个性化为主的 Web 2.0 概念的兴起，BBC 也顺应潮流，提倡 UGC（用户生产内容，User Generated Content），鼓励大量的年轻受众成为内容的提供者，积极参与节目制作和创造。

"导航"是 BBC 的另一理念。BBC 积极开发其在线检索功能，开放了逾 40 万小时的节目库，并为用户提供了个性化的搜索服务，让观众更便捷地从正在播出的和库存的节目中找到想看的音视频节目及资讯，在海量的信息中发现最有价值的内容，并建立个性化频道。在第二波数字浪潮袭来、网络信息呈几何倍数增长时，它强调为用户提供人性化的搜索服务，成为智慧的"数字化管家"，以体现出与 Google 这样的搜索引擎网站的区别及其更大的优势。BBC 前总裁伯特曾信心十足地说："当公众对花样众多的网络服务感到不知所措时，BBC 将成为大家最值得信赖的指引者"。BBC 不仅成为用户可信任的"导航"，更是与用户积极互动的"伙伴"。

BBC 还认识到"按需服务"的重要性，为此提出了"点播"的概念。为了鼓励用户随时随地在任何终端上收看自己喜欢的节目并积极参与即时互动，BBC 通过 iPlayer 等先进的全媒体平台，使用户能轻松下载并观看 BBC 电视台和广播台的所有节目，为用户进行个性化定制，让使用者在使用中优化体验，增加用户

黏性。这不仅仅是传送方式的革新，同时也是BBC关于节目制作、包装、传输方式的反思。BBC用"Play"而不是"Use"来表述这个理念也正是BBC注重用户体验的表现，比起简单"使用"，BBC更希望用户能"乐在其中"。

（三）打造全媒体传播平台

BBC提出的"创意未来"计划，从本质上看是一种跨平台的传播策略，这个计划的核心主题就是要让受众快速、精确地以最喜欢的方式获取视听内容。就像BBC的总裁汤普森所希望的，"今后BBC的工作人员都要在BBC Web 2.0的背景下工作"。这意味着BBC进入一种全新的发展模式。这一平台被称为"马提尼媒介"（Martini Media），即无论何时何地，受众可以通过包括互动电视、网络、3G视频移动设备、音乐播放器等各种接收终端和平台，便捷地获取视听节目和视听信息服务。① 为了实现这个计划，BBC大力实施新技术开发，投入巨资进行研发，以顺利实现全媒体传输渠道的跨平台整合。

随着新技术的迈进，传统广播电视媒体的自主网站也逐渐从配角成为核心。BBC总裁汤普森指出，"BBC Online是BBC数字化的核心组成部分。就像看BBC电视、听BBC广播一样，付费用户在线浏览BBC可以获得信息、接受教育以及娱乐自己。随着数字技术的发展，互联网内容提供在我们生命中的地位将会变得更加重要。"②

（四）融合新闻：高效运营的全媒体集成播控中心

BBC在伦敦城中心的一块原有地产上翻新装修，将原来各自独立的广播、电视和网络新闻部进行深度整合，形成一个跨平台的多媒体新闻中心，共同办公，共享资源，将"融合"理念贯穿于新闻生产、传播和反馈过程中。重组后的编辑部被称为"超级编辑部"。BBC新大楼的新闻编辑部工作台是围绕大厅中心呈四处放射状，最中心的是一个由八个工作平台组合成棱形的中心调度区，由中心区向两边呈放射状散开的工作平台，分别是广播、电视、网络等不

---

① 黄艾、曹三省：《BBC全媒体：理念变革与传媒转型》，《电视研究》2013年第12期。
② 孙淑会：《老牌BBC是如何搭建全媒体平台的》，《新远见》2013年第12期。

同媒体的工作区。由中心区中间向两边分开,一半是面向国外受众的国际部,一半是面向国内受众的国内部。这样的编辑部设计恰恰体现了 BBC 媒介融合的理念,BBC 的媒介融合不仅仅呈现在终端呈现上,而且体现在新闻传播过程中信息流程的整合与融合中。

在新的框架下,BBC 新闻生产和传播的流程分为三个阶段:选题、制作、合成与播出。通过这三个阶段的优化合作,之前制作的单个节目将会经过各类媒体节目编辑的编排,经过字幕、特效、混音等技术的包装,通过专业主持人的串联播报,最后由导播台合成,形成节目后播出。在播出之后,还会接受受众的反馈,而受众的反馈结果又会形成新的节目源。

BBC 新闻融合的思路体现在新闻选题组织、报道策划、素材采集、资源共享等各个环节,而在终端输出上,还是呈现相对独立的媒体形态。通过改革和优化组织架构、提高技术平台的开发能力,BBC 的新闻生产流程更为科学有效,各种资源的整合更为充分合理利用,各工种人员的协调更为高效,新闻生产成本也得到进一步减少。

(五)重视社交媒体的应用

当然,社交媒体在扩大新闻来源和提升用户参与度的同时,也使得信息真伪的甄别变得困难。BBC 针对这个问题建立了一套判断真伪的机制,以保证新闻的真实性和准确性。在 BBC 新闻中心,有一个 24 小时运行的用户生成内容枢纽(User-Generated Content Hub)的机构,负责为 BBC 各部门收集和验证社交平台的信息。该机构采取了类似犯罪现场调查的分析方法,运用先进的实时分析,最大限度地提高社交媒体信息来源的可信度。

BBC 恪守社交新闻的验证方法,对官方社交账号实施"双人负责制",坚持认为任何未经证实的新闻报道,都不应该发布到 Twitter 等社交平台上。在保证 BBC 社交媒体新闻发布质量的同时,也能避免由于不谨慎的冲动发布信息,给新闻发布者和 BBC 带来的负面影响。

(六)专业新闻从业者的培养

媒介融合、新媒体与年轻人是属于同一个时代的,而对于习惯了传统

媒体制作方式的传统新闻人而言，还需要时间去认识和磨合。面对一刻不停的转型，BBC 对员工进行在岗培训，实行"新人新办法，老人老办法"。对于新员工，必须依照 BBC 新楼技术平台要求，接受媒介融合的技术培训和理念培训，符合要求后才能被聘用上岗。对于老员工，BBC 进行制度性安排，实施了强制性轮训，并针对在岗职工进行定岗定编的考核，BBC 有 20% 的人员（包括编辑、摄像、管理人员、后勤服务等）因考核不合格而被裁减。

在媒介融合的背景下，新闻人必须掌握更多的技能，以满足全媒体制作的需要，这要求新闻人采集的信息素材要像一个数据包，能够满足广播、电视、网络、手机等多种媒体终端的需要。媒介融合的时代下，新闻从业者需要有融合的思维，也就是说，媒介融合背景下的记者，必须学会以最合适的媒介手段记录和表达事件。

在融合的思维下，新闻人虽然需要精通十八般武艺，但他们也绝不是单打独斗。在 BBC 的新闻实践中，重大的新闻事件会有专业团队，包括出境记者、录音记者、摄影记者，还会有文字记者、图片记者，他们各司其职，形成立体化的信息来源。当然，不管是单个记者搜索的多样化素材，还是多个记者分别获取的素材，对于 BBC 而言，前期的信息采集与后期的信息编辑、整合同等重要，须选择最佳的媒介方式和媒体平台将新闻传播出去。

二 BBC 转型效果

（一）拓展信息传播渠道

通过实施一系列融合方案，BBC 的全媒体策略为其带来新的活力。这一优势在 BBC 伦敦奥运会独家报道中显现无疑，在举办奥运会的 19 天内，相关统计显示，通过 BBC 在线窗口享受奥运会内容的受众从占全英国人口比例的 52% 提升至 63%。

不仅是在奥运期间，从 2013 年 3 月份开始，每个星期有超过 63% 的英国人口在 BBC 在线平台上观看其节目内容，即使没有突发事件或重大新闻，此观看比例也已经成为常态。同时，BBC 在手机终端的排名第三，PC 终端的排名第四，IPTV 的排名第一。

根据 BBC 公布的电视服务数据可以看出，从 2013 年 2 月到 2014 年 2 月，iPlayer 来自电脑端访问的比例从 39% 下滑至 30%，来自平板电脑访问的比例从 18% 增长至 27%，来自电视平台、手机、游戏机的访问比例则相对稳定（见图 1）。同时，值得关注的是，尽管智能电视、流媒体机顶盒在近两年发展迅速，但来自电视的访问量并没有明显提升。在线观看已经从传统电视的辅助导入角色，变成用户观看电视的重要工具，有些用户甚至以在线观看完全取代传统电视。

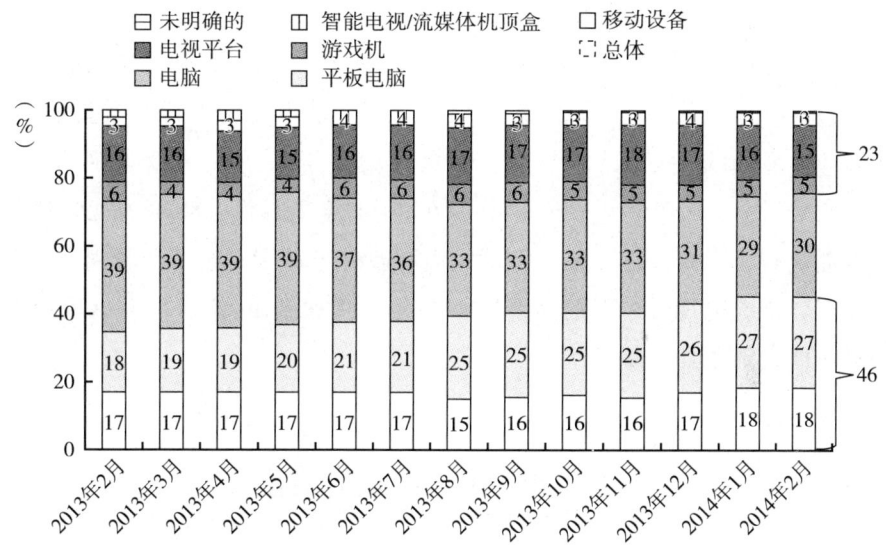

图 1　BBC iPlayer 流媒体服务不同设备占比

（二）重塑电视收视率分布时间

新媒体融合在拓展信息传播渠道的同时，也在改变受众的收视体验和习惯。在竞争激烈的全媒体时代，迅速了解受众收视规律，及时掌握第一手收视数据，根据受众收视习惯的改变和及时调整节目安排，其重要性不言而喻。

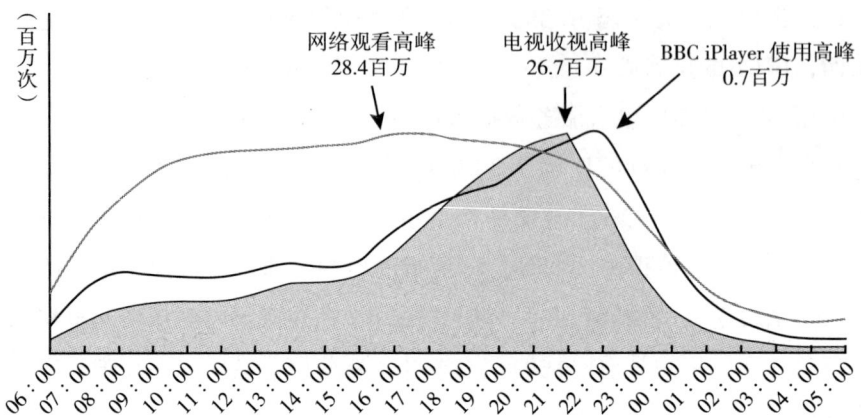

图 2 BBC 不同介质的观看高峰收视率时间

BBC 公布的电视服务数据①揭示了受众在观看传统直播电视与点播电视时的巨大行为差异，英国的受众仍然习惯于采用传统电视的方式观看直播节目，而诸如 Top Gear 这种流媒体节目，受众更偏向于采用手持设备观看。BBC iPlayer 服务目前已经支持电视直播，但在 2014 年 2 月份，88% 的视频流仍然来自点播观看。一个有趣点是，互联网电视改变了传统电视节目收视率在时间上的分布，传统电视收视率的高峰通常在晚上 9 点到 10 点，而互联网电视的时间分布曲线则更加平缓。

三 BBC 转型带来的启示

（一）具备危机意识，转变观念，确定转型理念

数字技术不断普及，多媒体的融合趋势日渐明显，传媒环境已今非昔比。在传统媒体的受众开始流失、新兴媒介日益崛起的大背景下，传统媒体不能沉浸于其固有的优势，需要转变思路，从竞争状态转至竞合，让共享和合作成为发展的新思路。

---

① 《BBC：互联网电视重塑了传统电视收视率的时间分布》，http://www.techweb.com.cn/ucweb/news/id/2023079。

新媒体环境下英国BBC的融合发展研究

我国的视听多媒体越来越呈现多元化的发展趋势，竞争也异常激烈。第33次《中国互联网络发展状况统计报告》显示，截至2013年12月底，我国的网民规模已达6.18亿，其中网络视频用户规模达4.28亿，较上年底增加5637万人，增长率为15.2%。网络视频使用率为69.3%，与上年底相比，增长3.4个百分点。① 视频网站不断加大整合和并购力度，线上线下相结合，跨行业、跨领域合作改变着网络视频行业格局。而在产品开发上，视频类企业不断优化升级移动端和PC端产品，开展与客厅娱乐相关的业务，推出了路由器、机顶盒、互联网电视等与网络视频相关的硬件产品，展开"客厅争夺战"。

接收终端及其节目呈现方式的多样化，逐渐改变受众的视听习惯，导致受众的分流，最终将影响传统电视的广告份额。根据数据统计，2013年全国广播电视行业的广告收入约为1302亿元，比2012年的1270亿元增加32亿元，增幅仅为2.52%，较2012年13%的增幅降低了近11%。② 传统广播电视广告收入受网络视听业务快速增长、新媒体广告业务分流的影响，其增幅出现了大幅度的下降。因此，打造全媒体产业链、抢占新兴信息终端、重建全媒体组织运营机构是传统电视媒介战略转型的必由之路。

（二）深化新闻资源的集约整合

BBC改变传统广播电视的运营模式是以用户需求为导向，为受众提供多媒体视听信息服务，实施"360度全平台"传播策略，拉动BBC整体改革，而不是将新媒体作为传统广播电视机构的附属产品。

全媒体不是各种媒介形态简单的结合、组合或混合，而应该是共存、互补、互促、互动的有机结合，全媒体注重对多来源、碎片式信息资源的统一整合，将一次性无缝采集的信息源加工改造，并以适合的方式实现多媒体形式的传播。实现"内容采集—内容编辑加工—内容多次发布—内容数据存储—内

---

① 中国互联网络信息中心：第33次《中国互联网络发展状况统计报告》，http：//www.cnnic.net.cn/hlwfzyj/hlwxzbg/hlwtjbg/201403/P020140305346585959798.pdf。
② 《2013年广播电视广告收入增幅大幅下降》，http：//www.meipo360.com/html/Article/2014/0319/2014031910030711.shtml。

容多次出售"的产业化生产模式。① 因此,电视的全媒体转型之路,不能单纯地叠加平台、转移内容,不仅要拥有多种媒介形态,更应深度整合多媒体资源,提升运作效率,实现高效运营。

现阶段,我国很多电视媒介依然难以摆脱传统运作模式的窠臼,各项新媒体业务存在脱节现象,传统媒体与新媒体以业务相分离、唯载体进行区分,没有形成贯通的业务规范和技术支撑,很大程度上难以有效满足多终端传播需求。因此,传统电视台实现战略转型,必须建立起前期采集一体化、终端播出多样化的模式,深化新闻资源的集约整合,在广播各频率原有新闻采访部门、设备全面配置的基础上,对全体采编播人员进行全新组合,革新生产方式,拓展新闻传播体系。

以国内东方卫视的改革为例,上海东方传媒集团有限公司(Shanghai Media Group Limited,简称SMG)聚全集团之力,围绕做强东方卫视的目标,成立了新的东方卫视中心,打破了SMG原来"矩阵式"的组织结构,采取闭环式内容生产系统。圆环的中心是独立制作人和节目团队,外环由三中心、三部门组成,体现从研发、生产到播出的整个环节。组织架构由原来下级服从上级、等级分明的管理模式,过渡到现在制作团队更多地强调对产品、观众和自己负责。组织架构上做出了扁平化设计,在管理上凸显"透明、平等、沟通"等互联网的思维方式。②

(三)转型离不开对自媒体信息的融合

全媒体时代,如何挖掘整合用户信息,搭建互动平台成为传统媒体进行新媒体转型的核心考量之一。将电视新闻的固有优势与公众自发性的新闻传播行为相结合,不仅可以提升受众的参与热情,增强用户黏度,同时还能在节省成本的基础上提升报道质量。因此,BBC将转型的核心理念定位于"分享"、"导航"和"点播"。

而在我国,电视媒体本身就存在用户参与度低、用户基础差等问题。因

---

① 黄艾、曹三省:《BBC全媒体:理念变革与战略转型》,《电视研究》2013年第12期。
② 《东方卫视改革,能否革出一个新卫视格局?》,http://www.chinamedia360.com/newspage/23/07DF70C70EC3339D.html。

此，电视的转型更离不开对自媒体信息的融合，吸引受众成为内容的提供者，参与节目的制作和创造。电视从业人员应主动出击，善用新媒体。加强自身新闻敏感，利用网络挖掘新闻热点，寻找新闻线索，吸收公民的新闻素材，弥补新闻"盲点"，使节目更立体、更贴近民生需求。尤其是在突发新闻报道上，利用用户还原新闻现场成为新媒体报道的重要手段。

（四）建立现代化传媒管理体制

尽快建立现代化的传媒管理体制是中国电视产业转型的关键所在。我国目前对广播电视实施政企分开政策，即"事业单位的企业化管理"。该政策无疑在很大程度上促进了广播电视向产业化过渡，但同时也存在问题。在市场经营大方向之下，如果电视媒介依然站在政治优势之上，利用政府提供的权利进行赢利的话，将最终导致电视传媒处于政治宣传和市场的夹缝，受行政的掣肘，出现宣传力度不足又无法真正走向市场的尴尬现状。

全媒体融合需要各个产业链的连通，而目前的管理现状导致电视企业不够市场化，行业不够产业化，缺乏竞争力。尤其伴随着我国商业网站强劲的发展态势，囿于外部管制因素的影响以及用户基础匮乏现状，其难以完全自由地进入市场、参与竞争，电视产业的全媒体之路变得坎坷。因此，建立平等的市场游戏规则，让广播电视走向独立的市场化运营，是电视产业全媒体转型的制度保障。

B.8 全球视野下的中国新媒体产业发展态势及对策

范周 吴佳宁*

摘　要：

2013年世界经济低速平稳增长，新媒体产业在缓慢的经济增长中显示其强劲的发展态势，在技术升级、市场整合、文化创新等诸多方面呈现一系列新的发展特点和发展趋势。本文以全球新媒体产业发展现状为背景，透视中国新媒体产业在2013年的发展状况，关注其在技术、市场和文化三个方面对社会经济发展产生的突出影响，并在此基础上分析我国新媒体产业存在的问题，建设性地提出新媒体产业未来发展的对策。

关键词：

新媒体产业　技术革新　市场整合　多元文化

2013年，全球新媒体发展风云变幻，呈现一系列新现象和新特点：户外媒体迎来了新的发展契机、移动新媒体朝气蓬勃、网络新媒体加快整合步伐、传统媒体转型来势凶猛、新媒体技术创新层出不穷。2013年全球新媒体强劲的发展势头也凸显了传统媒体面临深度转型的产业发展现状。本文将从技术革新、业态市场、新媒体多元文化三个方面对新媒体产业在2013年的发展态势进行总结，进而科学预测未来新媒体产业的发展动向。

---

* 范周，中国传媒大学文化发展研究院院长、首席研究员、教授、博士生导师；吴佳宁，中国传媒大学文化发展研究院硕士研究生。

全球视野下的中国新媒体产业发展态势及对策

一 全球新媒体产业发展宏观态势

2013年全球新媒体产业发展迅速,体现了新媒体产业强劲有力的发展势头。从消费趋势来看,目前全球范围内的网络流量,有1/5来自移动终端,社交与音乐移动消费为主流,商务流量中的20%也来自移动设备,移动新媒体催生了新型的娱乐、通信、媒体和商务消费文化;从技术创新来看,4G网络的迅猛发展、可穿戴设备的新鲜出炉、OTT TV的收视模式为新媒体产业创造了巨大的产业空间。具体而言,全球新媒体产业发展态势表现在以下几个方面。

(一)技术创新挖掘新媒体产业巨大的市场潜力

技术进步是新媒体产业前进发展的动力。第一台计算机的诞生为互联网产业的发展拉开了大幕,第一部智能手机的发明促使移动互联网产业应运而生。2013年全球新媒体技术的创新步伐,更是引领了整个新媒体产业的发展方向,创造了新媒体产业更广阔的市场潜力。

1. 可穿戴技术概念逐渐深化

2013年,可穿戴技术的崛起为硬件创新添上了浓墨重彩的一笔。从谷歌眼镜到Eyephone,从Fitbit到inWatch,从美国到加拿大,从以色列到中国,从大众化的应用到特定行业的专业工具……来自全球的硬件创新者正在用他们的才智谱写可穿戴技术的元年。谷歌麦克风纹身的出现,将可穿戴技术进一步深化,其研发出纹在喉咙处的纹身,可作为手机、平板电脑或其他设备的麦克风来使用。① 这种把语音命令看作一种交互方式,来控制电脑的技术概念将会引领媒介设备语音控制的消费理念,也许未来的新媒体产品将逐渐脱离双手操作,创造革命性的媒介体验。虽然可穿戴技术刚刚起步,完善的产业链远未形成,但可以相信的是:它正带领我们以全新的方式认识世界、认识自我;它将

---

① 《谷歌可穿戴技术新专利:麦克风纹身》,http://mi.techweb.com.cn/news/2013-11-12/1355457.shtml。

成为互联网时代硬件创新的重要分水岭。

2. Google TV 推动 OTT 技术走向高潮

OTT 逐渐代替 IPTV 成为主流视频传送技术。OTT 技术突破了传统 IPTV 的封闭技术系统,互联网服务公司利用公共互联网络,越过运营商,发展基于开放互联网的各种语音、视频及数据服务业务,强调其提供的服务与物理网络的无关性。OTT 技术的发展拓宽了新媒体产业链,一系列以 OTT 技术为基础的新媒体产品如雨后春笋,迅速发展。

3. 大数据技术落地,引发数据应用狂潮

2012 年如果被称为大数据技术的元年,那么 2013 年则是大数据技术逐渐落地、接轨商业应用的快速发展阶段。其中 IBM 推出的数据加速技术,使大数据处理更为简易、快速,在分析数据时会更节约成本,在生成报告和分析时会节约 25% 的时间。① 2013 年的国际新媒体市场中,许多国家都制定了大数据产业发展战略,美国提出了"打造以大数据为基础的创新平台",即通过更多的处理手段及创新型尝试,将事务数据资产转至一套平台中,从而为各私营部门和研究机构的创新活动和开发工作提供可能。

(二)市场强劲的发展势头促使新媒体赶超传统媒体

美国科技博客网站 Business Insider 发布《2013 年数字产业报告》,该报告指出一个重要趋势:新媒体产值已经超过传统媒体。目前,全球 PC 互联网份额不断缩小,移动互联网份额以及使用时间持续增长。20% 的互联网流量来自移动设备,约 60% 的联网设备是智能手机和平板电脑。移动互联网正在催生新型娱乐、通信、媒体和商务活动。

1. 新媒体市值超过传统媒体

从市场规模来看,以苹果、谷歌、亚马逊、脸书、雅虎等为首的新媒体公司市场规模总和为 1.081 万亿美元,而以迪士尼、康卡斯特、时代华纳、维亚康姆、CBS、新闻集团、21 世纪福克斯等为首的传统媒体公司市场规模总和仅为 4800 亿美元,不足新媒体的一半。以新闻集团为例,2013 年新闻集团将传媒

---

① 中国政府采购网:《IBM 发布最新技术提速大数据分析》。

娱乐集团分为两家公司，其中"新闻国际"更名"新闻英国"。之所以将出版和电影电视拆分，缘于旗下报刊业务长期亏损，为免除其可能对娱乐摇钱树带来的不良影响，逼迫传统出版逆水行舟。此次拆分也预示着新闻集团未来业务重心的倾斜，出版发行业务有可能战略性萎缩，电影娱乐业务将会更加蓬勃发展，而新媒体领域的数字电视、卫星电视、互动电视等将成为未来的重点拓展主体。

2. 新媒体与传统媒体呈现多头垄断现象

苹果、谷歌、亚马逊、脸书四家公司市场规模已占新媒体总市场规模的92%，其中苹果份额最大，占41%。雅虎只占新媒体市场规模的3%，Twitter占1%，Netflix占2%。同时，迪士尼、康卡斯特、21世纪福克斯、时代华纳四家公司市值占传统媒体总市场规模的76%。

3. 移动媒体消费时间增长

在所有的媒体类型中，移动媒体是唯一一种连续五年消费时间保持增长的类型，电视、互联网、广播、印刷等媒体形态，呈现不断下滑或驻步不前的状态。2009年电视占美国人消费媒体时间的45%，2013年这一比例下降为38%；PC互联网所占比例从26%降至20%；移动媒体所占比例则从2009年的4%增至20%。

4. 智能电视设备逐渐走向主流

智能电视成为新媒体时代传统电视设备和产业运营转型不可逆转的浪潮。拓墣产业研究所数据显示，预计到2015年，全球智能电视的出货量将超过15349万台，智能电视渗透率将达54.6%。此外，谷歌、苹果、联想等IT巨头加入彩电业，打破了传统以画质为卖点的单一形式，陆续推出了一系列主打智能体验的电视产品。多屏互动、语音控制、手势控制等新媒体技术也逐渐成为电视行业的新卖点。①

（三）新媒体产业带来社会文化新变化

从全球来看，以互联网为代表的新媒体自诞生之际就深刻地影响着社会结构、社会互动模式，改变着社会变迁的进程。随着新媒体用户数量的增长，其

---

① 《全球智能电视市场三个值得关注的发展态势》，欢视网，http：//www.tvhuan.com/viewnews-2801.html。

对社会发展广度和深度的影响都超过了人们的预期和判断。以Facebook为例，截至2013年9月，其活跃用户数突破了10亿大关达11.9亿，位居全球第一，用户普及137个国家和地区，在127个国家和地区中排名居首，意味着地球上七个人中就有一个人使用Facebook，毫不夸张地说Facebook将要链接世界。新媒体逐步融入普通人的日常生活，成为人们每天工作、生活的重要内容，对社会文化发展起到了关键作用。

一是改变社会结构形态，促进了社会利益结构多元化的发展，导致社会群体关系更加复杂化。从基础层面来看，新媒体的诞生迅速地改变和重塑着传统的社会结构，凸显了全新的组织类型及个人与组织的关系模式。

二是创造新的利益表达方式，新媒体带来了舆论和利益表达的新时代。网络媒体与传统媒体相比，受众更加平民化，言论更加自由。

二 国内新媒体产业发展的特点

（一）技术革新开启新媒体商业竞争新领域

1. 可穿戴技术发展迎来可穿戴设备制造元年

艾瑞咨询的数据显示，2013年国内约售出675万台可穿戴设备，预计2016年将快速增至7350万台；2013年国内可穿戴设备市场规模为20.3亿元，预计到2016年市场规模将达169.4亿元。目前的国内市场上，百度是较早涉足可穿戴设备的互联网公司，其内测的首个可穿戴式产品"Baidu Eye"与谷歌眼镜类似，配备语音操控、图像识别等技术并且深度整合了百度语音、百度云、百度地图；盛大旗下果壳电子有限公司也在2013年曝光了其被命名为Bambook Smart Watch的智能手表；小米公司相继推出了能够测算运动轨迹的智能鞋产品，作为小米手机的延伸。① 咕咚网发布的咕咚手环是首款基于百度云开发的便携式可穿戴设备，主打"运动状况提醒"、"睡眠监测"、"智能无声唤醒"三大功能，支持记录距离历程、步数、卡路里燃烧、睡眠质量等。

---

① 《中国"学徒"觊觎可穿戴设备舞台》，中广互联，http://www.sarft.net/a/107515.aspx。

全球视野下的中国新媒体产业发展态势及对策

2013年可穿戴设备市场的发展轰轰烈烈,仿佛外星来客般迅速地"入侵"了我们的生活。随着移动互联网的爆发,可穿戴设备市场也将愈发火热。

2. OTT TV——新媒体产业的机遇与挑战

OTT TV 是 Over The Top TV 的缩写,是指基于开放互联网的视频服务,终端可以是电视机、电脑、机顶盒、PAD、智能手机等,即互联网电视。格兰研究发布的《2013年中国机顶盒白皮书》显示,截至2013年9月底,中国机顶盒市场保有量突破2.6亿台,相比2012年底,增长了2674.2万台,增长幅度超过10%;以中国4.3亿家庭户数为基数,中国每百个用户家中拥有机顶盒数量超过60台,机顶盒拥有率达到较高水平。企业方面,2013年10月,爱奇艺与创维、银河互联网电视公司联合发布机顶盒"超清盒子"。"超清盒子"由创维制造,内容运营与集成服务由银河互联网电视公司负责,集成中央人民广播电台、江苏人民广播电台、爱奇艺、PPS 的内容。视讯中国也与优酷土豆结成战略合作伙伴,双方共同倾注资源,在数码视讯运营的 OTT TV 终端上,开展互联网内容与电视相关联的 OTT TV 业务。2013年,互联网电视市场竞争显示了白热化的发展状态,智能新品层出不穷,智能电视、电视盒子、电视棒等各色产品裹挟下的互联网电视市场显示出迅猛的发展态势。

3. 数据应用构建新媒体全新商业模式

目前,国内网民数据的市场价值达16亿元,未来随着大数据技术的逐渐成熟,市场体量将进一步放开,到2020年网民数据的价值将突破300亿元。2013年,国内几家数据平台相继进行大数据投资,希望覆盖用户在全部生活场景下的数据地图。以阿里巴巴为例,其在基础功能网络的社交化媒体领域投资了高德,在核心网络应用领域投资了新浪微博和虾米音乐搜索引擎、美团网,在增值衍生网络领域投资了 UC 浏览器和墨迹天气,在垂直领域投资快的打车,整合了数据分析企业友盟。①

"大数据"最大的价值体现在互联网营销上,阿里巴巴、京东都在追踪平台上消费者的浏览和购买等行为,并将消费者归类,分析每个消费者的需求类

---

① 易观智库:《盘点2013大数据成为互联网第四种商业模式》,http://www.enfodesk.com/SMinisite/maininfo/articledetail-id-396135.html。

型、购买周期等。百度则通过全面追踪受众的兴趣点、搜索关键词、浏览主题词、到访页、网站等,进而将受众特征全方位、立体地呈现,找到特定消费者的需求特点,为商家的广告投放服务。百度视频运用大数据挖掘的智能推荐以及移动云播放两大技术创新实现快速发展,其移动客户端用户数超过1亿,日活跃用户数突破2000万。[①]

(二)市场竞争加速产业融合,新媒体产业开启移动新时代

1. 移动时代全面到来

在2013年上半年的新增网民中70.0%使用手机上网,手机成新增网民的第一来源。在网民使用的上网设备方面,使用手机上网的网民比例增长到78.5%,而使用台式电脑上网的比例则略有下降。[②] 据艾瑞咨询数据显示,2013年中国移动互联网市场规模达1059.8亿元,同比增长81.2%,预计到2017年,市场规模将增长约4.5倍,接近6000亿元。移动互联网正在深刻影响人们的日常生活,其市场发展进入高速通道。

2013年是互联网业务转型的里程碑,移动互联网的爆发式成长全面开启新媒体行业移动变革的新时代。

2. 视频行业整合加剧

整个2013年,视频行业都充斥着并购潮大环境下的假设与猜想。规模化发展的压力来自2012年优酷和土豆合并成立了新的视频公司,这一并购不仅巩固了优酷土豆公司的行业第一地位,也让投资者和市场竞争者看清了规模效应的未来趋势。2013年5月7日,百度宣布以3.7亿美元收购PPS视频业务,与旗下爱奇艺进行整合,导致了视频行业的格局由"一超多强"变为"两极世界"。2013年10月,苏宁和弘毅联合投资PPTV聚力,进而上游彩电厂商和内容供应商搭建技术平台、内容产品平台和视频应用平台,建立OTT领域首个完整的产业链条。随着互联网电视的发展,大数据广告的精准营销,视频行业的竞争也将逐渐加剧最终形成以内容为王、多屏无缝衔接、交流互动、个性

---

① 《2013新媒体7大关键词》,中国高校教材图书网,http://www.sinobook.com.cn/guide/newsdetail.cfm?iCntno=11722。
② 中国互联网络信息中心:第33次《中国互联网发展状况统计报告》,2013年7月。

化定制等应用和服务为主导的全新视频娱乐时代。①

3. BAT 涉足互联网开启互联金融元年

2013年6月，支付宝联合天弘基金推出余额宝，两个月吸纳资金250亿元。截至2013年底，余额宝总资金量突破1300亿元，开户用户超过1600万；8月，微信5.0推出"微支付"功能，多家基金公司跟进，推出基于微信平台的理财服务；10月，百度正式进军互联网金融，首款理财产品"百发"上线，10亿元额度4小时即告售罄。2013年成为名副其实的互联网金融元年，互联网对于传统经济的影响逐步渗透到传统金融行业，并且全面覆盖支付结算、信贷融资、货币流通、销售渠道等多个细分领域。

（三）"微文化"蓬勃发展，新媒体思维成文化新现象

1. 微电影：新媒体的文化产业新符号

2013年，微电影市场蓬勃发展，已成为新媒体文化产业发展领域的一股"威"势力。2013上半年，全国已举办微电影赛事130多项，而2012年，这一数据是50项。各类型的微电影比赛和征集活动如雨后春笋般涌现，已公开发表的有关论文达560多篇。中国领先视频分享网站56网推出"蜕变的2013青年导演扶持计划"在全国多所高校引起强烈反响，北京国际微电影节参与奖项角逐的1000余部微电影中，明星参与的微电影有50余部，商业微电影近100部，同时涌现了大量的优质公益微电影。微电影引领了国内电影产业的创新和新媒体的繁荣发展，微视频创造了移动时代的视频网站新的赢利点。

2. 新媒体文化：大众文化新空间

新媒体思维的特征是即时、交互、开放、社交、共享、融合、自由。2013年出现的一系列词语，如"喜大普奔"、"人艰不拆"、"不明觉厉"，还有"我和小伙伴们都惊呆了"、"躺着也中枪"等，都是活跃在网络和移动终端的词语，是新媒体思维的表征。新媒体传播者的表达方式充分展现了标榜个性、张扬、自由的现代大众文化发展趋势，反映了年轻网民反传统、反权威、打破

---

① 《新媒体2013八大现象：网络视频拐点年》，新浪娱乐，http://ent.sina.com.cn/c/2014-01-02/18154073829.shtml。

规范和标准的倾向，新媒体也成为与现实社会的约束环境相对的自由空间。"土豪，我们做朋友吧"仅仅是各种"微博体"中的一种，除此之外，"淘宝体"、"蓝精灵体"、"长发及腰体"等各种青年语言体在2013年的新媒体平台上尽情狂欢，展现青年人的个性。具有"新媒体文化特征"的语言符号是对精英语言的解构和重建，是一种对主导、精英语汇的"偏离性"改写，风格化地揭示了当下的文化症候和社会矛盾，表现出被强势媒体忽视或不屑表现的草根体验，提供词语符号层面上的象征性抵抗，在想象层面上解决尚未化解的矛盾，为弱势群体赢得了文化空间。①

三　新媒体产业发展存在的问题及对策

（一）新媒体产业发展存在的问题

1. 基础设施建设落后于世界平均水平

网络基础设施建设是新媒体产业快速发展的技术保障。根据2013年8月16日宽带发展联盟发布的第一期《中国宽带速率状况报告》：2013年上半年我国宽带用户进行网络下载时的平均速率为2.93兆位/秒，而全球平均水平约3.1兆位/秒，即我国比全球平均水平略低，排名第78位。据美国网络数据传输公司Pando Networks发布的一项《全球网速数据报告》显示，全球互联网平均下载速度为580KB/s，其中韩国互联网下载速度位居全球之首，为2202KB/s，而我国的互联网平均下载速度为245KB/s，远低于世界平均水平。低网速、高费率的网络环境已经成为国内新媒体互联网应用研发和普及的一大瓶颈。

2. 赢利模式尚未成熟

集中精力将新媒体打造成信息平台，通过内容聚集人气、招揽广告的赢利模式是新媒体产业发展过程中一贯的商业模式和赢利点。然而，随着新媒体产

---

① 徐慧珍：《新媒体语境下的青年亚文化现象探析》，人民网，http://media.people.com.cn/n/2013/1209/c358381-23789449-2.html。

业发展的逐步推进、用户使用需求的逐渐提高,新媒体技术与社会生活实际开始融合,传统的以广告为主的商业模式受到挑战,原先的以内容为王的发展重心渐渐开始偏移,内容消费之外的体验性消费崭露头角。微信支付、互联网金融等新媒体应用,正是在技术推动之下新媒体发掘的又一商业赢利平台。然而,新媒体的发展速度过快,导致产业发展过程中的动荡和起落。2013年余额宝大起大落引发的投资忧虑,滴滴打车等应用过程中乘客爽约、乘客安全保障等社会问题都成为新媒体与其他产业浅层融合,急速寻找新的赢利点的后遗症。此外,法律法规的缺失,产业深度融合面临的政治、经济等多种因素都制约着新媒体产业商业模式的稳固发展。

3. 同质化内容、垃圾信息降低用户黏性

同质化问题是我国产业发展过程中普遍存在的症结,新媒体产业发展也不例外。新媒体携"信息爆炸"时代的威风闪亮登场,但却没有避免信息泛滥和严重的同质化现象。"内容为王"本应是新媒体产业发展的竞争战略和基本职责,但在目前普遍缺乏原创和新闻整合经验的新媒体中,还很难找到独具特色的个性化内容产品,跟风模仿成为新媒体产业发展的重要现象。此外,互联网上不断弹出的广告窗口、满目的低俗内容,手机上防不胜防的垃圾短信,无孔不入的户外广告令越来越多的人开始反感新媒体的存在;站在内容生产者的角度来看,在版权保护尚不健全的条件下,新媒体成了盗版的天堂和捷径,创作者的创作热情也被扼杀,内容创作逐渐失去动力源泉。

(二)新媒体产业未来的发展对策

1. 加快新媒体技术及基础设施建设

2013年8月1日,国务院出台《"宽带中国"战略及实施方案》,提出充分利用现有网络基础,加强和完善总体布局,系统解决宽带网络接入速度、覆盖范围、应用普及等关键问题,不断提高宽带发展整体水平。计划到2015年,固定宽带用户超过2.7亿,城市和农村家庭固定宽带普及率分别达到60%和30%,互联网网民规模达到8.5亿,应用能力和服务水平显著提高,成为拉动投资和促进信息消费、推动发展方式转变和小康社会建设的重要国家战略。"宽带中国"的启动,伴随着"智慧城市"建设的进一步深入,将在微观上改变新媒体行业的业务形态,一些过去无法实现或推行不利的业务模式将获得新生,一些基于宽带网站的新型业务将被开发,一些传统的互联网业务将在"宽带中国"的环境下重新融合。特别是互联网视频将成为"宽带中国"给新媒体打出的第一针强心剂。无论网络视频、手机视频,还是家庭互联网电视,都高度依赖网速。进入"宽带中国"时代,互联网电视、网络视频、IPTV等将随着家庭宽带的升级而获得全面"解放",在高清大屏幕电视上观看互联网视频将成为人们追求极致视听体验的新趋势。同时,也开拓了新媒体视频网站的原创内容生产、网络视频广告、Flash动漫等新业务,进而推动整个网络视频业的发展进入高速通道。①

2. 加强深度融合,建立系统稳定的新媒体产业商业模式

随着新媒体的普及,尤其是移动互联网和智能手机的大众化,从互联网行业到通信业,从硬件业、软件业到信息服务业,从终端设备到内容提供,整个行业布局将趋于优化。新媒体产业在向社会其他领域快速延伸的过程中,将带动很多其他行业的快速发展。新媒体与传统产业是在融合中前行的,融合深刻地塑造着传统产业的同时,也重塑着新媒体产业。未来新媒体产业与传统产业将从三大方面加速融合,即内容融合、渠道融合和终端融合。

3. 完善法律法规,加强社会管理

法律法规建设是新媒体产业发展不可缺少的制度保障。首先,建立健全新媒体管理的法律法规。新媒体因技术创新而生,有很多问题是过去的通行法律所不能覆盖的,有必要对此制定专门法规。此外,还要构建科学合理的管理机制。新媒体管理跨地区、跨领域、跨行业,需建立统一、权威、高效的管理体系。可建立高层级跨部门的新媒体建设和管理领导小组,通过有效整合各部门管理资源和管理力量设立一个专门机构,理顺不同部门之间的职责和关系,强化管理部门之间的协同配合。

4. 树立新媒体品牌,实现精准化营销

互联网诞生以来,传统的主流文化逐渐被瓦解、冲淡。网络世界为社会提

---

① 《新媒体如何搭上"宽带中国"的动车》,青年记者,http://www.qnjz.com/qybg/201310/t20131017_9017938.htm。

供了更多的自由空间，更大限度地解放了人们的思想禁锢，改变了人们传统的思维方式和生活方式。人们在网络空间追求着自己所热捧的流行文化、个性文化，不断寻找着社会异化的自我认同。因此，破解新媒体内容同质化、信息泛滥化问题的关键就在于充分掌握新媒体传播的本质特性，凸显差异，增加用户黏性，实现精准化营销。网站运营者可以追踪大数据技术记录下使用者浏览页面的主题、次数，了解使用者关注的文章、产品和他们发表的体验感受。一方面通过分析受众阅览习惯，寻找媒介内容创新点，引领社会文化流行趋势和时尚话题；另一方面通过推送与受众相匹配的推荐内容和应用、增加用户黏性，最终达到广告的精准营销。

新技术与新应对：主流媒体舆论引导走势分析

孟 威 姚金楠*

摘　要： 随着媒介环境的变化，主流媒体面临新的技术挑战和时代机遇，舆论引导格局呈现新特点。本文结合实践调查，研究了主流媒体在舆论引导过程中存在的问题及其原因，分析新媒体环境下主流媒体舆论引导的特点和走势，并提出对策建议。

关键词： 主流媒体　新媒体　舆论引导

一　全球化与多样化：主流媒体舆论引导关键词

随着传播技术的演进和信息开放观念的不断加深，全球化传播已经广泛进入社会生活。舆论的形成和传播打破了区域壁垒，转变为国家甚至世界范围内的信息流动。在全球化背景下，新媒体形式的不断丰富和自媒体的盛行带来了舆论环境的巨大变化。一方面，传统媒介形式的舆论空间被大幅挤压；另一方面，新媒体平台的舆论样态也在日趋丰富，舆论主体变得空前多元化，传播渠道不再单一，民间与官方舆论场交织共存，媒介环境呈现崭新格局。

以传统舆论生态中的典型样态报纸为例。从 2004 年开始，全球报纸行业

---

* 孟威，中国社会科学院新闻与传播研究所研究员、网络学研究室主任、中国社会科学院创新工程"新媒体管理与舆论导向"研究项目首席研究员；姚金楠，中国社会科学院研究生院硕士研究生。

新技术与新应对：主流媒体舆论引导走势分析

的增长速度开始逐步放缓。美国老牌新闻杂志《新闻周刊》停止发行纸质版，转为纯数字发行；德国《法兰克福评论报》提起破产保护申请；《德国金融时报》亏损2.5亿欧元后停刊。而2013年1月发布的《中国报刊广告投放年度报告》显示，我国的报刊广告市场规模较上年缩小了12.6%。我们对全国20个城市2000名媒介用户的调研数据显示，2013年至今，用户的媒介接触习惯已经发生了很大转变，结构上呈多元趋势，新媒体的用户接触频率正在不断提高（见表1）。单纯依靠报纸等传统媒介的信息传播，其舆论空间已经大为缩减。

表1 用户媒介接触情况统计

单位：%

接触情况 \ 媒体类型	电视	网络	报纸	手机新闻	户外媒体	杂志	广播
每日接触	66.5	65.6	45.2	40.7	29.0	20.8	22.1
经常接触~每周3次以上	22.5	21.0	25.3	26.6	33.8	29.3	27.7
均值	1.47	1.52	1.89	2.05	2.19	2.44	2.47

备注：媒介的接触频次分为"每日接触"、"经常接触~每周3次以上"、"偶尔接触"、"基本不接触"4个层级，分别以1~4为其依次赋值，从而计算均值。

新媒体平台上不断增加的新样态开始抢占舆论场域。2003年《中国互联网中心网民调查报告》显示，中国上网用户总数为6800万。而截至2013年12月底，我国网民人数已达6.18亿，在近十年的时间里增长了8倍有余①。我国.cn域名在2003年共计94469个，而这个数据在2013年底是1083万个，增长近114倍。新媒体的快速发展使公共言论空间大幅度延展。舆论逐步成为信息碎片的集合体，活跃在新媒体舆论空间中的各种主体也更加复杂，增加了舆论形成中的不确定性和风险性。在多样化的信息平台上，舆论引导需要依靠传统形式和以社交媒体、自媒体为代表的新媒体相互整合，这成为主流媒体的一种发展趋势。

中共十八大报告指出，要"加强和改进网络内容建设，唱响网上主旋律。加强网络社会管理，推进网络依法规范有序运行"，这为我国新闻传播行业的

---

① 数据来源：中国互联网络信息中心发布的第33次《中国互联网络发展状况统计报告》。

发展指明了方向。近年来，我国的媒介法治化程度明显提高，政府主导的信息公开也日见成效，2008年5月《中华人民共和国政府信息公开条例》开始生效，2010年最高人民检察院下发《关于严格依法办理诽谤刑事案件有关问题的通知》，2013年9月《最高人民法院、最高人民检察院关于办理利用信息网络实施诽谤等刑事案件适用法律若干问题的解释》施行。法制的完善规范了舆论环境，也为主流媒体的舆论引导提供了有力保障。

二 用户核心：主流媒体与新媒体的融合引导

新的媒介环境使传统的信息传播在五个层面发生了显著变化，信息来源日益丰富多样、信息量激增、信息发布平台与渠道多样化、用户主体性增强、舆论影响力的不确定性因素增加。这使得传媒行业必须重新认识主流媒体与新媒体的发展现状，从而更好地发挥舆论引导的作用。

通过新媒体平台运作传统主流媒体已经成为当下主流媒体舆论引导的现实趋势。在这一演变过程中，主流媒体与新媒体不断融合，其概念的内涵和外延也不断拓展。美国麻省理工学院的教授诺艾弗拉姆·诺姆·乔姆斯基在《主流媒体何以成为主流》（*What Makes Mainstream Media Mainstream*）中首次提出了"主流媒体"概念，认为主流媒体有着丰富的资源，设置着新闻框架并主导着社会舆论。他认为，主流媒体对于用户的影响力是衡量其价值的关键性指标。而就新媒体领域，北美媒介环境学派的代表人物保罗·莱文森在提出"新新媒介"的概念时指出，在崭新的媒介生态中，超越电子邮件和网站等的新媒介形式，使"每一位消费者都是生产者"，用户可以自由选择"适合自己的媒介"并且拥有"一定的控制权"[1]。在新媒体语境下的主流媒体，已经开始越来越重视用户的地位，"人"成为界定主流媒体的核心要素。

在主流媒体与新媒体融合并加强舆论引导的过程中，杭州日报报业集团也做出了积极的尝试。依托集团旗下的《杭州日报》《都市快报》等报纸，他们建立了杭州网、官方微博、官方论坛等网络平台，同时将官方移动客户端和栏

---

[1] 保罗·莱文森：《新新媒介》，何道宽译，复旦大学出版社，2011，第3页。

新技术与新应对：主流媒体舆论引导走势分析

目微博、记者微博整合其中，形成了立体的新闻采编和发布网络，大大优化了用户体验，提升了舆论引导效果。以2013年杭州"最美消防员"的报道为例，不同用户在不同时间的信息需求都得到了最大的满足，正能量引导的效果凸显。在火灾发生之初，杭州网最先发声，《杭州日报》的官方微博也在第一时间对事件进行滚动报道，满足用户了解灾情的需求。当三名消防员丧生的消息确认后，网站采用专题报道的形式进行深入报道，同时报纸及时跟进"烈火中永生"的特别报道。在新媒体方面，则开辟微博墙和话题供用户发表纪念英雄的信息，并向20多万杭州手机报用户发送"最美消防员"的相关报道[①]。针对不同的用户群和新闻事件的发展阶段，将主流媒体的舆论引导扩展到新媒体平台进行整体传播，不断凸显用户的核心地位，使得舆论引导迈上一个新的台阶。

在主流媒体的舆论引导工作中，越来越多的媒介实践表明，"以用户为核心"、融合新媒体并加强引导，是主流媒体在新媒介生态下引导舆论的良好途径。

三 用户缩减、压力加剧：主流媒体舆论引导困境分析

（一）传统受众流失，新用户增长缓慢

在媒介发展进程中，稳定而忠诚的用户群体是媒体赖以生存的关键因素。伴随着媒介环境的整体变革，新媒体不断蚕食主流媒体的受众，加之传统媒体从业者观念的滞后和内容层面的吸引力下降，受众流失的状况愈加严重。受使用习惯等因素的影响，传统媒介的新用户增长比较缓慢。

目前，我国新兴的热门媒体形态已经接近30种[②]，信息渠道的多元化和

---

① 《讴歌真善美 凝聚正能量 杭报集团倾情报道"最美消防员"感动大江南北》，《新闻实践》2013年第3期。
② 孟威：《实现全媒体到底有没有盈利模式？——报业全媒体转型的三个关键节点》，《中国报业》2012年第3期。

媒介形式的丰富多样颠覆了传统受众的媒介接触和使用习惯，在媒介革新的浪潮中，主流媒体的传统受众呈现流失趋势，并被各种新媒体分流。我们对全国20个城市2000名媒介用户的调研数据显示，新媒体开始获得较高的用户信任（见表2）。这一过程中，新媒体互动性强、信息量大、呈现方式多样化的三大优势成为其吸引用户的制胜关键。

表2 不同媒介类型的用户信任度统计

单位：%

媒体类型\信任度	均值	高信任度			低信任度	
		非常可信	基本可信	合计	基本不信	完全不信
电视	1.86	26.3	60.9	87.2	9.1	1.6
报纸	1.89	23.7	60.9	84.6	10.4	1.6
手机推送	2.08	15.7	53.3	69.0	18.5	2.3
门户网站	2.03	17.6	54.1	71.7	15.3	2.6
新闻网站	1.88	25.6	55.1	80.7	10.5	1.9
政府网站	1.93	28.2	44.8	73.0	14.6	3.8
境外网站	2.21	12	44.9	56.9	21.2	17.7

注：信任度划分为"非常可信"、"基本可信"、"基本不信"、"完全不信"、"说不清"5个层级，分别以1~5为其依次赋值，从而计算均值。

新媒体的强势互动效应吸引了大量用户群体的加入，以《辽沈晚报》为例，目前通过晚报的新浪官方微博和知名记者及编辑的个人微博对报纸报道发表看法、提供线索的总用户数已经开始接近并有逐步超过传统以电话热线为主的互动人数的趋势，如以舆论监督报道见长的记者栾俊学的个人微博已经成为其本人和晚报搜集舆论监督类新闻线索的重要平台。实践证明，基于新媒体的良性互动过程中，信息内容的深度进一步加深，真实性也获得了更好的保证。

在"大数据"概念与新闻媒体不断融合的今天，新媒体蕴含的海量信息也成为威胁传统主流媒体舆论引导的因素。网络新媒体产生之初，大信息容量的特质并未引起传统主流媒体的足够重视。传统主流媒体本着扩大影响力的初衷，与网络媒体进行平等的内容互换。然而随着互换协议范围的扩大，网络以其庞大的信息容量在特定主题下整合多方传统媒体的稿源，而不再固定使用某一特定媒体的内容，这种集纳形式赢得了用户的青睐，"传统媒体与新媒体的平等互换地位随即被打破"①。在这一过程中，用户对一部分新媒体网站逐渐形成浏览习惯，新媒体的媒介优势已经生成，这无形中也给传统媒体的网络转型带来了巨大阻力。

（二）主流媒体传统"王牌"内容流失，影响其舆论引导力

在媒体抢夺用户的竞争中，有关"内容为王"与"渠道为王"的争论一直没有停止。而就传统主流媒体而言，是否能够依托"内容为王"的理念赢得用户也广受关注。我们对全国20个城市2000名媒介用户的调研结果显示，在用户对主流媒体的内容需求方面，"硬新闻"依旧占据重要地位（见图1）。但目前，即便在内容竞争上，主流媒体的固有优势也正在逐步消解，有影响力的内容日渐流失。换言之，虽然新媒体凭借多方优势吸引了大量的传统受众，但主流媒体自身王牌内容的缺失仍是其竞争力下降的主要因素。近年来，随着媒介发展的日益多元化，新闻选题也不断丰富，加之具体操作的相对便捷，猎奇类话题、高情感类话题等越来越受到媒体的追捧，一些主流媒体也开始被动转向，对社会核心问题的触及力度下降。

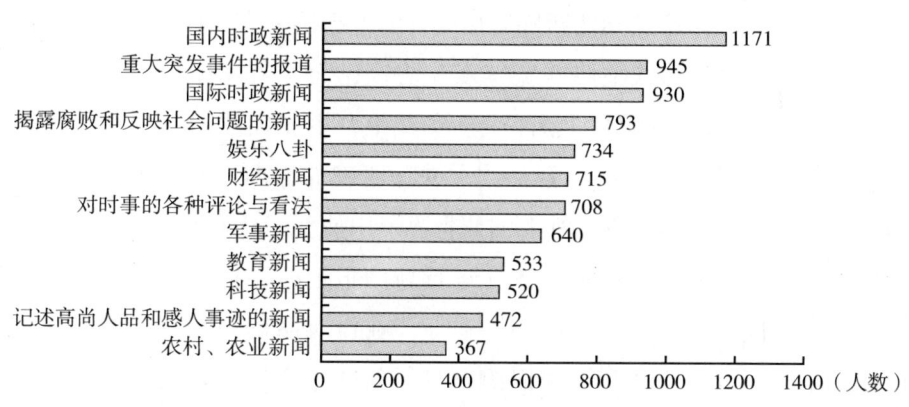

图1　用户新闻内容选择倾向分布

在长久以来的媒介实践中，针对自身的媒体个性，主流媒体已经形成了一套成熟的新闻价值判断标准和内容生产体系。但随着媒介环境的不断变化，传

---

① 据对《友报》副主编胡刚的调研访谈。

新媒体蓝皮书

统的新闻价值判断受到巨大挑战。调研发现,很多媒介从业者表示难以把握用户的内容喜好。把握何种类型的信息能够引起用户的关注和兴趣,能够成为舆论引导的突破口,很多主流媒体的从业者对此表示迷茫,"微博上一个敲钟点的账号到了整点就'铛'一下,就能火,就有那么多粉丝,我们折腾了半天费了那么多心思,也没多少人看"①。在内容爆炸的环境中,用户关注点的复杂多变更让人们手足无措,加之媒介营销和推手行为的存在,也使得舆论走向常常偏离传统的价值判断取向,影响用户对主流媒体的新闻选择,其间一些本应成为媒体王牌内容的信息被忽视。这也是主流媒体在转型过程中经历的一种考验。

(三)约束因素影响主流媒体发挥引导力

在现实状况下,主流媒体在进行新闻报道和舆论引导的过程中常受到很多社会因素的约束和限制。由于我国主流媒体的重大责任和权威地位,社会对主流媒体的要求更多更严格,日常报道中,主流媒体在版面设计、稿件选取、图片编排等方面存在较多约束,这有时会使用户渴望了解的新闻事实在主流媒体上难以全方位呈现,从而影响主流媒体引导力的全方位发挥。

无论是主流媒体还是其他新媒体形式,都应当接受来自社会的监督。但是目前,社会对新媒体形式整体"宽容度"更高,而主流媒体在舆论引导过程中面临更大的压力。在具体的新闻生产实践中,主流媒体的从业者普遍感到"受更多的人监督",而这些监督又往往缺乏明确的标准。这给主流媒体的新闻报道带来很多潜在的限制。社会的监督无形中使新闻从业者产生了压力,加上商业因素的作用,一些主流媒体在进行新闻报道时,自我约束意识不断强化,进而发展成一种"隐形的限制"——"在没有明确外部审查机制、压力和要求的情况下,从业者和媒介组织自身对新闻生产进行自我施压、自我监管、自我控制"② 或形成"规避惩罚"③ 的具体方式和手段。自我审查的标准

---

① 新浪微博"古城钟楼"账号,每隔两小时根据不同时辰发布一条类似"铛~铛~~"的敲钟微博,从2011年10月26日开通微博至2013年10月20日,粉丝数已达424569人。
② 张志安:《新闻审查过程中的自我审查研究》,《新闻与传播研究》2013年第5期。
③ Chin-Chuan Lee. *Press Self-Censorship and Political Transition in Hong Kong*. Harvard International Journal of Press/ Politics, 3 (2), 57, 1998.

与社会监督直接相关,使新闻报道的话题范围被人为圈定起来,当用户对于主流媒体上的"常见话题"产生疲倦甚至抵触情绪,而同时又有了更为新颖的信息选择时,主流媒体影响力的发挥便面临更大的压力。

(四)市场压力加剧,内容生产环节弱化

市场带来的巨大压力成为主流媒体面临的急迫困境。与网络平台相比,传统的报纸、广播、电视等形式成本居高;而向网络转型的过程中,新媒体的赢利模式尚不明晰;同时,受搜索引擎等强势渠道的影响,行业竞争更是不断激化。

目前,传统的媒介形式仍旧在我国的主流媒体中占据较大比重。与新媒体相比,从信息的采集、制作到最终发布和传播,传统媒介形式的经营成本都处于高位。而且,受采访权限的限制,传统主流媒体的采编队伍往往还要给新兴的媒体形式提供内容。

经媒体从业人员粗略核算,类似辽宁省政协《友报》这样的报纸,综合人工、纸张、油墨和发行费用,一篇公开发布的稿件成本大约为200元(其中人工费用约为100元,纸张、油墨等物化成本总计约100元)。对都市类媒体而言,发行过程中一般还要增加更多的促销成本,低于成本价发行、附赠品订阅等形式屡见不鲜。而电视媒体由于要依靠采访、摄像、后期编辑等更多生产环节共同协作,新闻生产的成本往往更高。在特定事件中,为开展现场直播和滚动播出,高额的卫星传送费更是将成本不断推升①。而由于传统媒介形式对人力资源的高度依赖,可供压缩和降低的成本空间也非常狭窄。与传统媒介形式相比,新媒体往往通过简单地转载行为就能够实现信息的公开发布,而且经过多方转发,传播速度往往都要快于传统形式。这无疑使传统主流媒体的市场压力进一步加深。

在传统媒介形式高成本的压力下,转型新媒体的赢利前景不明朗。长期以来,我国媒体面向用户的内容供给都是不计费的,报纸亏本发行、广播电视多免费收视收听栏目,促使广告收入成为媒体最主要的经济来源。而以微博和微

---

① 黄益娇:《从一次卫星直播谈电视新闻成本运作》,《东南传播》2007年第10期。

信为代表的自媒体形式广告收入还不足以形成规模，一些主流媒体主要的广告收入又处于"搭载"状态，新旧媒介融合后自负盈亏的经营模式难以形成。在市场压力陡增的背景下，有的主流媒体内容生产环节被弱化，舆论引导的职能随之削弱，逐渐转向对经营环节的过度关注。

四 把握热点、理性面对：提高主流媒体舆论引导力

（一）关注社会热点，把脉用户需求

目前我国社会正处于转型期，各种热点、难点问题时有出现，这也是媒介用户关注的焦点问题。主流媒体只有依托新媒体平台的优势条件，精准把握用户需求，才能获取舆论引导能力的提升。例如，在涉及政策-民生层面的报道时，主流媒体应当第一时间为用户提供互动平台，探讨变化趋势，引导正确的舆论方向。而在重大事件特别是突发事件上，主流媒体应当满足用户的"信息饥渴"，依靠传统权威抓住用户关注。

（二）冷静报道、理性引导，发挥媒体能动性

新媒体的发展颠覆了传统的用户消费习惯。在社会形势、规制因素和媒体环境不断变化的背景下，主流媒体的舆论引导方式也要随之进行调整和变革。进入网络传播时代，主流媒体如何在互动中强化舆情引导？对热点问题进行"冷处理"就是一种引导艺术。"冷处理"不是冷漠对待社会热点，而是冷静、理性地分析社会热点的来龙去脉，合情、合理地引导社会舆论。这要求媒体从业者发挥专业素养和能动性，在舆论引导的过程中维护和树立自身权威，从而形成良性循环。

（三）构建强势平台，提高媒体公信力

通过"王牌"内容打造媒体的公信力是主流媒体舆论引导中的关键要素，公信力来自媒介责任和职业操守两个方面。监督性报道、突发事件报道和重大时政报道，往往是构建媒介公信力的关键领域。在新媒体环境下，依靠媒介平

台的融合，构建起立体化的信息网络，强化"王牌"内容，可以为媒介公信力的提高提供有力保障。

目前，以互联网为代表的新媒体在我国经济社会发展中的地位越来越重要，媒体网站及其他新媒体形态的应用直接影响着主流媒体的公信力。在实际调研中我们看到，与商业网站相比，主流新闻媒体网站仍拥有传统的品牌、素养和人力资源等优势。依托于传统新闻媒体的媒介集团通过整合平台优势，依然可以营造出强势的媒介效能。例如辽宁日报传媒集团依靠全媒体融合，目前已经形成较为成熟的新闻报道和舆论引导流程：前方记者报道、微博微信传播、网页迅速刊登、报纸权威发布相结合，相互联动过程中还形成了巨大的品牌延展。可见，在数字技术不断演进，舆论格局日益多样的媒介生态下，主流媒体需要坚守传播优势并与时俱进，创新传播模式，着力提高舆论引导能力。

调查篇

Investigation Reports

B.10
2013年中国政务微信发展报告

侯锷*

摘　要： 自2012年8月腾讯推出"微信公众平台"后,微信延伸成为兼具通信、社交、媒介与平台等综合属性的新锐"移动即时信息媒介"。在微信空间充斥着各种政治传播风险的形势下,"政务微信"应势而生。政务微信曾在应急管理、舆论引导、社会组织动员等领域发挥了强大的社会功能,产生了积极而有效的影响。然而,随着微信5.0版的升级和"去媒介化"的进程以及国务院100号文件的大力推动,未来政务微信的深化发展也面临着重大的适应性调整和策略转型。

关键词： 微信　微信公众平台　政务微信

---

* 侯锷,中国传媒大学媒介与公共事务研究院高级研究员,社会化媒体实验室首席研究员,研究方向为政治传播、新媒体、移动即时信息媒介。

一 政务微信发展概况

（一）区域发展格局

截至2013年3月底的最新统计数据①显示，政务微信发展总量已达5043个，除台湾地区外，政务微信全面覆盖中国大陆31个省级（省、自治区、直辖市）行政区以及香港和澳门特别行政区。同时，随着微信国际化的普及发展，其中还包括中国政府驻外机构政务微信7个，以及外国驻华机构所开设的涉外类政治账号47个。

统计数据显示，政务微信总量前十的省份为：浙江省，以政务微信总量621个，占比12.31%，居第一位；江苏省，总量为475个，占比9.42%，居第二位；广东省，总量为432个，占比8.57%，居第三位；山东省，以总量376个，占比7.46%，居第四位；福建省，总量为235个，居第五位；新疆、陕西、河南、北京、内蒙古依次紧随其后。

宏观来看，政务微信发展领先的省份（如浙江、江苏、广东），较为集中在长三角和珠三角的东部沿海经济发达地区，说明政务微信的发展水平与区域经济发展水平存在密不可分的关系。同时，内陆省份、西部边陲省区（如新疆、陕西）也位居前列，说明移动互联网络下政务公开的媒介思维意识、政府电子政务发展水平起着根本性的推动作用。

（二）政务微信主体的行政级别分布

目前，依据政务微信主体所属单位的行政级别来看，在微信公众平台上，已经构建了一个从国家中央部委、省/自治区/直辖市、地市、区县到最基层的街道/乡镇、村委/居委/社区的完整的系统性垂直网格政务微信建制。除此之外，还有相当一部分公务人员所开通的个人公务微信。同时，微信公

---

① 本文未注明的政务微信数据均来自中国传媒大学媒介与公共事务研究院社会化媒体实验室独立数据库，数据统计截至2014年3月底。

众平台还有着一批涉外类的"国际"级别的政务微信账号,如"联合国"官方微信等。

据统计,全国政务微信主要分布在区县级以下(含),占比为75.46%,其中区县级政务微信占比为63.28%、街道/乡镇级政务微信占比为9.58%、村委/居委/社区级的政务微信占比为2.60%。政务微信扎根基层,距离群众最近,发挥着重要的政府公共服务功能。政务微信在移动互联网时代架起了一座政民之间可以随时、随地、互联、互通的信息沟通纽带,社会沟通意识大幅提高。

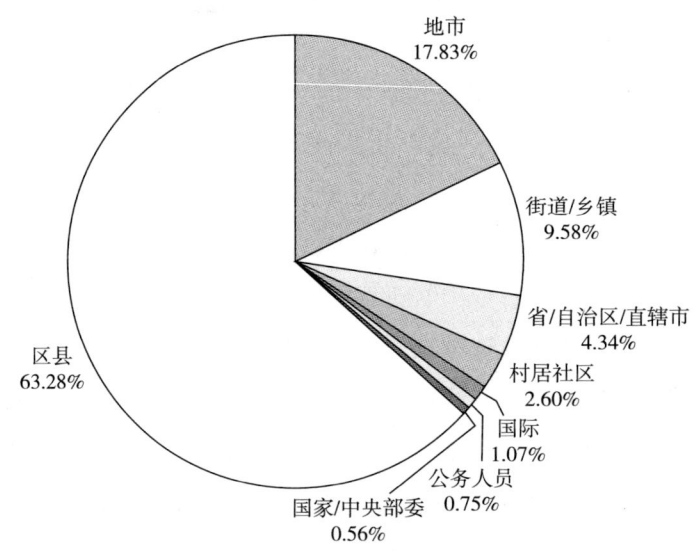

图1 政务微信主体的行政级别分布

(三)政务微信的职能分布

本报告依据政务微信主体单位的业务职能及平台内容,将当前全国政务微信共划分为28个业务领域和职能类别。

其中,单类专业职能的政务微信账号数量位列前十的分别是:公安系统、共青团系统、政府办系统、税务系统、检察系统、文物旅游系统、医疗卫生与计划生育系统、党政新闻宣传系统、司法行政系统、法院。

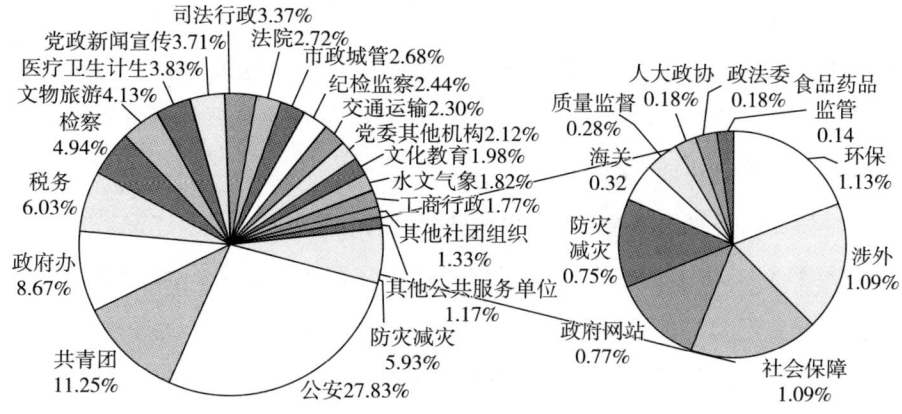

图 2　政务微信的职能构成

二 "微信 5.0"：从媒介到服务

微信 5.0 版本是腾讯微信商业化进程中的"分水岭"，以此版本的升级发布为标志性事件，公众微信被区分为订阅号和服务号。它标志着腾讯微信完成了对公众微信的"去媒介化"，公众微信不再具备"即时性"，政务微信的媒介属性和传播力极大受限，直接削弱此前政务微信在应急管理、社会组织动员、紧急救援、应急舆论引导等领域所发挥的社会管理与公共服务的核心功能，也导致绝大多数传播应用案例难以重现。

（一）"前政务微信"九大经典传播案例

1. "微成都"：突发地质灾害面前的应急管理

2013 年 4 月 20 日上午 8 点 02 分，四川雅安发生 7.0 级地震。据监测观察，地震发生 19 分钟后的 8 点 21 分，政务微信"微成都"率先发出震情速递。随后，四川省雅安市委宣传部在第一时间紧急开通了地震信息发布的官方认证微信"四川雅安"，4 小时内其关注量突破 15 万。尤其是当时已有 13 万关注量的成都市委宣传部的官方微信"微成都"，在雅安地震发生后，第一时间通过手机微信发布官方权威消息。

雅安地震发生后的当天，全国绝大多数的政务微信都积极参与到这一最大的社会热点话题中，履行了政务传播的社会责任。"一呼天下应"的政务微信在重大地质灾害的社会组织动员、抢险救援和应急管理等公共服务领域展示了强大而多元的优势功能。

2. "洞头纪委举报平台"：微信举报创新群众监督与廉政建设新方式

2013年3月28日，中共浙江省洞头县纪律检查委员会、洞头县监察局官方微信"洞头纪委举报平台"低调开通，这也是全国较早开通并通过认证的纪检监察系统的政务微信。在其微信资料的"功能介绍"一栏中明确标注着"本平台受理对洞头县的党组织、党员和监察对象违纪违法行为的检举、控告。欢迎提供各类有效线索！"此后，"洞头纪委举报平台"先后发布了"洞头县疾控中心负责人因涉嫌违纪被立案调查"、官员涉嫌违纪被立案、公务员违规审批被调查、违反"四条禁令"收礼被处理等一系列微信，受理群众举报并查处的"猛料"。2013年5月15日，洞头纪委官方微信更是对温州首个任前官员的财产进行公示，网民对此大加称赞。

3. "寿光公安"：创新警民联动"微信通缉令"

借助微信"从点向面"的瞬间裂变传播和"从面向点"、"从点到点"的聚合交互，政务微信极大地调动了社会公众参与社会管理与综合治理的热情和力量。

2013年3月21日晚20点17分，山东省寿光市公安局在其官方微信"寿光公安"（微信号：sgga365）发布了一则图文格式的《紧急通知》，微信中说："友友们注意啦！！！图中嫌疑中年男子白天盗窃小区电动车，该嫌疑人国字脸、平头、中等体态……如果你发现了他，请在自身安全的情况下，第一时间告诉寿光公安！"配图是两张视频监控录像的截图，重点标注了偷车贼的体态特征。微信随手机贴身携带，而寿光公安将实时警情、协查抓捕的信息通过图文的方式，即时抵达辖区公众的手机终端，在瞬间布下了"天罗地网"，这种创新实践对于公安机关开展警民联防、联治的社会管理与综合治理具有现实的积极借鉴意义。据监测观察，这是全国公安机关第一例利用政务微信进行类似"微信通缉令"的创新型实践应用。

4. "共青团陕西省委":突发群体性事件面前的应急舆论引导

2012年9月,因日本荒诞"购岛"所引发"钓鱼岛事件"持续升温,国内民众抗日爱国情绪高涨,多个城市举行抗日爱国游行示威活动,极易出现借爱国之名行"打砸抢"之实的过激性群体行为。9月15日,共青团陕西省委员会为了防止和避免不理性、群体极化的破坏性事件,及时利用微信这种广受年轻人喜爱的信息工具,推送发布图文微信(微信号:sxgqtwx,公众微信名为共青团陕西省委)《当代青年爱国应体现智慧、理性》,对爱国青年理性、合法参与抗议游行示威行动进行了及时的宣传引导、组织动员和应急管理。据观察,这是政务微信首次参与群体性事情的公共服务应用。

5. "平安怀集":即时性"微信新闻直播"

在微信5.0版发布之前,政务微信有即时抵达的时效性。在创新政务宣传方面,政务微信做出了积极大胆的实践。身处基层的广东省怀集县公安局官方微信"平安怀集",在2013年5月15日"5·15"打击和防范经济犯罪宣传活动日的现场,在全国政务微信中实现了第一次非严谨形式的"微信实况直播"——利用简单的手机视频拍摄功能,在活动现场边拍视频边解说,然后回到办公室简单剪辑并加字幕后,于当天中午12点38分发出这段现场视频。

2013年1月,山东济南公安交警历下大队、四川绵阳公安交警等政务微信在晚下班的交通高峰时段,积极探索微信播报实时路况信息的"微信导路"公众服务,在移动便携、即时提醒的应用功能上极大地发挥了社会组织与协调动员的社会效益。

6. "玉环县网上公安局":"微信劝逃"一个月三名嫌疑人自首归案

政务微信在即时宣传引导与信息交流互动方面,也创造了警民互动"微信劝逃"的典型案例。

2012年12月18日,浙江省玉环县公安局网站办公室在微信公众平台开通了其官方微信"玉环县网上公安局",平台创建的初衷是宣传玉环县网上公安局网站,旨在为更多的群众提供便捷服务。然而在微信公众平台的日常运行中,他们惊喜地发现,此平台不仅为群众答疑解惑,还能为公安实战服务。尤其是他们通过"玉环县网上公安局"微信公众平台介绍玉环县公安局"在线自首"功能后一个月内,就有三名犯罪嫌疑人通过微信平台了解自首政策等信息,并在即时互动交流与线上线下的真诚劝导后,成功投案自首。

7. "微信征兵":多地征兵办开展微信社会动员

社会组织动员能力是衡量和决定社会凝聚力、向心力的主要指标,也是社会实现其目标和价值的重要条件与保障,而微信的出现,使得征兵工作的社会组织与动员实现了空前的高效运作。

2012年9月27日,重庆市九龙坡区征兵办在全国首先尝试"微信征兵",征兵工作不再是以往单一的"搭棚设点、拉红布条",而是通过开通微信平台,第一时间将权威的征兵政策和资讯推送到用户的手机上,并及时就征兵工作的政策、优待、政审、体检等方面的问题,为适龄青年踊跃应征入伍答疑解惑,展开了"指尖上的对话"。据时任九龙坡区的党委书记杨玉书介绍:"由于现在的征兵对象都是年轻人,平时很少看公告栏,而玩微博、微信却很多,为了让他们尽快了解征兵信息和政策,征兵办通过网络工具发布征兵政策,并安排专人进行回复提问。"2012年10月,福建省漳浦县人武部征兵办公室、黑龙江省哈尔滨市政府征兵办也曾先后开通微信进行年度征兵宣传与动员,让网民实时监督征兵工作全过程,促进廉洁征兵、阳光征兵、高效征兵。

8. "广东省博物馆":"微信导览"打造"永远在线的微信博物馆"

2013年3月30日,广东省博物馆借助"潮州木雕展览"活动正式开启全新的"微信导览"平台,为广大游客提供随心畅游的新体验之余,更开创了"微信导览"平台应用的全国先河。所谓"微信导览",就是游客在逛广东省博物馆时,不用再花钱聘请讲解员,不用再担心落到队伍后面听不清讲解员的介绍,也不用再花钱租赁自助讲解设备,甚或"蹭"讲解,只需要关注"广东省博物馆"公众微信,只需在博物馆正门口用微信扫描并添加"广东省博物馆"官方微信,便可以获得一个免费的"私家导览",然后随时输入并发送正在观赏的展品对应的专属编号,即可获得对应展品和藏品的介绍(包括语音、图片、视频等),颇具穿越感,就好像藏品跨越千年风霜与参观者互动。全新的"微信导览"服务,不仅让游客可以免费享受到与现场讲解员相同效果的专属服务,更近乎等同于邀请了一名专业的私人讲解员全程陪伴,并随时按要求为自己提供专业的讲解，大大增加了游览的自由度和自主性。

9. 基于位置应用的便民服务

2013年上半年，不少政务机构通过微信公众平台的二次技术开发与智能升级，创造了许多便民服务的最佳实践。

2013年7月6号，江苏省徐州市司法局官方微信利用微信的位置功能，通过自定义接口开发并推出了一项全新体验的便民服务功能——"定位查找服务"。即，微信网友通过手机微信向"徐州司法"官方微信发送自己的位置定位后，微信屏幕立即会展示基于百度电子地图实景标注出的身边五公里范围内的法律机构名册，包括地址和联系方式等，为群众随时随地寻求法律服务提供极大便利。

此外，向"莆田市地震公众服务"微信发送位置信息，该微信会立即登记用户的位置，并在此后全球地震的实时速报信息推送中[①]，提醒用户距离震中的距离以及是否会受其影响。而2013年8月1日正式开通的"天津市河西环卫"（天津市河西区环卫局官方微信）微信推出的服务功能更让网友又惊又喜：只要在天津市区域发送自己的位置，微信平台会根据用户的定位提供周边三公里内所有公共厕所的位置。

以上这些政务微信基于位置服务创新的"服务导航"应用功能，就像随时向社会公众发出"我在这里"的热情邀请，更展现一种积极沟通社会、主动伸出援手的公共服务形象。

（二）"后政务微信"：智能化的平台服务

微信5.0版后，政务微信进入以服务号为核心发挥主导功能的"后政务微信"时代，尤其是微信公众平台的"自定义菜单"功能全面开放后，无论订阅号还是服务号，都更趋向于一个静态的"掌上微信网站"。相较于订阅号，服务号可以通过微信公众平台的二次技术开发，与政务机构的自有服务器数据端口建立"链接"，从而实现基于数据交换的查询、调阅、支付等更为强大的数据交互式服务功能。但是，服务号虽然即时到达、显示和提醒，却每月

---

① 注：微信5.0版后此功能受限。

只有一条,而且对于用户平台的数据量、技术开发能力或委托技术开发的财力,服务号一直具有较高的进入门槛。与此同时,面对绝大多数以媒介宣传为主要功能的政务微信,从微信资讯的"出版周期"来看,服务号成为每月一期的"月刊",而订阅号则由每天的"即时速报"变成"日报"。

2013年5月9日8时54分,厦门市公安局交通警察支队智能交通控制中心官方微信发布消息,宣布正式开通全天24小时智能"微信查交通违法"功能,为厦门市近百万机动车主提供"5秒钟查违章"的便捷服务。随后在6月初再推"微信自助移车"。2013年6月6日,"广州公安"政务微信平台又正式开通了公安业务综合查询和网上办事功能,主要包括免费向市民提供的46项业务查询、路况信息、办事指南和4项预约服务、1项网办服务,包括全市电子警察分布图、路况快照、路况地图、实时交通动态信息;交通违法查询、车辆及驾驶证状态查询等;出入境、户政业务办理进度查询;出入境和户政业务网上预约功能、往来港澳通行证再次签注业务办理;完备的业务指南为用户提供各类办事指引和办事网点信息。市民关注"广州公安"微信后,在界面下方的"路况资讯、服务事项、便民指南"导航栏中点击所需服务,便能实现上述所有功能。此后,广州公安还陆续开通了包括缴纳交通违法罚款、预约办理出入境和户政业务等"微服务",市民只要一机在手,便可通过"广州公安"微信,享受到广州公安系统的所有业务服务。

三 当前政务微信存在的误区与不足

(一)当前政务微信存在的"四大误区"

1. 本位传播,忽视用户体验

所谓"本位传播",就是以自我为中心,忽略受众的视听阅读需求和感受,而完全以官方意志作为传播的出发点和归宿。比如,一个显而易见的表现是,一些政务微信每天的信息就像一个"万花筒",有时事新闻,又有微博精选,更有天气预报和冷笑话等。政务微信编辑很用心、很有成就感,也很累,但是受众只花几秒钟浏览一下标题,甚至于连点都不会点开就退出离开了。这种沉浸在自我世界中的微信产品，显然只是给自己看的，因为公众不会为没有价值和新意的信息花费精力和时间。因此，换位思考，注重政务微信的议程设置和用户需求，是当前政务微信必须面对的突出问题。

2. 信息量上的贪大求全

信息媒介日趋多元多样，但传播受众所能投放的碎片化精力和时间却是相对有限和稳定的。因此，政务微信资讯的价值性、针对性和可读性是吸引阅读和留住受众的先决条件。随着微信订阅号媒介属性的趋弱，公众微信不是"微信杂志"，而当前政务微信普遍性的表现却恰恰是办"微信期刊"，且每期主题最多达到其上限八条，主题一多，传播焦点就发生飘移，关注者甚至不知道该和哪个主题互动，反而削弱了政务微信传播的功能效用。因此，政务微信应立足于选择相关属地"本土化"的信息内容推送，一事一议，引导深度互动，微信编辑宜将主要精力倾向于发布后的互动服务。

3. 重发布而轻服务，前端"发布"与后端"服务"未能兼顾

政务微信的核心应用服务主要表现在两个方面：一是前端的主动发布，比如，及时的政务信息公开、治安预警和舆情发布，以加强政务公开、政策宣传与舆论引导的媒介应用。二是微信后端的咨询问答与移动政务办事的服务平台应用，比如通过智能化信息库建设，让公众可以足不出户就了解到办事的流程指南，或者通过及时的回应公众的咨询、反馈、投诉、检举举报等，从而实现政民之间"点对点"的客户服务系统。当微信公众平台对订阅号做出相应的调整后，政务微信更应注重加强对服务功能的优化和提升。但是，当前大多政务微信未能将前后两端兼顾发展，要么看重微信后台的开发模式，要么简单定位为"微信手机报"的媒介平台，发一些无关民生、不痛不痒的新闻资讯。因此，动态发布、静态信息自助提取发布和主动服务必须有机统筹起来。

4. 过度地追逐粉丝数

与微博不同的是，公众微信的粉丝数不公开显示、不为外人所知，这一点让政务微信少了些许的表面虚荣和泡沫政绩，当然这并不是说粉丝不重要。但是，政务微信应立足本地、做好服务，吸引辖区内的微信用户成为政务微信的忠诚粉丝，这才是政务微信立足和发展的根本。

四 进一步加强政务微信深化发展的建议

基于微信 5.0 版前政务微信的高速发展和良好运营所产生的积极社会影响力，2013 年 10 月 15 日，国务院办公厅发布了《关于进一步加强政府信息公开回应社会关切提升政府公信力的意见》（国办发 100 号）文件（以下简称《意见》），《意见》多达七处明确提及要大力推动和发展政务微信。但是，2013 年至今，腾讯对微信公众平台的运行规则和功能调整较为频繁，部分调整对政务微信功能的发挥影响巨大。政务微信的后续发展须紧跟变化、应势而为，在加强对媒介与微信公众平台研究的同时，以更大的资源投入和更加务实的政风来保障平台的上下联动运行，切忌盲目进驻而事倍功半。结合当前政务微信的实际运营表现和数据监测，本报告对政务微信进一步深化发展做出以下四点建议。

首先，加强研究，综合准备。要加强对媒介的研究和对政务微信客观冷静的分析和研究，做好人员、技术、信息协同等资源的综合准备，仅以红头文件、行政命令来推动政务微信的发展建设，是远远不够的。

其次，回应关切，注重效能。政务微信开通后，大量的民意通过手机微信反馈到微信公众平台，线下的投诉明显下降，但在及时跟进调查、处理和回复方面，政务微信对网络问政的更快时效和更高效能提出了前所未有的要求。

再次，组织协调，加强保障。当前绝大多数政务微信的运营，主要还是依靠编辑个人的热情在支撑，缺乏制度化的资源协调和保障，这是当前政务微信实践中存在的普遍性问题，使网络问政的可持续发展遭遇瓶颈。

最后，强化服务，转变策略。政务微信应当顺应腾讯对微信公众平台从媒介到服务、从订阅号到服务号的战略调整，升级政务微信的智能化开发，加强后台的互动性与服务意识，这是当前政务微信迫切需要面对的重大的适应性调整和策略运营转型。

B.11 中国青少年网络使用行为调查分析*

钟瑛 李青青**

摘 要: 青少年是中国网民的主体,青少年的网络使用行为反映我国网民的整体水平。本研究通过对全国六大区域、12个城市的3005名青少年网民进行问卷调查,用具体翔实的数据对我国青少年的网络使用行为进行考察,根据调研中发现的突出问题,有针对性地提出了对策与建议。

关键词: 青少年 青少年网民 网络使用行为

作为中国网民的主体力量,青少年网民的网络行为对互联网的发展、网络文化的走向意义重大,研究青少年的网络使用行为具有重要的理论价值与实践意义。

2013年2月至3月,课题组对全国12个城市的3005名青少年进行了问卷调查,调查涉及东、中、西部及六大区域,此次调查通过科学的数据采集与分析,呈现了我国青少年网络生活的基本状况,力图为社会各界提供有价值的参考。

---

* 本文为中国科协2012年调研课题"城市青少年网络生活状况调查"(2012DCYJ11)的研究成果。
** 钟瑛,华中科技大学新闻与信息传播学院副院长、教授、博士生导师,研究方向为网络传播;李青青,华中科技大学新闻与信息传播学院博士研究生,研究方向为网络传播。

一 基本概念及调研方法

(一)基本概念

1. 青少年网民

青少年网民的概念参照中国互联网络信息中心(CNNIC)的定义,即"过去半年使用过互联网的 6 周岁以上、25 周岁以下的中国公民",另据 CNNIC 发布的《中国青少年上网行为调查报告》,92.2%的青少年网民年龄分布在 12~24 周岁。[①] 显然,12~24 周岁是中国青少年网民最集中的年龄段,考察这个年龄段的青少年网民,对从整体上把握中国青少年网民的整体状况与突出问题具有代表性与典型性。

2. 网络使用行为

网络使用行为是网民在网络空间进行的各种活动的总称。本研究将网络使用行为细化为五种:网络信息获取行为、网络交往行为、网络娱乐行为、网络购物行为、网络参与行为。研究中针对青少年网民的特殊性,对青少年网民的五种上网行为进行了如下界定:网络信息获取,即获取网络信息资源的行为,网络信息资源是指以电子数据的形式将文字、图像、声音、动画等多种形式的信息,通过网络通信、计算机或其他终端方式再现出来的信息资源,是网络空间中可利用的各种信息资源的总和;网络交往,是指在网络空间发生的各种交往活动,网民通过一定的语言、文字或肢体动作等表达手段将信息传递给其他个体或群体,并与之产生互动;网络娱乐,是指在虚拟网络空间中进行的娱乐消遣活动,主要包括网络文学、网络视频、网络音乐、网络游戏四个层面;网络购物,是指用户为完成购物或与之有关的任务而在网上虚拟的购物环境中浏览、搜索相关商品信息,从而为购买决策提供所需要的必要信息,并实现决策的购买过程;网络参与,是指网民通过对国家大事、社会热点等关系国计民生

---

① 中国互联网络信息中心:《2012 年中国青少年上网行为调查报告》,2013 年 6 月, http://www.cnnic.cn/hlwfzyj/hlwxzbg/qsnbg/201312/t20131225_43524.htm。

的事件的意见发表、观点陈述、行动策略，对具体的公共政策的制定和实施产生影响的活动，网络参与已经成为网民通过网络平台强化社会监督、社会参与的重要形式。

（二）调研方法

1. 调查范围与设计

本次调查范围涉及东部、中部、西部地区，涵盖华北、东北、华东、中南、西南、西北六大区域，最终选定全国12个城市（含直辖市、省会城市、地级城市）为调查地点；调查内容包括青少年网络信息获取行为的基本状况、青少年网络交往行为的基本状况、青少年网络娱乐行为的基本状况、青少年网络购物行为的基本状况、青少年网络参与行为的基本状况五个方面。

2. 问卷发放与回收

2013年2月至3月，问卷调查在全国范围内展开。问卷的调查实施，由华中科技大学新闻与信息传播学院教师、博士生、硕士生分别负责，累计发放问卷3300份，回收问卷3169份，其中有效问卷3005份，有效问卷率为91%。

3. 数据处理与分析

调查数据采用SPSS17.0进行处理。数据处理中，对定类变量和定序变量的错误或缺失数据，采用众数来替换；对定距和定比变量的错误或缺失数据，采用平均值来代替。

二 我国青少年网络使用行为的基本状况

（一）青少年网络信息获取行为的基本状况

1. 网络是青少年获取信息的最重要渠道

研究发现，网络已经成为青少年日常获取信息的最主要媒介，网络渠道超越传统媒体渠道（电视、报纸、广播）、人际渠道（朋友）成为青少年获取信息的主要渠道。数据显示，32.9%的青少年通过网络来获取信息；25.6%的青少年通过电视获得信息；20.1%的青少年通过朋友获取信息；通过"报纸"、

"广播"获取信息的比例各为12.7%、7.6%,1.1%的青少年通过"其他"方式(如老师、家长)获取信息(见图1)。

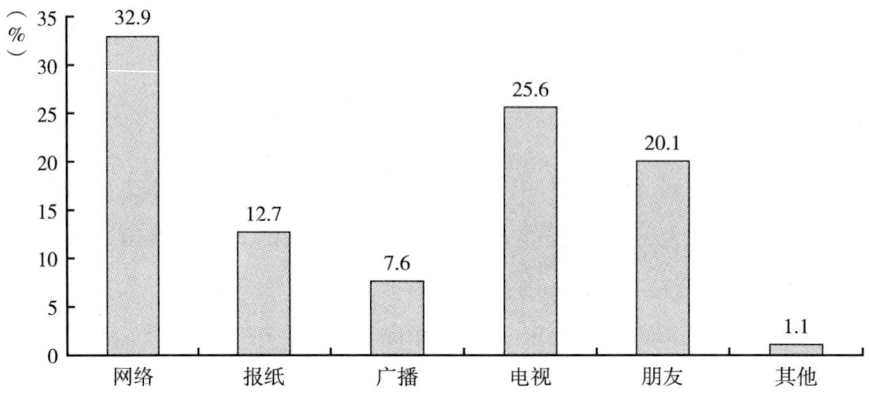

图1 青少年日常获取信息的主要渠道(n=3005)

2. 青少年网络不良信息遭遇率较高

研究发现,尽管我国对网络不良信息的整治、监管日益强化,但青少年网络不良信息的遭遇率依然居高不下,高达84.5%的受访者"遭遇过"(含经常遇到、偶尔遇到的比例)网络不良信息(见图2)。

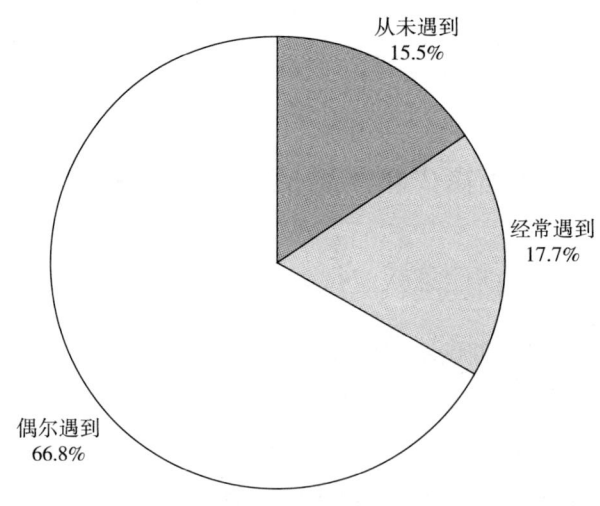

图2 青少年网络不良信息遭遇情况(n=3005)

值得注意的是，虽然我国青少年网络不良信息遭遇率较高，但是青少年对待网络不良信息的态度较为理性。数据显示，多数青少年对网络不良信息的态度为"坚决抵制"。在遭遇网络不良信息时，68.9%的青少年会"坚决抵制"，24.4%的青少年"偶尔浏览"，2.3%的青少年"经常搜索"，1.2%的青少年"直接转发"，3.2%的青少年表示会"直接删除"或"关闭页面"（见图3）。

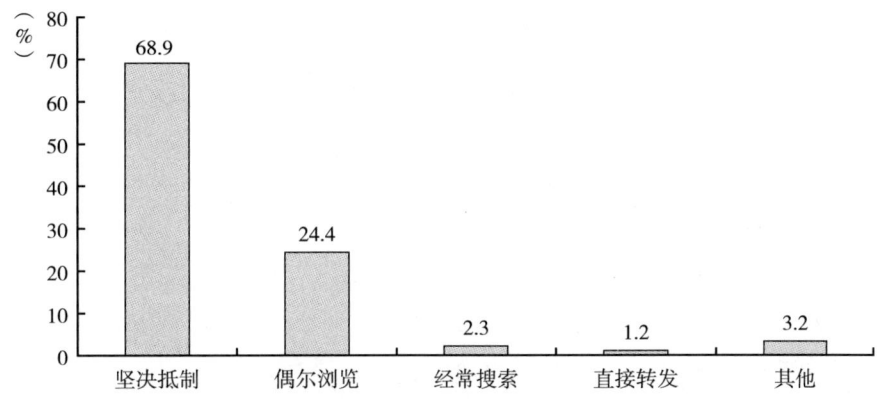

图3 青少年对网络不良信息的基本态度（n = 3005）

3. 青少年网民的翻墙软件使用行为值得关注

翻墙软件本质上是代理软件，使用翻墙软件可以翻过国家与外界网络之间的防火墙，查看被防火墙阻挡的网站或信息，如敏感内容、反动内容、色情网站等。研究发现，虽然青少年翻墙软件使用率较低，但在未来使用翻墙软件的意向较强。受访者中，63.2%的青少年从未使用过翻墙软件，"使用过"翻墙软件的人占17.3%，但是19.5%的受访者表示"想用但不会"，很多青少年表示会在未来尝试使用翻墙软件（见图4）。

4. 网络对青少年现实信息获取以正面影响为主导

青少年能够熟练地通过网络搜索，寻找知识资料、电子资源和新闻信息，网络已经成为青少年在现实生活中认知、交流和处理信息的平台。网络对青少年现实信息获取的影响主要表现在帮助青少年及时了解信息、扩充知识和技能、接触不良信息上的影响（见图5）。

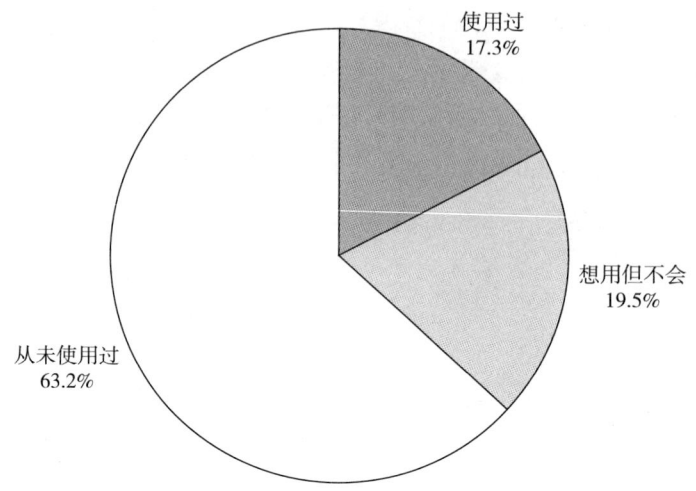

图4 青少年网民的翻墙软件使用状况（n=3005）

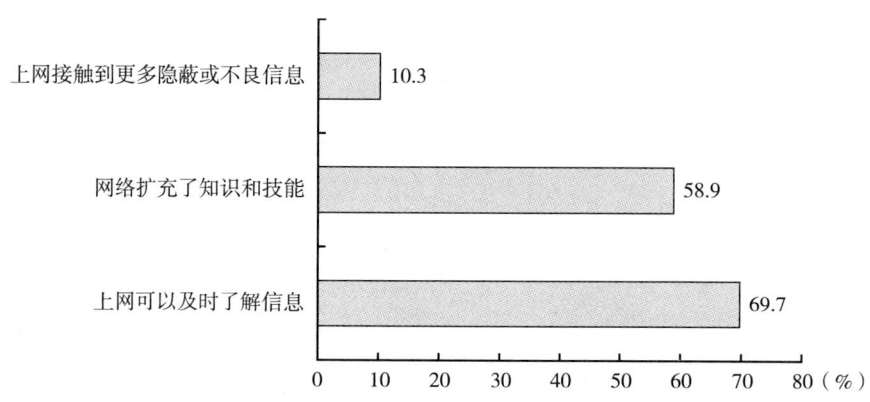

图5 网络对青少年现实信息获取的影响（n=3005）

总体来看，网络对青少年现实信息获取的积极影响明显。网络在信息发布、知识和技能的数据存储与查询上更加便利，在及时补充、传递现实信息渠道上具有得天独厚的优势。"及时了解信息"（69.7%）、"扩充知识和技能"（58.9%）成为其最主要的影响，网络在帮助青少年及时了解信息、填补现实知识空白方面的作用明显。而对网络信息获取中遇到的隐蔽或不良信息，青少年的认同率仅为10.3%，隐蔽的不良信息对青少年现实信息获取的影响较弱。

（二）青少年网络交往行为的基本状况

1. 即时通信软件是青少年网络交往的最主要方式

研究发现，即时通信软件是青少年最主要的网络交往方式。数据显示，33.2%的青少年以"即时通信软件"为最重要的网络交往方式；其次为"空间或博客"（21.9%）；再次为"社交网站"（19.4%）；"电子邮件"、"多人在线网络游戏"、"论坛BBS"、"其他"所占的比例分别为9.8%、9.3%、5.6%、0.9%（见图6）。

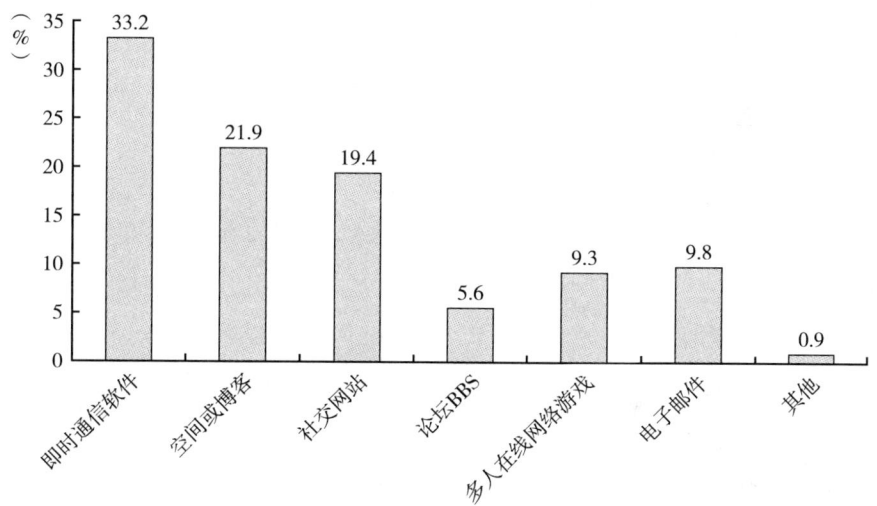

图6 青少年网络交往方式的选择情况（n=3005）

2. 青少年网络交友对象具有稳定性，对陌生网友的信任度较低

研究发现，多数青少年网络交友对象较为稳定，64.1%的受访者只跟固定的网友进行交流，交流的前提是青少年对固定网友的信任。数据显示，64.1%的青少年网络交友对象较为固定，11.4%的青少年"经常更换交流对象"，19.8%的青少年"偶尔更换"交流对象，仅有1.5%的青少年选择"与陌生人交流"，3.2%表示"从不网络交友"（见图7）。

网络交友对象的稳定性决定了青少年与陌生网友交流的概率较低，研究发现，青少年对网友的信任度较低，高达55.7%的受访者表示"不相信"陌

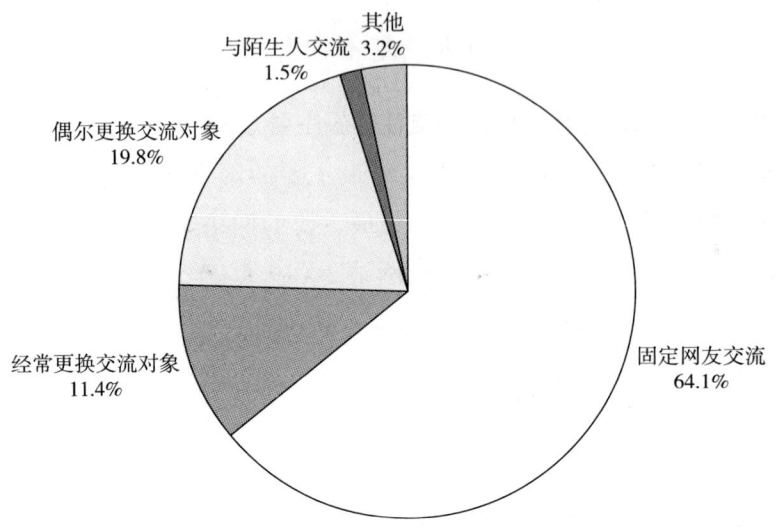

图7 青少年网络交流对象的稳定性情况（n=3005）

生网友。仅有7.3%的青少年表示在网络交往中"完全信任"网友（见图8）。

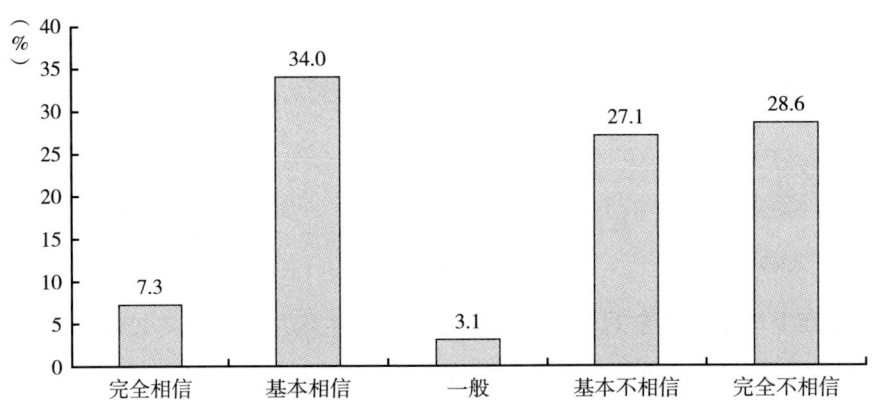

图8 青少年对网友的信任情况（n=3005）

3. 青少年网恋行为没有想象中严重

网恋，是经由网络互动发展而成的恋情，是网络交往中比较特殊的一种行为，而青少年一直被认为是网恋的主要参与者和推动者。但是事实并非如此，研究发现，青少年网恋行为并不普遍，只有10.7%的受访者表示"有过"网恋经历。在对待网恋的基本态度上，11.6%的受访者对网恋持抵制态度，称"永远不会有"，5.1%的受访者则"希望有"（见图9）。

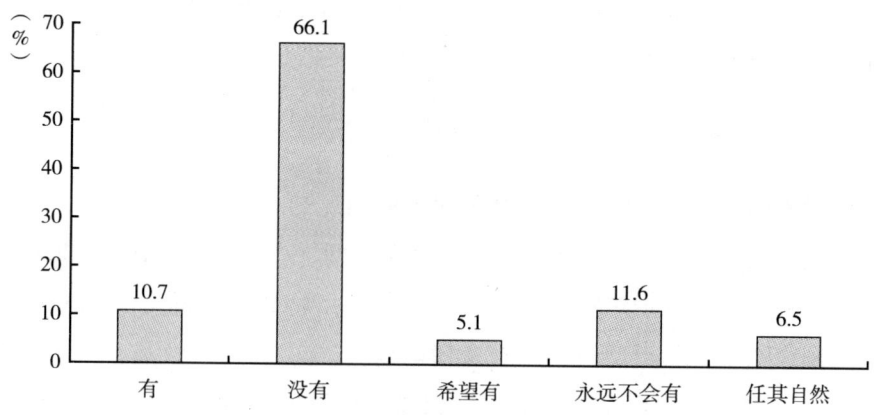

图9　青少年网恋行为的基本状况（n=3005）

4. 网络在拓展青少年线上弱关系方面作用明显

对于青少年而言，网络交往更多体现为人际交往，这种交往方式更加自由、随意且不受时间、地点的限制。网络对青少年现实交往的影响主要表现在拓展线上社交、减少现实沟通两个方面（见图10）。

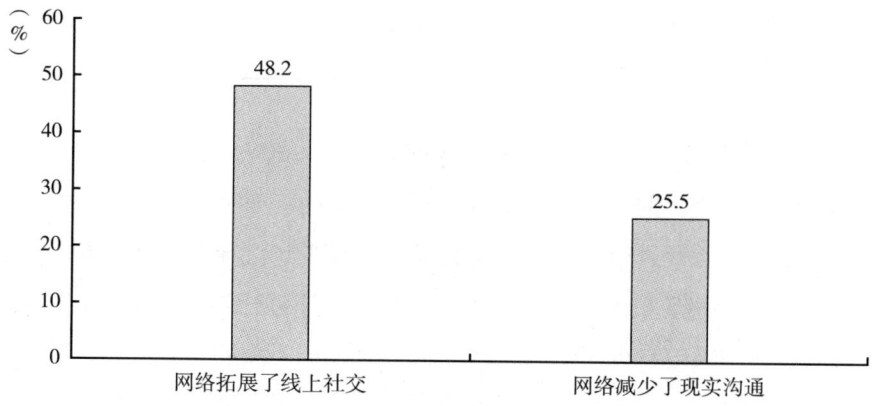

图10　网络对青少年现实交往的影响（n=3005）

总体来看，网络人际交往对青少年现实交往的积极影响明显，突出表现为"拓展线上社交"，有48.2%的青少年认为网络在拓展自己的弱关系方面作用显著,线上弱关系的重视并未直接减少青少年的现实交往机会,仅有25.5%的青少年认为由于经常在网上交友而忽略了身边的朋友与家人,而对于减少沟通的内容上主要表现在现实生活中逐渐减少了与亲戚朋友的电话、书信联系,交流的方式逐渐转向低成本、低付出的微博、微信、QQ留言等形式。

(三)青少年网络娱乐行为的基本状况

1. 青少年最喜欢的网络娱乐类型较为分散

青少年网络娱乐行为主要分为网络文学、网络音乐、网络视频、网络游戏四类,研究发现,青少年网民最喜欢的网络娱乐类型较为分散,其中青少年最喜欢的网络文学作品类型为"都市言情官场类"(25.8%),最喜欢的网络音乐类型为"网络红歌类"(19.4%),最喜欢的网络视频类型为"电影电视剧类"(26.0%),最喜欢的网络游戏类型为"益智类"(27.9%)(见表1)。

表1 青少年最喜欢的网络娱乐类型 (n=3005)

单位:%

网络娱乐行为	最喜欢的类型	选择该项作为最喜欢类型的比例
网络文学	都市言情官场类	25.8
网络音乐	网络红歌类	19.4
网络视频	电影电视剧类	26.0
网络游戏	益智类	27.9

2. 青少年沉迷网络游戏的现象较为严重

早期研究认为,网络游戏是青少年网络成瘾的主要形式,研究中对青少年是否沉迷于网络游戏进行了考察。研究发现,青少年沉迷于网络游戏的状况不容乐观,高达15.4%的青少年表示自己有过沉迷网络游戏的经历或正在沉迷网络游戏,24.9%的青少年认为自己"似乎有,但不太明显"(见图11)。

3. 多数青少年网民能够对网络沉迷行为进行自我调适

所有网络活动的参与都是阶段性的①,任何人刚刚接触网络都会经历一个

---

① Grohol, J. M. (1999). Internet Addiction Guide (Last revision on February 1999). http://psychcentral.com/netaddiction/.

中国青少年网络使用行为调查分析

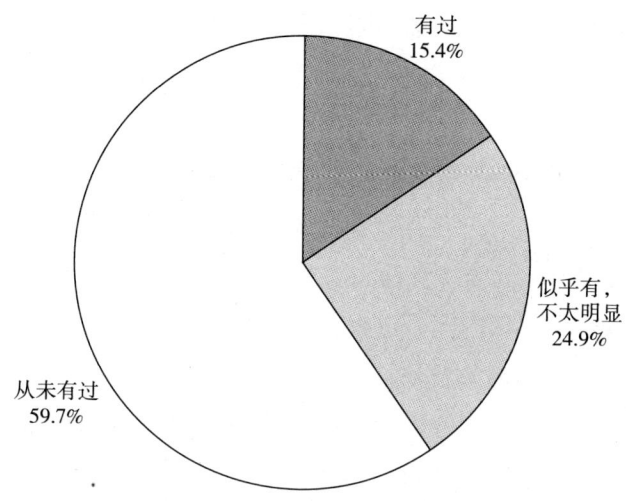

图11 青少年沉迷于网络游戏的基本情况（n=3005）

"着迷期"，随着最初的热情逐渐消逝和对网络空间的不断调适，人们会在熟悉网络空间运作的前提下回归正常生活。研究发现，71.8%的青少年网民沉迷于网络游戏的时间控制在3个月以内（见图12）。其中，45.6%的受访者沉溺网络的时间在1个月以下，26.2%的受访者沉溺于网络的时间为2~3个月，大多数青少年的网络沉溺时间控制在3个月以内，虽然我们很难从沉溺的时间长度来判断青少年的网络沉溺是一个暂时性的现象，但这至少

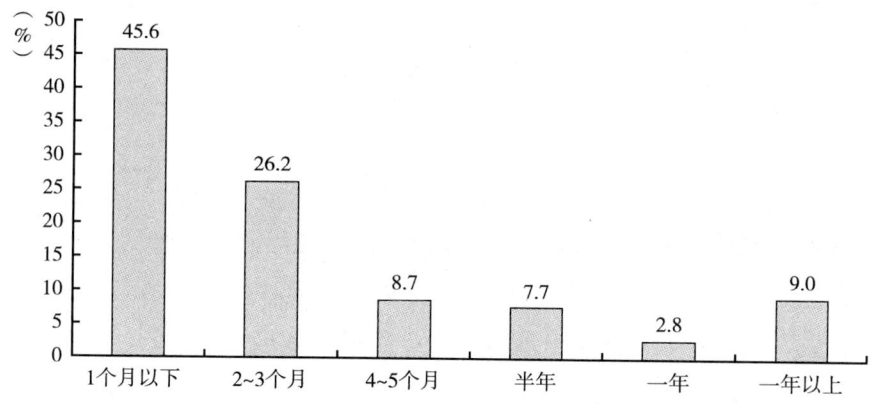

图12 青少年沉迷于网络游戏的时间长度（n=1210*）

注：*此处样本数为"有过网络游戏沉迷经历"与"似乎有但不太明显"的受访者总数。

说明大多数网络沉溺者、边缘网络沉溺者能够自我进行网络活动时间的管理，且能够在短时间内进行自我调适，这对于克服网络依赖与沉迷具有重要意义。

4. 青少年对网络成瘾严重性的认知较为理性

研究发现，青少年对于"青少年网瘾是否成为一个严重问题"的态度集中且具有理性。42.5%的受访者认为"极其严重，已经涉及多数青少年"，有38.6%的受访者认为"影响到一定数量的青少年，但没那么严重"，这说明城市青少年认为"青少年网瘾已经成为一个严重问题"；9.7%受访者认为"网瘾只涉及极少数青少年，不值得大惊小怪"；有9.2%的受访者认为"没有可靠结果加以证明，所以不太好说"（见图13）。

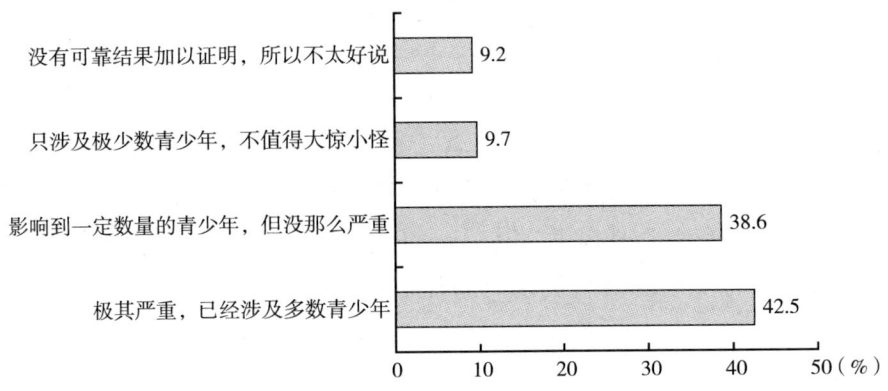

图13　青少年对网瘾严重程度的基本态度（n=3005）

（四）青少年网络购物行为的基本状况

1. 青少年网络购物以实际应用为导向，网络支付倍受青睐

研究发现，青少年网络购物以实际应用为导向，多以实物为主，而"服装鞋子类"是青少年网络购物最多的物品类型。数据显示，23.8%的青少年经常在网上购买"服装鞋子类"物品，其次为"图书音像类"（16.3%），再次为"在线充值类"（12.3%），"娱乐餐饮类"（11.1%），"电子数码类"（10.2%），"机票、车票类"（9.9%）；"化妆品类"、"各种会员服务类"、"运动保健类"所占比例依次为6.7%、3.6%、3.6%（见图14）。

中国青少年网络使用行为调查分析

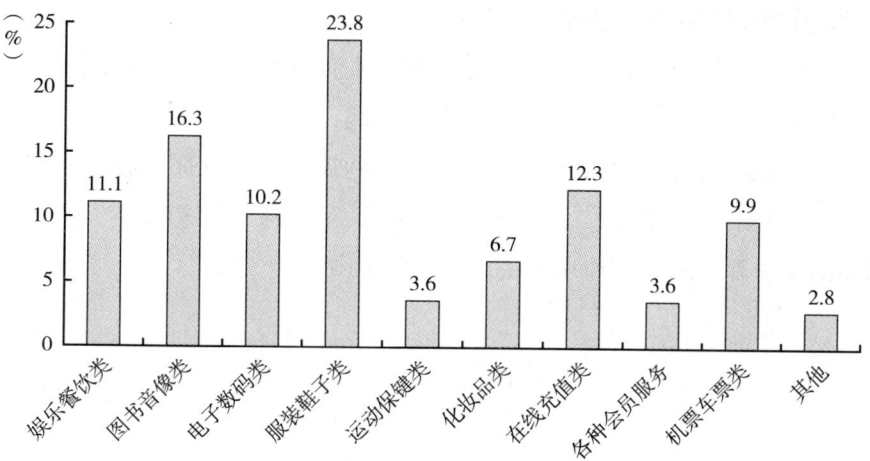

图 14 青少年网络购物的基本类型（n=3005）

青少年网络购物的物品类型丰富，网购的支付方式多元。研究发现，网络银行、支付宝、货到付款是青少年使用率最高的三类网购支付方式。数据显示，33.0%的青少年选择"网银"支付；其次为"支付宝"（31.6%）；再次为"货到付款"（12.4%）；"财付通"、"第三方支付"、"贝宝"、"快钱"、"网汇通"、"百付宝"、"云网"所占比例依次为7.8%、2.7%、2.3%、2.0%、1.9%、1.7%、1.4%（见图15）。

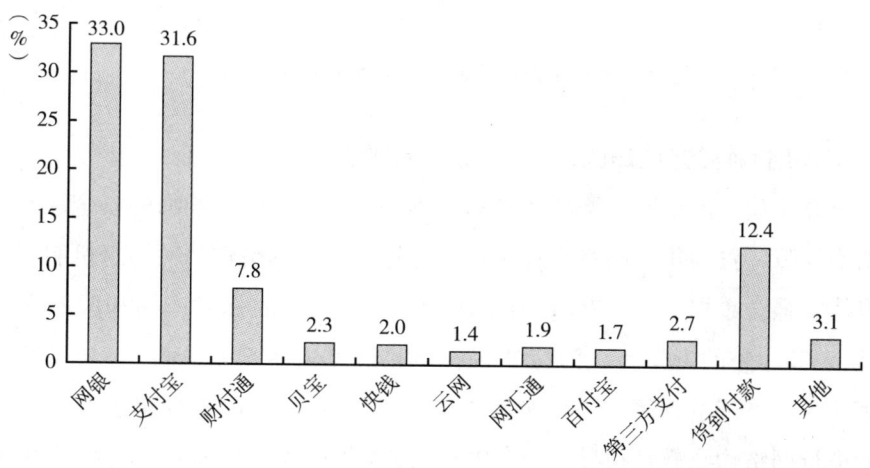

图 15 青少年网络购物的支付方式（n=3005）

2. 青少年网民的网购维权意识较强

网络欺诈是指在网络上以各种形式向他人骗取财物的诈骗手段,而网络购物欺诈则是最主要的网络欺诈形式。研究发现,青少年网民的网购维权意识较强。数据显示,在遭遇网购欺诈时,41.4%的受访者会首选"投诉商家";其次为"找商家讨回公道"(29.8%);再次为在网上揭露商家(19.5%);9.4%的受访者表示"不作声不搭理"(见图16)。

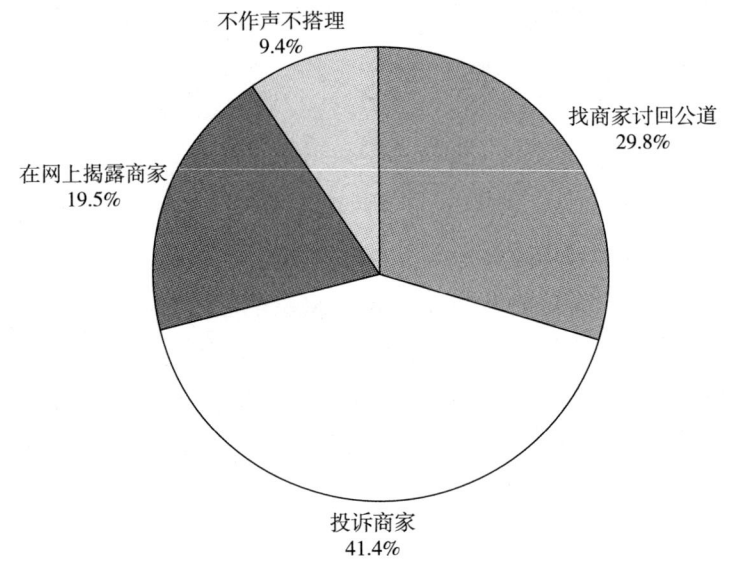

图16 青少年对网购欺诈的基本态度 (n=3005)

3. 网络购物的监督机制、安全性有待加强

研究发现,由于网络购物环境的影响,青少年的网络购物的安全性并未得到切实保障,青少年在网络购物中存在担忧情绪,网络购物的监督机制、安全性有待加强。数据显示,26.1%的青少年认为应"加强对产品和服务质量的监督",25.3%的青少年认为应"确保网络购物的绝对安全性",19.2%的青少年认为应"建立保障网络购物的法律法规",16.0%的青少年认为应"对消费者进行网络购物教育指导",11.9%的青少年认为"应有更多商家提供网络购物功能"(见图17)。

中国青少年网络使用行为调查分析

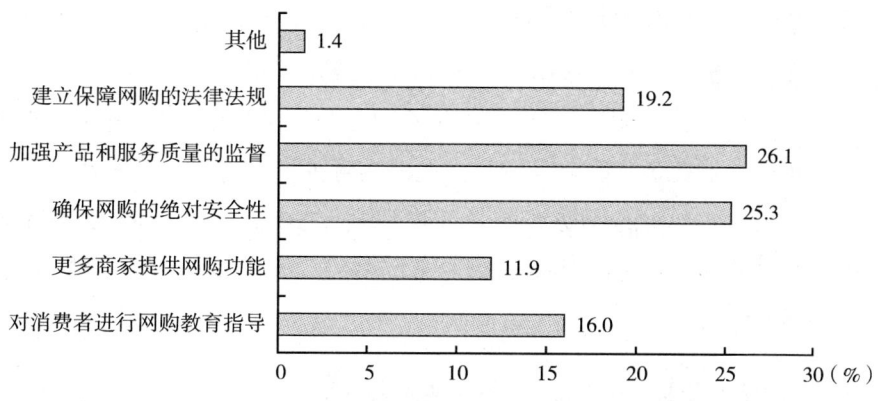

图 17　青少年对改进网购的建议与意见（n = 3005）

4. 网络购物对青少年现实消费的拉动作用有限

网络技术的进步满足了人们"居家购物"（In-home Shopping）的愿望，网络为青少年提供了更为丰富和多元化的购物选择和产品信息，青少年在网络上可以搜寻产品、购买产品、使用网络银行等服务[①]。网络购物已经成为青少年网络生活的重要内容，对青少年的现实消费行为的影响日益深远，网络购物对青少年现实消费的影响主要表现为网购刺激现实消费、网购刺激现实中的消费欲望两个层面（见图 18）。

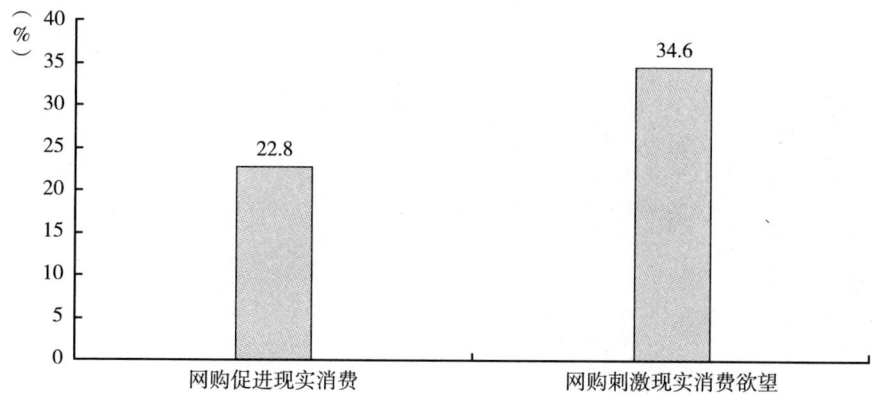

图 18　网络对青少年现实消费的影响（n = 3005）

---

① Hassani, S. N. (2006). Locating digital divides at home, work, and everywhere else. *Poetics*, 34 (4 - 5), 250 - 272.

155

总体来看，网络购物对青少年现实消费力的推动作用有限。网络购物行为对青少年现实消费的最主要影响为"网购刺激现实消费欲望"，有34.6%的青少年表示网络购物（如淘宝）行为促进了自己的消费欲望，这表现在经常网购的青少年日常消费金额明显高于很少网购的青少年。与之对应的是，经常网购的青少年很少在现实的固定场所（如商场、专卖店）购物，所以网络购物拉动现实购物的作用不是很明显，仅有22.8%的青少年因为网络购物而增加了现实购物。

（五）青少年网络参与行为的基本状况

1. 青少年参与网络征集意见的积极性有待加强

研究发现，虽然多数青少年参与过学校或单位在网上的征求意见，但是积极性有待加强。数据显示，52.2%的受访者"偶尔参与"，仅有26.3%的受访者"积极响应、建言献策"，5.7%的受访者"按照老师或领导的要求填写"，可见青少年"参与"网络征求意见的行为有主动和被动之分；10.4%的青少年对网络征求意见较为冷淡，受访者选择"知道了不关心"；4.7%"根本不知道"学校或单位是否在网络上征求意见（见图19）。

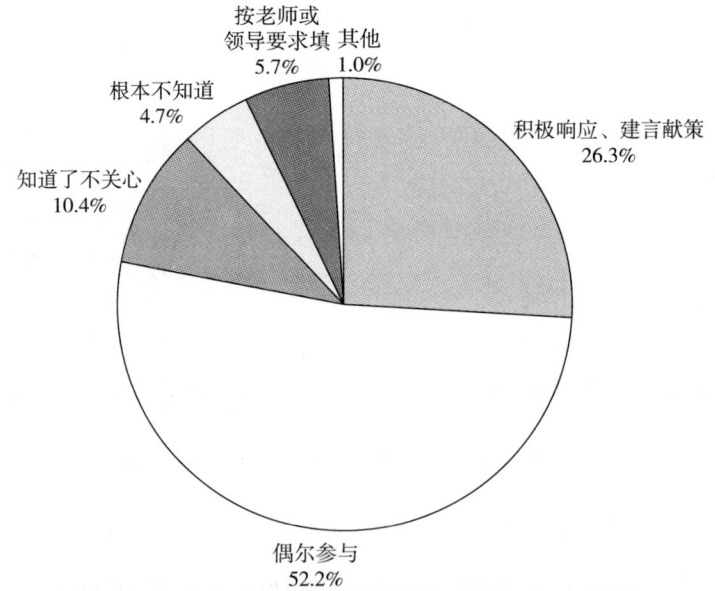

图19 青少年对网络征集意见的基本态度（n=3005）

2. "社会热点"是青少年最感兴趣的网络话题

研究发现,"社会热点"类话题是青少年最感兴趣的网络话题。数据显示,"社会热点"类话题最受欢迎,31.1%的受访者会就"社会热点"话题发表意见、参与讨论;其次为"娱乐消遣"类如娱乐新闻、明星八卦等具体内容,有20.9%的青少年对此类话题较感兴趣;再次为"在读学校或本单位发生的事",有20.3%的受访者对于发生在自己身边的、与己相关的内容高度关注;"国家大事"、"新媒体技术"所占比例分别为17.0%、9.1%;1.7%的受访者表示"没有特别感兴趣的话题"或"看情况而定"(见图20)。

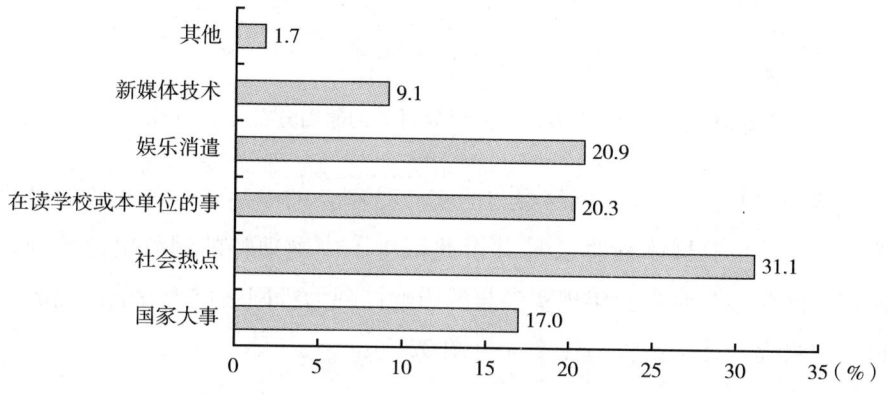

图20 青少年感兴趣的网络热点话题类型 (n = 3005)

3. 吸引青少年参与网络讨论的最主要原因是兴趣度

研究发现,"对讨论主题感兴趣"是青少年参与网络热点话题讨论的最主要原因,有47.5%的受访者是因为"对讨论主题感兴趣"才会参与热点话题讨论;其次为"事与己相关"(24.1%)、增强参与意识(15.8%);再次为"表达意见引起关注"(12.6%)(见图21)。

4. 网络在促进青少年的社会事件关注度上效果明显

网络空间是没有阶级、特权和政治经济影响的争论平台[①]。网络对于中国社会而言,具有特殊的意义与影响,青少年的网络参与行为成为日渐普遍的现

---

① Papacharissi Z (2002). The virtual sphere: The internet as a public sphere. *New Media & Society*, 4 (1): 9 – 27.

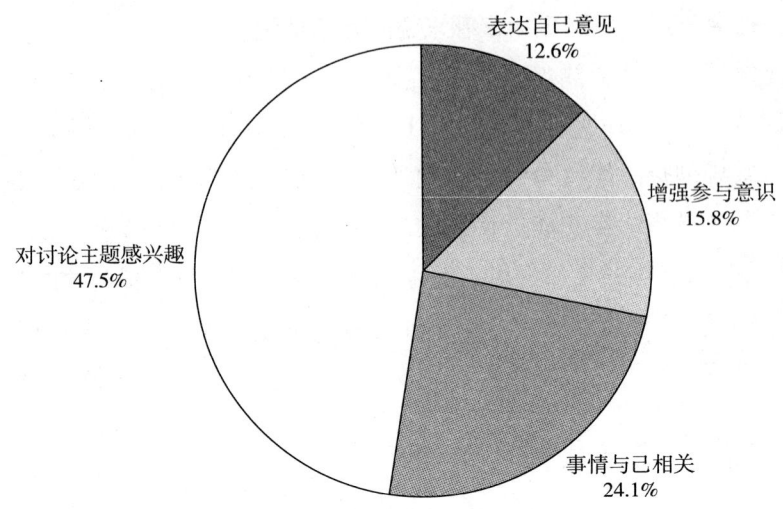

图 21 青少年参与网络热点话题讨论的原因分布（n = 3005）

象。一定程度上,"青少年网络参与的实质是利益的表达,这种利益的表达既有个人利益,也有群体利益",[1] 并由此衍生了中国独特的网络舆论浪潮。具体而言,网络参与对青少年现实参与的影响体现为:网络成为发表意见的主要渠道、网络提升社会事件关注度（见图22）。

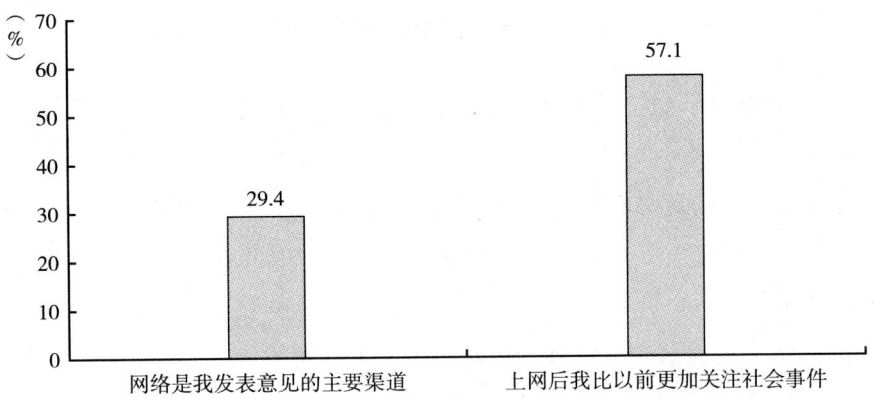

图 22 网络对青少年现实参与的影响（n = 3005）

---

[1] 吴庆:《中国青少年网络公共参与的历史发展、本质及启示》,《中国青少年研究》2011 年第 3 期。

总体来看，网络在促进青少年社会事件关注度上效果明显。有57.1%的青少年认为自己上网后比以前更加关注社会热点事件，网络已经成为他们了解最新社会热点、重大突发事件进展的最主要平台。但是青少年在网络上发表意见和观点的比例较低，仅有29.4%的青少年认为网络是自己发表意见的主要渠道，大多数青少年很少在网络上发表自己意见，或采取沉默态度应对网络热点事件，即使经常参与热点话题讨论的青少年，网络参与行为也仅集中为转发帖子、点赞或围观。

三 基本结论与对策建议

（一）基本结论

1. 网络不良信息遭遇率较高，青少年对网络不良信息的态度相对冷静

网络已经成为青少年获取信息的优先选择媒介，闲暇时间青少年更愿意通过网络而非其他媒介获取信息，青少年通过网络获取学习资源、科技知识的行为日益普遍。值得关注的是，青少年网络不良信息遭遇状况堪忧，高达84.5%的青少年"遭遇过"网络不良信息，其中17.7%的青少年经常遇到网络不良信息；在面对网络不良信息时，多数受访者态度冷静且理性，68.9%的青少年表示会坚决抵制不良信息的传播。但是网络在帮助青少年及时了解信息、填补现实知识空白方面的作用明显，网络不良信息对青少年现实信息获取的影响较弱。

2. 网络人际信任感较低，网恋并不受青少年追捧

网络交友是现实交友的网络延伸与拓展，维系"远距离关系"是青少年网络交往的主要动机与目的，现实中的熟人关系是青少年网络交友的关系基础，因此，青少年网络交往的对象具有较强的稳定性。值得关注的是：青少年的网络人际信任感较低，55.7%的青少年对网友持不信任态度，折射出青少年网络人际关系的脆弱性；青少年网恋现象并非想象中严重，66.1%的青少年对网恋持不赞同态度，网恋现象并不普遍。但是网络交往对青少年现实交往的积极作用明显，网络交往拓展了青少年的线上交往，并在一定程度上缓解了现实孤独感。

3. 益智类网络游戏更受欢迎，青少年网络游戏沉迷状况堪忧

网络在不断满足青少年娱乐需求的同时，也扮演着激发个体想象力与创造力的角色。益智类游戏最受青少年网民欢迎。值得关注的是：青少年网络游戏沉迷现象堪忧，有15.4%的青少年表示自己有过沉迷网络游戏的经历或正在沉迷网络游戏，但是我国青少年网络游戏沉迷具有阶段性，在经历了短暂性的沉迷后，多数青少年能够理性认识到网络游戏沉迷的危害性、积极进行自我调适并且回归正常生活状态。

4. 网络购物存在安全隐忧，青少年网络维权意识较强

网络购物在满足人们居家购物的理想生活的同时，也依靠多元的商品类型、便捷的支付方式成为青少年网民较为热衷的网络行为。值得关注的是：网络购物中存在的欺诈现象，这直接导致青少年对网络购物的信任度较低，青少年对于网络购物的服务质量、网络购物安全性存在显著的担忧情绪；我国青少年网络购物的维权意识较强，在遭遇网络购物欺诈时，高达71.2%的受访者会主动维权，包括投诉商家、找商家讨回公道等。但是网络在拉动青少年现实消费行为上作用有限，网购刺激现实消费欲望的比例高于推动现实消费的比例。

5. 网络参与热情较高，但线下参与积极性较低

网络的开放性使得网络空间成为网民意见与观点的集散地。值得关注的是：青少年网民的网络参与度较高，26%的青少年积极响应网络问政，46%的青少年参与过网络热点问题的讨论，社会热点类话题是青少年网民最感兴趣的话题类型，当对热点话题感兴趣、事情与己相关时，青少年参与热点问题讨论的意向较为明显。但是网络在拓宽现实参与的渠道上作用有限，青少年线上参与与线下参与的反差较大，形成线上激情与线下冷漠的两级状态，而现实参与的渠道狭窄、现实参与的风险性是造成这一差距的主要原因。

（二）对策建议

1. 丰富青少年的线上线下生活，以网络参与促进现实参与

网络使用行为多元化已经成为青少年网络化生存的基本表征，丰富青少年的线上线下生活是青少年网民健康发展的应有之义。青少年网民应不断丰富自己的业余生活，在网络生活中不断培养自己的文化自觉，做到不盲从、不造谣、不传谣，恪守网络诚信、网络道德的底线，借助网络发展提升自身社会生活的能力与素质。网络参与是青少年网络生活质量的重要参考指标，提升青少年网络参与的有效性非常重要，而不断增强青少年的参与意识与责任感，加强对青少年的网络政治意识表达的监督与管理，依靠网络伦理的约束、网络技术的监控、网络法律法规的保障帮助青少年抵御网络不良政治信息的影响，确保青少年网络意识表达的有序性、有效性，可以提升青少年现实参与的积极性、拓展青少年现实参与的现实渠道。

2. 加强网络内容监管，特别是网络游戏中的暴力倾向

具体而言，要对海量信息进行筛选与甄别，而借助信息安全技术进行系统有效地管理，对发布虚假消息、传播网络谣言的个体进行责任追惩，可以有效减少不良信息内容进入网络互动序列；预防和制止青少年尤其是未成年人沉迷于网络游戏，需要有针对性、系统性地监管青少年网络游戏行为，抵制网络暴力游戏对青少年的侵害，如从源头监管，强化网络游戏的市场准入，从源头上降低青少年网络不良游戏行为的风险，强化运营环节监管，增强网络游戏的市场规范，注意社会氛围的营造，倡导积极健康绿色的网络游戏。

3. 打造品牌网站，提升青少年网络鉴赏与识别能力

对于网络媒体而言，社会责任是其发展的题中之意，而打造品牌网站，构建青少年网络生活的权威、健康平台是基本路径，依靠权威媒体及时辟谣，防止青少年的极端心态，当有重大事件发生时，应及时有效地披露客观事实真相，加强对网络舆论的正面引导；青少年网络使用中存在的诸多问题是媒介素养缺乏的表现，要提升青少年的网络素养，必须提升青少年的网络鉴赏与识别能力，杜绝网络不良信息在青少年群体中的传播与蔓延，通过网络媒介素养教育提升青少年网络信息的批判能力至关重要。

4. 规范网络交往与购物环境，建构良好的网络空间

网络环境是影响青少年网络行为的重要方面，而优化青少年网络交往与网络购物的环境，对建构良好的网络空间意义重大。青少年网络交往环境需要网络道德约束机制，要正确处理现实交往与网络交往的关系，网络交往与现实交往的并行、协调发展，对网络交往中的情感进行自我控制与调适，使网络交友中的情感态度朝着积极、理性的方向发展；而网络购物环境的优化，需要多方面努力，商家应注重自身职业道德，以顾客信任为原则，从培养和提升青少年信任入手，正面引导青少年健康的网络购物行为，政府部门应加快建立评估监督机构，净化网络购物环境，推动网络购物权威第三方评估机构的健全发展，确保青少年网络购物的安全性，提高青少年对网络购物的整体信任水平。

B.12 社会化媒体下公众新媒介素养的调查分析

曾凡斌　彭兰*

摘　要： 社会化媒体以新的传播机制，给信息传播格局带来影响，并对现实社会产生越来越大的作用。根据一份面向全国的问卷调查（n=1074）发现，公众的媒介使用素养对信息消费素养、信息生产素养、社会交往素养的行为部分都产生正面显著的影响；而信息消费素养的认知、信息生产素养的认知、社会交往素养认知正面影响作为认知的社会协作素养；信息生产素养行为和社会交往素养的行为正面影响社会参与行为素养。本文在调查的基础上，给出了提升公众媒介素养的对策建议。

关键词： 社会化媒体　媒介素养　公民素养　媒介使用

社会化媒体的发展，使媒介素养的重要性进一步凸显，它的内涵及适用主体也在不断扩大。以往国内关于媒介素养研究停留于定性分析和主观评述，实证研究较少，本研究先分析社会化媒体时代的传播特点与传播格局，接着提出在社会化媒体背景下，公众媒介素养的重定义，最后对根据该定义所做的问卷调查进行分析和讨论。

---

* 曾凡斌，暨南大学新闻与传播学院副教授、中国人民大学新闻学院博士研究生；彭兰，中国人民大学新闻学院教授、博士生导师，中国人民大学新闻与社会发展研究中心研究员，新媒体研究所所长。本文为教育部人文社会科学重点研究基地重大研究项目"社会化媒体时代的媒介素养研究"的研究成果。

一 社会化媒体时代公众媒介素养的重定义

社会化媒体是基于用户社会关系的内容生产与交换平台。尽管社会化媒体的主角是用户，但它的用户不仅有一般网民，也包含专业媒体、政府机构等，社会化媒体的生态是多种主体共同造就的，这些主体的媒介素养共同决定了社会化媒体的发展，也由此影响到现实社会生态和社会发展进程。

公众是社会化媒体的基础要素，是社会化媒体中最基本、最活跃的力量。

以往关于媒介素养的定义，更多的是针对传统媒体时代的受众，也就是作为纯粹的消费者的受众。但是，在社会化媒体时代，受众不仅是消费者，更是内容的生产者，是媒介活动的积极参与者。因此，对社会化媒体时代的公众媒介素养的认识，需要从建设者或生产者的角度加以扩展。

对于公众而言，社会化媒体时代的媒介素养主要应体现在媒介使用素养、信息消费素养（包括在海量信息中筛选有效信息的能力、对信息的辨析与批判能力）、信息生产素养、社会交往素养、社会协作素养、社会参与素养六种媒介素养。这六种又可以分为三个不同的层面。

第一类：媒介使用素养——基础能力层面；

第二类：信息消费素养、信息生产素养、社会交往素养——信息互动与人际互动能力层面；

第三类：社会协作素养、社会参与素养——社会干预能力层面。

二 社会化媒体时代公众媒介素养的问卷调查设计

（一）问卷调查背景

本研究设计了面向全国的社会化媒体时代公众媒介素养的问卷调查，本次调查时间为2013年10~11月，调查对象总体是全国31个省、直辖市、自治区（不包括港、台、澳）的16周岁及以上的网民，这是因为社会化媒体涉及的都是使用互联网的人群，因此以网民为总体。最终成功访问1099名被访者，调查结束后对数据进行了预处理，核对了变量的取值和变量之间的逻辑关系等，总共得到 1074 份问卷的有效数据，问卷有效率为 97.72%，以下的数据将围绕 1074 份问卷的有效数据进行分析。

（二）媒介使用状况

在所有被访者中，将"从不"到"差不多每天"以 1～6 分别编码，各媒介使用频率的均值和标准差分别为看电视（均值为 4.56，标准差为 1.505）、听广播（均值为 3.28，标准差为 1.760）、阅读报刊（均值为 4.25，标准差为 1.554）、浏览互联网（均值为 5.25，标准差为 1.256）。浏览互联网的频率最高，这是因为被访者都为网民，而中国互联网普及率已达 44.1%。在所有被访者中，从"一点也不关注"到"非常关注"以 1～5 分别编码，对时事新闻的关注程度，均值为 3.27，标准差为 1.006。

三 社会化媒体下公众媒介素养的状况描述

（一）媒介使用素养

社会化媒体的媒介使用素养关键体现在其使用社会化媒体的情况上，本研究以微博为代表来研究公众的社会化媒体使用状况。在本次调查中，846 个被访者回答使用过微博，占 81.7%，在使用微博的用户中，使用微博的历史为 1 年以上的占 61.57%，而大约 2/3 的用户使用微博的时间在 30 分钟以内。

（二）信息消费素养

社会化媒体的公众信息消费素养分为两个方面：一是在海量信息中筛选有效信息的能力（包括运用搜索引擎和社会化媒体进行筛选）；二是对信息的辨识、分析与批判能力。在海量信息中筛选有效信息的能力方面，调查显示，通过搜索引擎（如百度、搜狗、谷歌等）了解信息的被访者中"较多"和"很多"使用的占了 2/3，这一比例远远高于使用微博了解信息的情况。社会化媒体的媒介信息消费素养属于行为，故将其作为衡量信息消费素养的

行为变量。

在对信息的辨识、分析与批判能力方面,以往媒介素养研究认为主流媒介建构信息的方式乃是迎合控制媒介的社会阶层之需要[1],因此强调受众"对媒介信息保持开放、质疑、反思、批判的态度"[2]。因而对这一方面的测量包括四个维度,其测量结果如表1所示,对信息的辨识、分析与批判能力属于认知,因而将其作为衡量信息消费素养认知的变量。

表1 对信息的辨识、分析与批判能力(信息消费素养——认知)

单位:%

维度	测量问题	十分不符合	不太符合	不好说	较为符合	十分符合	均值	标准差
思考	我喜欢在读新闻时寻找"弦外之音"	10.40	27.50	32.20	23.20	6.70	2.88	1.085
质疑	我对新闻报道提出疑问	8.10	21.50	36.10	28.70	5.50	3.02	1.023
拒绝	我有时拒绝接受新闻报道里的某些观点	7.10	17.80	32.00	33.90	9.20	3.20	1.063
核实	我有时会通过其他途径来核实某个报道	10.70	22.40	32.60	26.80	7.50	2.98	1.105

(三)信息生产素养

在信息生产素养方面,本研究首先分析了被访者通过微博自我表达的情况,得出结果见表2。如表2所示,有关自我表达行为(发布信息和言论和进行信息再传播)的频率都不高,都少于中位值3。由于其属于行为,因此作为衡量信息生产素养的行为变量。

接着,分析微博中自我表达伦理认知,得出结果见表3。如表3所示,在面对发布信息和言论及进行信息再传播的认识上,被访者还是体现出比较高的认同。由于其属于认知,因此将其作为衡量信息生产素养认知的变量。

---

[1] Aspen Institute (1993). National Leadership Conference on Media Literacy. *Conference Report*, Washington, D. C.

[2] Hobbs, R. (1996). Media literacy, media activism. Telemedium, *The Journal of Media Literacy*, 42 (3).

表2　通过微博自我表达（信息生产素养——行为）

单位：%

测量问题	没有	偶尔有	有时有	较多	很多	均值	标准差
我用微博记录我的生活和心情,表达我的观点和感受	25.80	24.20	21.00	19.00	10.00	2.63	1.315
我在微博上转发分享有趣的话题和信息	23.90	21.50	22.70	20.80	11.10	2.74	1.325
我在微博上参与公共热点话题的讨论	33.30	26.50	21.30	12.40	6.40	2.32	1.232
我在微博上与其他志同道合的用户交流、互动	32.70	23.20	20.05	16.05	8.10	2.44	1.307
我在微博上获得了更多的认同和共鸣	32.95	24.10	22.60	13.85	6.60	2.37	1.251

表3　微博中自我表达伦理认知（信息生产素养——认知）

单位：%

测量问题	非常不同意	部分不同意	说不清	部分同意	非常同意	均值	标准差
每个人都要对自己发布的信息的真实负责	4.90	9.60	18.40	30.60	36.60	3.85	1.161
每个人都要对自己发布的观点负责	6.15	9.50	20.40	28.75	35.45	3.78	1.199
每个人也要对自己转发的信息负责	5.70	14.20	19.40	31.10	29.50	3.65	1.203

（四）社会交往素养

社会交往素养包括社会化媒体的社会交往行为及对社会化媒体中的交往伦理的认知两方面。如表4所示，被访者经常转发或评论朋友发布的微博是在社会化媒体的社会交往中最多。由于其属于行为，因此将其作为衡量社会交往素养的行为变量。

表4　社会化媒体的社会交往（社会交往素养——行为）

单位：%

测量问题	没有	偶尔有	有时有	较多	很多	均值	标准差
我在微博上认识很多新朋友	36.70	26.10	20.20	10.90	6.10	2.24	1.225
我用微博与平时见不到的朋友保持联系和沟通	31.50	20.80	22.30	16.50	8.90	2.51	1.322
我发微博时常常对相关朋友说	35.60	20.30	21.30	14.20	8.60	2.4	1.323
我经常与朋友通过私信聊天	32.70	24.10	20.80	13.40	9.00	2.42	1.307
我经常转发或评论朋友发布的微博	26.70	23.00	21.40	18.30	10.50	2.63	1.329

167

如表5所示的社会化媒体中的交往伦理认知中，被访者都较高地认同网络上应尊重他人的表达权、隐私权、知识产权和网络交往是一种平等的互动。由于其属于认知，因此将其作为衡量社会交往素养认知的变量。

表5 社会化媒体中的交往伦理（社会交往素养——认知）

单位：%

测量问题	非常不同意	部分不同意	说不清	部分同意	非常同意	均值	标准差
网络交往是一种平等的互动	3.90	7.40	18.90	38.30	31.60	3.86	1.065
网络上应尊重他人的表达权、隐私权、知识产权	2.70	5.40	15.70	28.10	48.10	4.13	1.04

（五）社会协作素养

如表6所示的对社会化媒体的社会协作认知中，被访者各选项的值都较高。由于其属于认知，因此将其作为衡量社会协作素养认知的变量。

表6 社会协作素养——认知

单位：%

测量问题	非常不具备	部分不具备	说不清	比较具备	非常具备	均值	标准差
与协同工作的其他人达成一致目标的能力	3.10	7.60	24.00	49.20	16.20	3.68	0.938
为自己在协同系统中定位的能力	2.80	8.30	29.90	43.50	15.50	3.61	0.94
执行协同任务的能力	2.80	7.00	23.60	47.80	18.90	3.73	0.94
与协同工作的他者进行有效沟通的能力	3.50	8.40	25.10	44.10	19.00	3.67	0.989

（六）社会参与素养

本调查将社会化媒体的社会参与素养分为社会化媒体参与功效意识和社会化媒体参与意向两个方面。如表7所示，在社会化媒体参与功效意识中，被访者最为同意的是主动向微博"报料"很容易被引起关注。社会化媒体参与功效意识变量属于社会参与素养的认知方面。

表 7　社会参与素养的功效认知（社会参与素养——认知）

单位：%

测量问题	非常不同意	部分不同意	说不清	部分同意	非常同意	均值	标准差
主动向微博"报料"很容易被引起关注	11.20	18.70	35.60	27.90	6.60	3	1.086
参加微博的讨论很有意义	13.00	20.20	38.70	23.90	4.20	2.86	1.053
买到假冒伪劣商品在微博投诉很有效	18.50	22.60	39.30	15.80	3.80	2.64	1.071
向微博反映看不惯的事情就会得到解决	21.80	27.00	36.80	10.80	3.60	2.47	1.057

如表 8 所示的社会化媒体参与意向中，被访者参与最多的是积极参与感兴趣的微博讨论，但是其意向值都不高。社会化媒体参与意向属于社会参与素养的行为方面。

表 8　社会参与素养的行为意向（社会参与素养——行为）

单位：%

测量问题	没有	偶尔有	有时有	较多	很多	均值	标准差
我若在街上看到交通事故会主动在微博爆料	52.50	19.80	15.80	8.50	3.30	1.9	1.146
我如果买到假冒伪劣商品会向微博投诉	52.20	19.80	13.70	10.90	3.40	1.93	1.183
我会积极参与感兴趣的微博讨论	39.10	22.60	18.60	14.60	5.10	2.24	1.25
我发现身边非常看不惯的事情就会向微博反映	42.20	23.70	16.20	12.40	5.50	2.15	1.245

四　社会化媒体下公众媒介素养的相互关系分析

（一）媒介使用素养影响因素分析

本研究以媒介使用素养（是否使用微博、使用微博历史、使用微博频率）作为因变量，人口学变量、媒介使用变量作为自变量进行 Logistic 回归分析或一般线性回归分析，其中是否使用微博为两分变量，因此使用 Logistic 回归分析，其他则使用一般线性回归分析。先得出结果如表 9 所示。

当因变量为使用微博历史及使用微博频率，自变量为人口学变量、媒介使用变量时，做一般线性模型回归分析，两个方程模型都通过回归检验，并得出结果如表 10 所示。

表9 媒介使用素养的非线性（Logistic）回归分析

自变量	回归系数（B）	标准误（S.E.）	卡方值（Wald）	自由度（Df）	显著度（sig）	发生比率（Exp(B)）
性别	-.251	.196	1.634	1	.201	.778
年龄	-.089***	.011	62.433	1	.000	.915
教育	.496***	.097	25.960	1	.000	1.643
政治身份	.524	.288	3.306	1	.069	1.688
看电视频率	.094	.081	1.359	1	.244	1.099
听广播频率	-.024	.064	.145	1	.703	.976
阅读报刊频率	.173*	.076	5.135	1	.023	1.189
浏览互联网频率	.176*	.079	4.999	1	.025	1.192
时事新闻关注度	.118	.103	1.313	1	.252	1.125
	.563	.656	.738	1	.390	1.757

注：* p<0.05；** p<0.01；*** p<0.001

表10 媒介使用素养的一般线性模型回归分析

Model		使用微博历史			使用微博频率		
		B(非标准回归系数)	Beta(标准回归系数)	显著度 Sig	B(非标准回归系数)	Beta(标准回归系数)	显著度 Sig
1	(Constant)	1.862	—	.000	2.175	—	.000
	性别(男=1,女=0)	-.025	-.008	.782	-.198	-.073	.019
	年龄(实际)	-.043***	-.263	.000	-.040	-.283***	.000
	教育	.259***	.175	.000	.058	.045	.206
	政治身份	-.051	-.012	.674	.118	.032	.304
	看电视	-.003	-.003	.937	.030	.033	.369
	听广播	-.070	-.079	.018	.030	.039	.278
	看报刊	.067	.066	.062	.047	.054	.162
	浏览互联网	.206***	.162	.000	.008	.007	.844
	关注新闻	.050	.032	.293	.010	.007	.829
R SQUARE		22.2%			9.1%		
ADJUSTED R SQUARE		21.5%			8.3%		
F		30.584			10.724		
SIG		.000			.000		

注：* p<0.05；** p<0.01；*** p<0.001

如表9和表10所示，年龄对是否使用微博、使用微博历史、使用微博频率都有显著的负面影响。教育对是否使用微博、使用微博历史有显著的正面影

社会化媒体下公众新媒介素养的调查分析

响。浏览互联网频率对是否使用微博、使用微博历史有显著的正面影响。总之，在媒介素养使用（微博使用情况）中，年龄少、教育程度高、使用互联网多成为主要的影响因素。

（二）信息消费素养、信息生产素养、社会交往素养影响因素分析

信息消费素养、信息生产素养、社会交往素养可分别对应社会化媒体的三种基本功能：关注（获取信息）、转发或评论（发布信息）、好友。而这三种基本功能以其极强的关系建构能力使一条条看似不起眼的微博能迅速产生效果，引领社会风尚，而形成这种强大能力的根本逻辑在于其"嵌套性"①。本研究将这三种素养作为因变量，人口学变量、媒介使用变量、社会化媒介使用素养作为自变量分别进行回归分析，分别得出表11、表12、表13。

1. 信息消费素养的影响因素

表11 信息消费素养的一般线性模型回归分析

Model		微博了解信息	思考	质疑	拒绝	核实
		Beta	Beta	Beta	Beta	Beta
1	(Constant)	—	—	—	—	—
	性别（男=1，女=0）	-.019	.097**	.094**	.081**	.086**
	年龄（实际）	-.089**	-.010	-.003	-.017	-.029
	教育	.089**	.114**	.092**	.134***	.090*
	政治身份	.024	.008	.016	.028	.050
	看电视	.029	-.058	-.083*	-.094*	-.085*
	听广播	-.029	.113**	-.021	-.026	.016
	看报刊	.053	-.018	.167***	.155***	.106**
	浏览互联网	.027	.016	.041	.047	-.011
	关注新闻	.044	.145***	.160***	.086**	.079*
是否使用微博		.160***	.048	.083*	.086*	.170***
使用微博历史		.184***	.039	.022	.054	-.012
使用微博频率		.430***	.134***	.075*	.044	.064
R SQUARE		52.6	11.4	13.2	13	10.7
ADJUSTED R SQUARE		52	10.3	12.1	11.9	9.5
F		86.689	10.07	11.915	11.645	9.339
SIG		0.000	0.000	0.000	0.000	0.000

注：*p<0.05；**p<0.01；***p<0.001

---

① 张佰明：《嵌套性：网络微博发展的根本逻辑》，《国际新闻界》2010年第6期。

2. 信息生产素养的影响因素

表12 信息生产素养的一般线性模型回归分析

Model		微博自我表达行为	微博自我表达的伦理认知
		Beta	Beta
1	（Constant）	—	—
	性别（男=1，女=0）	-.028	-.015
	年龄（实际）	-.078*	.005
	教育	.078**	.109**
	政治身份	.089**	.006
	看电视	.038	.126**
	听广播	.018	-.056
	看报刊	-.017	.013
	浏览互联网	-.015	.083*
	关注新闻	-.027	.051
是否使用微博		.149***	-.069
使用微博历史		.051	.053
使用微博频率		.489***	-.023
R SQUARE		42.3	4.5
ADJUSTEDR SQUARE		41.6	3.3
F		56.721	3.710
SIG		0.000	0.000

注：* $p<0.05$；** $p<0.01$；*** $p<0.001$。

3. 社会交往素养的影响因素

表13 社会交往素养的一般线性模型回归分析

Model		社会交往行为	社会交往伦理认知
		Beta	Beta
1	（Constant）	—	—
	性别（男=1，女=0）	-.056*	.009
	年龄（实际）	-.103**	.066
	教育	.034	.145***
	政治身份	.114***	-.056
	看电视	.038	.010
	听广播	.077*	-.117**

续表

Model		社会交往行为 Beta	社会交往伦理认知 Beta
1	看报刊	-.023	-.025
	浏览互联网	-.006	.196***
	关注新闻	-.067*	-.010
是否使用微博		.148***	-.004
使用微博历史		.060	.071
使用微博频率		.440***	-.008
R SQUARE		38.4	9.9
ADJUSTEDR SQUARE		37.6	8.7
F		48.725	8.595
SIG		0.000	0.000

注：$*p<0.05$；$**p<0.01$；$***p<0.001$。

如表11、表12、表13所示，第一类媒介素养的媒介使用素养（包括微博是否使用、使用历史和使用频率）对第二类媒介素养中信息消费素养、信息生产素养、社会交往素养的行为部分都有显著的正面影响。

（三）社会协作素养、社会参与素养影响因素分析

根据本研究定义，社会协作素养、社会参与素养可促进全新的社会协作模式的形成并对社会民主的进程起到重要作用，也可以起到一定的社会干预作用，因此其应为最高级的媒介素养。本研究将社会协作素养、社会参与素养作为因变量，以人口学变量、媒介使用变量、社会化媒介使用素养、信息消费素养、信息生产素养、社会交往素养作为自变量分别进行回归分析，分别得出表14、表15。

1. 社会协作素养影响因素分析

根据问卷设计，社会协作素养主要在于认知层面，如表14所示，对社会协作素养有正面影响的包括教育、关注新闻、是否使用微博、信息获取中的拒绝、微博自我表达伦理认知、社会交往伦理认知。除教育程度和新闻关注外，是否使用微博属于社会化媒体下的媒介使用素养，信息获取中的拒绝属于信息素养教育中的认知，微博自我表达伦理认知属于信息生产素养中的认知，社会交往伦理认知属于社会交往素养中的认知。由于本问卷的社会协作素养属于认知层面，因此，影响它的也主要属于其他素养的认知层面。

表14 社会协作素养的一般线性模型回归分析

Model		社会协作素养（认知）	
		Beta	Sig.
1	(Constant)	—	0.151
	性别（男=1，女=0）	0.038	0.170
	年龄（实际）	0.045	0.178
	教育	.076*	0.018
	政治身份	0.003	0.921
	看电视	0.052	0.105
	听广播	-0.022	0.493
	看报刊	0.051	0.131
	浏览互联网	0.044	0.160
	关注新闻	.131***	0.000
	是否使用微博	.114**	0.002
	使用微博历史	-0.020	0.593
	使用微博频率	-0.027	0.454
	信息获取行为	-0.010	0.821
	思考	0.039	0.244
	质疑	0.022	0.567
	拒绝	.115**	0.002
	核实	0.064	0.071
	微博自我表达行为	-0.030	0.525
	微博自我表达伦理认知	.145***	0.000
	社会交往行为	0.033	0.468
	社会交往伦理认知	.321***	0.000
R SQUARE		36.70%	
ADJUSTED R SQUARE		35.20%	
F		24.79	
SIG		0.00	

注：* $p<0.05$；** $p<0.01$；*** $p<0.001$。

2. 社会参与素养影响因素分析

根据问卷设计，社会参与素养包括功效认知和行为意向两方面。在功效认知方面，如表15所示，有正面影响的包括听广播、微博自我表达行为、社会交往行为、社会交往伦理认知。微博自我表达行为（信心生产素养行为）、社会交往行为（社会交往素养行为）、社会交往伦理认知（社会交往素养认知）成为三个主要的正面影响因素。

表 15 社会参与素养的一般线性模型回归分析

Model		社会参与素养功效认知		社会参与素养行为意向	
		Beta	Sig.	Beta	Sig.
1	(Constant)		.000		.000
	性别（男=1，女=0）	.029	.316	.028	.241
	年龄（实际）	.032	.370	.045	.126
	教育	.020	.553	.034	.222
	政治身份	.010	.729	.018	.452
	看电视	.062	.072	.026	.363
	听广播	.090**	.009	.055	.052
	看报刊	-.034	.349	-.062*	.037
	浏览互联网	-.030	.365	-.093**	.001
	关注新闻	-.038	.226	.070**	.007
	是否使用微博	.015	.695	.025	.427
	使用微博历史	.021	.597	-.122***	.000
	使用微博频率	.028	.471	.150***	.000
	信息获取行为	.097	.044	.056	.159
	思考	.037	.309	.058*	.047
	质疑	.073	.081	-.033	.326
	拒绝	-.050	.208	-.037	.264
	核实	.012	.748	.037	.231
	微博自我表达行为	.139**	.006	.344***	.000
	微博自我表达伦理认知	.016	.617	-.005	.865
	社会交往行为	.247***	.000	.282***	.000
	社会交往伦理认知	.091**	.007	-.140***	.000
R SQUARE		28.4%		51.8%	
ADJUSTED R SQUARE		26.7%		50.7%	
F		16.881		45.817	
SIG		.000		.000	

注：* $p<0.05$；** $p<0.01$；*** $p<0.001$。

在行为意向方面，如表 15 所示，起正面作用的有关注新闻、使用微博频率、思考、微博自我表达行为、社会交往行为，有负面影响的是看报刊、浏览互联网、使用微博历史、社会交往伦理认知。行为意向的影响比复杂，在媒介使用素养中，使用微博频率和使用微博历史正负影响因素相抵，不予考虑。思考（信息消费素养认知）、微博自我表达行为（信心生产素养行为）、社会交往行为（社会交往素养行为）成为三个主要的正面影响因素。

综合社会参与素养的功效认知和行为意向的影响因素，其中起主要且重要影响的是信息生产素养行为和社会交往素养行为。

3. 小结

综合以上分析，得出以下社会化媒体素养各方面的关系图：

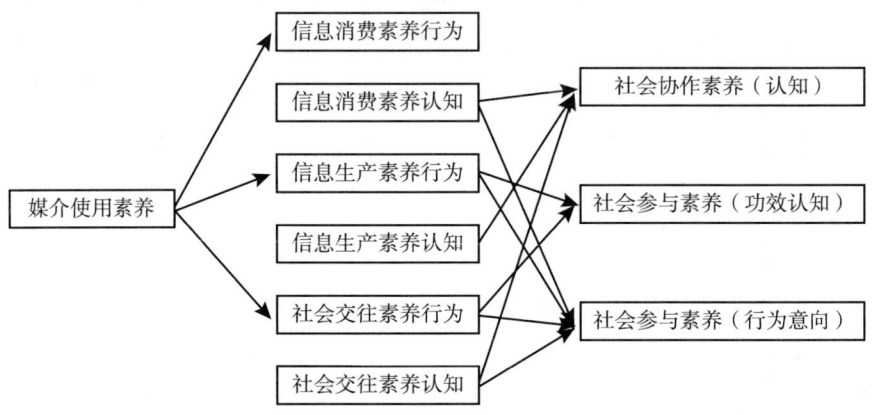

图1 社会化媒体素养各方面的关系

综合来看，该图有以下的理论含义：作为行为的媒介使用素养，主要正面影响信息消费素养的行为、信息生产素养的行为、社会交往素养行为，即第一类媒介素养（基础能力层面）正面影响第二类媒介素养（信息互动与人际互动能力层面）。信息消费素养的认知、信息生产素养的认知、社会交往素养认知正面影响作为认知的社会协作素养；而信息生产素养行为和社会交往素养的行为正面影响社会参与行为素养，即第二类媒介素养（信息互动与人际互动能力层面）正面影响第三类媒介素养（社会干预能力层面）。

五　对策建议

在调查结论的基础上，本文提出以下提升社会化媒体时代公众媒介素养的具体对策建议。

（1）社会化媒体的媒介素养，应该在年纪轻、教育程度高的大学生群体进行大力推广，其内涵应该包括媒介使用素养、信息生产素养、信息消费素养、社会交往素养、社会协作素养、社会参与素养等方面。

（2）社会化媒体的媒介素养应重点落实在行为方面，即教导公众如何搜索网络了解信息、如何进行网络信息生产与表达、如何进行网络交往、如何进行网络社会参与等方面。同时，也不能忽略认知方面的培养。

（3）社会化媒体的媒介素养的培养层级，应该从基础能力层面——媒介使用素养开始，再发展到信息互动与人际互动能力层面——信息生产素养、信息消费素养、社会交往素养，最后发展社会干预能力层面——社会协作素养、社会参与素养，并以社会干预能力层面为最终目标。

B.13 2013年中国网络助政发展现状、问题及对策

刘厚 阳美燕 晏璐*

摘　要： 随着信息技术的高速发展、媒介融合速度的加快，Web 3.0移动互联网时代以迅雷不及掩耳之势闯入了政治、经济及社会生活的各个角落，在其更强大的影响力和更具颠覆性的用户体验背景下，网络助政趋于成熟与常态化。本文在网络问政的基础上，创新性地提出新时代背景下"网络助政"的概念，分析网络助政的发展现状，提出发展中存在的问题，探索在纷繁复杂的网络环境中有效地开展网络助政活动的对策。

关键词： 网络助政　网络发展　网络对策

2013年以来，互联网用户尤其是移动互联网用户数量显著增加，中国新媒体发展势头强劲。大数据、微博、微信、云计算、移动互联网等正逐渐渗透到社会各个领域。网络助政作为一种全新的政务运行模式，以互联网尤其是移动网络终端为载体，强调互联网对政务的助推与促进作用，无论是在政府智能办公、政务信息公开、舆情危机公关还是政府主导的城市营销、高峰论坛、会议会展等方面，都发挥了更积极、更向上的正面效应。

---

* 刘厚，湖南大学新闻传播与影视艺术学院兼职教授；阳美燕，湖南大学舆情研究所所长；晏璐，湖南大学新闻传播与影视艺术学院研究生。

一 网络助政的概念

网络助政是在信息技术发展、互联网尤其是无线网络的广泛覆盖、网民基数井喷式增长、移动 App 不断涌现、公民参政议政意识增强的时代背景下诞生的新概念。其主要是指利用互联网络的互动性、即时性、多媒体性以及传播快速等特点，政府政务部门在其日常工作的运行、舆论应对以及营销等各个环节实现有效促进，使政务人员之间、政务人员与公众之间的沟通与交流更加便捷、有效，政务的效率和创新手段得到大大的提高。

党的十八届三中全会首次提出要"推进国家治理能力和治理体系现代化"。网络助政，实质上是社会治理主体运用互联网提升社会治理能力，是互联网时代实现国家治理能力和治理体系现代化的重要途径。与广为熟知的网络问政相比，网络助政无论在主体平等性与互动性，还是执行的高效性、影响力上，都实现了华丽的升级，成为当下最新、最先进的问政形式，也成为一种必然趋势。首先，就网络助政主体的态度而言，伴随媒介融合的高速发展、4G 移动互联网时代的到来，越来越多的党政机关意识到充分利用互联网促进政务执行的重要性，更积极主动地掌握新媒体使用的技巧。尤其是微博、微信等自媒体的兴起，与公众密切相关的利益诉求与期待更易于被政府捕捉，并影响其决策，由此助推网民参政议政的热情愈涨愈高，真正实现政民互动。其次，网络助政阶段利用互联网处理政务的时效性与影响力都有了巨大突破，正能量的辐射赢得了政府与网民的普遍认可，服务型的民主政府形象逐渐形成。如果说网络问政更强调利用网络监督政务的形式，那么网络助政则更强调这种新形式带来的积极效果，强调在充分利用互联网及各种新兴的移动网络技术基础上，政府与公众更平等地商议公共事务，通过透明、民主、理性的合作，切实推动政务发展、化解社会矛盾、解决现实问题、促进社会和谐，最终获得共赢的积极效应。

二 网络助政发展的现状

（一）移动政务实现"指尖上的政民互动"

移动互联网技术和智能手机、平板电脑、"超级本"等移动终端的高速发

展，开启了移动互联网时代，"微"文化正渗透到社会各个领域。工业和信息化部发布的数据显示，截至2013年11月底，中国移动用户数量达12.23亿，3G用户数达3.87亿，占比达31.6%。[①] 用手机上微博的网民数为1.96亿，手机微博使用率达39.3%。[②] 截至2013年底，微信用户数突破7亿，遍及100多个国家和地区，在智能手机中渗透率接近100%，成为引人注目的移动新媒体。

在这个大时代背景下，政务传播渠道也已经从传统的网站邮箱、论坛转移到微博、微信等新兴的移动App上。"双微"时代的到来，改变了政务机构传统的传播观念和方式，于公众而言，这些政务App则实现了其随时随地通过触屏与政务部门进行"指尖上的沟通与关注"。

1. 政务微博覆盖式发展，渐趋成熟

政务微博于2013年步入规范运营、务实应用的成熟阶段。在这一阶段，政务微博在总量上稳步增长，《2013年新浪政务微博报告》显示，截至2013年10月底，新浪认证的政务微博总数100151个，其中机构官方微博66830个，公职人员微博33321个，已经实现全国各省（直辖市、自治区）的覆盖拼接。[③]

在地域与层级上，政务微博迈向覆盖式、集群化发展道路。2013年9月，以共青团湖南省委开通官方微博为标志，全国（除港澳台外）31个省级共青团在新浪政务微博平台实现"大团聚"，成为我国首个省级机构全面开通微博的垂直系统。政务微博现已在团委、法院、气象、新闻办等部分垂直领域实现多个省份和不同层级的合纵连横。尤其是政务微博发布厅模式的复制，使原本孤立的政务微博实现集群化。另外，据统计，目前开通的部委微博多达77个，相较上年增加了31个，这充分显示了，网络助政阶段中央部委对微博话语权的重视，他们所组建的"微博国家队"也为网络助政开辟了新阵地。而无论是网民，还是作为政务微博管理者的公务人员，使用移动终端进行微博上的互动都更趋常态化。因此，政务微博覆盖式的发展无疑为政府和民众随时随地碎片化的"指尖互动"奠定了厚实的基础。

---

① 工业和信息化部：《工信部发布2013年中国工业通信业运行报告》，2014年1月1日。
② 中国互联网络信息中心：第33次《中国互联网络发展状况统计报告》，2014年1月。
③ 人民网舆情监测室：《2013年新浪政务微博报告》，2013年12月。

2. 政务微信井喷式增长，方兴未艾

被称为"可移动信息中心"的政务微信可谓是一款纯粹的移动政务终端，通过把线下服务搬到线上，且迁移至用户使用频率高、私密性高的移动终端，实现了移动互联网对传统政务服务的颠覆。其中关键字回复功能让网络助政的"秒回"成为可能，其代替行政机关服务窗口行使问询功能，大大节省了人力和财力，并且更高效。根据腾讯微信事业部提供的数据，截至2013年10月31日，经认证的微信公众账号超5万个，而政务微信总数超3000个，约占认证公众账号的6%①。其中，公安、党政机关、共青团、旅游和税务等机构是开通政务微信数量最多的。相比政务微博超10万的总量，政务微信仍方兴未艾。

3. 政府网微门户加速发力，后劲十足

各级政府积极探索并开启这一全新模式，微门户成为引领政府网站加速发力的新力量。宁波市政府网微门户以宁波市政府门户网站为基础，通过整合宁波市政府门户网站和宁波市官方微博的信息资源，建立了提供政府公共服务的政府移动微门户。其信息更新与政府网站同步，内容包括政府动态、最新政策、公告公示、民生信息、办事指南等。除此之外，微门户还开辟了不同于传统网站的特色功能。由此可见，微门户的加速发力不仅延伸了政府网站的各项服务功能，更在这些原有的服务基础上改革创新，开发系列特色服务项目，成为发展后劲十足的移动政务App。

（二）网络助政质量得到较大提升

以政务微博与政务微信为主的各类助政平台，在服务质量上都有了较大的提升。从为民服务的角度出发，信息进一步公开透明，打造"服务至上"的服务型政府理念不断深入人心。

1. 网络政务平台：从各自为政向互通联动转变

网络助政阶段，无论是政府还是网民都对网络助政有着前所未有的热情，各种助政形式为政务信息公开提供便捷又低廉的平台，使政务更公开透明，"阳光政府"形象逐渐形成。通过建立以政府网站为主，政务微博、公众微

---

① 人民网舆情监测室：《2013年新浪政务微博报告》，2013年12月。

信、服务热线、论坛等为补充的"1+2"政务信息发布体系，包括正在试点的"双微服务"模式，促使多种网络政务平台从各自为政向互通联动转变，并由此实现了政务信息的最大公开化，政民之间也实现了真正的互动。

江苏省仪征市在整合政府网站、12345服务热线、微博、微信、论坛等平台的基础上，形成"四网融合"的助政模式，利用微博、微信等新媒体发展的契机，满足民生利益诉求。通过四个网络平台融合式发力，共同促成了信息互通、诉求统一接收并分级处理、流程跟踪和服务回访的闭环助政模式，信息公开取得骄人成绩。

2. 网络政务功能：从单纯信息发布向兼顾民生服务转变

在网络助政阶段，政府通过不断地摸索实践，越来越意识到网络助政平台不仅是信息的发布平台、舆论沟通平台，更应是民生服务平台，是电子政务在社交媒体上的延伸。尤其是应用服务模式多元化的政务微博、政务微信等自媒体的兴起，实现了助政平台从发布型向互动型、服务型的转变，成为了解民意、关注民生、解决民愿最直接、便捷的工具，也使得以公共服务为根本职能的理念逐步扎根公务人员内心。

比如"广州公安"微信，在路况资讯、出入境业务、户政业务等方面提供服务，并在原有服务的基础上，又推出18项交管网办业务和1项预约业务。市民群众只要关注"广州公安"微信，通过移动终端即可办理相关业务。为了提高和改进政务微信平台信息推送与受众反馈的"沟通时差"，"广州公安"政务微信平台还建立了自动回复口径库。内容涵盖路况、交管、出入境、户政、消防、养犬管理、招警、刑事侦查、报警投诉等九大板块，网友按照内容分类，通过输入阿拉伯数字指令或关键词，即可获得相关业务解答，大大缩短了以往"你问我答"的信息推送往返时间。[①] 这种民生服务功能的加强，显然有利于软化政府职能部门的生硬形象，拉近政民之间的心理距离。

3. 网络政务应用：成为应对突发公共事件的重要工具

政府经历了众多突发事件后，改变了以往遇重大危机事件慌忙、无措、

---

① 中国警察网：《广州公安：做好指尖上的为民服务》，2013年6月6日，http://www.cpd.com.cn/n10216060/n10216141/c17396178/content.html。

"一刀切"的方式,认识到借助互联网尤其是微博、微信等新媒体,及时公开信息、抢抓舆论制高点、扼杀流言蜚语的重要性,也在一次次成功化解危机中认可"双微合璧"的全新应对模式。例如,2013 年 4 月 20 日 8 时 02 分,四川省雅安市芦山县发生 7.0 级地震。19 分钟后,成都市政府新闻办管理的"微成都"微信公众账号就发出震情速递,包含地震震级、震源、影响范围等信息,13 万关注了"微成都"的成都人第一时间在手机上收到了官方权威消息。随后,四川省雅安市委宣传部紧急开通官方认证微信"四川雅安"(后改名为"芦山地震救助"),并于当天 13 时 37 分发布了首条微信。同时,@中国地震台网速报政务微博及时播报震情消息,@中国国际救援队时刻关注与传播实时救助信息,@雅安市政务服务中心持续为公众普及地震救生常识……微博裂变式的信息传播,加上微信私密性、个性化的互动和服务,最大化地实现了突发事件中信息传播的广泛性和有效性,不仅抢占了舆情主动权,牢牢抓住了黄金四小时,也最大限度地安抚了公众情绪,传递正能量。

(三)各级政府主动抢抓新媒体话语权

1. 不断提升政务微博及微信舆论影响力

新媒体发展如火如荼的 Web 3.0 移动互联网时代,政府和群众的态度都有了很大的改变,尤其是政府,从谈"网"色变到重视运用新媒体,通过主动设置议题、组织系列互动活动,赢得一次又一次主动权。而这个转变过程中,新媒体如政务微博、政务微信的影响力得到明显提升,由以前的"僵尸"变成现在的助政"能手",逐渐摆脱了群众心中"空壳子"的刻板形象,一个个有血有肉、精彩丰富的助政新平台刷新着舆论格局,各级政府正赢回新媒体的话语权。以在新浪网开通的政务微博为例,人民网舆情监测室通过对 66830 个新浪政务机构官方微博与 33321 个新浪公职人员微博的影响力进行统计分析发现,无论是微博总数、发博频率、原创率、被转发率、被评论率,还是粉丝数、粉丝活跃率、媒体关注度,都处于不断上升阶段,2013 年新开通的政务微博有近 200 个进入 Top 100[①]。

---

① 人民舆情监测室:《2013 年新浪政务微博报告》,2013 年 12 月。

2. 积极加强与意见领袖的沟通

意见领袖在舆论的形成与引导上起着非常重要的作用，加强与意见领袖尤其是本土意见领袖的沟通，不仅有利于扩大影响力，还能通过影响有影响力的人推动舆论朝着积极正面的方向发展。当然，意见领袖不仅指享有强势话语权的大V，也包括各大新闻媒体。网络助政阶段，政府通过主动邀请知名博主、新闻媒体等具有影响力的意见领袖参与公共事务、了解政府部门的工作情况，充分发挥他们引导舆论、维护主流思想、提升城市形象的重要作用，最终在舆论控制和引导上起到事半功倍的作用。

3. 政务服务的方式日趋多元，趣味性不断增强

Web 3.0 移动互联网时代，无论是传统互联网的门户网站、论坛、贴吧，还是新兴的微博、微信、易信等，传播形式日趋多元，文字、图片、音频、视频一应俱全，真正开启全媒体立体化信息服务模式。其中，网络视频逐渐由传统 PC 端转移到移动终端上。有数据显示，截至 2013 年 6 月底，我国在手机上在线收看或下载视频的网民数为 1.60 亿，与 2012 年底相比，增长了 2536 万。① 在当前 3G 用户中，手机视频用户所占比例已经接近一半。可以说，移动视频的运用热情彻底被激发，用户正呈现爆发式增长趋势。在政务服务中的运用更是迎来了发展的春天，新兴的微门户、微信、微博等政务 App，都以多种方式植入视频，通过视频这种鲜活的表达形式传递政府声音，提升政府形象。另外，继微博、微信之后又一网络"新宠"——微视，悄然兴起并迅速火热起来。2014 年春节期间，给民众"拜年"的政务微视成了一道新风景。山西交警部门通过改编时下流行的《爸爸去哪儿》，给网民送去了新年的祝福，在趣味性中打造亲民形象。河北高速交警指挥中心在春运期间通过官方微视播报全省路况，称"河北高速交警总队指挥中心的大屏幕，有木有高大上的感觉，春运期间我们会在这里指引您回家的方向"。获网友赞"给力"。这种全新的、基于社交网络的视频形式深受网友欢迎，正成为目前网络助政的一大新亮点。

依托政务微博、微信、微视，利用网友喜闻乐见的语言和视频方式进行互

---

① 江凌：《中国手机电视发展报告》，《中国新媒体发展报告（2013）》，社会科学文献出版社，2013。

动、交流,进一步强化政民间的了解与信任,构建鱼水情深的政民关系,同时也使政务服务更具贴近性与趣味性,增强了网络政务的传播效果。

(四)网络营销渐入佳境,城镇微营销释放大能量

网络助政阶段,政府以新媒体为宣传龙头,突破传统营销推广的时间、空间限制,开展了系列主题鲜明的互动活动,立体式、全方位加强城市营销推广。这种创新的城市微营销模式正渐入佳境,释放巨大的能量,在城市形象宣传、旅游宣传、产品宣传等方面发挥越来越重要的作用。

以全国十大成长最快的政务微博之一@海安发布为例。其在城市推广与旅游宣传方面,主动设置议题,通过微博开展推广活动,举办以"生态海安 绿色网络"为主题的县领导网友见面会,组织网友参加网络摄影大赛和视察环保企业。同时,把握时下最具生命力的产业,联合新浪网开展"带着微博去海安"的宣传推介活动,2万多网友倾情参与,全面提升了海安的旅游城市形象。在网络招商方面,@海安发布与县商务局、发改委等部门联系开展网络招商活动,吸引20多万人次参与,收集招商信息近百条,通过"微招商"活动,提高了海安城市美誉度和知名度。而在服务推广方面,@海安发布则积极为区镇、部门做好网络宣传服务活动,打通官民直线沟通渠道。如与国土部门合作开展"国土日"微寄语活动,4万多名网友参与,收集微寄语1000多条,评选精彩寄语12条,邀请获奖网友走进国土局,与国土局长面对面交流。① 无论从行为还是情感来看,这样的"微服务"活动都进一步显示了政府为民服务的竭诚态度,也体现了政府利用新媒体与群众加强沟通的意愿和努力,同时也塑造了城市新形象。

三 当前网络助政实践中存在的问题

(一)从政府角度看,认识不足和机制不畅阻碍网络助政的实施

当前,一些政府官员没有理解网络助政的真正意义,无法适应利用网络处

---

① 海安县互联网新闻中心:《2013年度互联网管理考核工作汇报》。

理政务这种自由化的方式，存在认识上的不足。一是存在畏惧心理。一些官员的思想观念、知识存量、知识结构、应用技能等存在与社会发展脱节的现象，尤其是未能掌握网络世界里的传播规律、语言文化。特别是一些地方政府部门因"雷言雷语"而惹祸上身的现象，让一些官员以偏概全地认为网民如洪水猛兽，网络带来的只是矛盾的激化、政府形象的破碎，甚至有官员感叹"天不怕，地不怕，就怕网民来说话"。二是存在忽视心理。一些政府部门特别是基层单位，习惯于传统、简单粗暴的管理方式，对互联网带来的巨大改变缺乏敏感性，缺少主动作为的意识。三是存在排斥心理。互联网打破了政府的信息和话语的垄断地位，由此带来社会治理权的分散，一些部门和官员对此很不适应，对舆论一味"打、压、瞒"，用公权蛮横地删帖、封ID或者隐瞒事实，编造"官谣"等。民意没有得到正常的渠道传播，舆情也没有获得及时的降温，越禁越热，由此产生"禁果效应"，而"官谣"也将随着突发事件中信息的不断披露而不攻自破。如此做法，不但没能降低舆论热度、缓解社会矛盾，反而造成危机的深化、政府声誉与公信力的丧失，很大程度上抵消了网络助政的效果。

此外，机制不畅也成为阻碍网络助政发展的重要因素。当前，政府部门的网络助政整体处于自发、散发状态，普遍缺乏支持网络助政的体制和机制、缺乏相关制度规范配套，没有集中统一的模式和体系，资源分散、各自为战的问题比较突出，网民的合理意见向实际政策转化的机制尚不健全，这些问题导致网络助政陷入"说起来重要、做起来次要、忙起来不要"的尴尬境地，形成短期跟风易、长期坚持难的困境。

（二）从网民角度看，集体理性意识缺乏和信任度不够影响网络助政效果

互联网的快速发展，特别是自媒体的蓬勃兴起，形成"人人都有麦克风"的局面，让民众的话语权、传播权得到极大提升。与此同时，网民的自律能力、理性意识和骤然增强的话语权以及网上言论的匿名性之间的矛盾日益尖锐。由于网民层次各异，网络法制监管体系又不完善，同时传统媒体的"把关人"角色在网络世界缺位，网民的受约束小、自发盲从性、情绪传染性、情感易代替理性等，都很容易引起网民非理性甚至是极端的情绪表达，网民的

"集体无意识"、"群体极化"效应屡屡出现,所谓"网络暴民"、网络"戾气"和反体制情绪在网上蔓延,其具体表现是盲目"仇官"、"仇富",对公权力高度不信任,宁愿相信网络传言也不相信政府部门的权威发声,宁愿通过发帖爆料、网络攻击来制造影响,也不愿通过政府部门提供的渠道反映和解决问题。这些网上舆论的非理性状况,影响了网络助政的整体生态。

(三)从互联网本身看,"双刃剑"效应导致政府公信力危机

互联网新媒体的迅速发展,使得信息传播成本低、传播速度快。网民拥有信息传播的主动权、传播隐匿性带来的安全感以及低门槛、低成本、便捷性等福利,这些正面效应都是公众能切身感受到的。但互联网是一把"双刃剑",其开放性、便捷性、隐蔽性等与生俱来的特点一旦被扭曲使用,产生的逆反和负面效果将远大于其正面效应,网络将成为非理性与暴力的温床,尤其是突发公共危机事件时,政府一旦错过了黄金处理时间,失去舆论引导的主动权,不完整、碎片化甚至攻击政府的言论便通过互联网迅速传播,其范围与速度都是无法控制的,后果严重。

将"谣言并非止于智者,而是止于下一个谣言"奉为圭臬的"秦火火"、"立二拆四"、"全媒体记者格祺伟"等网络红人,就利用互联网匿名性、传播迅速、传播门槛低等特点,长期打着"意见领袖"的旗号,联合"网络水军",以"舆论监督"为幌子,到处收集所谓负面信息,炮制假新闻、恶意炒作,其中很多涉及对政府及政府官员的抨击、污蔑,如"副区长贪污20多亿元、包养10多名情妇"、"中石化女处长接受'非洲牛郎'性贿赂"……在"把关人"角色普遍缺位的网络世界,这些虚假的、污蔑性的言论轻易就进入网友的视野,并通过转发、评论,使负面影响迅速扩大,不但伤害了社会诚信,破坏了舆论秩序,更损害了政府形象,弱化了政府与网民之间的信任感,让网络监督陷于公信力与效力的危机中。

四 完善网络助政的对策

网络助政是一项系统工程,是互联网时代社会治理模式的根本性变革,必

须从思维观念、体制机制、方法举措等方面入手，切实加以改进，构建完善的网络助政体系。

（一）营造网络助政的优良环境

当前，很多地方政府已经在用心探索网络助政的实践路径。但放眼全国来看，要形成大气候和大局效应，尚须进行网络助政大环境的营造和改善。具体来说，需要一步步打造以下三大工程。

1. 网络助政的实践深化工程

无论是"指尖上的政务"之兴起，还是"闭环式"网络助政模式的初步形成，都还只是网络助政"点"上"浅经验"的形成过程，离网络助政的实践深化还有一段距离。也就是说，这些探索很大程度上源自地方基层单位在新媒体背景下遭遇政务难题时的应对性操作，具有明显的"本能性应对"和"随机性选择"的"浅经验"色彩，要使之获得可持续发展，还需要加强网络助政的"主体自觉性"意识，尤其是要有"深耕作"的网络政务实践深化韧劲，克服浅尝辄止的惰性，精耕细作，这样才能深化和优化前期经验，积累大量有价值的网络助政实践素材和社会资源，为下一步的网络助政拓展打下坚实基础。

2. 网络助政的平台建构和资源深度整合工程

要在网络助政实践深化的基础上，着力建构网络助政的强互动平台，并进行资源的深度整合。现阶段，各级政府已形成了具有活力、初具"平台"特征的网络助政构架，如宿迁的"三网归一"微问政模式，仪征的"闭环助政"模式等。同时，有些地方政府网络政务资源的"聚合"意识也开始形成，如甘肃成县就要求全县行政机关和党员干部统一以"陇南成县×××"为名称开通政务微博，并进行加"V"实名认证，现在全县共开通各类实名认证的政务微博2000多个，累计发布5万多条微博信息，通过互联互通，多数微博保持较高的活跃度。另外，该县还建立了政务微信公众平台，绝大多数政府部门已加入，走通了一条网上群众路线。

3. 网络助政的法制建设工程

完善的法律法规是互联网秩序的根本保障，也是网络助政的重要基础。立法部门要对已有的有关互联网的法制法规进行修改与完善，及时填补法律空白，让网络助政过程中出现的问题都能有法可依，对某些有争议、易产生歧义的条例也要进行具体化、明晰化的解释。同时，各级政府应根据具体情况，制定网络助政的相关规章制度，通过规范性文件的颁布，进一步明晰边界和责任，解决推诿扯皮、职责不清等问题，推动政府工作流程再造，为网络助政营造健康良好的制度环境。

（二）树立网络助政的科学理念

在网络助政大环境之下，还需要网络助政主体——政府官员和工作人员转变观念，树立正确科学的网络助政观。

首先，应把网络助政当作政务工作的一件正事、要事和大事来做。公务人员要改变网络政务只是现实政务之"补角"的认识误区。现在超过1/5的互联网流量来自移动终端，全球联网设备多样化，甚至联网汽车都已开始流行。[①] 这表明，网络与现实日益通过移动终端的"多屏"相连通，两者的界限正在打破。所以，要对网络政务视以与现实政务同等的重要性，即线上与线下的工作同等重要。要积极正视和顺应这一趋势，将线上政务和线下政务摆在同等重要的位置未雨绸缪、同步推进。

其次，要让网络助推政府的社会管理创新。传统的社会管理是建立在刚性管理观念和手段之上的，而现代社会需要创新社会管理思路，建立寓管理于服务的柔性管理理念。从网络问政到网络助政，从传统政务到网络政务，其最大的改变是社会管理的柔性化，这种变革与扁平化的互联网络结构相契合。

再次，要正确认识网民的利益诉求。网络政务的一项重要工作是即时、恰当地处理好网民的利益诉求。网络是汇聚民情、民智、民忧、民怨、民心的重要场域，更是民众表达利益诉求的重要机制。政府官员和政务工作人员要转变思维，将之视为打通政民隔阂、实现对话式现代柔性管理理念的契机。这一过程必定会伴随转型的"阵痛"和代价，而一旦跨过这道观念屏

---

① Henry Blodget：《移动互联网的未来》，2014年3月。

障,及时回应社会关切,搭建政民沟通反馈的平台,网络助政将跃上一个新台阶。

(三)加强网络助政的体制机制建设

成熟的网络助政,离不开科学的体制机制建设。以网络民意倒逼政府工作的流程再造和制度建设,是网络助政的必经阶段。具体而言,应当建立健全以下四项机制。

1. 网络民意收集、报送和回应机制

网民通过网络表达自身的政治诉求与反映问题的渠道很多,如论坛、贴吧、政府网站、各种社交网站、移动App等,信息杂乱分散,并常以裂变的传播方式迅速扩散。政府要提高网络舆情监测能力,健全网络民意的收集、报送、处理、反馈等一系列流程与制度。并通过培养专门的网络舆情收集与研判组,周密监控、科学研判、快速反应,将网民对社会热点问题、重大的群体性事件、重大政府行为的反映收集起来,第一时间报送,第一时间反应,第一时间处置,有效占领舆情处置的制高点。尤其是对敏感话题和突发事件,要做到早跟踪、早发现、早引导,并以回帖的形式反馈事情处理结果,准确研判和把握网上舆论态势。

2. 网民意见转办督办机制

在广泛收集网络民意的基础上,要建立网民合理意见向政府部门治理实践转化的畅通渠道。要明确网民意见办理的主管部门(一般是负责综合协调的部门),对收集到的网民意见进行分析、归类,确定不同的业务领域和责任部门并及时转交办理,对办理情况要及时跟踪督办,同时要特别重视对网民的反馈和回访,真正做到网民意见"件件有回音、事事有着落",增强网民参与的积极性。要建立网民意见办理考核制度,以考核为抓手推动各部门高度重视,积极做好网民意见办理工作。

3. 重大事项网上信息公开和意见征求机制

通过互联网征求意见,提高重大决策的科学性和民主性,是网络助政的应有之义,政府部门的重大决策要通过互联网征求群众意见,最大限度地倾听民意、汇聚民智,确保网民群众的参与权。各政府部门在做出重大决策或事关群众切身利益的政策出台后,要及时通过门户网站、政务微博、政务微信等多种方式予以公开,确保网民群众的知情权、监督权。

4. 重大事件网上宣传和舆论引导机制

利用互联网开展广泛的宣传引导,为社会治理营造良好的社会舆论氛围,是网络助政的一个重要方面。各级政府部门,特别是与群众利益密切相关的职能部门,都要建立完善网上舆论宣传和引导机制,通过权威信息发布和广泛正面引导,及时做好释疑解惑工作,最大限度地预防和化解网上负面情绪,形成社会治理合力。

(四)引导网民积极参与网络助政

现代社会治理的一个重要方面就是参与治理的主体多元化,民众和社会组织不仅是社会治理的对象,更是社会治理的主体和参与者,通过民众的自我管理、自我监督、自发协作,激发最广泛的社会治理合力。网络助政为社会治理的群众参与提供了一个很好的渠道,在网络助政中,网民扮演着不可忽视的重要角色。对恪守职业道德、具有良好社会形象的网络文化从业人员给予表彰、奖励,对违法和违背社会公德的网上行为进行处理和批评,为创造良好网络文化环境提供有力的舆论支持。

网民中的意见领袖对网络舆情的生成、发展具有重要的引导作用,因此还需要高度重视这些意见领袖,尤其是本土的网络意见领袖,可以用"请进来"的办法,主动邀请网络界的有关人士走进政府的热点部门、重点部门、民生部门,让他们了解相关部门的工作特点,进一步增进相互间的了解,共同为建设和谐社会服务。同时,政府也可以培养自己的网络意见领袖。在重大公共事件上,借助自己的队伍力量来引导网民进行正确的思考,强化主流舆论,并引导他们多从政府及和谐社会的大局出发,积极参与到具有正能量的舆论建设中。目前,一些政务微博已形成一定的舆论影响力,有的官员博主也积攒了不错的人气,甚至成为微博达人,具有意见领袖的发展潜力。但要形成全局性的网络助政效应,还需要大力夯实基础,培养一支"懂规律、习水性"的网络政务大军,沟通政声民意,构筑政通人和的网络阵地。

B.14 社交媒体与司法传播研究

——基于"李天一案"原创微博的实证分析

孙祥飞　董军　杨秀*

摘　要： 以微博和微信为代表的新媒体平台成为当前中国网络用户重要的信息获取和观点分享平台。通过对微博上公开发布的关于特定法制案件的观点进行全方位的分析和研判，有助于我们了解和认识当前中国法治建设的基本生态、问题和对策。本研究以学堂互动数据监测系统为平台，选取了从2013年1月1日至9月29日新浪微博中，与"李天一案"相关的原创微博76万余条，以法治传播为视角进行了全文本的分析。

关键词： 社交媒体　司法传播　李天一案

微博作为一种集平台的开放性、使用的便捷性、传播的交互性、用户的隐匿性和信息的海量性为一体的信息传播平台，缔造了去中心化的传播格局，进而也使得过去法治话语权的格局发生了显著的变化——进入了从法治宣传到法治传播的新阶段。从某种意义上说，法治传播的权力正在重新回归社会。如今

---

* 孙祥飞，复旦大学新闻学院博士研究生，网络高级舆情分析师，研究方向为新媒体、法治传播；董军，上海师范大学讲师、博士后，研究方向为新媒体；杨秀，重庆大学新闻学院讲师、法学博士后，研究方向为新媒体（原新华社副社长、常务副总编辑，重庆大学新闻学院名誉院长马胜荣教授对本文的修改提出了宝贵的意见和建议，在此深表感谢！另外，重庆大学新闻学院硕士研究生付红安、陈丽珠、安娜、崔志东承担了部分数据分析的工作。报告存在的问题由报告作者负责）。

网络成为公众意见表达的重要场域，也是立法、行政、司法机关获得民意的有效渠道。法治作为中国国家层面发展的基本方略，举足轻重。在建设法治社会的过程中，在立法、司法、守法等法治运行的不同环节上，传媒、舆论究竟发挥了怎样的作用以及应当扮演何种角色，是法治传播所要研究的问题。

一 研究背景

随着互联网在中国的逐渐普及以及用户对互联网的依赖性增强，网络媒体在整个媒介格局中愈发占据着突出的地位，影响也越来越大。以微博为代表的社会化媒体在推进中国法治化建设中所发挥的作用正在日益凸显，并为学术界和业界共同重视。司法案件从来都是媒体热衷的议题，并且时常会成为网络舆论关注的焦点。媒体中围绕着司法案件以及司法相关问题展开的各种传播活动就是司法传播，它是法治传播的一种重要类型。

（一）研究背景及意义

在中国法治建设起步不久、法治理论尚未深入人心、司法权威仍需要进一步强化的背景之下，司法已进入互联网时代，互联网中言论的高自由度、极富"戏谑"性、社会情绪集中发泄等特性都可能让案件变得非常复杂。这些导致了很多案件在今天互联网的环境中传播时，司法的权威和公信力并没有被强化而是在逐渐的削弱，司法案件传播中关于司法的负面信息要远多于对司法的正面评价。

从舆论监督的视角转向互助、共生，这是司法传播研究中一次重大的理论突破，它将为这一领域的研究开拓更为广阔的学术视野。事实上，在司法的公正审判、司法公开、司法权威、能动司法等司法运行的不同方面，传媒对司法本身的制度目标的实现都可以起到正面作用。传媒通过在司法中的积极作为，可以推动中国法治社会的建设；而一旦媒体将视角从单纯的监督转向了推动司法正义、司法权威、司法公开的实现等司法运行制度层面的问题时，传媒与司法之间的冲突也会减弱。

当然，案件传播、司法传播的研究意义还不仅于此。案件成为社会焦点，

也往往是一次民意的集中释放,案件背后往往隐藏着"社会结构性"问题。而且,司法舆论中还蕴藏着一种人文关怀,民间的常识、常理、常情是对法律理性的有益补充。因此,对司法舆论进行深入分析可以在相关社会问题的解决、制度的完善、推动社会进步方面起到促进作用。这就是说,刑事、民事等各种类型的案件,都能够从案件舆论的研究中反思当前社会的政治、经济、文化,甚至是人性、道德等方面的问题。

(二)以大数据为方法

"李天一案"是一个主要在社会化媒体上进行传播的典型的司法案件,而且由于当事方的名人因素,以及被告人李某某的家人及律师主动利用媒体开展舆论战,由此掀起的一场接一场的舆论风波成为案件的一大特色。从舆论关注司法案件的阶段来看,该案在审判前就引发各方关注,这与那些在司法宣判之后舆论才介入的案件又有所不同。这使得这一案例在媒体审判、传统媒体与网络舆论的关系、司法舆论的引导等问题的研究上具有重要价值。

研究采用学堂互动数据监测系统,分别以"李天一"和"李某某"为关键词进行数据的深度挖掘,最终得到自2013年1月1日至2013年9月29日所有的原创微博数据。选择的这一时间段基本上涵盖了李案舆情发展的主要阶段,经过分析基本上可以发现李案中司法与媒体、舆论之间的相互关系。经过进一步数据合并与清理后,剩余有效样本计761290条。数据跟踪发现,761290条微博共由489367个用户发出,平均每个用户发布微博1.56条。即,在9个月的时间内,共有48.94万人通过新浪微博发表对"李天一案"的观点或看法。样本具体情况如下表所示。

表1 "李天一"话题的微博样本总体概貌(N=761290)

账号类别	博文数量	转发数			评论数		
		求和项	平均值	最大值	求和项	平均值	最大值
媒体账号	7494	458178	61.14	22045	360555	48.11	20148
普通用户	706790	807175	1.14	45225	380811	0.54	10036
企业账号	6096	60821	9.98	10443	27421	4.5	4102
认证个人	34762	501049	14.41	28337	247613	7.12	9404

续表

账号类别	博文数量	转发数			评论数		
		求和项	平均值	最大值	求和项	平均值	最大值
软件应用	102	19	0.19	4	13	0.13	4
社团机构	107	5028	46.99	2092	1468	13.72	748
网站账号	3393	25232	7.44	1577	17632	5.2	576
校园账号	187	457	2.44	204	201	1.07	31
政务账号	2359	19965	8.46	3958	15240	6.46	7951
总　　计	761290	1877924	2.47	45225	1050954	1.38	20148

二　"李天一案"微博舆情总体分析

（一）"李某某"话题的时空分布

以9个月中新浪微博关于"李天一"的博文发布数量的走势来看，整体呈现逐步递增的趋势，并出现了若干个峰值。其中，2013年3月到达第一个小峰值，共出现101007条博文；7月出现9个月以来的峰值，微博上共出现192429条相关博文。

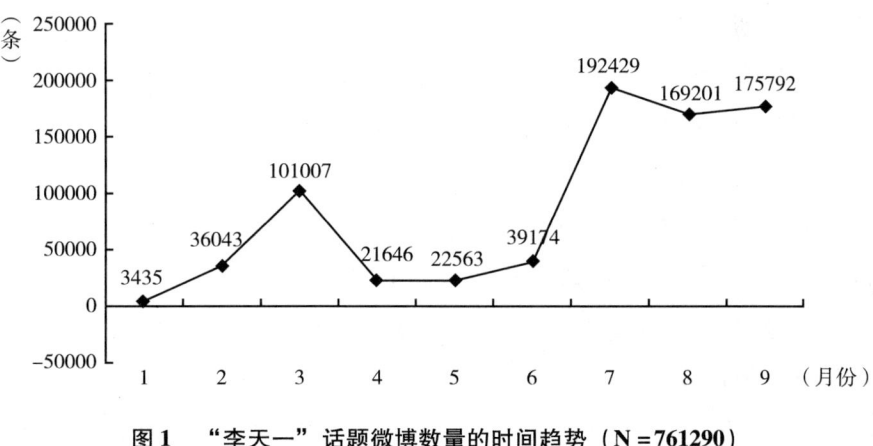

图1　"李天一"话题微博数量的时间趋势（N=761290）

这一研究表明，微博作为社会各群体，包括媒体和社会化的个人，都在不断传播着"李天一案"的进展，并就各种问题展开多角度的讨论，而且这些讨论的热度伴随着公安机构的介入、媒体的跟踪报道、案件的最新进展等动态性的事件展开。由此可以印证，官方的行动和监护人及监护人委托律师的行动都会在很大程度上助推民间舆论的白热化。

根据对不同的传播主体（媒体、个人认证及政务账号）依据时间走势进行的数据对比分析发现，三者基本上保持了较高的一致性。仅在2013年9月份的数据表现上，认证个人的博文数据有所差异。

根据对有效样本进行的地域分布的统计，北京地区发布微博的数量最多，共发布博文112125条，其次为广东地区，发布微博87770条，再次为上海地区（59922条）和浙江地区（38867条）。微博地理分布与中国经济发展的整体情况、网民的自然地理分布等具有较强的一致性。此外，海外各个国家，如美国、英国、新加坡等，也有不少用户发表相关的观点或信息。

（二）"李某某"话题的传播主体

数据统计初步发现，认证用户（即新浪微博上带有橙色V字的个人认证用户和蓝色V字的机构用户，不含"微博达人"和"微女郎"等认证）发布的博文数量共计54500条，占比7.16%，非认证用户发布博文共有706790条，占比92.84%。数据表明，在"李天一案"的传播上，呈现重要的少数和琐碎的多数并举的整体态势。

为了进一步了解认证用户所发布的微博数量的分布情况，研究对54500条由认证用户发布的博文进行分类汇总，形成如图2所示的柱状图。

研究发现，认证个人发布的微博数量最多，共有34762条，占认证用户发布的微博数量的比例为63.78%，由媒体账号发布的微博共有7494条，占比为13.75%。以微博的发布数量看，认证用户形成了以认证个人为主体、媒体账号和企业账号协同并进的整体态势。此外，数据统计表明，政务微博累计发布博文2359条，占比为4.33%。

从不同主体之间微博发布量的比较来看，其中媒体、社团机构的传播影响力较大，平均转发数分别达61.14条和46.99条。而网站、政府（包括司法机关）、企业的转发数则相差不多。通过评论数的比较可以发现，媒体微博的平均评论数达48.11条，要远高于排在第二位的社团机构，这说明社会化媒体的

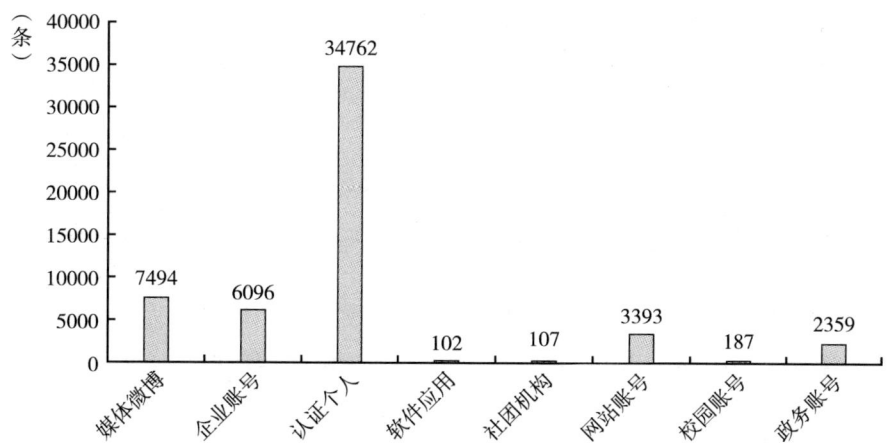

图 2　认证用户发布微博数量分布统计（N=54500）

舆论影响力仍然比较大。普通用户虽然整体数量众多，但其传播力却又比较分散，转发数与评论数的平均值都比较小。

（三）"李某某"话题的观点聚类

研究选取转发次数在 5000 次（含）以上的微博进行话题聚类分析，共得到微博 491 条。以 491 条微博的逐条阅读与内容归类，得到如下表所示的话题。

表 2　"李某某"话题的观点聚类分析（N=491）

类别	视角	话题内容梗概
批评质疑	法制批评	未成年保护法形同虚设，司法不独立，保护权贵不保护弱者
	媒介批评	隐私保护、过度披露细节；影响司法公正；低俗信息炒作
	被告批评	富二代、屡教不改、劣迹斑斑、年龄造假
	监护人批评	监护责任缺失、教育不当、过于溺爱、干预司法独立、影响力舆论
	被告律师批评	不遵守职业道德，进行自我炒作
信息通告	梦鸽的言行通告	梦鸽言行
	律师的变更及声明	更换律师；律师声明
	案件进展通告	案件进展；案件细节；辟谣信息
人文关怀	对杨女士的关怀	李家应有的道歉；呼吁关注和同情弱者
	对李天一隐私的关怀	《未成年保护法》第 58 条对隐私和细节的规定
	国民教育反思	反思整个的国民教育现状，富二代的教育现状

续表

类别	视角	话题内容梗概
引申话题	商业营销	王老吉与李天一的对比
	社会话题	烂尾新闻；权贵阶层
	案件对比	对性侵幼女案等若干案例的对比
	娱乐话题	流行歌曲、打油诗

可见，微博上的话题呈现鲜明的多样性和复杂性，以影响力较大的491条微博所体现出来的网民情绪来看，"微网民"的整体情绪以负面为主。各类观点互相交织，针对同一案件展开不同纬度的阐释。限于70万余条微博所涉及的观点相当驳杂，难以通过化约的方式完整呈现观点之全貌。但通过对上述六大类微博内容的梳理，可以看出部分规律：第一，网民的整体情绪在偏负面的情况下，更多地将矛头指向与被告相关的群体，即被告人、被告的监护人、被告的律师，以此为线索，网民将敌对和不满情绪转向当前的法治建设，即由被告及相关的批评转向对法治的批评、嘲讽、调侃，甚至是谩骂；第二，在影响力较大的491条微博中，有不少内容针对当前普遍存在的社会现象展开了反思，反思既包括富二代的教育，也包括媒体责任与伦理，更包括律师群体的职业道德和职业伦理，以《人民日报》法人微博为代表的官方媒体账号对司法正义的探讨引发了不少的转发和关注；第三，研究同时发现，虽然有不少媒体一直援引《未成年人保护法》第58条的规定，对当前部分媒体和网民过度披露李天一的隐私展开批判，但同时又在不断重复自己所批判或否定的表示方式。

（四）"李某某"话题的内容分析

为了进一步探讨不同类别的微博用户在对"李天一案"进行传播和解读时所使用的措辞，研究分别就媒体、政务、认证个人、普通个人和律师类微博进行了高频用词的对比分析。

根据表3中对五类微博用户博文中采用的高频词进行的对比分析发现：第一，五类账号在用词上保持较高的一致性，并且其高频词的频次排行也具有较高的一致性，这表明，不同类型的传播主体在传播和解读"李天一案"时在关注的角度上具有一定的吻合性；第二，五类用户虽然在不同的场合强调过被

表3 "李某某"话题的高频词对比分析

媒体微博		政务微博		认证个人		普通个人		律师相关	
词语	词频	词语	词频	词语	词频	词语	词频	词语	词频
李某某	7711	李某某	2508	李天一	33212	李天一	442949	李某某	9357
李天一	4959	涉嫌	734	李某某	23085	李某某	230831	李天一	7671
律师	4651	李天一	723	律师	20692	律师	223908	律师	7284
梦鸽	3903	律师	526	轮奸	9327	梦鸽	170614	涉嫌	4074
涉嫌	3498	爸爸	470	梦鸽	8483	新闻	96667	轮奸	2848
轮奸	2283	梦鸽	451	涉嫌	8302	涉嫌	89122	强奸	2457
强奸	1926	案件	448	强奸	6832	强奸	84829	辩护	2029
辩护	1503	犯罪	446	李天	6770	李双江	78282	强奸案	1793
强奸案	1448	强奸	437	李双江	5288	法律	69437	李双江	1633
李双江	1344	警方	407	新闻	5188	受害人	62546	受害人	1631
审理	1299	轮奸	407	辩护	4975	儿子	58245	审理	1626
警方	1245	进行	400	公开	4276	孩子	57982	案件	1571
酒吧	1223	被告人	381	媒体	4272	中国	54790	酒吧	1450
海淀法院	1205	手机	377	法律	4255	媒体	53052	海淀法院	1404
案件	1174	强奸案	325	受害人	4037	强奸案	51260	警方	1400
媒体	994	申请	321	强奸案	4029	娱乐	48777	媒体	1305
宣判	977	抓获	291	儿子	3910	公开	44155	李天	1233
被告人	965	海淀法院	288	孩子	3656	社会	41261	李家	1203
杨女士	929	诈骗	280	酒吧	3495	父母	38721	无罪	1194
未成年人	903	朋友	264	无罪	3329	头条	38662	被告人	1191
李家	892	法律	257	自己	3306	案件	37118	法院	1190
新闻	889	民警	227	审理	3245	发生	36457	新闻	1188
无罪	886	未成年人	214	警方	3170	未成年人	35349	杨女士	1138
法律顾问	881	新闻	204	李家	2930	北京	33888	宣判	1111
法院	881	辩护	200	申请	2864	事件	33014	未成年人	1109
开庭	868	被告	194	未成年人	2862	杨女士	32788	法律	1063
记者	795	直播	187	回复	2787	现在	32646	开庭	1054
陪酒	752	阳光	187	法院	2785	审理	31107	法律顾问	1027
庭审	709	目前	175	北京	2684	李家	30981	梦鸽	1027
消息	665	提起	165	杨女士	2661	法院	28794	记者	931

告人的"未成年人"属性,以及《未成年人保护法》第58条对未成年人隐私保护的规定,但从高频词来看,五类用户的"李天一"用词远远高于"李某某"的频次;第三,与本案性质相关的"强奸"、"轮奸"等词跟"未成年

人"的身份以及"李天一"这一核心人物进行了大量的捆绑;第四,从"律师"、"梦鸽"、"李双江"这三个高频词的使用情况来看,律师以及"李天一"的监护人在整个舆论中扮演了极为重要的助推者角色;第五,各方不约而同地放大"李天一案"的细节,甚至将"酒吧"、"陪酒女"、"抚摸下体"、"第一个上"等细节进行放大;第六,虽然受害人也是本次案件的重要人物,并且"杨某"、"杨女士"也在不同层面上进入了高频词排行,但对其的关注度明显低于"李天一"。

此外,值得一提的是,中国的《未成年人保护法》对于"强奸"、"轮奸"之类的报道并没有做出具体的规定,而在《英国报刊投诉委员会工作守则》中则明确规定,任何机构或个人在涉及未成年人的此类案件时,不得使用"轮奸"、"强奸"等字眼。

三 司法传播的若干思考和建议

从"李天一案"的网络传播来看,当前中国司法传播的媒介环境已经发生了重大转变,不仅普通用户取代传统主流媒体成为传播活动的重要主体,脱离理性制约的网络狂欢也已成为他们重塑事件的重要手段。

(一)对"李天一案"的研究总结

1. 普通用户成为网络传播的重要主体

从传播主体来看,普通用户成为网络传播的主体。与媒体、认证个人微博的传播效果相比,虽然其个体影响力有限,但是大量的、碎片化的信息却对社会舆论的形成和案件的扩散发挥着极为重要的作用。其中反映出的几个重要转变也颇值得我们关注:首先,网民主体意识的普遍觉醒,虽然他们不是议题的主要建构者,但是却通过转发和评论直接影响了议题的发展和事件的扩散;其次,得益于网络媒介的便捷性和廉价性,再加上少了现实生活中的制约因素,网民参与司法案件讨论的积极性有了显著提升;最后,随着普通用户与网络舆论领袖的网络互动更为便捷和频繁,在特定情况下极易形成网络暴力和舆论压力,并从线上活动转化为线下活动。

2. 网络狂欢成为网络表达的主要形态

从表达形态来看，网络狂欢成为网民参与的主要形态。娱乐化表达成为微博用户信息传播的主要手段，为了达到众民狂欢的效果，某些网民刻意采用了"娱乐体"，从而顺利消解了事件本身的严肃性和悲剧性。如在网络上流传甚广的一则帖子这样写道，"明天你是否会想起／突然失踪的禽流H7／明天你是否还惦记／曾经在厦门爆炸的BRT／媒体们都已经想不起／被吉林大火烧死的你／我也是偶然翻相片／才想起带小学生开房的你／谁删了我们骂过的李天一／谁封锁了那些关于PX的消息／谁让你踢了5∶1／谁让微博里没有维尼／啦啦啦……"在这里，原本严肃的社会事件全部被纳入娱乐的框架，从而形成了众民狂欢的重要资源。与此同时，追求口舌快感成为网民参与的另一个重要特征。"李天一案"本身是一个严肃的，并带有悲剧色彩的社会案件，但是有些网民刻意凸显事件中"性"和"暴力"元素，使其成为一个开放的"性"的话题广场，并频繁出现与生殖器相关的词汇。

3. 不同的利益诉求成为舆情发展的重要推手

从信息源来看，不同的利益诉求成为舆情发展的重要推手，其中以当事人、媒体、司法部门、网络舆论领袖的诉求最为明显。一个不容忽视的事实是，网络上的重要信息基本都是来自媒体微博、名人微博、网站微博、当事人律师微博、司法机关微博等。以律师微博来说，转发量最多的10条微博中，就有当事人律师田参军、兰和等人的参与，他们的微博基本都是站在自己的立场引导舆论发展，导致事实的呈现具有相当大的局限性。与此同时，一些媒体为了博取眼球、追求商业利益，不惜刻意渲染事件的戏剧性细节。

4. 微博舆情的社会表征功能日益凸显

"李天一案"呈现的当前司法传播的另一个重要特点是，社会表征功能日益凸显。一个日益突出的现象是，网民讨论中通常夹杂着大量的"社会结构性"问题——他们往往把在社会转型期产生的焦虑或不满，通过案件表达了出来。抑或可以说，这些司法案件在特定情况下充当了他们释放社会集体情绪的一个重要出口。反映在司法传播上，即出现了用道德审判代替司法审判的不理性现象，这在很大程度上影响了司法工作的正常进行，甚至直接改变了司法判决的结果。

（二）司法传播面临的新现实困境

近年来连续出现的司法"热案"已经表明，中国司法传播的困境日益凸显。媒介环境的变化、社会矛盾的激化、网民主体意识的觉醒，都不断给当前的司法传播带来了新的挑战。当这些挑战与社会转型期的矛盾交织在一起时，就极易催生网络暴力的出现，通过舆论手段对司法工作造成极大的干扰。在新的媒介环境下，当前的司法工作遭遇了前所未有的舆论困境，其主要体现在以下几个方面。

1. 信息传播的不对称

在"李天一案"发生后的第一时间，民间微博抢在电视媒体和平面媒体之前发出了第一张图片和文字消息，并随着时间与事件的发展同步更新，数亿网民通过手机和网络步入了同一个时空，在这里他们共同讲述着同一个新闻事件。和网民的"全民参与"相比，来自司法机构和政府的声音明显稀疏和迟缓得多，从而与网民的期待形成一个明显错位。在此情形下，各种谣言满天飞，严重阻碍了司法工作的正常进行。特别是李案中的几次舆论风波，司法机关要么成为局外人，要么最后被动的反馈，这说明司法机关在舆情分析方面还存在不少问题。

2. 事件定义的乏力

社会转型过程中，由于缺乏较为完善的社会公平保护机制，社会权力失衡的问题日趋突出，贫富差距悬殊、弱势群体形成、社会冲突增加、信任结构崩坏等问题随之出现，社会群体结构出现了深深裂痕。初步自我赋权的草根阶层利用博客、微博、社区等新媒体对特权阶层发起了猛烈攻击，理性表达、悲情诉求与情绪化谩骂相互交织，形成了一个理性与非理性并存的话语场。而司法机构和政府组织在与官方话语、民间话语、境外话语的冲突与妥协中面临着巨大的公信力危机。媒介化社会的出现则进一步加剧了这种危机。在此情形下，司法机构和政府组织在对事件的定义时，就遭遇了极大挑战。而话语权的丧失对权力机关的运作以及社会秩序的形成都会造成负面的影响。

3. 舆论应对机制的缺失

交叉互动、即时更新、海量存储等技术属性赋予了网络开放性的自然属性。在当前日益多元的话语空间中，网民可以通过搜索引擎、网络日志、在线讨论等方式随时进入事件叙述时空并更改或推动事件的发展进程。在网络空间里，每一个新闻事件都是一个开放的话语空间，不受任何时空限制。"李天一案"的一波三折一定意义上正是网民线上线下行动和网民意见的推动结果。网络的开放性为网民的积极参与提供了内在动力。这一方面使得案件传播场域发生了重大转移，另一方面对司法机构的影响力和公信力造成了巨大冲击。因此，在新的媒介环境下，司法机构和政府组织需要重新思考"怎么说"和"说什么"的问题。

（三）对司法传播面临问题的思考

1. 增强司法透明度，及时发布相关信息

该案件暴露出司法公开滞后、不能满足公众的需要等问题，所以要增强其回应的及时性、主动性。在社会化媒体时代，信息的发布权已经不在司法机关手中，而话语权的丧失将导致很多的负面效应。传播能力的提高对于司法机构来说，就成为一个迫切问题。尤其在中国当下，社会转型并不是一种已经建构起来的事实，权力的冲突和协商将构成中国社会转型过程中的主旋律，当这种内在张力与社会转型期的其他矛盾汇聚在一起，一件局部的个体事件或突发性的公共事件就会被无限放大并演变为重大的媒介事件。在这个过程中，如何正确引导舆论就成为司法工作中的一个重要组成部分。然而传播能力的提升不仅是技术和形式的创新，更是态度的创新和观念的创新。事实上，我们已经看到一些司法机构主动利用新媒体在第一时间发布案件动态，为抢占信息发布权、制止谣言扩散提供了新的契机。

2. 提高对社交媒体传播功能的认识

不能忽略的是，由于网络传播减少了面对面的活动从而节省了互动成本，使得一些狂热情绪变得合理。同时网络传播也存在吸引人的自由氛围，能摆脱相互依存的社会关系所带来的共同责任。① 不仅如此，虚拟现实还把人们从"肉体的牢狱"中解放了出来，现实的风险被降低到了最低程度。在赛博空

---

① 文森特·莫斯可：《数字化崇拜——迷思、权力与赛博空间》，北京大学出版社，2009。

间,网民们情绪得到了充分释放,他们通过跟帖、评论、转发形成一股强大的舆论压力。但是,由于少了很多现实制约,非理性的声音往往也此起彼伏。卡斯特认为:在网络社会,人群越来越不是按照他们的所作所为,而是按照他们是什么,或者相信他们是什么组织意义。① 因此,在新的媒介环境中,司法传播不仅要重视"说什么",更要重视"怎么说",并学会正确处理与媒体、受众的关系。尤其是在案件极易成为舆论事件的情况下,借助社交媒体挽回并且重塑司法权威、司法形象已变得刻不容缓。

3. 培养职业化的司法公共关系人才

当下,以互联网为代表的新媒体引发了社会巨大的"交往革命"。这对处在这一巨大革命背景下的社会沟通,提出了全新的重大挑战。美国著名学者罗伯特·登哈特倡导的新公共服务理论将公民置于整个社会治理的中心,强调政府治理角色要成功实现从导航长向服务员的转变。在他搭建的理论体系中,尤其重视政府与社区、公民之间的对话沟通及合作共治。② 在他那里,有效的公民利益表达机制直接关系着社会的正常良性运转。中国的实际情况是,在司法传播中,官方话语与民间话语信任纽带的缺失、政府权力的不恰当使用,都进一步加深了民间的信任危机。因此,为了更好地协调社会关系、应对社会风险、维护社会稳定,我们必须要推动公共关系学科与司法工作的联姻,积极开展司法关系的管理研究,培养职业化的司法公共关系人才。其中,正确处理政府组织、司法机构与新一代数字化公民的关系,建构社会对话机制将是研究的关键问题。

---

① 〔美〕曼纽尔·卡斯特:《网络社会的崛起》,夏铸九等译,社会科学文献出版社,2006。
② 珍妮特·登哈特、罗伯特·登哈特:《新公共服务:服务,而不是掌舵》,中国人民大学出版社,2004。

B.15 电子书包在中国的发展历程、问题及对策建议

姜 飞　吴雅婧*

摘　要：
教育的实质就是传播，随着大众传播技术的日益发展和成熟，教育传播理念和方式也发生着相应的变化，电子书包作为革新教育教学方式的一种新媒体，在某种程度上逐渐弥合了大众传播与教育传播的界限，基于此方面的考虑，本文梳理了2000年以来电子书包在中国发展的基本历程，概括了每一阶段的发展状况和成因，探讨了当下存在的问题，并在此基础上提出一些对策和建议，期待从传播学视角给予电子书包一定的关注和解读。

关键词：
电子书包　电子课本　数字校园　教育模式　教育传播

电子书包打破了传统意义上教育传播的边界，比如教材和围墙，其基于数字技术，将学习内容和课堂延伸到了互联网。电子书包的发展，实质是建立在大众传播技术日益成熟的基础之上，尤其在各种新媒体不断涌现的时代更是如此，电子书包作为教育领域的一种新媒体，不仅是教育技术领域研究的新事物，也应该是传播学科值得关注的一个新话题，它在某种程度上弥合了大众传播与教育传播的界限。①

---

* 姜飞，中国社会科学院新闻与传播研究所研究员；吴雅婧，中国社会科学院新闻与传播研究所硕士研究生。
① 这个观点是姜飞提出的一个基本观点。

何谓电子书包？简言之，它是一种未来形态的电子教育产品，又叫"一对一智能终端"，主要将学生书包里的教材、作业、课内外读物、字典等学习用品全部数字化后整合在一个轻便的移动终端中，是一种融合了设备、内容和服务的学习环境。电子书包可与网络连接进行搜索，相当于一个小型笔记本电脑，具有轻便性、快捷性、富媒体性、互动性和个性化的特点，为自主学习提供了无限可能的学习形式和学习情境，进而为个性化学习和终身学习带来革命式的跨越。美国新媒体联盟（New Media Consortium，NMC）每年发布的《地平线报告》（Horizon Report）作为预测教育信息技术发展趋势的风向标，从2010年起就将电子书包列为在近2～3年会对教育领域产生重大影响的新兴技术。[1] 美国教育部也宣称将于2017年全面普及电子书包；韩国计划投资超20亿美元开发电子书包，到2015年取代纸质课本。[2]

2001年，电子书包以"校校通"项目形式在中国开展，"门庭冷落"十年之后终于在2010年"旧貌换新颜"，再次进入中国教育者和研究者的视野。经过三年多的发展，到2013年，电子书包在我国大中城市已全面铺开，上海地区作为电子书包的"老牌基地"，发展速度和范围比其他城市更快更大。据统计，虹口区电子书包的应用扩大到18所学校，覆盖从幼儿园、小学、中学到高中的试点班级共4000多人，闵行区有40所学校的学生使用电子书包。[3] 在北京，目前约有100所中小学电子书包试点学校，其他省市包括广州、西安、南京[4]、杭州等也陆续开始电子书包教学模式的试验和研究，研究涉及语文、数学、英语、综合活动等课程[5]。

然而，目前我国电子书包的发展在教学使用、标准制定、利益分配格局、社会认可度等方面还存在诸多问题，整体来说仍处于起步阶段。

---

[1] 陈娜：《未来五年影响教育的趋势、挑战和技术——关于〈2011 Horizon年度报告〉》，《电化教育研究》2011年第10期。
[2] 李家树、魏辉根：《平板电脑在高校数字化教学中的应用与展望》，《电脑编程技巧与维护》2012年第10期。
[3] 《实地探访北京和上海"电子书包"应用成效》，《人民日报》2013年4月10日。
[4] 雒晓霞、沈书生：《南京市电子书包的应用现状及推进策略》，《中国电化教育》2013年第12期。
[5] 李家树、魏辉根：《平板电脑在高校数字化教学中的应用与展望》，《电脑编程技巧与维护》2012年第10期。

一 电子书包在我国的发展历程

电子书包的发展在我国已经有13年的历史,但至今仍处于起步阶段,这与技术的发展和政府的政策紧密相关,本报告以其在国内的发展状况为依据,将其划分为三个阶段。

(一)技术上初级阶段,产业上"昙花一现"期(2000~2003年)

电子书包首次在我国被提及是在20世纪末的1999年,当时有一个叫周器的人在《前线》第12期发表文章《手提"电子书包"轻松上学》,主要介绍了新加坡德明中学一年级学生使用一种叫作"电子书包"的多媒体无线电子簿。同时,《现代教育技术》发表一篇《新加坡试用教育电子薄,中学生"书包"重量不足800克》,介绍的也是新加坡使用电子书包的情况。这两篇文章让电子书包首次进入我国大众的视野。

顺应国际潮流,2000年,时任中国教育部部长陈至立在中小学信息技术教育工作会议上提出:教育部决定从2001年起用5~10年的时间在全国中小学基本普及信息技术,全面实施"校校通"工程,以信息化带动教育的现代化,努力实现基础教育跨越式发展。[①] 2001年,"校校通"工程全面方案研讨会在北京举行,北京伯通科技有限责任公司研制的"绿色电子书包"和"绿色校校通工程解决方案"通过了国家教育部电教办专家组的认证,同时取得了教育部电教办"校园网群"项目建设的硬件提供、系统设计和系统集成的资质认证证书,同年10月29日《中国证券报》报道:"北京伯通科技公司昨日在京宣布,我国自行研发生产并具有自主知识产权的第一代绿色电子书包正式面世。"这一举措在当时被认为是我国教育网络"校校通"工程建设和现代教育技术取得重要进展的里程碑[②],也标志着电子书包在我国的首次正式"落地"。

---

① 《陈至立谈中小学信息技术教育》,《人民教育》2001年第2期。
② 华讯:《我国第一代绿色电子书包问世》,《中国证券报》2001年10月29日。

2001年下半年，北京市20所学校开始使用伯通科技研制的电子书包，这种电子书包可存储3000多万字，囊括从小学到高中的所有教科书内容，还可上网下载各种学习资料、交流学习心得，并且还配有手写识别、汉语拼音等输入方法以及个人信息管理、收发邮件等功能，几乎相当于一个微型电脑，专家一致认为"能适应学生在学习成长过程中的各种应用需求"[①]，价格在当时为1500~1600元。

2002年，"学易通"电子书包问世，重量仅198克。2003年1月，辽宁出版集团推出国内第一款彩频电子书包产品，分辨率达到800×600，这款电子书包可与校园网无缝连接，内容资源相对也比较丰富，并且配备了即时性的交互功能。从2003年上半年起，人民教育出版社调试了200台电子书包，分四个班，分别在北京、上海、大连和深圳四个城市使用。

总之，与电子书包相关的技术、资金、市场、观念、阅读习惯、利益纷争、发展成熟程度等限制因素使得电子书包在"火热"了大概四年之后，即2000~2004年后渐渐悄无声息，很少被学界和业界提及。

此阶段笔者将其划界定为"昙花一现"期，电子书包在此阶段的发展状况是由市场估计过于乐观造成的，众多厂商想借电子教育产品将自己壮大为"亿万富翁"[②]，而没有切实从电子书包的内容制作和设计构想出发，这显然是不可行的。

（二）产业上"无人问津"，理念上"润物无声"期（2004~2008年）

电子书包在2004~2008年逐渐淡出主要业界和学界的视线，有关电子书包的大规模使用在遭遇前期的挫折之后虽然也有零星的人在出点子、找路子，但总体还是陷入僵局。

这一阶段，在前期为电子书包摇旗呐喊的刘林森坚持认为，"未来学校，电脑将唱主角"，介绍了我国第一代网络学习专用的"绿色"互动式教学产

---

① 时侨：《绿色"校校通"实现方案出台》，《新华每日电讯》2001年3月23日。
② 魏蕤：《电子书包将造就新的亿万富翁》，《财富》2001年第5期。

品——"易学宝"电子书包,这种电子书包除了具有第一阶段电子书包的功能外,其容量和屏幕更大,具有独特的背光设计和亮度调整功能,屏幕分为黑白和彩色两种①。中国科学院有专家研究了"嵌入式 Linux"的电子书包设计与实现,从技术层面给予电子书包一定的关注和研究②。上海市延安中学在 2008 年 1 月开始使用为学生专门定制的笔记本电脑,构建"一对一"学习模式。这为后来电子书包在上海的发展奠定了一定的实践基础。

总体上,这一阶段电子书包的使用仍然陷入冷场,但"校校通"工程在教室多媒体教学设备、校园网络建设上取得了长足的进步,在网络的智能化、安全稳定和易用性方面达到了一定的目标,并且覆盖全国大部分城市和地区,这便为电子书包在接下来的发展奠定了一定的基础。

经历大约十年的摸索时间,电子书包的发展仍然举步艰难、原地徘徊,这一方面是由于很多厂家对电子书包的概念和认识不清,甚至存在歧义和片面想象,推出的电子书包并不是真正意义上的电子书包,普通老百姓的观念仍然比较滞后,对电子书包不了解,甚至从未听说过,还有很多家长担心孩子玩电脑上网成瘾,分散注意力,甚至造成身体上的危害;另一方面,电子书包在利益分配方面关系复杂,教材数字化、电子化后的版权问题,开发电子书包的投入、产出和效益分配等实际问题,也是电子书包推广的现实阻力。③ 因此,电子书包的发展始终是"各唱各的戏",属商家利益驱动下的"即时产品",很快就不了了之。

(三)技术逐步成熟,产业发展"东山再起"期(2009 年至今)

2009 年,电子书包的使用开始有些回暖,国家级课题组英特尔"一对一数字化学习"项目在上海控江二村小学分校开展,自此电子书包逐渐在全国 17 个省市的 26 所学校试点铺开应用④,这标志着电子书包的"东山再起"。

---

① 刘林森:《未来学校,电脑厂主角》,《上海信息化》2006 年第 12 期。
② 陈雷、王文杰:《基于嵌入式 LINUX 电子书包设计与实现》,《计算机系统应用》2008 年第 8 期。
③ 张迪梅:《电子书包的发展现状及推进策略》,《中国电话教育》2011 年第 9 期。
④ 李爱铭:《部分中小学试点"电子书包"》,《解放日报》2009 年 12 月 12 日。

经过十年的发展，对教育深层次的变革需求日益紧迫，作为新技术的电子书包再次引起国内外教育界的关注和热捧，发展前景一片光明。2010年，《国家中长期教育改革和发展规划纲要（2010－2020年）》明确提出：加快教育信息化进程，提出从教育信息基础设施建设、教育资源开发和应用、国家教育管理信息系统构建三个方面，强调信息技术对教育发展具有革命性影响，要求给予高度重视和大力扶持。这一纲领的提出使得电子书包再次进入学界和业界的视野，新闻出版总署提出"将大力扶植电子书包项目"。

针对纲要内容，2010年11月19日，由全国信息技术标准化技术委员会和教育部教育信息化技术标准委员会成立了"电子课本和电子书包"标准专题组启动会，首次会议在上海召开，华东师范大学承担专题组组长，中国电子技术标准化研究所等参加会议；2011年1月17日，第二次会议在北京举行，接下来的4月1日又在北京举行了第三次会议，到目前为止会议总共举办了七次，最近一次在2013年11月27日举行。从这些紧锣密鼓召开的会议来看，电子书包"东山再起"，引起了教育界、出版界、电子设备商前所未有的关注，有关电子书包的研究、推广和使用也已经提上了国家教育信息化的日程，成为重中之重。

顺应国际趋势和国内规划纲要，2010年11月份，国家教育部和上海市教委携手中国电信上海公司、英特尔（中国）公司和微创公司共同合作推出"开展数字化课程环境和学习方式变革试验"项目，签订共建"基础教育电子书包"项目协议，从硬件和软件等多方面加快电子书包的开发力度和规模推广，探索信息环境下新的教学模式、教学资源开发和教育教学改革。

这一项目首先在上海虹口区8所试点学校实施，标志着电子书包开始迈上新的发展道路，此项目作为全国唯一试点区，其总体目标就是通过数字化课程建设，利用网络和信息技术手段，促进课堂改革，创设新型的教学模式，形成"温馨课堂、趣味课堂和有效课堂"，利用电子书包实现学生的自主、高效、个性化学习，实现学习方式的变革。

北京市教委2010年发布《北京市中长期教育改革和发展规划纲要》及《北京市"十二五"时期教育改革和发展规划》，开始启动"数字校园"实验项目，计划"十二五"期间在全市范围内建成100所数字校园示范校，此实验项目包括"校校通"、"班班通"和"生生通",其中"生生通"即这一阶段的电子书包项目,自此北京市也开始新一轮的电子书包实验和推广工作。目前,大约有100多所学校使用电子书包,还有更多的学校在逐步加入。

有关电子教材和电子书包标准制定也在历次会议举行中逐步成熟和完善,其标准体系核心由五个类别的技术标准组成,分别是电子课本与电子书包总体标准、电子课本标准、学习终端标准、虚拟学具标准和学习服务标准,另外还涉及服务质量与管理、教育应用规范与推广模式①。在第七次会议中,外研社参与的电子课本标准获国家标准立项,电子书包总体框架标准和终端标准也获得国家标准立项,电子课本与电子书包术语规范、电子课本与电子书包引用组谱获得教育部立项。

二 电子书包在发展中存在的问题

电子书包经过近十多年的发展,取得了显著的成果,在全国各大中城市开始试验和初步推广,北京、上海、杭州等地电子书包的使用已经初见成效、初具规模,但目前仍存在很多方面的问题,根据笔者的调研和对部分一线电子书包使用教师和推广人员的访谈,具体总结为以下几点。

(一)有关电子课本和电子书包标准制定中的问题

标准制定是发展电子书包的先决条件,其中包括电子课本的研发设计、终端设备的标准制定、虚拟学习环境的设计等。电子课本作为一种特殊的教育专用电子书,是教科书电子化或数字化之后形成的具有教育教学属性的电子出版物,是学习者使用电子书包进行学习的主要内容②,在设计过程中,课程内容要以文字、图片、音频、视频等多种媒体形式呈现,涉及的制作者多元化,出

---

① 吴永和、祝智庭、何超:《电子课本与电子书包技术标准体系框架的研究》,《华东师范大学学报》2012年第2期。
② 吴永和、祝智庭、何超:《电子课本与电子书包技术标准体系框架的研究》,《华东师范大学学报》2012年第2期。

版社、学校教研机构、教师等都可参与其中,但目前我国为电子书包提供的数字资源仍然比较单一、碎片化,没有与课程相适应的系统电子教材,更多的是把纸质课本电子化。有专家针对此提出,要"依据教学原理,按照中小学信息技术学科课程标准,采用增强现实技术、数字化游戏技术、视频技术等手段来呈现教学内容"[1],并且应针对不同地区、不同学校、不同学生个体进行个性化设计。

电子书包终端设备的设计、电子屏幕采用什么样的技术才不会伤眼、怎么才能避免电脑辐射对中小学生身体的伤害、电子书包的质量问题、电池续航能力等都是直接考验其能否进入学生课堂的硬性指标,这些目前也制约着电子书包的发展。

(二)网络覆盖仍然难以达标

自2001年"校校通"项目实施以来,全国大中城市中小学基本都兴建了数字多媒体教室,为新媒体技术在教育教学中的应用奠定了一定的基础,但据调研点的实际调查,学生反映最多的情况仍是"网络不稳、网速慢"。一线教师认为,电子书包只是一个理想化的东西,最大的一个原因就是无线网络全面覆盖在目前还达不到这样的标准,因此利用电子书包不可能进行"随时随地"的学习,不可能完全替代课本,最多只是一个学习的辅助工具。

(三)电子书包利益格局分配的问题

目前在北京地区,涉及电子书包领域的商家也在逐步增多,大家争先恐后地争抢这份大蛋糕。据教育部统计数据显示,目前我国在校生达3.2亿,平均每个学生的课本为20册,每学期总印数超过60亿册,每学年达120亿册,而学生使用的作业本是课本的几倍,每学期总共达240亿册,课本和作业本加起来将达360亿册,其总价值超过1000亿元[2]。如此大的一块蛋糕,谁都想在其

---

[1] 谢忠新、贾晶晶:《信息技术学科电子课本建设的研究》,《中小学信息技术教育》2013年第1期。

[2] 黄建、吴刚、刘德恩:《工作场所学习:学习型社会的重要基石》,《开放教育研究》2011年第1期。

中抢先一份，教材数字化之后涉及的电子教材版权问题，开发电子书包的投入、产出和利益分配等是目前面临的大问题，很多商家基于其自身的利益空间而大力推广所谓的"电子书包"，却不知道真正的电子书包是什么。

据笔者在调研中获取的来自负责电子书包推广的工作人员的说法，现在存在的问题主要有：一是教育部没有给出电子书包具体的概念、实施原则等，只是下面的企业在推动；二是人民教育出版社等垄断传统教材的企业又在进行新的垄断，导致电子教材无法推进。

（四）学校、家庭和社会对电子书包的态度问题

电子书包作为一个新兴教育产品，很多学校的教师比较抵触，担心应付不了目前应试教育体制的要求，也有很多教师在使用电子书包的过程中，只是用先进的教学工具去支撑传统的教学方式，其结果反而造成学习负担更重，学习效果更差，或者只是将原来投射在大屏幕上的课件、教案、习题转发到每个学生的电子书包屏幕上，有的教师多是用来布置作业或者测试，将电子书包作为一个教学点缀，而没有真正发挥出其最大使用价值，导致教学效能低下[①]。

家长对电子书包的使用也存在很多质疑，担心孩子玩电脑、上网成瘾、影响学习成绩、电子屏幕对孩子的眼睛造成伤害等问题。电子书包在提供海量信息的同时，却无法保证信息的质量，很容易导致学生沉溺其中、迷失自己，同时，过量的信息增加了学生的学习负担，反而不利于其身心健康和课程学习。

也有专家担心电子书包的使用会造成中国汉字文化的丢失，长期的教学或可导致学生想象力的缺乏，电子书包的使用在某种程度上可能会扩大中国的"知识鸿沟"等，这些担忧并不是无中生有，如何通过技术手段改造电子书包、如何使其变得人性化，并且能够很好地给予大家令人信服的释疑，这都是亟须解决的问题。

---

① 周英文：《教育信息化，推动中国经济可持续发展的根本动力》，人民网强国论坛，http://bbs1.people.com.cn/post/8/1/1/138340857.html，2014年3月26日。

(五)我国目前的教育体制问题

应试教育体制的特点是以学习成绩为风向标,而基于建构主义教学理论和互动教学理论的电子书包,虽是呼应了新的课程改革的提法,强调发挥学生的主动性、创造性和个性化,实现互动化和人本化的课堂氛围效果。但是在实际教学过程中,这种教学方式也多有诟病,在一些情况下并不利于学生学习成绩的提高;电子书包倡导的"身体减负"和"学习减负"并没能切实得到体现。如何推动新的教学观念更新和教学改革,从根源上改变或者改善原有的教学体制,才是解决一切问题的根源,如此看来,现有教育体制尚有较大的改善空间,电子书包的未来可期。

三 针对上述问题的对策和建议

(一)"标准制定问题"需要以课题带动电子书包的开发与推进

以课题研究开发和推进电子书包,可以提高决策的科学性与操作的严谨性。电子书包作为一个新生事物,其开发、应用和推进是一项巨大的工程,这一个全新的课题,需要在理念和认识层面上有深入的研究,也需要在实际操作层面上有各方面专家、老师和学生的参与设计。其涉及理念、开发、应用和评价四个环节,具体就是电子书包是什么、怎么开发、怎样应用、用的怎样[1]。目前,我国的电子书包标准制定组已经明确了任务,分为五个核心组,对这些层面展开了研究。同时,电子书包的开发和推进又是一个投入较大的系统工程,只有以课题为纽带,在试点学校进行试验、验证和完善,才能保证逐步理性地向前推进。

(二)完善网络基础设施,全面提升网络速度

针对网络不稳定、网速慢的情况,学校应联合电子书包的使用企业和网络

---

[1] 张迪梅:《电子书包的发展现状和推进策略》,《中国电化教育》2011年第9期。

公司,提供高速稳定的网络环境,保证学生在使用电子书包的过程中可以全班同时下载而不会影响到下载速度,这样也不会影响到教师的授课进度和备课过程中资源获取的速度,网络资源获取的方便和快捷可以增强学生和教师使用电子书包的信心和频率,这样的细节问题在推广电子书包的使用中起着至关重要的作用。

(三)明晰利益分配格局,政府牵头有效化解市场过分竞争的浪费

电子书包的研制开发和推广使用是一条长长的利益链条,牵涉出版界、教育界和电子产品三大领域,如何协调这三者之间的利益,需要政府牵头。一方面,由于电子书包在前期的推广使用中所需投入巨大,学校或家庭单方面无法支付这笔昂贵的费用;另一方面可以通过国家行政手段对相关利益做一规定和协调。因此,只有在政府政策和资金的支持下,才可避免太多的利益纷争,让电子书包的研制和推广使用走上自主的道路。但同时,也需要在另外一面提高警惕,不可因为政府的推动而不顾实际情况地推行电子书包,电子书包终究是立足于"教育",只有对教育真正有益的事物才可获得长久发展。

(四)专任教师培训,以事实来为各方人群答疑解惑

电子书包作为一个新的教育产品,在初期引进的过程中遭遇质疑是在所难免的,需要在完善电子书包设计、提高质量的同时,对使用电子书包教学的教师进行大量培训,对各方怀疑反对声音给予适当的解释,提高人们的认识。

教师的媒介素养对电子书包的使用意愿和熟练程度起着非常关键的作用。北京灵泰克信息技术有限公司负责房山区电子书包推广工作的魏工根据自己多年来的经验认为,教师的因素是决定电子书包使用效果的直接因素。据笔者在调研中的观察,只有教师经过多次培训,掌握使用电子书包的技巧,学会获取自己所需要的各类资源,并且愿意花时间为学生使用电子书包上课,同时具备一定的教育学理论素养,电子书包才可以在一线真正得到推广,发挥它的作用。

对家长的质疑要给予相应的解释和回答,他们对电子书包的认识也需要时

间。任何一个工具都不可能解决所有的问题,如何最大限度地发挥电子书包的优势,避免其带来的不利影响,是每一个涉及电子书包的人需要考虑的问题。提高整个社会对电子书包的认知或许是解决这方面问题的最佳途径。

(五)教育体制改革是一个漫长而艰难的道路

教育体制改革在我国是一个由来已经的老话题,"十二五"规划中提到要深化教育体制改革,建立教育供给的有效竞争机制,初步实行一年多考的高考制度、建立学分制的学位管理模式等①。但这些都不是一蹴而就的事情,涉及国家、社会的方方面面,目前政府层面正在逐步努力,其需要时间,也需要魄力。

总之,电子书包的一切发展和解决措施都要立足于"教育"这个根本主题,将电子书包真正回归为"书包",更好地服务于教学,更好地促进教育现代化,更好地培养社会所需要的人才,如同传播学研究一样,回归到传播的真谛——如何通过信息的传递推进人的充分发展,这或许是解决电子书包一切问题的出发点和终结点。

---

① 黄小勇:《"十二五"时期我国教育体制改革与科教兴国战略研究》,《中国社科院研究生院学报》2010 年第 2 期。

传播篇

Communication Research

B.16
2013年中国网络媒体与网络传播

闵大洪*

摘 要：
本文从中国互联网发展政策、网络传播格局、网络管理、网络舆论、社交媒体、网络新闻宣传等方面，概述和分析了2013年中国网络媒体与网络传播的状况，并依个人判断选出2013年中国网络媒体与网络传播的十大事件。

关键词：
网络媒体 网络传播 互联网发展

1983年1月1日被视为现代互联网诞生纪念日①，迄今已整整三十年。全

---

* 闵大洪，中国社会科学院新闻与传播研究所副研究员。
① 1983年1月1日，国际互联网的前身美国阿帕网（ARPANET）开始采用TCP/IP（传输控制和网际通信协议）作为网络通用语言，让载有不同软件及硬件的电脑互相连接，成为互联网发展基石。

球互联网用户在2013年底已达27亿,中国互联网用户则占比22%,即全球每五个网民中便有一个中国网民。中国互联网市场不仅是全球规模最大的,而且依然有巨大的增长空间。

一 中央把握全局,三位一体推进

发展好、利用好、管理好互联网,是全面看待和处理互联网各方关系的基点,这为中国接入互联网后历届党中央所强调,以习近平为总书记的新一届领导集体同样对这一问题给予了全局把握。

2013年9月30日上午,中共中央政治局举行第九次以实施创新驱动发展战略为题的集体学习,采取走出中南海把"课堂"搬到中关村以调研、讲解、讨论相结合的形式进行。中央领导了解了包括云计算、大数据、高端服务器等在内的发展情况。习近平在主持学习时强调,实施创新驱动发展战略决定着中华民族的前途命运,要敏锐把握世界科技创新的发展趋势,紧紧抓住和用好新一轮科技革命和产业变革的机遇,把创新驱动发展作为面向未来的一项重大战略实施好。

2013年10月31日,国务院总理李克强在中南海主持召开了他就任总理以来由专家学者和企业家代表参加的第三次经济形势座谈会。阿里巴巴公司的马云受邀参会。马云对总理说,马上就到11月11日了,老百姓戏称这天为"光棍节",而淘宝网则把这天打造成了"中国消费者日"。李克强赞许地说:"你们创造了一个消费时点"。2013年11月11日,支付宝成交金额一举突破350亿元,再次显示了中国互联网经济的巨大活力。

党中央加大了反腐肃贪的力度,截至2013年12月中旬,已有十多名省部级官员落马,其中包括蒋洁敏、李东生两名十八届中央委员,让全社会看到了中央打"大老虎"的决心和力度。政治局常委、中纪委书记王岐山十分重视互联网的作用,在他的指示下,中纪委监察部原有的五个网站整合后于2013年9月2日推出了全新的综合性政务门户网站。该网站的重要功能之一,是向网民提供通畅的举报通道。

中共中央在推进中国互联网发展方面有两项大动作。一是国务院于2013年8月1日发布《"宽带中国"战略及实施方案》,宽带建设已在国家战略层面实施。二是工业与信息化部于 2013 年 12 月 4 日宣布向中国移动、中国电信、中国联通颁发"LTE/第四代数字蜂窝移动通信业务（TD－LTE）"经营许可，中国由此迈入 4G 时代。

党中央通过两个重要会议对互联网管理工作提出了新的要求。2013 年 8 月 19 日，全国宣传思想工作会议在北京召开，习近平总书记到会做了重要讲话。他在谈到正面宣传和舆论斗争时指出，要健全基础管理、内容管理、行业管理以及网络违法犯罪防范和打击等工作联动机制，健全网络突发事件处置机制，形成正面引导和依法管理相结合的网络舆论工作格局。他强调，互联网已经成为舆论斗争的主战场，要把网上舆论工作作为宣传思想工作的重中之重来抓，使网络空间清朗起来。2013 年 11 月 9 日至 12 日，中共十八届三中全会在北京召开，全会决定要求，加大依法管理网络力度，完善互联网管理领导体制，形成从技术到内容、从日常安全到打击犯罪的互联网管理合力，确保网络的正确运用和安全。习近平总书记在关于全会决定的说明中，再一次强调网络和信息安全牵涉国家安全和社会稳定，是我们面临的新的综合性挑战，并且一针见血地指出，现行管理体制存在明显的"多头管理、职能交叉、权责不一、效率不高"的弊端。

二 整治网络谣言，再次亮剑行动

国家互联网信息办公室原部署从 2013 年 5 月 9 日起在全国范围内开展为期两个月的规范互联网新闻信息传播秩序专项行动，但实际上成为延续数月、多管齐下、力度不断加大的一场整治行动。2013 年 8 月 10 日，国家互联网信息办公室主任鲁炜与十多位网络名人举行座谈会，指出网络名人应承担更多的社会责任，传播正能量，并提出"七条底线"，即法律法规底线、社会主义制度底线、国家利益底线、公民合法权益底线、社会公共秩序底线、道德风尚底线、信息真实性底线。①

---

① 新华网：《网络名人社会责任论坛在央视新址举行》，http：//news.xinhuanet.com/local/2013－08/10/c_116892078.htm。

2013年8月23日晚，网络大V薛蛮子因涉嫌嫖娼被公安部门拘捕。随后，各地公安机构雷厉风行地对网络谣言制造者、传播者以及网络诽谤者、敲诈勒索者进行了抓捕。9月9日下午，"两高"（最高人民法院和最高人民检察院）公布了《关于办理利用信息网络实施诽谤等刑事案件适用法律若干问题的解释》，并于9月10日起施行。至此，整治行动的震慑力进一步显现。

近三年来，国内微博发展迅速。据2013年8月公布的统计数据，103家微博平台的用户账号总数已达12亿，并产生了一批大V账号，在新浪、腾讯两大微博平台上，拥有10万以上粉丝的账号数超过1.9万个，100万以上的超过3300个，1000万以上的超过200个。这些微博大V在发布信息、转发信息、表达意见观点方面已具有很大的社会影响力。截至2013年10月，网络信息传播和网络舆论场出现了一系列变化，人民网舆情监测室的数据显示出网络情绪的变化（负面帖文和情感词烈度下降）、舆论热度的变化。如在余姚大水灾害中，自媒体信息供给不足，新浪微博中"余姚大水"的信息量为17万条，远低于"芦山地震"的499万条和"北京721暴雨"的61万条，抽取"芦山地震"中表现活跃的50位意见领袖的微博，在余姚水灾中转发表示关注的只有27位，发表评论的仅16位。①

2013年8月1日，北京地区的网站联合辟谣平台上线，成为整治行动中的一个亮点。平台由千龙网·中国首都网负责内容搭建，搜狗负责数据整合，20多家主力网站、专业网站及北京市属主流新闻媒体加盟。平台以技术为支撑，实现了平台开放和数据互通共享。它设有谣言公示、谣言曝光台、钓鱼网站曝光台、"照妖镜"、恶意骚扰电话甄别、警方行动、专家视角等栏目。平台不仅能够快速整合传播辟谣信息，而且将对提升网民的媒介素养发挥引导作用。

2013年11月28日，国家互联网信息办公室副主任任贤良指出，年内的打击网络谣言行动取得了成效，过去网络信息泥沙俱下，现在网络空间清朗了许多。他还表示，针对互联网当前存在的一些乱象，将加强互联网立法的统筹

---

① 人民网：《人民网舆情监测室秘书长祝华新：互联网生态治理晴空初现》，http：//media.people.com.cn/n/2013/1030/c40606-23379596.html。

规划和总体协调，抓紧出台《互联网信息服务管理办法》《互联网新闻信息服务管理规定》等法律法规，增强现行法律法规的适用性和操作性，不断提升互联网管理的效能和水平。①

三 新媒体势强，传统媒体转型

随着各类新媒体咄咄逼人的态势，传统主流媒体战略转型的步伐随之加快。如，2013年1月4日国家新闻出版广播电影电视总局下发了2013年1号文《广电总局关于促进主流媒体发展网络广播电视台的意见》，要求将网络广播电视台提升到与电台电视台发展同等重要地位，鼓励电台电视台与宽带互联网、移动通信网等新媒体结合，发展新形态广播电视播出机构——网络广播电视台，经过三至五年的努力，确立网络广播电视台在新媒体传播格局中的主流地位。由此可以感受到广电系统面对新媒体挑战时的整体危机感。

传统报业在新媒体的冲击下，面临读者流失、广告下滑、盈利降低的严峻现实，这一切倒逼传统报业进行战略转型。2013年，报业领域引人瞩目的一个事件是，10月28日由解放日报报业集团和文汇新民联合报业集团整合重组的上海报业集团正式成立。新集团将实现资源重组、结构再造，制订更积极的新媒体发展计划，以增强自身的传播力、影响力。揭牌日的下午，上海报业集团便与百度公司签订了战略合作协议。而在2012年，解放日报报业集团已与腾讯公司合作建立了大申网。也就是说，上海报业集团建立伊始已和两大实力互联网公司联手。

在资本运作收购方面，2013年10月，国广控股以9080万港元（约7185万人民币）收购中华网互联网门户业务。国广控股由中国国际广播电台全资的国广传媒发展有限公司与同方股份、浙报传媒控股集团成立的嘉融投资发起设立，从事媒介资源整合和媒介服务业务的投资开发和经营管理工作。按照国广控股的规划，中华网将会整合中国国际广播电台、中国国际广播电视

---

① 人民网：《中国将针对互联网现状制定新的法律法规》，http：//culture. people. com. cn/n/2013/1204/c172318 – 23736490. html。

网络台的音频、视频等资源,最终发展成为一家具备全球影响力的国际化媒体平台。

传统媒体对新媒体手段的具体运用,应该说是与时俱进的。据统计,以"央视新闻"为品牌的微博、微信和客户端的总用户量已达5000万,反映了今天的传统媒体借助新渠道、新终端进行内容分发的新变化。截至2013年11月底,在新浪、腾讯两个平台上开设的媒体机构微博账号已超过3.7万个。利用新技术,添加原来没有的表现形态,弥补自身的先天劣势,也是传统媒体着力推进的一方面。如《人民日报》2013年7月1日在头版刊登《致读者》,提出将分步推进传播形态创新,利用二维码、图像识别等技术,在印刷版上将部分稿件原来单一的文字形态扩展为音频、视频等多媒体形态。

在媒介融合及众多媒体实施的全媒体战略背景下,2013年末又看到如下一幕:12月13日,东方网、河南人民广播电台、郑州晚报社签署三方战略合作协议,联手在河南打造公共服务智能终端项目。该项目旨在提高"智慧城市"的物理基础,通过专门终端机的显示屏实现公共信息发布,同时争取实现终端机上的服务项目与手机等移动客户端的整合。传统媒体向新媒体领域的进军,不可能一帆风顺,2013年"即刻搜索"(前"人民搜索")的式微是一个例证,前两年一些传统媒体试图打造自己的iPad终端产品遭遇失利是又一例证。进军高度市场化的互联网及新媒体领域必须了解和遵循其规律,尤其是传统媒体试图独立构建自己的平台、渠道、终端体系时,应对市场态势有准确把握,对产业链有深入分析,对产品项目进行充分评估。

在2013年11月8日第14个记者节到来之际,国家新闻出版广电总局公布了全国持有记者证的新闻采编人员的人数,目前已达25.3余万人。[1] 值得注意的是,其中首次提到中央重点新闻网站已取得2009版记者证的共有611人。2014年将换发新版记者证,网络媒体记者证的发放范围是否会进一步放开,人数是否会有较大幅度的提升,则有待观察。媒体融合时代对新闻从业人员的"全媒体"采编手段的技能掌握和运用亦提出了新要求。

---

[1] 《持记者证人员达25万人 男女基本持平》,http://www.chinaxwcb.com/2013-11/08/content_280310.htm。

四 重大事件传播，网络传播风头依旧

今天，微博、微信、移动终端客户端成为使用人数最多、传播力最强的三类新媒体形态。至2013年11月，微博用户数量已达13亿，① 微信用户数量已达6亿，其国外用户数量突破1亿。因此，在重大事件发生时，微博、微信必然会发挥重大作用，有时甚至成为传播的主角。2013年8月22日至26日，薄熙来受贿、贪污、滥用职权案在济南市中级人民法院公开审理，@济南中院对庭审情况进行了全程实时播报，及时、准确地披露庭审信息，148条微博近16万字的图文以及薄谷开来的作证视频，极大地满足了广大群众对薄案的关切，同时显示了中国司法审理的透明、公开，获得了全社会的高度评价。

薄案庭审新闻发布和信息传播的一个重要特点是，济南中院官方微博成为唯一的新闻源，由于其内容发布具有可控性，又可避免国内外众多媒体各自发稿可能出现的差错和混乱，实为设计安排上的一个高招。不仅是薄案，2013年6月和7月，王书金强奸杀人案在河北省邯郸市中院两次开庭审理，河北省高院进行了庭审微博直播。9月，北京法院网官方微博@京法网事亦对冀中星案、大兴摔童案、丁书苗案、李某某等人强奸案四个社会热点案件进行了庭审直播，这成为2013年政务微博的年度特色。

2013年12月28日，习近平总书记中午到庆丰包子铺就餐后，经新浪微博账号@四海微传播和腾讯微博账号@万丈乡愁率先刊发消息和照片后，再经媒体微博、各大网站和网友微博、微信的转发，这一新闻立刻传遍了整个网络，成为年内网络传播富有戏剧性的热点事件。

新媒体的强劲发展，造就并不断强化了一人一媒体的局面、所有人向所有人传播的局面、人人麦克风的局面和众声喧哗的局面。从年内发生的网络热点事件看，有三类事件最易形成网络热传和网络热议：①涉及大局和高层的事件；②涉及社会公平、正义的事件；③涉及百姓生存环境和生活质量的事件。

---

① 《全国微博账号突破13亿》，http：//politics.people.com.cn/n/2013/1205/c1001 - 23747804.html。

评价以往历史功过、质询当前政策得失、探讨未来发展方向，不同声音在网上表达各自的立场，意识形态领域中的多元观点也在网上激烈交锋。无远弗届互联网的全球传播、即时传播的特点，使境内信息传到境外，或境外信息传到境内，或信息从境内传到境外再传回境内，都不过是一瞬间的事。2013年，由境外媒体或网站率先曝料并对国内网络舆论场产生影响的趋势更加明显。同时，另一个特点也更加突出，现实中的政治雾霾加上互联网复杂的传播生态，使得大量虚假信息、似是而非的信息每时每刻奔来眼底，反而使人们看清事件真相变得更加困难了。

2012年12月6日上午，《财经》杂志副主编罗昌平连发三条微博向中纪委实名举报国家发改委副主任、国家能源局局长刘铁男学历造假、巨额骗贷、对他人恐吓威胁等问题。12月7日，国家能源局新闻办公室指称此揭发"纯属污蔑造谣"。经过5个多月的沉默期后，2013年5月12日，中央纪委宣布刘铁男涉嫌严重违纪。8月8日，刘铁男因严重违纪违法被开除党籍和公职并移交司法机关。这是2013年最具代表性的网络反腐案例。

2013年5月，一起复旦大学学生的投毒案导致发生在19年前的清华大学女生朱令的铊中毒案再度回到公众视野，不仅掀起网络舆论高潮，而且网民以动员集结的方式到美国白宫网站进行签名，结果在很短的时间内便突破10万签名，尽管网友知道这种请愿不会产生实质结果，但要借此表达一种愿望和权利请求。

近年来，各级各地政府应对网络舆情常会出现以下两种状况：①史翠珊效应①（Streisand Effect），即试图阻止公众了解某些事件信息，结果适得其反，反而使该事件信息为更多的人所了解、所传播。②塔西佗效应②（Tacitus Effect），即当政府失去公信力时，不论说真话还是假话，做好事还是坏事，都

---

① 美国歌手、演员芭芭拉·史翠珊在2003年状告摄影师肯尼思·阿德尔曼和网站Pictopia.com，以保护个人隐私为由，令网站移除阿德尔曼从空中所拍摄的12000张含有其住所的加州海岸照片，结果短时间内吸引众多的人前来浏览网站。美国博客作家麦克·麦斯尼克于2005年首先使用"史翠珊效应"一词。

② 普布里乌斯·克奈里乌斯·塔西佗（Publius Cornelius Tacitus，约公元前55～120年）是古代罗马伟大的历史学家。近年来，国内文章中频频使用"塔西佗效应"或"塔西佗陷阱"一词，但到目前为止都未能标明其准确出处。

会被公众认为是在说假话、做坏事。2013年11月22日，中石化青岛输油管道发生泄漏爆炸造成重大伤亡事件，当地媒体采取了先失声无语后涂脂抹粉的报道模式，遭到广大网民的狂批，是一例深刻的教训。

当代社会，伦理是一个行业从业人员的行为基准与道德原则，不仅涉及从业人员的个人尊严与操守，也关系整个行业的声誉。今天，媒体业的伦理整体呈现出下降趋势，饱受社会各界的批评。年内仅网络媒体首发的假新闻和发生的重大差错就接连不断，如"老外街头扶摔倒大妈遭讹1800元"、"深圳90后女孩当街给残疾乞丐喂饭"、"山东滨州警方称接到电死'外星人'报警"、"湖北一对情侣天台野战双双坠楼身亡"、"女囚死刑实录揭世界最黑暗一面"、"亚马逊创始人称收购《华盛顿邮报》非本意系点错鼠标"等。网站刊发各类出位照片、PS新闻照片等更是司空见惯。网络媒体及其从业人员必须认识到，违反专业操守和专业规范、发生假新闻及重大差错传播，将极大地伤害自身的公信力。

五　业界竞争激烈，市场变换多端

2013年，移动互联网继续呈现快速增长态势。2013年，中国新增网民中使用手机上网的比例高达73.3%，远高于使用其他设备上网的网民比例，手机依然是中国网民增长的主要驱动力。① 无线路由器已成为多数家庭的必要设备，公共场所提供免费WiFi已成为必要服务，人们可以随时随地的上网成为移动互联网带来的新景观。

互联网不同应用之间在2013年呈现此消彼长的态势。微博用户规模比2012年下降2783万人，使用率降低9.2个百分点，而即时通信用户整体规模在移动端的推动下比2012年增长6440万，使用率高达86.2%，继续保持第一的地位。微博经过2010~2012年的快速增长出现转折，虽然是由于用户对微信等新应用的需求，但受互联网环境治理的影响也是显而易见的。

---

① 中国互联网络信息中心：第33次《中国互联网络发展状况统计报告》，http：//cnnic. net. cn/hlwfzyj/hlwxbg/hlwtjbg/201401/t20140116_ 43820. htm。

如今，在使用人数最多的微博、微信、移动客户端三大应用领域，产品版本在不断升级，功能在不断添加。在传播功能上，微信产品不仅为网民提供了各类信息快速流通的新渠道，还搭建了一个自媒体内容分发的新平台。如果说2013年网民在微博中的发言有所自律克制的话，代之的则是在微信群中信息传播的空前活跃。

近年来，网络视频是中国互联网发展最快的领域之一。视频网站及其视频频道对重大事件的视频报道、人物视频采访以及各类专题节目、自制剧、微电影和大量引进的国外影视节目等，极大地改变了以往电视为主的格局和市场。与此同时，网友拍摄上传的视频内容也越来越丰富，其制作越来越精良。2013年，以新浪秒拍、腾讯微视为代表的短视频产品又进入市场。在视频收看方式上，多屏时代已经来临，现在人们每天通过计算机、智能手机、平板电脑收看视频节目的时间已超过观看电视的时间，网络视频成为大趋势。

近几年，网络视频的市场格局每年都会发生较大变化，2013年也不例外。2013年5月7日，百度宣布以3.7亿美元收购PPS视频业务，并将其与爱奇艺合并。10月28日，苏宁云商宣布，将与联想旗下的弘毅投资共同出资4.2亿美元战略投资PPTV，从而出现了电商和视频跨界牵手的一幕。截至2013年11月底，百度移动视频端的用户数已突破1亿。移动互联网给视频流量带来翻天覆地的变化，优酷土豆在PC端花四年半或者更长的时间打造的，移动互联网用一年的时间就做到了。①

网络视频领域始终弥漫着竞争的硝烟，其中包括因盗版问题而引发的一次次"大战"。如今，视频网站的节目盗版已经从原有的直接盗播演变为通过电视机盒子等硬件，或以移动终端聚合视频App为手段进行盗链盗播。2013年11月13日，搜狐视频、腾讯视频、优酷土豆、乐视网四大视频网站联合中国电影著作权协会（MPA）、美国电影协会（MPAA）、日本内容产品流通海外促进机构（CODA）、万达影业、光线传媒等机构，以空前的阵势发布《中国网络视频反盗版联合行动宣言》，要求制裁百度、快播等日益严重的盗版、盗链

---

① 古永锵：《PC端花了4年创造的视频播放量，移动端只用了1年》，http：//www.tmtpost.com/80807.html。

行为，同时宣布其已向法院起诉，向百度索赔损失3亿元。

网络视频业的快速发展及发展中面临的新问题，也促成了"首届中国网络视听大会"（11月28日、29日，成都）的举行。大会以"责任与创想——构建活力、人本的互联网视听新生态"为主题，以网络视听内容建设为核心，对主流媒体与新媒体融合、技术创新与内容创新相结合的路径进行了探讨，反映了业界的关注、期望和一贯努力。

六 网络安全亟须建立规则

"网络安全"和"网络自由"问题多年来始终是中国与美国的交锋点，业已成为影响中美双边关系的一个重要因素。在网络安全问题上，美国对中国"从事针对美国的网络黑客攻击"的指责达到空前激烈的程度且贯穿全年。

2013年2月18日，美国网络安全公司曼迪昂特（Mandiant）发布了《APT1：揭露中国网络间谍单位》（*APT1: Exposing One of China's CyberEspionage Units*）的报告，引发了美国和国际社会的巨大反响。在随后几个月内，美国政府的一些高官、国会议员、研究机构、企业、新闻媒体等形成合力对中国进行谴责，甚至在3月14日晚奥巴马总统打电话祝贺习近平当选中国国家主席的通话中以及奥巴马在6月7日、8日与习近平的加州庄园会晤中，都提出这一问题。

对于美国的指责，中国外交部一再表明立场：中国法律禁止黑客攻击等任何破坏互联网安全的行为，中国政府坚决反对一切形式的黑客攻击，坚决打击相关犯罪活动。国防部也表示，中国军队从未支持过任何黑客活动，有关中国军方从事网络攻击的说法既不专业，也与事实不符。同时也必须看到，中美在网络安全问题上，既有对立，也有对话。2013年4月，美国新任国务卿克里在首次访华期间宣布，经双方同意，在中美战略安全对话框架下设立网络安全工作组。7月，第三次中美战略安全对话在华盛顿举行。7月8日，第一次网络安全工作组会议举行，双方就网络工作组机制建设、两国网络关系、网络空间国际规则、双边对话合作措施以及其他共同关心的问题进行了坦诚、深入的交流。此前，外交部在6月14日举行的记者会上宣布，外交部近日已设立网

络事务办公室，负责协调开展有关网络事务的外交活动。

2013年6月5日，经英国《卫报》率先报道，"斯诺登（Edward Snowden）事件"曝光，此后数月不断发酵，美国国家安全局（NSA）实施的"棱镜计划（Prism）"随之暴露在光天化日之下。这一项目对美国及他国民众的通信和网络活动进行全面的秘密监听监视，其监听监视对象甚至包括盟国的政府首脑。美国对中国大陆及香港发起网络攻击的内幕也被揭出。"斯诺登事件"不仅彻底暴露了美国一贯所持的双重标准的面目，同时给中国和其他国家敲响了警钟。中国在网络安全领域的实力尚十分薄弱，这一事件势必进一步推进中国树立网络空间安全观和确立网络空间战略意识。

在网络自由问题上，与美国等国所持的信息流通自由论不同，中国始终持信息流通主权论立场，即认为互联网自由不是绝对的，一个主权国家应该负起责任对互联网进行管理，使互联网得到健康有序的发展。2013年9月29日，中国（上海）自由贸易试验区正式挂牌，香港《南华早报》于此前的9月24日报道称"沪自贸区将取消对Facebook等国外网站的限制"。人民网记者经采访后于次日随即报道，上海自贸区的网络管理措施不会变化。9月27日晚，上海自贸区管委会相关人士明确表示，自贸区内的互联网将依法管理，没有特殊。同日《人民日报海外版》发表的署名文章写道，上海自贸区不会设"网络特区"，强调上海自贸区是经济特区而不是政治特区。只要拥有正常的理智，就不会在国势蒸蒸日上之时主动在自己境内设置新的"政治租界"，这表明了中国在互联网管理上没有"例外之地"的立场。①

七 2013年中国网络媒体与网络传播十大事件

1. 党中央在8月全国宣传思想工作会议和11月十八届三中全会上对互联网管理工作提出新的要求。

2. 1月4日，国家广播电影电视总局下发2013年1号文，要求将网络广

---

① 梅新育：《上海自贸区是经济特区而不是政治特区》，http://blog.sina.com.cn/s/blog_4b18c48f0102eful.html?tj=fina。

播电视台提升到与电台电视台发展同等重要地位。

3. 5月9日起,规范互联网新闻信息传播秩序的专项行动在全国展开,进入8月后达到高潮。

4. 5月12日,中纪委确定《财经》杂志副主编罗昌平以微博实名方式举报的国家发改委副主任、国家能源局局长刘铁男贪腐一案,成为年内最有影响的网络反腐案例。

5. 8月1日,国务院发布《"宽带中国"战略及实施方案》,表明宽带建设已在国家战略层面实施。

6. 8月22日至26日,"@济南中院"微博对薄熙来受贿、贪污、滥用职权案进行庭审全程实时播报,获得全社会的高度评价。

7. 9月9日,最高人民法院和最高人民检察院公布《关于办理利用信息网络实施诽谤等刑事案件适用法律若干问题的解释》(9月10日起施行)。

8. 11月13日,搜狐、腾讯、优酷土豆、乐视等公司以"中国网络视频反盗版联盟"名义召开发布会,指责百度、快播存在视频侵权行为,向百度索赔其带来的损失。

9. 12月4日,工业和信息化部宣布向中国移动、中国电信、中国联通颁发4G牌照,意味着中国迈入4G时代。

10. 12月28日,习近平总书记中午到庆丰包子铺就餐后,经新浪微博和腾讯微博率先刊发消息和照片后,再经媒体微博、各大网站和网友微博、微信的转发,这一新闻立刻传遍整个网络,成为年内网络传播富有戏剧性的热点事件。

B.17 大数据时代的《纸牌屋》

向 芬*

摘　要： Netflix旗下的政治剧《纸牌屋》是第一部完全绕过传统电视剧发布渠道的原创剧，也是第一部宣称使用"大数据算法"取得成功的网络剧，这些因素赋予了《纸牌屋》开创性的意义，人们甚至赋予它"大数据鼻祖"的称号。受两季《纸牌屋》的影响，Netflix摆脱了2012年的颓势。Netflix将其成功的秘诀归因于大数据，一时间全球文化产业界开始热议大数据的神奇力量。《纸牌屋》在中美两国都形成了观影热潮和舆论焦点，同时，也引起中国视频网站的共鸣和欢欣，因为他们面临着与Netflix相似的境遇，但其对互联网大数据的应用目前仍然面临瓶颈。

关键词： 大数据　《纸牌屋》　Netflix　电视行业

2013年2月1日，视频网站Netflix旗下的政治剧《纸牌屋》第一季全集在其网站一次性发布。搜狐公司取得了该剧的中国独家网络播放权，第一季于3月2日在搜狐上线。2014年2月14日，《纸牌屋》第二季以更强的声势来袭，搜狐与Netflix同步上线，截至3月10日，《纸牌屋》两季跻身搜狐美剧每周播放排行榜前列①（见表1）。《纸牌屋》是第一部完全绕过传统电视剧发

---

* 向芬，博士，中国社会科学院新闻与传播研究所副研究员，研究方向为新闻史论、新闻传播制度与管理政策。

① 搜狐视频，http://tv.sohu.com/rank/usa_tv.shtml。

布渠道的原创剧,也是第一部宣称使用"大数据算法"取得成功的网络剧,这些因素赋予了《纸牌屋》开创性的意义。

表1　截至 2014 年 3 月 10 日搜狐美剧每周播放排行榜

排行	片名	播放数(次)	走势(%)
1	《纸牌屋》第 1 季	7740504	↑9.25
2	《纸牌屋》第 2 季	7351432	↑55.9
3	《生活大爆炸》第 7 季	6809353	↓28.4

一　Netflix——"大数据鼻祖"

受两季《纸牌屋》的影响,Netflix 摆脱 2012 年的颓势,股价一路上扬,从 2013 年 2 月初的 160 多美元涨到了 2014 年 2 月初的 430 多美元。① 2013 年第四季度 Netflix 营业收入达 11.75 亿美元,比 2012 年增长了 24%;净利润达 4800 万美元,比 2012 年增长了 500%。② 2013 年第四季度,Netflix 在美国新增订阅用户数量 233 万,总量达 3342 万,全球订阅用户数已经达 4400 万,③ 一举超过传统电视媒体巨头 HBO(Home Box Office)。这一数字也消弭了之前业内对 Netflix"豪赌"1 亿美元买下两季《纸牌屋》两年独播权的质疑(业界预测 Netflix 需要新增 100 万一年期合约付费用户才能收回成本)。

(一)用户习惯数据库

Netflix 将其逆袭的秘诀归因于大数据,一时间全球文化产业界开始热议大数据的神奇力量。Netflix 自称其《纸牌屋》的数据库包含了 3000 万用户的收

---

① 新浪财经美股行情中心,http://stock.finance.sina.com.cn/usstock/quotes/NFLX.html。
② 罗绮梅:《〈纸牌屋〉情人节回归播映商股票一年狂飙》,新浪财经,2014 年 2 月 14 日,http://finance.sina.com.cn/zl/international/20140214/150218215771.shtml。
③ *Global Internet Phenomena Report*(*2H 2013*),https://www.sandvine.com/trends/global-internet-phenomena/。

视选择、400万条评论、300万次主题搜索。最终拍什么、谁来拍、谁来演、怎么播,都由数千万观众的客观喜好统计决定。从受众洞察、受众定位、受众接触到受众转化,每一步都由精准、细致、高效、经济的数据引导,从而实现大众创造的C2B,即由用户需求决定生产。①

用户在网站的观看和搜索行为成为Netflix的基础数据,据此Netflix发现1990年英国BBC老剧《纸牌屋》依旧是点播热门,点播该剧的用户群同时也几乎和网站上导演大卫·芬奇、演员凯文·史派西的粉丝圈重合②,于是Netflix最终投资1亿美元重拍《纸牌屋》,并由大卫·芬奇执导、凯文·史派西主演。

(二)推荐引擎Cinematch

为了弄懂订户的观剧喜好,Netflix创造了至少7万种视频标签来细分已有的视频内容。其分类方法可以用这样的公式概括:影片类型=地区+主题+形容词元素+类型片类型+演员特性+创作来源+时间+故事情节+内容+得奖情况+适宜观看人群等。Netflix的推荐系统Cinematch基于用户视频点播中搜索、播放、快进、暂停、收藏、评分、分享、时间、地理位置、终端设备等收视信息③,储存在数据库后通过数据分析,推导出用户可能喜爱的影片。由此为用户提供量身定制的视频推荐,做到精准营销,增强用户黏性。

在推广第一季《纸牌屋》时,凯文·史派西的粉丝会看到以他为主线的预告片,女性观众会看到侧重女性角色的预告片,严肃电影的爱好者则会看到体现导演大卫·芬奇阴暗影像风格的预告片。Netflix的数据表明,75%的用户都会被Netflix的推荐观看所影响。Netflix的首席内容官Ted Sarandos甚至声

---

① 《〈纸牌屋〉的大数据力量:巫术一般的精准营销》,2013年6月25日,http://news.xinhuanet.com/info/2013-06/25/c_132484363_2.htm。

② David Carr:*Giving Viewers What They Want*,February 24,2013. http://www.nytimes.com/2013/02/25/business/media/for-house-of-cards-using-big-data-to-guarantee-its-popularity.html? pagewanted = all&_r=0.

③ *How Netflix Uses Analytics To Select Movies*,*Create Content*,*and Make Multimillion Dollar Decisions*,http://blog.kissmetrics.com/how-netflix-uses-analytics/.

称:"Netflix 对用户非常有针对性。不像其他传统的广播电视台或者有线电视运营商,Netflix 不需要把内容先放出去后才知道用户喜好程度,Netflix 在内容发给用户之前就已经知道这些了。"

(三)讳莫如深的点击量

Netflix 一直没有官方公布《纸牌屋》的具体收视数据,只是表示对该剧在传统媒体、社交媒体、收视用户中的反响都"相当满意"。据互联网数据跟踪机构的统计显示,约 11% 的 Netflix 用户看了至少一集《纸牌屋》(第一季),有 0.5% 的用户在该剧上线 24 小时之内就看完了第一季全集。[①] 第二季上线 72 小时,6%~10% 的美国用户至少观看了一集,2% 的 Netflix 美国订阅用户收看了全集。

Netflix 在推广中大力宣扬其数据掌控能力,但却拒绝发布任何收视率的相关信息。一方面,Netflix 是付费订阅视频网站,它并不依靠广告赢利,这与电视公司依靠收视率来实现自身价值有所区别;另一方面,"唱衰"Netflix 大数据分析模式的人士则进一步提出质疑——大数据能否准确分析出用户暂停、快进的确切原因?能否解释那些组合在一起的因素为什么能够提高收视率?《纸牌屋》的"高科技标签"是否只是 Netflix 的宣传噱头?为什么 Netflix 推出的网络剧《莉莉海默》以及此后与大牌制作人导演签约并高调推出的四部新剧,却避而不谈大数据模式?为什么 Netflix 自制的《铁杉树丛》《女子监狱》等其他网络剧却没有如同《纸牌屋》般火爆?为什么老剧《广告狂人》和《绝命毒师》的收视率均超过了《纸牌屋》,《纸牌屋》的大数据是否并没有那么神奇?

其实,Google 和 YouTube 也在分析用户的收视习惯和偏好,不过一部《纸牌屋》却将 Netflix 推到"大数据鼻祖"的高度,Netflix 借此开拓了与互联网巨头展开差异化竞争之路。Netflix 甚至被定义为 HBO 和 Showtime 未来变革的榜样,而不再只是作为 YouTube 和 Hulu 的竞争对手。

---

① 新华网:《大数据"搭起"〈纸牌屋〉》,2013 年 12 月 17 日。

二 Netflix 引发对传统电视产业的变革

（一）不容小觑的 Netflix

互联网流量监测机构 Sandvine 最新发表的《全球互联网发展报告》（2013 下半年）[①] 显示，Netflix 仍然引领北美互联网固定接入流量（见表2）。Netflix 占高峰时段通过固定接入下载流量的 31.62%，比上半年所占 32.25% 的份额虽然略有下降，但与其他网络应用相比，Netflix 以绝对优势排名第一。

表 2　2012～2013 年高峰时段排名前十的应用程序——北美，固定接入

单位：%

排名	2012 年下半年		2013 年上半年		2013 年下半年	
	应用	占比	应用	占比	应用	占比
1	Netflix	33	Netflix	32.25→	Netflix	31.62→
2	YouTube	14.8	YouTube	17.11→	YouTube	18.69→
3	HTTP	12	HTTP	11.11→	HTTP	9.74→
4	Bit Torrent	5.89	Bit Torrent	5.57→	Bit Torrent	4.05→
5	iTunes	3.92	MEPG-other	2.58↑	iTunes	3.27↑
6	MEPG-other	2.22	Hulu	2.41↑	MEPG-other	2.60↓
7	Flash Video	2.21	iTunes	1.9↓	SSL	2.05↑
8	SSL	1.97	SSL	1.89→	Amazon	1.61↑
9	Amazon	1.75	Flash Video	1.72↓	Facebook	1.31↑
10	Facebook	1.48	Facebook	1.48→	Hulu	1.29↓

数据来源：笔者根据 Sandvine 报告整理。

近年来，Netflix 一直占据北美市场近 1/3 的网络流量，YouTube、HTTP、Bit Torrent 则稳居其后。在本次 Sandvine 报告中，Netflix 的数据略有下降。不

[①] *Global Internet Phenomena Report*（2H 2013），https：//www.sandvine.com/trends/global-internet-phenomena/.

过其他竞争对手的排名下降更多,比如 Amazon Video(1.61%)和 Hulu(1.29%),HBO GO 则被挤出了排名榜。

另外,YouTube 以绝对优势占据了移动接入流量第一的位置,HTTP、Facebook、MPEG 紧随其后。Netflix 虽然排名相对靠后,但是这两年却实现了翻倍增长,从 2012 年下半年的 2.24% 增长为 2013 年下半年的 5.01%。不过 Amazon Video 和 Hulu 则未进入移动接入流量排名榜中(见表3)。

表3 2012~2013 年高峰时段排名前十的应用程序——北美,移动接入

单位:%

排名	2012 年下半年		2013 年上半年		2013 年下半年	
	应用	占比	应用	占比	应用	占比
1	YouTube	27.1	YouTube	27.33→	YouTube	17.69→
2	HTTP	19.9	HTTP	19.16→	Facebook	15.44↑
3	Facebook	8.67	Facebook	8.67→	HTTP	14.07↓
4	MPEG	7.18	MPEG	7.32→	MPEG	7.92→
5	Pandora	5.4	Google Play	4.37↑	SSL	7.84↑
6	SSL	4.83	SSL	4.20→	Google Play	5.99↓
7	Google Play	3.51	Netflix	3.98↑	Pandora	5.03↑
8	Netflix	2.24	Pandora	3.35↓	Netflix	5.01↓
9	Flash Video	1.74	BlackBerry	1.61↑	Instagram	3.53↑
10			Flash Video	1.51↓	iTunes	3.16↑

数据来源:笔者根据 Sandvine 报告整理。

实际上,美国各家网络视频服务商的份额比例并没有与之前发生太大的变化,整个网络视频市场的格局保持着相对稳定的局面。只是,移动通信的发展趋势势不可当,未来无疑会占据更为广阔的市场。在晚间休闲的黄金时段,更多的用户趋向于选择平板电脑和手机收看视频。在媒体行业,iPad 和其他平板电脑被形象地称作"吸血鬼"媒体——因为它们在晚上变得异常活跃。①

(二)Netflix——革 HBO 的命?

市场调查公司 NPD 在 2014 年 1 月 20 日的报告中声称:HBO、Showtime

---

① Jim Edwards:*TV Is Dying*, *And Here Are The Stats That Prove It*, http://www.businessinsider.com/cord-cutters-and-the-death-of-tv-2013-11, Nov 24, 2013.

和其他付费电视频道正在失去用户，Netflix却渔翁得利。Netflix正在破坏HBO的用户基础。①

2013年8月，大概有32%的美国家庭付费收看HBO、Showtime和其他付费电视频道，比2012年3月下降了6%；而现在27%的家庭在订阅Netflix、Hulu和Amazon这些网络视频点播服务，比2012年3月上升了4%。

2013年，Netflix在线轮流播放四部原创剧集，分别是《纸牌屋》《铁杉树丛》《发展受阻》和《女子监狱》。这些剧集获得了观众的关注和热议，而且已经获得了多项艾美奖提名，这还是首次有一家仅提供互联网服务的公司在艾美奖占据一席之地。达到艾美奖水准的原创剧，使得人们放下了对网络剧的成见。美国《福布斯》杂志称此举"可能会动摇美国传统电视产业，传统电视产业的变革即将从《纸牌屋》开始"。

无论是发行渠道、原创剧质量、观看模式还是付费方式，Netflix都掌握了电视行业未来的控制权。Netflix内容总监Ted Sarandos认为，Netflix的目标是"在HBO变成自己之前成为HBO"。言下之意是超越HBO多年来的霸主地位，成为视频领域的领头羊。

目前，Netflix能够向用户所有的设备提供电视节目，而HBO GO应用仅向HBO电视频道订阅用户开放。此外，就有线电视行业整体而言，其仍希望人们能够坐在巨大的平板显示器前面看电视，而Netflix每月向用户收取7.99美元，内容、时间及观看地点毫无限制。曾经一度，Netflix提供的视频内容质量参差不齐，Netflix被当作电视的附属品。网络视频订阅服务只是对有线电视服务的补充。② 不过，2013年Netflix的原创内容彻底颠覆了这个观点，它制作的剧集质量展现出其足以媲美有线电视的能力。

（三）付费电视之死

如今，类似Netflix这样的"网络视频服务试图努力使其本身成为一个频

---

① Netflix And HBO: *Has The House Of Cards Really Captured The Throne?* http://www.forbes.com/sites/markrogowsky/2014/01/22/netflix-and-hbo-has-the-house-of-cards-really-captured-the-throne-2/.
② Craig Timberg and Max Ehrenfreund: *Netflix's 14 Emmy nominations a breakthrough for online TV*, July 19, 2013, http://www.washingtonpost.com/business/technology/house-of-cards-emmy-nod-a-breakthrough-for-online-tv/2013/07/18/411a7f54-efd9-11e2-bed3-b9b6fe264871_story.html.

道,观众可能认为它已经是一个适合的替代品"①。Netflix 的成功已经动摇了付费电视产业的根基。同时,苹果、谷歌、亚马逊、索尼、英特尔等互联网巨头也都希望在视频领域分一杯羹,纷纷开始尝试数据研究在影视制作上的应用。尽管有线电视不会马上消失,但是网络电视的增长,也足以让一个曾经强大的电视产业在移动互联网时代危机四伏。

有史以来第一次,美国有线付费电视的用户数几乎低于 4000 万②,电视行业正经历重大的历史性转变,人们越来越多地选择通过互联网和移动设备来收看电视节目和电影。最近五年,约有 500 万有线电视用户流失,这将直接伤害有线电视提供商的利益。

三 《纸牌屋》给国内视频网站的启示

Netflix 的《纸牌屋》在中美两国都形成了观影热潮和舆论焦点。同时,也引起中国视频网站的共鸣和欢欣,因为他们面临着与 Netflix 相似的境遇:美国电视剧的版权购买费用日益上升,导致成本开支加大,Netflix 自制剧则颠覆了传统电视制作和发行的产业链;诸如优酷土豆、搜狐视频、乐视网、爱奇艺等中国视频网站,购买电视剧的平均价格每集约几十万元,这意味着买一整部剧动辄需要千万元。

搜狐从 Netflix 一次性购买了《纸牌屋》的中国大陆独家播放权,两家公司之间不存在该剧播出后的利润分成问题,但具体购买价格搜狐并未透露。不过,搜狐 2012 年的版权采购成本为 5000 万美元,但 2013 年这一预算上调到 8000 万美元,从中我们或许可知端倪。相比版权购买,视频网站拍一个自制剧,其成本基本上也就是其 1/3。由于版权价格渐长,国内视频网站近两年也纷纷尝试打造自制剧。

张朝阳曾经提到:在购买《纸牌屋》时,搜狐并不知道该剧第二季的剧

---

① Brad Reed: *Could this be what finally gets HBO to ditch cable companies?* Jan 21, 2014, http://bgr.com/2014/01/21/hbo-netflix-subscriber-growth-analysis/.

② Jim Edwards: *TV Is Dying, And Here Are The Stats That Prove It*, Nov 24, 2013, http://www.businessinsider.com/cord-cutters-and-the-death-of-tv-2013-11.

情,对第二季中出现的诸多中国元素比如中日岛屿争端、中美网络战与贸易谈判等剧情,搜狐事先也并未做任何应对,搜狐视频播出的版本与原版相比一刀未剪。《纸牌屋》上线之初总共流量约900万,其流量相对较小,与国内其他热播剧无法相提并论。这是因为《纸牌屋》更多吸引的是国内知识阶层观看,其观众群体数量相对有限,与热播剧相比,这部政治剧略显"叫好不叫座"。在搜狐视频2014年3月播放排行前十中,内地剧占了90%,《纸牌屋》第二季位列第11位。从播放数看,位居第一的《封神英雄榜》其播放数高出《纸牌屋》第二季十几倍(见表4)。①

表4 搜狐视频2014年3月播放排行榜

排行	片名	地区	播放数
1	封神英雄榜	内地剧	440256991
2	乡村爱情7	内地剧	339626799
3	新闺蜜时代	内地剧	208093331
4	隋唐英雄3	内地剧	159753403
5	大丈夫	内地剧	85530448
6	父母爱情	内地剧	69499397
7	继承者们	韩剧	63058273
8	与狼共舞2	内地剧	62272586
9	一代枭雄	内地剧	56861558
10	烽火佳人	内地剧	36423352
11	纸牌屋(第二季)	美剧	29906919

数据来源:笔者根据搜狐视频排行整理。

但是,《纸牌屋》所引发的对大数据自制剧的热议,足以牵动各大视频网站的神经——他们是否也能通过大数据来创作自制剧呢?在移动互联的今天,影视内容的新媒体趋势是毋庸置疑的,过去影视制作公司内容售卖对象是传统电视台,将来会更倾向于向新媒体平台输送。这意味着传统电视台、视频网站等播放平台将面临新一轮的利益分配。未来,影视制作公司的版权收入比例会有所下降,同时与新媒体的紧密结合,一定会呈现大数据的广泛应用。对此也

① 搜狐视频,http://tv.sohu.com/hotdrama/。

有并不乐观的声音出现：根据大数据，Netflix可能拍出一个成功的《纸牌屋》，但是另外一个网站则可能根据大数据拍出一个不成功的作品来。中国的视频网站还没有达到那么精细化竞争的阶段，互联网大数据对自制剧的指导尚无法实现，其原因主要有以下几个方面。

（一）赢利模式

目前，视频网站的主要收入是影视剧此类长视频的贴片广告，广告主出于广告投放惯性，将之前电视平台的投放喜好平移到互联网。国内视频网站的用户付费习惯还未形成，而依靠贴片广告的赢利模式很难实现以用户为中心。国内视频网站不像Netflix那样拥有庞大的付费用户群体来提供持续的资金保障，因此也不会轻易冒险做出Netflix出资豪赌自制网络剧的决定。因此，只有当付费收视收入足以覆盖自制剧成本时，才有可能实现视频网站利用大数据游刃有余地发展自制剧。

（二）技术门槛

国内视频网站也很早就意识到数据的重要性，并积累了大量数据。目前，通过分析用户收看内容和时间信息来推荐剧集、利用用户评价来形成评分排行等基础数据分析已经实现。虽然网站积累的数据规模堪称大数据，但受IT技术、数字模型的限制，视频网站大都只挖掘利用了很少一部分数据。国内影视市场的现实是缺乏透明度，视频网站的流量、院线的票房都包含较多的泡沫，数据本身的真实性难以保证，数据分析和挖掘工作很难顺利开展。因此，真正对其大数据进行精确分析，实现由大数据决定导演、演员和剧本来开拍自制剧集，对于目前国内的视频网站来说还很难做到。

（三）原创匮乏

有观点认为，《纸牌屋》实际上还是靠BBC的老故事、好莱坞的制作班底和SONY的发行宣传，所谓"大数据鼻祖"只是高科技光环下的虚张声势，Netflix大数据的成功绝对离不开与传统影视业的深度结合。大数据或许能算出凯文·史派西广受欢迎，大卫·芬奇大受追捧，但是最基本的还是有一个好故事把这些元素装进去。BBC 的《纸牌屋》改编自英国同名小说,这样引人入胜的好故事是难以通过数据计算出来的,编剧、主创人员的智慧与创新是机器无法替代的。大数据所做的只是锦上添花,根据用户喜好和习惯来增加观众心理、契合现实热点的桥段。国内的视频网站有可能模仿《纸牌屋》的路子,未来依靠大数据搭出一个框架,将创作变得"模块化",由此生产出一部赚钱的不错的作品。但是,问题是大数据计算出来的影视剧有可能缺乏原创精神和直指人心的元素。

B.18
社交电视的内涵、模式及其社会影响

郭小平 陈 茜[*]

摘　要：

社交电视本质上是一种观看电视的方式和体验，使用户的观看行为更加社会化。社交电视具备个性化、互动性、参与性、多终端与即时性特征，促进了电视观看从"家庭式"收视向"个人化"收视转变。社交电视拓展"第二屏"，提升了观众在电视平台上的社交互动，改变传统的电视收视率调查与广告测量模式，最终也拓展了电视的产业空间。

关键词：

社交电视　第二屏幕　社交互动

在三网融合的趋势下，传统电视传播已经无法满足观众多元的收视需求。2013年，Twitter、尼尔森（Nielsen）等公司不断推出新的应用：一是加强社交电视的平台建设，提升了观众在电视平台上的社交互动；二是改变尼尔森等公司传统的收视率调查方式，针对社交电视的数据，制定一套针对各个电视节目的社交媒体收视率的行业标准。

2013年，是中国社交电视的"起飞"之年。

---

[*] 郭小平，华中科技大学新闻与信息传播学院院长助理、广电系主任、博士生导师，研究方向为广播电视与数字新媒体、风险沟通与危机传播管理；陈茜，华中科技大学2013级硕士研究生，研究方向为新媒体传播。本文为国家新闻出版广电总局部级社科研究项目"新媒体背景下突发群体性事件中的公众心理与电视引导研究"、中央高校基本科研业务费资助项目"以互联网为媒介的环保集体行动研究：网络动员的视角"的前期研究成果之一。

一 社交电视的内涵

(一) 社交电视的界定

社交电视(Social TV),也叫社会化电视,是指在观看电视内容时,支持用户同时进行通信、交流、互动或者其他与电视内容相关的社交行为的社会化媒介。

对社交电视的界定,必须同时从数字终端、数字技术与社会功能等不同层面予以审视①。从硬件层面来看,社交电视是一种带有社交功能、可使用社交网络的电视终端。从软件层面来看,社交电视泛指能够在看电视(或电视内容)的情境下支援传播及社交互动的任何技术,并包含能够研究电视相关的社交行为、装置及网络,可以整合文字聊天、语音传播、情境感知(Context Awareness)、电视推荐、收视率调查或视讯聚会等服务。从社会功能层面来看,社交电视本质上是一种观看电视的方式和体验,丰富了电视节目观看的信息支持和交流体验,使人们看电视的行为更加社会化。

(二) 社交电视的特性

对于传统电视产业来说,社交电视是一个进化(Evolution)与变革(Revolution)的过程。社交电视具备五个核心要素,即个性化、互动性、参与性、多终端与即时性。

1. 个性化

社交电视的多重功能赋予用户多重收视体验,最终实现社交电视收视的个性化选择与视听体验。社交电视实现了从"看电视"到"使用电视"的功能转变,其人性化的用户体验给观众带来便捷的智能享受。

2. 互动性

社交电视的出现改变了传统电视点到面的单向信息传播方式,使得电视

---

① 郭小平:《社交电视:传统电视的社会化生存及其网络分析》,《现代传播》2013年第3期,第26页。

不再仅仅是一个节目的接收终端,它不仅能够促进用户与电视媒体的互动,还能实现"电视迷群"中用户与用户的互动。社交电视能够让观众与更多的人进行远程互动,即时分享电视节目视听观感,参与投票与讨论,具备了一定的交际功能。社交电视的互动性有效地满足了电视观众与电视台双方的更高层次需求,有利于促进电视节目资源的优化配置,给观众带来更好的观看体验。

3. 参与性

社交电视融入了社会交往的功能,观众可以自行选择想要共享的对象、节目内容,并且这种共享跨越时间和空间的界限,使得生活在世界各地的人可以实现即时共享,就节目本身及相关内容展开讨论。社交电视不仅满足了观众多元化的个性需求,也倡导了一种参与文化。对于内容提供商来说,社交电视颠覆了传统的内容生产方式。社交电视使得用户自主内容生产(User Generated Content)成为可能。用户不再仅仅是内容的消费者,更是内容的生产者和传播者。美国的社会化电视网络"Youtoo"是完全交互式的,其允许观众自己录制一段时长15秒的视频,并在该平台上播放。

电视观众通过对节目的解读和再创造,使得节目的制作更加具有原创性,更贴近平常人的生活。内容的提供商则借助社会性媒体高度地关注观众的交流与互动,这有助于他们及时获知观众的反应并收集用户对节目的反馈,并从观众所表现出来的生产力和创造力中寻找灵感、亲近观众,从而实现品牌价值的提升。社交电视需要通过绑定社会性媒体来实现,这使其能够掌握丰富的用户信息,并通过用户管理系统,控制元数据实现内容管理。在美剧《纸牌屋》与搜狐视频《嘻哈四重奏》的编剧与节目产制中,用户的大数据信息成为节目生产与引进的重要参考依据。其中,用户的评价、收视习惯以及由此形成的偏好、参与都影响着电视节目的生产。

4. 多终端

多终端主要体现为电视的"第二屏",如个人电脑、平板电脑、游戏机与手机等,指观众可以通过登录第二屏设备(如手机等)上的社交电视应用,自行决定想要共享的海量节目内容以及就与节目相关的任何内容展开实时的讨论。

5. 即时性

针对某一特定节目类型或节目内容，社交电视的用户容易形成"电视迷群"。在"电视迷群"或网络社区中，网络的及时性赋予观众与电视台、用户与用户之间互动的及时性。对文本表现出高度忠诚的迷，一直都是电视媒体极力追逐的对象。美国流行文化学者史蒂文·约翰森认为："电视节目的传播仰仗的是1%的核心电视迷，这1%会吸引10%的忠实电视迷，10%成为'福音传道者'，他们的热心召唤来另外90%。"① 社会性媒体的介入促进了"电视迷群"的繁荣，为电视节目造就了更多的忠实粉丝。社交电视的出现，为电视观众提供了一个跨越不同媒介，寻找自己喜爱的文本的渠道，并且赋予了他们围绕该文本与他人建立某种特殊认同的机制。

（三）社交电视：从单屏、多屏到单屏的回归

传统电视观众单纯在电视机屏幕上观看节目内容，随着互联网尤其是社交网络的发展，电视观众在电视屏幕上观看了节目内容之后，会在互联网、移动终端上分享、点评或推荐相关节目信息。个人电脑、平板电脑、手机改变了传统电视的固定收视模式，使得多终端收看成为可能，电视观众有了更加多元化的收视体验。

社交电视的出现，由于同时具备了电视视频与社交应用两种属性，使得电视观众可以在观看视频的同时实时交流视听观感，也使得电视观众的收视方式完成了从单屏、多屏到单屏的回归。这种回归为我们描绘了电视收视方式的螺旋向上发展趋势。

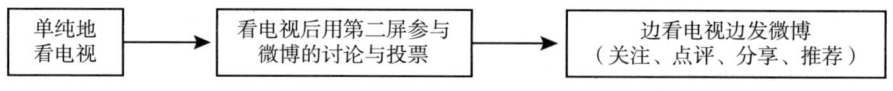

图1　电视观众收视方式从单屏、多屏再回归单屏的改变

---

① 文卫华：《新媒介环境下的受众收视特点探析》，《中华新闻报》2007年6月20日。

二 社交电视的主要模式

整体而言,社交电视主要有两种形态:一种是社会化媒体运营的电视,比如美国的 IntoNow 与中国的新浪"看点";另一种是电视在运营中嵌入社会性媒体手段,比如 BBC 的 iPlayer、CNN 基于 UGC 机制的 ireport 频道①。

(一)国外社交电视的三种模式

目前,国外已经付诸实施的社交电视模式主要有三种②:蒙特佩蒂模式、Tunerfish 模式和 Boxee 模式。

1. 蒙特佩蒂模式

蒙特佩蒂模式是基于互联网上的视频内容数据库和用户评论,为厂商提供选择电视节目的依据,形成电视屏和电脑屏的互动。

2. Tunerfish 模式

Tunerfish 模式是以有线电视运营商为主导,设计下属网站和手机应用的社交图谱,并将其引入机顶盒中,增加用户观看电视的社交性和分享性。这种模式发展最为成熟,类似应用还有 GetGlue、TV.com Relay、Philo、Miso 等。

3. Boxee 模式

Boxee 模式是基于软件公司和硬件厂商的合作,建立个人电脑中的媒体中心,并且可以将互联网连接电视,实现在电视上观看媒体内容并交流分享的模式。Boxee 的内容对用户免费,对传统电视形成了一定的威胁。

(二)我国社交电视的三种模式

我国社交电视目前主要有三种基本模式。

第一种是以电视为中心,以电视屏为接收终端,以遥控器为交流终端,将电视作为观看节目和分享相关信息的平台。这种"一屏两用"的社交电视机,

---

① 陈力丹、李志敏:《2012 年广播电视研究十个关键词》(下),《声屏世界》2013 年第 2 期。
② 张雪娇:《社交电视的实现方式》,《视听界》2013 年第 3 期。

包括具备社交功能的智能电视机与各类电视盒子,如海尔卡萨帝社交电视、乐视超级电视机、TCL智能电视等。

第二种是以互联网为中心,以计算机为终端,将计算机作为信息分享和观看视频的平台的视频客户端模式,如嵌入了社交功能的新浪、搜狐等门户网站视频客户端。

第三种是以手机、平板电脑为中心,基于移动终端的App应用模式,目前这种模式的应用较多,如新浪看点、火花电视剧、微看电视、卫视通、蜗牛电视、电视粉等。

三 社交电视对电视生态的影响

随着电视观看从"家庭式"收视向"个人化"收视的转变,通过电视节目来实现远程互动越来越受欢迎,这也导致社会交往从家庭交流向远距离交流的发展。社交电视适应媒介的数字化转型和社交媒体的崛起,逐渐缩小电视、视频和游戏的界限,巩固了电视作为家庭娱乐中心的地位。

(一)拓展"第二屏"是传统电视业的重要策略

电视走向社交化是传统电视业寻求自身发展必要的策略选择。

早在2012年,爱立信公布"当电视遇见社交媒体"的调查数据。调查结果显示,有62%的被访者过去一周有着看电视的同时浏览社交媒体的伴随行为。其中,25%的人通过社交媒体与他人谈论正在收看的电视节目。这引发了关于社交媒体如何影响电视节目收视率的两种截然相反的讨论:一方认为二者的结合将提升节目收视率,因为社交媒体上的讨论使观众回归电视;另一方则认为社交媒体未必会影响收视率或可能拉低后续的节目收视率,因为社交媒体的使用可能导致对电视的某种偏移。无论社交媒体如何影响电视节目的收视率,不可否认的是,"第二屏"(Second Screen)是传统电视业在"多屏时代"巩固并强化其市场地位的重要策略。

英国牛津词典2012年度候选词里加入"Second Screen"(第二屏),用以描绘现代人在看电视的同时上网、看手机或平板电脑的情境。美国卓越研究理事会（the Council for Research Excellence，CRE）在2013年Deloitte进行的一项研究显示，50%以上的成人承认看电视时使用第二屏幕。2013年初，关于"Twitter与电视的关系"调查显示，超过90%有关电视的网络公众会话来自Twitter。新媒介技术推动电视媒体的社交化发展，使其成为传统电视媒体的转型方向。一些视频网站，也通过移动App应用、Twitter推广和品牌社交网络活动，整合观众的碎片化时间，吸引用户回到电视机旁。

（二）提升了观众在电视平台上的社交互动

播出终端的多元化、互动性和移动化在改写传统电视运营方式和竞争格局的同时，也改变了观众的媒介使用习惯和收视行为。[①] 社交电视集网络视频的观看体验与社交网络的即时分享功能于一体，不仅可以满足电视观众更高层次的视听需求，也能最大限度地实现互动传播，彻底改变了传统的内容生产方式、信息传播方式和电视观看方式。

社交电视支持用户在观看电视节目内容的同时，进行社会化互动交流，强调用户与电视内容、用户与用户之间的关系。社交电视不但改变传统电视文化、优化电视用户的观看体验，还将电视用户的收视行为嵌入整个收视人群社交网络之中，提供从内容生产到社会关系编织的社交渠道。[②]

（三）改变传统的电视收视率调查与广告测量模式

社交媒体与电视的融合，改变了电视节目制作与推广、电视广告营销与测量。2013年，Twitter、尼尔森（Nielsen）等公司针对社交电视的数据，制定一套针对各个电视节目的社交媒体收视率的行业标准。在测量方面，一些公司也将社交网络作为评价电视广告价格的重要指标。

---

① 李宇：《多屏竞争格局下的传统电视与"第二屏"》，《卫星电视与宽带多媒体》2013年第17期，第24页。
② 王斌、诸葛亚寒：《从"内容生产"到"社会关系编织"——以社交电视的发展为例》，《新闻与写作》2014年第1期，第28页。

（四）社交电视拓展了电视的产业空间

社交电视为传统电视行业、互联网行业提供了新的商机。社交电视不仅为电视收视率调查与广告测量提供了新的技术路径，也为网络运营商、智能终端生产厂商和软件开发商带来新的商机。为了适应用户拥有更多选择权与社会交往需求的需要，电视生产厂商据此推出各自品牌旗下的可使用社交功能的电视产品。

2013年3月5日，国内最大的正版视频节目供应商——乐视网，与全球最大规模电子产品代工商富士康签约开拓智能电视——乐视超级电视。2013年5月7日，乐视网联合夏普、美国高通公司、富士康和播控平台合作方CNTV，正式推出60寸、4核1.7GHz的智能电视：乐视超级电视X60以及普及型产品S40。由此，乐视网成为国内首家正式推出自有品牌电视的互联网公司。乐视电视的出现，改变了过去只有家电企业才能生产电视的传统。互联网公司凭借自身的优势，也可以生产出适应市场环境的社交电视。乐视电视不仅有传统电视的收视功能，还增加了用户的社交性、互动性，让用户回归到电视机前。

社交电视的发展，将会促进一批程序的开发与应用。相较于国外的社交电视，国内社交电视起步要晚一年。目前，发展较为成熟的社交电视应用程序，主要有凤凰网的"卫视通"、新浪微博开发的"新浪看点"、金山网络公司的"微看电视"等。

2011年，新浪网推出社交应用产品"看点"，隶属于新浪微博。在"看点"中，用户可以看新闻、听音乐、看视频并与微博好友边看边分享讨论，还可以根据自己的喜好来创建属于自己的节目和电台。"新浪看点"在节目单中提供了当前最热门的节目，还有31套卫视台、众多地方电视台地面频道以及中央电视台的14套节目供用户选择，拥有众多热门节目的标签，手机用户点击标签就可以直接进入节目进行观看并发表看点和评分，用户通过手机客户端发表看点的时候还支持直接截取该节目的实时画面。由于"看点"依托的是新浪微博，其用户群体数量相当庞大。2013年伊始，"新浪看点"被并入新浪微博，成为其旗下子栏目"微电视"。

B.19 云传播时代的大众媒介变革

李卫东*

摘　要：

在云传播时代，各类新型大众媒介将不断涌现，能形成全新的新媒体服务模式和赢利模式，大众媒介内容的"把关"更加困难，大众媒介形式也会进一步融合。

关键词：

云传播　云计算　大众媒介

云计算正在掀起信息技术领域的新一轮革命，将对人类信息传播行为产生重要影响。云计算（Cloud Computing）作为一种新型的计算模式，是信息技术发展历程中最具革命性的重大进展，将深刻影响网络用户的信息传播方式，形成一种新型的人类信息传播模式——云传播。[①]

一　云计算概述

云计算是一个根本性转变，应用可利用、可管理、可优化的分布式计算资源，以及基于业务优先级实时驱动的存储资源，能构建全球服务协作网络。[②]除具有强大的功能外，云计算具有明显的优势。从服务类型来看，目前云计算

---

* 李卫东，华中科技大学新闻与信息传播学院传播系副教授、硕士生导师，国家认证系统分析师，管理学博士、传播学博士后。本文是中央高校基本科研业务费资助项目"移动社交网络大数据的云传播机制及治理体系研究"的部分研究成果之一。

① 李卫东、张昆：《云传播：人类信息传播革命》，《知识管理论坛》2011 年第 11 期。

② Mikkilineni, R., Sarathy, V. Cloud Computing and the Lessons from the Past. *Enabling Technologies: Infrastructures for Collaborative Enterprises*. 2009, 6, 29: 57 - 62.

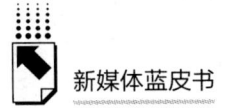

中主要提供的服务分为软件即服务（SaaS）、平台即服务（PaaS）、构架即服务（IaaS）三种：SaaS 主要是以 Web 界面向用户提供无须本地安装的软件；PaaS 主要提供包括平台环境在内的开发或计算的平台；IaaS 是向用户提供包括中央处理器（CPU）和存储在内的信息技术基础设施。

云计算的部署类型主要包括公用云、专用云和混合云。云计算平台可以分为四个逻辑层次，最上层是服务层，提供账户管理、服务目录、部署服务和用户报告等；第三层是管理层，提供资源管理和负载均衡；第二层是虚拟化层，提供硬件虚拟化和应用虚拟化；最底层是包括服务器、网络和存储等在内的资源层。[1]

二 云传播的概念和系统模型

云传播是云计算环境下人们传递和分享信息的一种模式。云传播的内涵可从三个层面进行界定。首先，云计算能推动互联网和移动互联网交织融合形成"互联云"，云传播本质是信息在"互联云"上的流动过程。其次，用户只需根据自身的需求获取云服务，而无须关心该云服务由谁提供，[2] 当使用完之后就可以释放所有资源。[3] 云服务是基于云计算提供的各类在线服务，主要包括软件即服务（SaaS）、平台即服务（PaaS）、Web 服务和按需计算（Utility Computing）等[4]。最后，人们之间传递和共享的内容范围从原有的"信息资源内容"扩展为包括硬件基础设施、软件资源在内的广义信息资源。云计算的基本原理可概括为互联网上某些节点强大的信息资源，以服务的方式，变为动态的、可伸缩的虚拟资源，为广大用户共享和使用，其本质是利用互联网上的计算机和服务器形成一种超强的计算能力，为全球各地的个人和组织服务。[5] 这

---

[1] 唐红、徐光侠：《云计算研究与发展综述》，《数字通信》2010 年第 6 期。
[2] Vecchiola C., Pandey S., Buyya R. High-Performance Cloud Computing: A View of Scientific Applications. *Pervasive Systems, Algorithms, and Networks (ISPAN)*, 2009, 10: 4 - 6.
[3] Vecchiola, C., Pandey, S., Buyya, R.. High-Performance Cloud Computing: A View of Scientific Applications. *Pervasive Systems, Algorithms, and Networks (ISPAN)*, 2009, 10: 4 - 6.
[4] Michael Miller：《云计算》，姜进磊等译，机械工业出版社，2009，第 27~31 页。
[5] Peter Fingar：《云计算：21 世纪的商业平台》，王灵俊译，电子工业出版社，2009，第 12~15 页。

云传播时代的大众媒介变革

样,在云传播模式下每个人都可拥有一台由计算机网络连而成的无边无际的计算机。①

云传播系统包含用户、云终端、云服务、云计算中心等要素,其中云终端是工具,云服务是媒介,云计算数据中心是基础平台,如图1所示。② 由图可见,人类传播、共享和管理的信息资源将逐步集成到云计算数据中心,承载于"云"之上,能有效促进人类信息传递和共享的效率,整体提高社会信息资源的管理水平。③ 云传播模式下的信息传播关系主要包括用户与用户之间、用户与云服务提供者之间、云服务提供者之间等多种类型。其中,用户与用户间的传播关系主要包括移动终端与移动终端(M2M)之间的关系、移动终端与固定终端(M2F)之间的关系以及固定终端与固定终端(F2F)之间的关系。

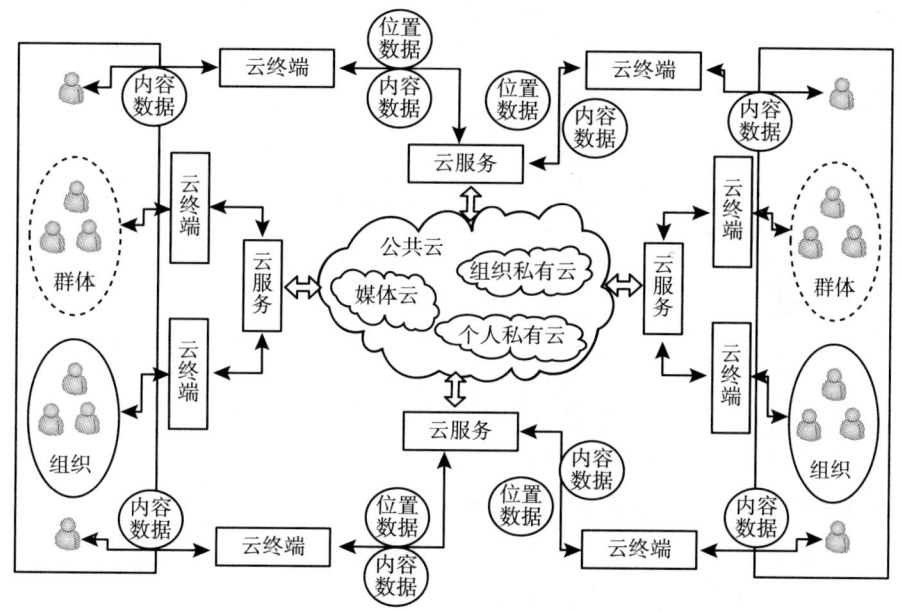

图1 云传播模式的系统模型

---

① Peter Fingar:《云计算:21世纪的商业平台》,王灵俊译,电子工业出版社,2009,第16~34页。
② 李卫东、张昆:《云传播:人类信息传播革命》,《知识管理论坛》2011年第11期。
③ 李卫东、张昆:《云传播:人类信息传播革命》,《知识管理论坛》2011年第11期。

云传播作为一种新型的人类信息传播模式，拥有网络传播的基本特征，具有更强的自动化、更强的智能化和更强的个性化特征，同时更具有移动性、位置性、泛在性、实时性和大数据性等革命性特征。① 云传播与网络传播的特征对比分析，如表1所示。

表1 云传播与网络传播的特征对比分析*

	网络传播	云传播
计算模式	终端计算	云计算
操作系统	桌面操作系统	页面操作系统（Web OS）
传播渠道	互联网	"全连通"的互联云
信息存储模式	本地存储	云存储
软件使用模式	本地安装	软件即服务
数据同步	数据难以同步	数据可同步
空间属性	依赖固定终端，不便移动	移动终端，可移动
时间属性	及时，不连续实时性	随时，持续不间断的实时性
位置相关性	内容数据与位置无关	内容数据与位置相关
内容层次	语法信息	全信息
个性化	较强	很强
交互性	较强	很强
自动化	弱	强
智能化	弱	强

注：* 李卫东、张昆：《云传播：人类信息传播革命》，《知识管理论坛》2011年第11期。

三 云传播对大众媒介的变革性影响

云传播时代，大量的计算任务都由"云端"完成，将打破智能手机等移动终端计算能力不足的瓶颈，将进一步推动移动互联网和物联网的高速发展，将对大众传播媒介产生变革性影响。

（一）将涌现各类新型大众传播媒介

在媒介终端层面，云传播能推动智能手机、上网本、平板电脑、智能穿戴

---

① 李卫东：《云传播：信息传播新模式》，《中国社会科学报》2014年2月12日。

设备等新型媒体终端不断问世。特别是谷歌眼镜、苹果手表、谷歌智能鞋、微软眼镜、太阳能比基尼、手套式手机、节拍手套、社交牛仔裤、卫星导航鞋等智能穿戴设备正逐步成为重要的信息终端。

在媒介内容服务层面,云传播能推动各类新媒介不断涌现。云传播时代,专业化媒介组织无须构建自己的硬件基础设施和云平台,只需应用云服务接口,就可快速创建和部署多个信息服务平台,有效降低新媒体系统搭建的技术门槛,专业化媒介组织只须专注于内容创造、应用模式创新和信息传播,将释放大众媒介的创新潜能,各类新型大众传播媒介将不断涌现。①

微信公众平台的"服务号"能给企业和组织提供更强大的业务服务与用户管理能力,帮助企业快速实现全新的公众号服务平台;公众平台的"订阅号"能为媒体和个人提供一种新的信息传播方式,构建与读者更好的沟通与管理模式。据统计,截至 2013 年 11 月 18 日,微信平台上的公众号总数已经超过 200 万个,每日新增公众号 8000 个,每天在公众号中已有数亿条的信息交互。因此,任何组织和个人无须自行开发应用软件客户端(App),借助微信公众平台等云服务就可以建构强大的大众传播媒介。

(二)形成全新的新媒体服务模式和赢利模式

在云传播时代,新媒体服务提供商借助云端大数据的挖掘和分析,能较为全面、准确地了解用户的兴趣和需求,可建立全新的新媒体内容采编和个性化推荐模式。云传播时代,媒介机构可通过云端个人行为轨迹大数据的挖掘和分析,发现每个人的兴趣,为每个人推荐不同的信息内容,将逐步建立"精细化"的个性化服务模式。比如,据国外个性化订阅软件"Flipboard"官方网站介绍,"Flipboard"将来自 Twitter 和 Facebook 的用户分享内容重组,带给用户全新的个性化阅读体验。国内"今日头条"新闻客户端是一款"没有小编"的信息推荐类应用,通过技术手段对用户的微博信息以及使用习惯等多个维度进行分析,基于其兴趣偏好向用户推荐用户可能感兴趣的信息。② 据"今日头

---

① 李卫东、张昆:《云传播:人类信息传播革命》,《知识管理论坛》2011 年第 11 期。
② 宗秀倩:《〈今日头条〉借助社交平台实现爆发性增长的启示》,2012 年 7 月 26 日,http://tech.qq.com/a/20130726/004230.htm。

条"官方网站介绍,"今日头条"新闻客户端通过对资讯在社交网站上的传播情况以及成千上万个网站的数据挖掘,智能地分析出每时每刻最热门、最值得用户知道的资讯。同时,"今日头条"会在云端自动备份用户的收藏和评论,数据永不丢失,在手机和电脑上都能查看。在一定程度上,传统纸质媒体和网络媒体都是由编辑"猜"用户喜欢的内容,而"今日头条"新闻客户端的挖掘机器会不断学习用户在使用"今日头条"时的每一个动作,比如时间、位置等信息,能为用户推荐其真正喜欢的内容。

另外,云传播时代,"按使用量付费"的收益模式能为新媒体运营商构建可靠的赢利模式。① 传统媒体可借助应用软件(App)开放平台,来发展自己的应用软件(App)。② 如央视新闻基于某新闻应用软件(App)开放平台的"流媒体"模板,能实时更新内容,充分利用"视频"、"图文"、"组图"、"直播"等多媒体形式,同时用户可在每条新闻后跟进评论及一键分享至微博、微信等社交媒体。③ 这种"申请账户"式的平台搭建模式,能有效减少新媒体的运营成本,能为新媒体的赢利打下坚实基础。据报道,《纽约时报》网站已拥有 32.4 万付费用户,这给该公司带来了 5800 万美元的年收入。

(三)大众媒介内容的"把关"更加困难

终端计算时代,所有的新媒体运营商的服务器都由中国电信等国有运营商进行托管。宣传部、政府新闻办等监管机构能通过通信管理局、网络基础设施服务商、国有运营商等有效地监控每一家网站。云传播时代,新媒体运营商的云服务器没有固定的地址,可能散布在世界各地,将给政府监管带来极大的困难。各类非法内容、黄色内容、谣言传言的"信息源"将较难快速定位查找。据中新网 2011 年 11 月 29 日报道,"维基解密"网站公布了 25 万份来自华盛顿外交部的秘密文件,部分记录了美国严词批评包括南非前总统曼德拉在内的外国领袖的言论,造成了"全球外交 9·11"事件。但"维基解密"网站的内容放在全世界二十多个服务器上,有数百个域名,是一个不受监控的系统,

---

① 李卫东、张昆:《云传播:人类信息传播革命》,《知识管理论坛》2011 年第 11 期。
② 栾轶玫:《新闻 App:向死而生》,《网络传播》2013 年第 7 期。
③ 栾轶玫:《新闻 App:向死而生》,《网络传播》2013 年第 7 期。

不留痕迹地泄露大批量文件，如果某个政府或公司想从"维基解密"上移除某项内容，它就得拆除整个互联网。

（四）媒介形式进一步融合

云传播中的大众传播媒介主要包括媒介云服务提供商、媒介终端提供商和媒介内容生产和传播的专业化媒介组织，传统的媒介形式和格局进一步融合重组，将形成"媒介云、媒介终端和媒介内容"组成的新型大众媒介体系。首先，电视、电脑、智能手机等终端的媒介属性差异将会进一步减小。如存储在"媒介云"中的一部电视剧，用户用自己的账号付费后，在家里可用电视看，在上班的路上用智能手机接着看，到办公室后可用电脑继续看。其次，"媒介云"将成为基础性的大众传播渠道。专业化媒介组织生产的媒介内容资源可整合后，统一存放在"媒介云"。专业化媒介组织与"媒介云"服务商之间将建立一种分工明确的共赢合作机制。专业化媒介组织将内容提供给"媒介云"后，其可依据其所提供内容的浏览量进行收费，"媒介云"服务商也将获得其服务酬金。最后，专业化媒介组织从单一的内容生产机构逐步转化为集文字、图片、音频、视频、动画、电子书和3D电视电影为一体的综合性内容生产和发行机构。只有这样，专业化媒介组织才能在激烈的竞争中立于不败之地。

在国外，如美国视频网站"Hulu"于2010年11月推出了"Hulu Plus"，用户可以在苹果平板电脑和电视机上观看"Hulu"网站的节目，每月价格为7.99美元。2012年4月，"Hulu Plus"已经达到200万用户，这使得"Hulu Plus"成为美国发展最快的视频订阅服务网站。①

在国内，如中国网络电视台（CNTV）以移动应用为支点，基于云平台建立面向智能手机、平板电脑、台式电脑和电视机的跨屏服务平台。通过央视影音（CBox）将四种设备连接起来，并将其云平台上拥有的内容分发到各终端，并能够通过该应用使网络设备和电视进行内容或者操作上的互动；央视影音（CBox）于2013年底重新整合应用之后，十几天时间内其下载量已经超过400

---

① Ryan Kim. Hulu Plus subscriptions hits 2 million, accelerates revenue. http：//gigaom. com/2012/04/17/hulu – plus – two – million – subscribers/? utm_ source = feedburner&utm_ medium = feed&utm_ campaign = Feed%3A + pcorg + %28paidContent%29，2012年4月17日。

万,日活跃用户数量(DAU)稳步上升。① 同时,国内纸质媒体也正在积极实施和推进云传播战略。如《京华时报》2012年推出全国首份"云报纸",《楚天都市报》2013年11月打造全国首个"位置新闻"客户端"i楚天"。据《京华时报》2013年5月20日报道,5月17日全国60余家媒体在北京启动成立了全国云报纸技术应用平台,其中29家全国主流报纸签约该平台,联手开启了"云读天下"的传统媒体新时代。据《楚天都市报》2013年11月29日讯,《楚天都市报》手机客户端——"i楚天"(安卓版1.0)浓情上线,开启了《楚天都市报》的云传播时代。据悉,"i楚天"是一份面向移动终端用户的"身边信息服务报",它依托《楚天都市报》强大的采集力量,为用户搜索武汉市最新、最快、最全的新闻资讯;与此同时,它将根据用户所在的地理位置,自动汇集用户身边的信息,为用户打造一份专属的云中服务报,能实现精确定位和定点推送,紧跟用户的脚步,为用户精选、推送身边的生活服务信息。

四 结论和趋势预测

综上所述,云传播将变革传统大众媒介,逐步形成新型的大众传播系统。首先,专业化媒介组织利用云中的媒介内容生产系统,实现随时随地的直播报道,提高专业化媒介组织新闻内容生产的效率。其次,受众能随时随地接受多媒体新闻信息。无线通信及移动计算技术的应用将逐步普及,受众通过智能手机、平板电脑、无线宽带(WiFi)终端、蓝牙等,能突破地域的限制,实现随地互相接收信息,有效提高大众传播的广度和便捷性。最后,云中的大众传播更具个性化和互动性。受众可以根据自身的个性化需求,应用笔记本、上网本、掌上电脑、手机、穿戴设备等个性化设备,定制各类信息,实现一种定时、定向的个性化传播。

未来,云传播的发展趋势会呈现四个方面的特点。

---

① 刘大龙:《CNTV等发力推广移动App 传统媒体加速移动转型》,《艾瑞咨询》,http://video.iresearch.cn/sharing/20140108/224571.shtml,2014年1月8日。

1. 云传播将成为云计算时代新媒体和传统媒体转型升级的共同战略选择。
2. 云服务将成为未来新媒体发展的重要平台。
3. "位置服务"(LBS)将成为未来新媒体发展的主流方向和主要形态。
4. 大数据将成为云传播的显著特征。

面对上述发展趋势,本报告对大众媒介转型升级和未来发展的具体建议为:

1. 全面制定云传播战略实施的总体规划。
2. 将自己的核心业务和"位置服务"有机结合。
3. 运用大数据进行挖掘和分析。
4. 为用户提供精细化的个性服务。

B.20 知识库和社会化媒体融合现状与策略

刘 君 吴卓晶*

摘 要： 本文预测了知识库和社会化媒体融合的趋势，就存在的问题提出对策，同时提出"社会化知识库"的概念。本报告认为"社会化知识库"的权威性，首先来自其提取信息和用户使用过程痕迹的保留、可查询；其次才是信息的准确和公正。知识库和社会化媒体越早融合越可能成为具有 Web 2.0 基因的社会化知识库。

关键词： 知识库 数据库 社会化媒体

目前，一些科研单位、出版集团、地方政府甚至企业都在建设各自的机构知识库。一些机构知识库和不少 Web 1.0 网站、电商和 Web 1.0 手机客户端都在尝试社会化改造。同时，社会化平台又在利用网民共建的优势，尝试建设自己的知识库。但是，社交化平台知识库建设与机构知识库和 Web 1.0 媒体网站的社会化这两个过程，几乎是并列进行的，没太多交集，而且几乎都不成功。如果在设计阶段，最起码在建设过程中，让二者产生交集，就能事半功倍。

一 国内外机构知识库的发展现状

随着互联网的普及和电子出版技术的完善，开放存取取得了长足的发展，

---

* 刘君，新华网主任编辑/记者，高级产品经理，研究方向为新媒体；吴卓晶，讲师、博士后。

主要形成了三个分支，即开放存取期刊、学科知识库和机构知识库。机构知识库发展最为迅速。①

机构知识库（Institutional Repository，简称 IR）是利用网络及相关技术收集、整理和保存一个机构或多个机构所生产的知识产品，形成一个数字形式的学术数据库，允许机构及机构外的成员通过互联网免费或授权获取使用。②

机构知识库将科学研究的过程及其结果作为公共资源发布和最大限度地支持开放获取。通过更开放的许可协议和科学社群规范允许对已有的工作进行创造性的重用和修改；使所有信息供人类、机器阅读；提供开放 API，提供基于科学文献的附加服务甚至多层级更强大的服务。就实践现实看，其开放落后于其提倡的理念，落后于靠全体网民边写边修改的维基百科，更落后于开放转载、收录、评论信息和开放朋友关系圈、位置信息的社会化平台。机构知识库面临刚建成或尚未建成，即落伍的境地。

（一）国外机构知识库发展现状与趋势

全球机构库统计网站开放获取知识库名录（The Directory of Open Access Repositories，简称 OpenDOAR），提供对机构库的国家/地区分布、类型分布、内容分布以及使用软件情况进行详细的组合统计分析，并以各种图表方式予以展示③。

截至 2014 年 4 月 2 日，世界范围内在该网站注册的知识库总数为 2616 个，其中机构知识库为 2212 个④，占 84.56%（见表1）⑤，与 2009 年何琳⑥统计的结果 895 个相比，在 5 年时间里增加了 1317 个。

---

① 徐以鸿、朱涛：《信息开放获取新平台——机构知识库》，《科技情报开发与经济》2009 年第 5 期。
② 朱咫渝、成建权：《国内外机构知识库发展现状分析》，《图书馆学刊》2008 年第 3 期。
③ 曹艳：《从 ROAR 和 OpenDOAR 调查中国的机构典藏发展现状》，《图书馆杂志》2011 年第 3 期。
④ http://www.opendoar.org/find.php，2014 年 4 月 2 日。
⑤ http://www.opendoar.org/find.php，2014 年 4 月 2 日。
⑥ 何琳：《DoarOpen 和机构知识库现状》，《图书馆工作与研究》2009 年第 2 期。

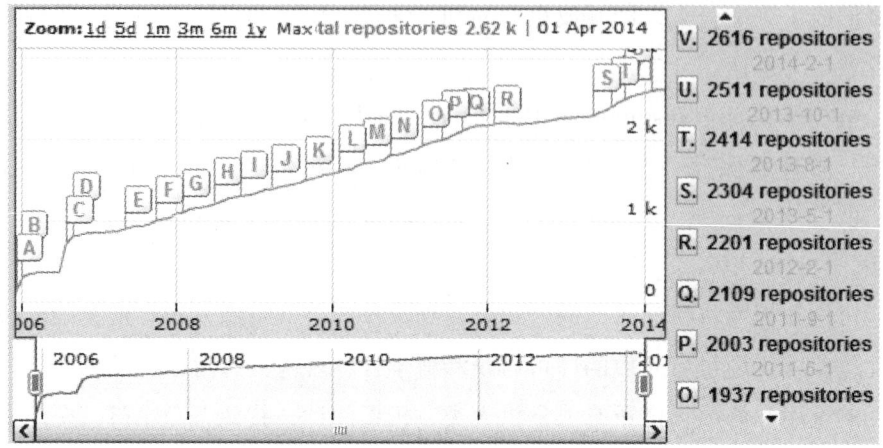

图1　2006~2014年世界知识库的动态增长趋势

资料来源：http://www.opendoar.org/onechart.php? cID = &ctID = &rtID = &clID = &lID = &potID = &rSoftWareName = &search = &groupby = r. rDateAdded&orderby = &charttype = growth&width = 600&height = 350&caption = Growth%20of%20the%20OpenDOAR%20Database%20 - %20Worldwide，2014年4月1日。

表1　OpenDOAR中机构知识库的国家分布情况

数据采集自2008年04月01日				数据采集自2014年04月02日			
排名	国家	机构知识库数量	占总数百分比（%）	排名	国家	机构知识库数量	占总数百分比（%）
1	美国	206	23.02	1	美国	441	19.94
2	德国	113	12.63	2	英国	221	9.99
3	英国	89	9.94	3	德国	169	7.64
4	日本	68	7.60	4	西班牙	111	5.02
5	澳大利亚	52	5.81	5	法国	85	3.84
6	荷兰	42	4.69	6	波兰	85	3.84
7	加拿大	32	3.58	7	巴西	83	3.75
8	意大利	31	3.46	8	意大利	75	3.39
	其他44国	262	29.27		其他81国	942	42.59
	合计	895	100		合计	2212	100

从表1可见，OpenDOAR中注册的机构知识库从2008年遍及52个国家增加到2014年的89个国家；登记的机构知识库数量以美国最多，从2008年的206个增加至441个，而在全球机构知识库总量中的占比由23%降至20%。

欧洲的机构知识库总数达1211家，约占OpenDOAR机构知识库总数的55%，其中英国、德国、西班牙、法国、波兰和意大利排名均在前8位。

（二）中国机构知识库发展现状与趋势

目前，国内外许多高校和研究机构在着手建设或正在建设本单位的机构知识库。国内已建成的有香港科技大学、香港大学、香港中文大学、香港城市大学、香港教育学院、澳门大学、清华大学、厦门大学、浙江大学、北京理工大学、福建师范大学、中国农业科学院、中国国家科学图书馆及中国科学院下属的60多家研究所，还有台湾机构典藏等机构知识库。①

截至2014年4月2日，在OpenDOAR登记的中国机构库有39家，排名为第15位，与欧美等国相比，差距还很大。中国科学院占有27家。由此可见，中国已经建成或正在建设的机构知识库数量虽然不少，但因OpenDOAR登记的数量较少，供开放获取的机构知识库数量不多。

中国科学院知识库自2007年开始着手建设。建设完毕后，中科院的100多个研究所将在知识库中分享其科研成果，并供全民免费阅读、下载和利用。中科院知识库专业而权威，但是对普通民众来说，要找到这个知识库，需要知道这个知识库的名字，并搜索才能找到。虽然是开放的机构知识库，由于彼此独立并增加了搜索的门槛，大大降低了科学普及效率，所以仍然处于半开放甚至封闭的状态。

观察2006年至今中国机构知识库的发展状况可见，机构知识库数量自2012年开始迅速增加，之后一直处于平稳的增长趋势（见图2）。

（三）机构知识库与社会化媒体融合的现状与趋势

纵观国内外的机构知识库网站，发现仅有部分网站具有RSS订阅或者简单的Review或Comments等评论内容，有的在机构知识库网站首页建有可参与讨论的社区（Communities）、提供浏览数量的报告等。而其中评论内容为零甚至根本没有评论版块的并不少见，比不了维基百科，更不能与Facebook、LinkedIn、Twitter和微博等社会化媒体相比。

---

① 徐以鸿、朱涛：《机构知识库内容快速建设方法》，《现代情报》2011年第4期。

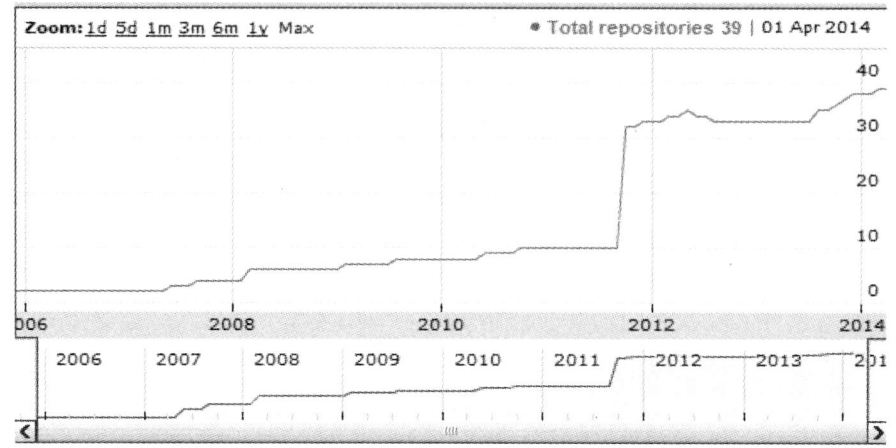

图2　2006～2014年中国知识库的动态增长趋势

资料来源：http：//www.opendoar.org/onechart.php？cID = 46&ctID = &rtID = &clID = &lID = &potID = &rSoftWareName = &search = &groupby = r.rDateAdded&orderby = &charttype = growth&width = 600&height = 350&caption = Growth%20of%20the%20OpenDOAR%20Database%20 - %20China，2014年4月9日。

2013年冯英华等[①]调查了常州、苏州和无锡三市七所高校的教师，使用过Web2.0技术工具的教师认为其具备的优势包括：互动性比例最高，为94.64%；其次为即时性，比例为92.21%；个性化比例为87.83%；人性化为82.02%；多样化为78.60%；易用性为71.85%；专业化为66.96%；智能化为62.11%；开放性为41.57%。很多学者开始积极研究机构知识库与社会化媒体的融合情况，但是目前还未见真正采用了Web2.0技术的机构知识库。

在机构知识库社会化脚步迟缓的同时，社会化网络平台（媒体）却在进行数据库的建设，网上选车、选房、选数码产品等网购已经普遍。近几年，社会化网络平台（媒体）热炒大数据，企图建立自己的知识库王国；大的网络平台（媒体）则布局自己的云计算，来对接自己的社会化网络。

（四）机构知识库存在的问题

目前，机构知识库主要存在以下四个问题。

---

① 冯英华、徐丽媛：《Web2.0环境下高校机构知识库的实现模式研究》，《图书馆建设》2013年第1期。

1. 缺少出版+大数据+新媒体的多学科交叉背景的产品经理人才；
2. 机构知识库团队成员拓展学习意识淡薄；
3. 专家学者对机构知识库认知不足；
4. 缺少研发赢利模式的产品经理人才。

二 网民共建知识库发展现状与趋势

Wiki中文译为"维客"或"维基"，是一种超文本系统、支持面向社群的协作式写作。Wiki站点可以有多人书写和维护，每个人都可以修改网页中的内容或者回复修改前的页面。目前，知识库发展最成功的就是维基百科。而在中文网络中，百度百科成长非常迅速。①

Facebook、微博等社会化平台，虽然存在诸多问题，但大量网民开始在其内部进行检索资料，使其初步具备知识库的功能，它们和维基百科内部的信息贡献者，都不乏机构的身影，但机构拥有的权利与普通网民没本质区别，所有也统称网民共建。

（一）维基百科

维基百科在多个方面堪称Web2.0时代的楷模，在用户自组织管理、用户激励、词条编辑功能、审核机制、版权保护等方面都比较出色。

维基百科具有开放、平等、自由、免费、普及、即时发表和挑战权威等重要特征，不仅受到全球用户的肯定和喜爱，而且彻底改变了传统百科全书创作生产的运作模式和传播方式。本着共建、共享、共知的基本理念，维基百科充分调动了世界上广大用户的积极性和创造性，建设了世界上最大的网上百科全书。自2007年以来，英文维基的活跃编辑已经下降了1/3，而这个趋势还完全没有扭转的势头。②

维基百科正努力让人们能在移动设备上更简易地编辑文章，以紧跟个人电

---

① 罗志成、关婉湫、张勤：《维基百科与百度百科比较分析》，《情报理论与实践》2009年第4期。
② 《维基百科成功了吗?》，http://www.infzm.com/content/98859，2014年4月10日。

脑时代过后的潮流转变。此外，来自纽约城市大学新闻系的杰夫·贾维斯也质疑，当信息可以通过声音或谷歌眼镜等可穿戴式设备传播时，维基百科又将如何应对？①

（二）百度百科

百度百科测试版于2006年4月20日上线，正式版在2008年4月21日发布，是一部内容开放、自由的网络百科全书，旨在创造一个涵盖所有领域知识、服务所有互联网用户的中文知识性百科全书。

百度百科的用户包括百科之星1名（常是创建词条最多的人当选）、186位百度百科蝌蚪团成员、8047位百度百科知识先锋和201位百度百科编修院成员。② 目前，编修院和都察院逐步合并为蝌蚪团，编修和督察今后将成为蝌蚪团的两大功能方向，而不再单独称为百科团队。③

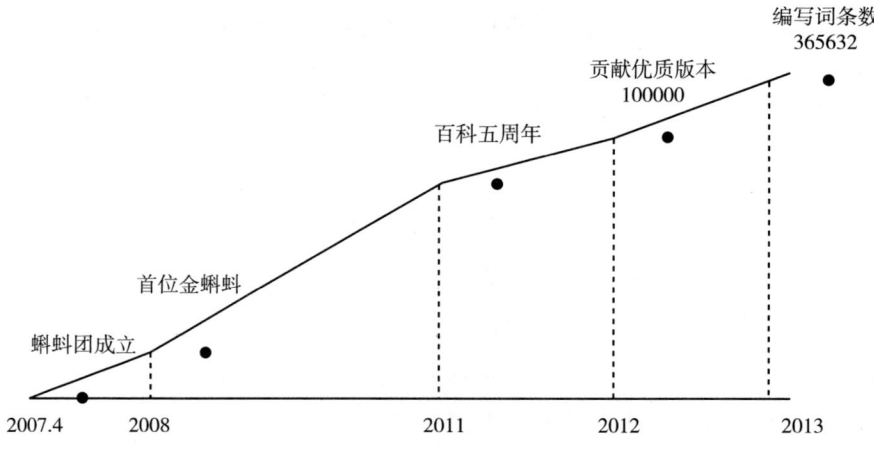

图3　百度百科蝌蚪团组建动态

http：//baike.baidu.com/team/kedou/homepage，2014年4月10日。

---

① 《维基百科，谁来书写你的未来？》，http：//qnck.cyol.com/html/2014 - 03/26/nw.D110000qnck_20140326_1 - 39.htm，2014年4月10日。
② 百度百科：http：//baike.baidu.com/，2014年4月10日。
③ 百度百科：http：//hi.baidu.com/baikenvshi/item/1e0686d54e441735e3108f1e，2014年4月10日。

百度百科充分借鉴了维基百科的成功经验,凭借百度巨大的用户数量,并采取了适合中国情的运营机制、审核机制和激励机制,从而获得了迅速的增长。

(三)其他网民共建知识库

Wiki 在知识协作方面的便利性,使很多著名企业也开始采用 Wiki 技术创建企业知识库,雅虎、诺基亚、摩托罗拉等公司都有利用 Wiki 进行项目协作、知识传播的成功例子,亚马逊在线商城也利用 Wiki 共享购物者的经验。

PLoS ONE 实行文章的发表后评审,充分利用读者的智慧和评价,形成时间轴和空间轴的无限延伸,从而形成学术科研评价的知识库。谷歌于 2007 年就准备推出一项名为"Knol"的新服务,旨在创建一个全新的用户生成网络知识库。① 但是,直到今天,谷歌也没有把这些新服务搞起来。但是谷歌图书馆旨在搜罗全球现有知识,并无偿让全球人阅读、观看,在征得版权人同意或付版权费的前提下,也可看成间接的网民共建。Google Scholar 平台,可看成是针对学者的间接网民共建知识库。与此类似的是中国的百度文库。

相比而言,国外的数据库,如 Science 和 PLoS ONE 所属的出版集团,除具有独立网站外,还把科技文章通过社会化媒体如 Facebook、Twitter 等发布出去,实现了科技成果病毒式的传播速度和覆盖广度。以中国知网为代表的综合性数据库集成了期刊、硕博学位论文、会议论文、报纸、工具书、年鉴、专利、标准、国学、海外文献资源,建立了包括行业知识服务、评价中心、学术成果库、学者圈等多位一体的服务,鼓励个人用户提交自己或老师的作品,已初步具备 Web2.0 知识库功能。其他还有知乎、果壳等。

(四)网民共建知识库存在的问题

1. 缺少权威的专家库

虽然由用户提交或编辑的内容构建知识库,在融入社会化媒体与互联网互动方面表现出色,但缺乏权威论证为其薄弱环节,往往无法保证信息的科学性

---

① 新浪网,http://tech.sina.com.cn/i/2007-12-15/00221914818.shtml? qq-pf-to=pcqq.c2c。

和严谨性。以维基百科为例,由于它的高度开放性、权威缺失性所造成的无序状态,对于严肃的学术研究来说,维基百科往往不能够提供权威的有说服力的证据,这给用户引用文献造成不便。①

2. 编辑主导,用户仍然处于劣势

在网民共建的知识库中,经常出现审核无法通过的情况,编辑仍然掌握着生杀大权。一方面,编辑的主导,有利于知识库的管理和一定程度上控制贡献内容的质量;另一方面,由于这样那样的原因禁止用户账号,也在一定程度上扼杀了贡献者的积极性和热情。

3. 版权纠纷限制了其快速壮大

无论是谷歌还是百度,在建立自己网上图书馆的过程中,受到不少知名作家的版权诉讼。虽然谷歌和百度打着传播知识、方便人类的旗号,但是,作为已上市的知名公司,其间接盈利的客观现实,让大家对它们的公益性提出质疑。在博弈中,这些网站购买了不少版权,也删除了不少盗版内容。有价值信息的删除和购买版权的高昂费用,都在限制其快速发展。不过,这改变不了网民共建知识库快速成长的现实,其成长速度仍远高于机构知识库。

三 知识库与社会化媒体融合的策略

知识库(包括机构知识库和网民共建知识库等)与社会化媒体融合的最佳策略就是在开始建设阶段就形成社会化知识库。

(一)"社会化知识库"的定义

"社会化知识库",也可称为智能化知识库,结合传统知识库的权威性与社会化媒体的社交功能,以自然科学与社会科学领域的学术文章、新闻等信息单元为核心,集成后期补充的信息、被使用的反馈信息(如读者点评等)。用户通过社会化网络、检索系统、推荐列表等方法多次调用或补充知识库资源,也就是说,知识库是一个动态库,在使用的同时,自动更新和补充。

---

① 白崇远:《维基百科的特性及影响》,《辞书研究》2009 年第 2 期。

"社会化知识库"包含信息单元、信息链、关系链、时间轴、位置服务、产业链,共六个关键词。其中,信息单元是包含产业链之外其他五个关键词功能的单元,是"社会化知识库"的基因。每个信息单元生成一个新链接地址,按地域、类别、阿拉伯字母等交叉分类进入知识库。新链接和旧链接,均是社会化交互平台的构成部分,并互相穿插、彼此链接。在链接不变的情况下,知识库内容能自动更新和修正。一个个信息单元在数据链、关系链、位置链中环环相扣,时间轴、位置信息则贯穿其中。用户主要通过知识库检索、社会化交互平台、推荐(按用户习惯和当下的需求自动推荐)和列表等渠道使用这些服务。按用户输入的多样化需求,"社会化知识库"自动生成多样化服务。

(二)"社会化知识库"的特点

1. 权威性

"社会化知识库"的权威性,主要体现在信息来源提取和调用信息路径的保留和公开,保证信息整个流程的透明。进入"社会化知识库"的信息分为多个级别,经过编辑评审、同行专家评审以及权威人士终审的为第一级权威信息等,以确保信息的准确性和专业性。

2. 兼容性

"社会化知识库"能兼容现有的知识库、开放平台、文库,并无障碍引进合作共建单位。

3. 交互性

用户通过知识库和社会化交互平台中的信息链、关系链、位置链,实现信息单元与信息单元、人与信息单元、人与人、线上信息与线下实物的多次交互。

4. 开放性

一方面是指信息单元能不断补充到最新信息;另一方面是指系统能大量引入第三方机构,开发赢利产品,让第三方机构在该系统中赢利。"社会化知识库"提供信息的免费开放,实现信息资源的最大程度共享。

5. 易升级

"社会化知识库"采用HTML5、IPV6等先进技术支撑,保证系统具有足

够高的技术天花板,保证知识库、社会化媒体的所有功能与时俱进,不断更新,并从技术先进性上保证系统寿命。

6. 赢利模式简单

"社会化知识库"采用多数信息免费、具有版权的部分稀缺信息单元收费的赢利模式。一般用户需要输入账号付款,长期用户可采取包月、包年等付费模式。

四 "社会化知识库"的发展建议

(一)寻找通信技术+图书馆学+网络传播复合实践经验的研究型产品经理

知识库和社会化平台是两个行业、两种思维,建成的是几乎完全不同基因的两个产品。一个嫁接另一个,很容易出现基因排斥。如果是拥有知识库和社会化双重实践经验,拥有理工和人文双重背景和思维的产品经理,从一开始就主导一个社会化、知识库完美融合的产品,就不会有基因排斥,拥有这样顶层设计的产品,易于吸纳、改造其他知识库,对接其他社交平台。

(二)开始建设就奠定互联网、物联网基因

强调知识库与社会化均衡发展,是指用时、用工、用钱上均衡,但在基因上,要去除报刊、广电、通信,乃至第一代互联网基因,而奠定第二代、第三代互联网基因和物联网、云计算、移动互联网,乃至智能可穿戴设备基因。使用HTML5、IPV6等最新技术,结合物联网和云计算部分功能,加入世界级云联盟。不仅开始就具备较高的技术天花板,而且要不断升级各种相关应用。

(三)诱导用户而不是教育用户

机构知识库一直在教育用户,如何上传自己的文章。在网民共建社会化知识库上,则自愿上传自己的信息、关系、位置和时间,并乐此不疲。诱导用户的是词条能被大家方便地下载、修改、点评;词条被点"赞"、成为大V、被

帅哥或美女关注、与同行专家结下稳定的线上关系等。这些吸引力是 Web2.0 互联网基因带来的。免费，招来大批边使用边贡献信息、关系、位置和时间的用户；方便，让用户在消费知识库时，获得名声、专家圈、男女朋友、就近找商家，乃至在线购物、游戏等诸多增值服务。

（四）开放＋共赢：推广零费用

向第三方开放，开发新产品，形成产业链。

第一，鼓励专业机构、专家，入住"社会化知识库"，实现多方共赢。

第二，免费服务，开放存取共享。

第三，合作学术机构的信息管理、信息增值。

第四，成为学术交流、产业合作和一站式服务的平台。

（五）加强"社会化知识库"的"关系"建立

早期的知识库都是倾向于信息的收录、整合和加工。随着社交化平台的日渐强势，关系圈、位置信息越来越受到重视。

第一，像微信一样建立个人关系圈。更重要的是，自己可以不断丰富自己的这个关系库。而且，点击其中的任何一个关系的名字，其相关信息也能瞬间呈现。

第二，收录信息与发布机构、受众之间的关系。

第三，收录信息所涉及人名、地名等关键词的实际地理位置：在关键词和整体信息收录中，关键词所涉及事件、人物的地理位置，在地图上标注出来。事件、人物的位置往往是许多点构成的圈子。

第四，收录关键词的实际地理位置周边的位置：借助合作单位的地图资源，把该信息实际地理位置的周边情况，收录到知识库。

第五，随着4G、物联网和可穿戴设备的发展，实地实时视频将取代影视等虚拟视频，成为主流，位置信息的重要性将凸显。

五 结论

传统机构知识库面临刚建成或尚未建成即落伍的境地。早一天进行社会化

改造,或与 Web 2.0、Web 3.0 和物联网、云计算基因的网民共建知识库融合,就多一分生机,乃至生存的机会。同时,网民共建的社会化平台,早一天接纳机构知识库,能改造机构知识库的机会就大一些,也能避免建百度文库之类的重复劳动。新建伊始就建成社会化知识库,毕竟是木已成舟的知识库和社会化平台,能整合很好的可能性不大。

产 业 篇

Sector Reports

B.21
2013年中国新媒体产业发展特点及展望

郭全中*

摘　要： 2013年，我国新媒体产业和互联网企业仍然处于高速发展态势，具有如下四个新特点：仍然处于高速发展的初级阶段；马太效应更为明显；新媒体产业正在和传统媒体产业高度融合；正由PC互联网产业加速向移动互联网产业发展。而且呈现六大趋势：新媒体产业正在加速与其他产业融合；移动互联新媒体产业将取代PC互联网新媒体产业的位置；大数据将成为新媒体产业的基础和平台；技术和传媒有机融合，大力激活潜在的市场需求；大规模并购依然是快速发展的重要手段；传媒业成为互

---

* 郭全中，国家行政学院社会和文化教研部高级经济师，管理学博士。本文为作者主持的国家社科基金重点项目"新媒体环境下传统媒体的转型战略研究"的阶段性成果（项目批准号：13AXW006）。

联网生态系统的标配。

关键词：

新媒体产业　大数据产业　新媒体发展

得益于快速增长的网民和手机网民规模，我国的新媒体产业①规模快速扩大，网络广告、网络游戏、网络视频、大数据等新媒体产业都呈现高速增长态势，在移动互联和大数据的助推下，新媒体产业的发展正处于关键期，出现了诸多新趋势，而并购等方式是新媒体发展的重要方式。

一　新媒体产业发展的基础更为扎实

（一）网民规模已经突破6亿

中国互联网络信息中心发布的第33次《中国互联网络发展状况统计报告》（以下简称《报告》）显示，截至2013年底，我国网民规模达6.18亿，共计新增网民5358万人，同比增长9.57%。相比于2005年的1.11亿，在短短的8年时间内，增长了4.56倍，年均增长57.05%，市场渗透率也从2005年的8.5%增长到2013年的45.8%。

（二）移动互联时代到来

1. 手机网民过5亿

《报告》显示，截至2013年底，手机网民数达到50006万，比2007年的5040万增长了8.92倍，年均增长148.70%。网民中使用手机上网的人群占比由2012年底的74.5%提升至81.0%。虽然我国手机网民数量的增速开始下降，但是仍然保持2位数以上的高速增长。

---

① 本文所指的新媒体产业主要是互联网媒体产业，主要包括网络广告、网络游戏、网络视频、大数据等。

2. 智能手机保有量近 6 亿台

艾瑞咨询的数据显示，近几年来，随着智能手机价格的不断走低，三、四线城市渗透率大幅度提高，我国智能手机的保有量快速增长，从 2010 年的 8000 万台增长到 2013 年的 5.8 亿台，增长了 6.25 倍，年均增长 208.33%。

（三）游戏市场用户和移动游戏用户规模庞大

首先，游戏工委、CNG 中新游戏研究联合发布的《2013 年中国游戏产业报告》显示，2013 年，中国游戏市场用户数量约达 4.95 亿人，比 2008 年的 0.67 亿增长了 6.39 倍，年均增长 127.76%。其次，2013 年底，移动游戏用户数量约 3.1 亿人，比 2008 年的 980 万人增长了 30.63 倍，年均增长 613.67%。

二　新媒体产业高速发展

（一）互联网广告产业

1. 整体网络广告市场达到 1100 亿元

根据艾瑞咨询的数据，2013 年我国互联网广告收入同比增长 46.1%，高达 1100 亿元，比 2010 年的 325.5 亿元，增长了 2.38 倍，年均增长 79.31%。

2. 市场格局正发生重大变化

网络广告在快速增长的同时，细分市场地位也在发生革命性的变化。2010~2013 年，搜索广告收入从 24.09 亿增长到 317.9 亿元，市场份额从 7.4% 增长到 28.9%，超越品牌形象广告和搜索关键字广告，成为占比最大的网络广告；而品牌形象广告收入从 145.17 亿元增长到 264 亿元，市场份额却从 44.6% 大幅度下滑到 24%（见表1）。

首先，得益于我国网络购物交易规模的高速成长，垂直类搜索广告发展潜力大。艾瑞咨询发布的《2013 年中国网络购物市场报告》显示，2013 年我国网络购物市场交易规模达到 1.85 万亿元，同比增长 42%。以淘宝、京东和去哪儿为代表的电商平台高速成长，推动垂直类搜索广告成为第一大网络广告行业。例如，去哪儿 2013 财年总营收为 8.509 亿元，同比增长 69.6%。

表1 2010～2013年互联网细分市场收入及市场份额

单位：亿元，%

年份	垂直搜索广告		搜索关键字广告		品牌形象广告		视频贴片广告		富媒体广告		其他广告	
	值	份额	值	份额	值	份额	值	份额	值	份额	值	份额
2010	24.09	7.4	83.65	25.7	145.17	44.6	10.42	3.2	22.13	6.8	40.04	12.3
2011	65.15	12.7	144.67	28.2	191.35	37.3	24.11	4.7	26.16	5.1	61.56	12
2012	160.41	21.3	213.88	28.4	226.68	30.1	48.20	6.4	34.64	4.6	69.29	9.2
2013	317.9	28.9	291.5	26.5	264	24	78.1	7.1	50.6	4.6	97.9	8.9

资料来源：根据艾瑞咨询的报告整理。

其次，由于网络视频服务的渗透率已经超过90%，视频贴片广告潜力巨大。快消、交通等大品牌广告更加重视视频贴片广告，视频网站的经营状况持续转好。其中，搜狐视频广告2013年同比增长100%以上；优酷土豆2013年第四季度净收入为9.013亿元，同比增长42%，并首次实现了盈利。

3. 主要互联网媒体的广告收入仍呈高速发展态势

我国的主要互联网媒体的广告收入仍然保持高速增长态势，百度的广告收入破300亿元大关，超过央视成为我国第一大广告媒体，奇虎360同比增长88.3%，搜狐增长51%。虽然我国互联网媒体经历过这么多年的高速增长，2013年依然保持了40%以上的高速增长。

（二）游戏产业规模巨大且仍处于高速增长期

1. 游戏产业规模巨大

游戏工委、CNG中新游戏研究联合发布的《2013年中国游戏产业报告》显示，2013年，游戏市场用户规模约达4.95亿人，同比增长20.7%；游戏市场实际销售收入达到831.7亿元，同比增长38%；比2008年的185.6亿元增长了3.48倍，年均增长69.62%。

2. 网络游戏公司发展势头良好

2013年，上市的网络游戏公司虽然增速已经相对平缓，但是依然保持着10%以上的增长速度，例如，搜狐的同比增速达到17%。

三 互联网企业规模巨大且依然保持较高增速

2013年,新媒体产业的主体——互联网企业依然高速增长,并已经达到较大的规模。首先,在规模方面,腾讯收入过600亿元,成为我国最大的传媒企业和文化企业;百度的广告收入达到318.02亿元,过300亿元,成为我国最大的广告媒体;阿里巴巴的收入也超300亿元;搜狐、网易的收入也将近100亿元。其次,在增长速度方面,欢聚时代的增速高达122.4%,奇虎360的增速高达104.0%,虽然百度的体量已经很大,但是增速仍然超过43.2%(见表2)。最后,优酷土豆开始盈利。优酷土豆2013年第四季度营业收入达9.01亿元,同比增长42%,首次实现季度盈利;新浪微博2013年整体收入1.883亿美元,同比增长170.94%,虽然2013年整体依然亏损但第四季度已经实现单季度盈利。

表2 2013年主要互联网上市公司经营情况

单位:亿美元,%

公司	总收入		广告收入		网络游戏		净利润	
	值	增速	值	增速	值	增速	值	增速
新浪	6.651	26	5.265	28	—	—	0.773	645
搜狐	14	31	6.27	51	6.69	17	1.67	-6
网易	16	16.67	1.8	29.41	13.7	13.70	7.34	22.22
搜房	6.374	48.1	2.783	11.4	—	—	2.986	96.7
腾讯	99.13	38	8.26	48.83	73.78	40.61	25.53	21.73
百度	52.77	43.2	52.53	43.0			17.38	0.6
奇虎360	6.711	104.0	4.171	88.3	—	—	0.997	113.2
凤凰新媒体	2.353	28.2	1.427	41.6	—	—	0.462	160.4
欢聚时代	3.012	122.4	—	—	—	—	0.789	435.7
巨人网络	3.891	9.5	—	—	3.891	9.5	2.070	26.1
汽车之家	2.01	66.1	1.478	51	—	—	0.754	114.3
优酷	5.003	—	—	—	—	—	-0.959	—
去哪儿	1.406	69.6	—	—	—	—	-0.309	—
完美时空	5.043	10.18	—	—	4.626	12.04	0.896	0.31

资料来源:根据上市公司财报整理。

四 互联网金融势不可当

2013年,阿里巴巴、百度、腾讯、网易、苏宁纷纷进入互联网理财市场,互联网金融高歌猛进。

2013年6月余额宝正式推出,到2013年底,余额宝总规模达到1853亿元,这使得天弘基金以超过1900亿元的资金管理规模成为我国第二大基金公司;新年刚过不久的2014年1月15日,余额宝规模已超过2500亿元,客户数超过4900万户,天弘基金也一举超越华夏基金,成为中国资金管理规模最大的基金公司;到2014年2月底,余额宝管理的资金规模超过5000亿元,天弘基金也成为资金管理规模的世界第四大基金公司。目前,主要的互联网理财产品见表3。

表3 互联网理财产品及其收益

单位:%

产品名称	所属公司	7日年化收益率
余额宝	阿里巴巴	5.647
理财通	腾讯	5.842
百发	百度	6.088
现金宝	网易	5.476
零钱宝	苏宁	5.744

注:收益率为2014年3月13日的数据。
资料来源:根据网上资料整理。

五 并购频频

2013年是我国传媒业发展的重要一年,党的十八届三中全会《决定》提出了"推动文化企业跨地区、跨行业、跨所有制兼并重组,提高文化产业规模化、集约化、专业化水平"。在相关利好政策的推动下,2013年无疑是中国传媒业市场并购交易最活跃的一年,是当之无愧的"并购年"。在互联网媒体领域，先是阿里巴巴入股新浪微博，又是百度收购 PPS，再是腾讯入股搜狗，BAT 悉数加入战团，上演一场又一场的并购大戏。

（一）互联网并购主要事件及特点

2013 年，我国互联网企业作为买方企业的主要并购事件高达 21 起，具体见表 4。

表 4　2013 年互联网的主要并购事件

单位：亿元，%

	买方企业	标的企业	交易金额	交易宣布时间	交易股权
1	阿里巴巴	新浪微博	35.48	2013-04-29	18
2	阿里巴巴	日日流物流	22.04	2013-12-09	34
3	阿里巴巴	高德地图	17.80	2013-05-10	28
4	阿里巴巴	天弘基金	11.8	2013-10-10	51
5	阿里巴巴	友盟	4.84	2013-03-22	N/A
6	阿里巴巴	墨迹天气	N/A	2013-03-23	N/A
7	阿里巴巴	虾米网	N/A	2013-01-10	100
8	百度	去哪儿网	18.53	2012-12-11	N/A
9	百度	91无线	115.05	2013-07-16	100
10	百度爱奇艺	PPS视频	22.40	2013-05-07	100
11	百度	糯米网	9.69	2013-08-23	59
12	百度	爱帮网	6.06	2013-03-19	N/A
13	百度	纵横中文网	1.915	2013-12-27	100
14	腾讯	刷机精灵	0.58	2012-08-28	100
15	腾讯	搜狗	27.13	2013-09-16	36.5
16	腾讯	决胜教育	N/A	2013-01-30	N/A
17	苏宁易购网	新蛋中国	N/A	2013-03-11	N/A
18	维络城	嘀嗒网	N/A	2013-02-01	100
19	优酷网	土豆网	N/A	2013-03-12	100
20	人人网	唯品会	N/A	2012-03-01	N/A
21	裂帛	天使之城	0.79	2013-01-17	80

注：此处的美元对人民币汇率采取的是 1 美元 = 6.0553 元；此处的港币对人民币汇率采取的是 1 港币 = 0.7809 元。

资料来源：根据相关资料整理。

1. 数量多、金额巨大、较为集中

首先,一年中有21起主要并购事件,每月平均将近2起,说明我国互联网企业的并购极为活跃。其次,交易总金额高达294.28亿元,将近300亿元。尤其值得指出的是,百度并购91无线一单的交易金额就高达115.05亿元。最后,并购主体主要是BAT。21起并购中,有16起是由BAT发起的,其中,阿里巴巴占7起,百度占6起,腾讯占3起。

2. 并购目的战略性强

当前,互联网公司已经具备了很强的规模和实力,腾讯和阿里巴巴的市值已经超过一千亿美元,跻身于千亿美元俱乐部,但随着具有颠覆性的移动互联时代的到来,竞争又重新回到原点。因此,实力强大的互联网巨头通过并购来达到占领移动互联网领域的制高点、打击竞争对手、提高用户体验和流量变现等战略性目的,就成为更为合理的选择。

(二)游戏行业的并购

2013年,游戏行业并购极为活跃,共有22起主要并购事件,涉及16家上市公司,其中12起为手游收购。

首先,游戏行业的大规模并购的背景是游戏行业的高速增长。根据游戏工委、CNG中新游戏研究联合发布的《2013年中国游戏产业报告》,2013年,中国游戏市场实际销售收入达到831.7亿元,同比增长38%;中国游戏市场用户规模约达4.95亿人,同比增长20.7%;客户端网络游戏市场占有率达64.5%,网页游戏市场占有率达15.4%,移动游戏市场为13.5%,社交游戏市场为6.5%,单机游戏市场为0.1%。

其次,并购金额大,来源多样。一是并购交易总金额超过200亿元,高达207.32亿元;二是单笔交易金额过30亿元的有2笔,其中梅花伞以38.67亿元收购游族居首;三是收购企业来源多元化,既有互联网企业,也有传统媒体企业。

(三)未来并购新趋势

1. 移动互联和大数据领域

百度、腾讯和阿里巴巴为了进一步完善自身的生态系统和提升用户体验,以及为了实现基于大数据的精准营销,必将开展更多的收购,可以预见的是,互联网和大数据领域必将是他们并购的主战场。

2. 互联网金融业

目前,随着国家对互联网金融业相关政策的进一步规范和完善,互联网金融业将高速发展,而相关领域必将成为互联网巨头和金融巨头并购的重要战场。

3. 国内传统媒体领域

我国由于传媒业的区域化分割和行业化分割的制约,传媒业市场被高度碎片化,也导致我国的传统媒体企业和单位呈现小、散、弱的局面。随着我国传媒业改革的进一步深化,全国统一性的传媒业大市场将逐步形成。目前,我国的传统媒体上市公司数量已经较多,但规模都较小且成长性不够,因此,为了促进传媒业的进一步发展以及维持上市公司的成长性,国内范围内的传统媒体业的整合和并购将此起彼伏,成为新的热点。

4. 文化旅游业领域

我国的文化旅游业正进入井喷期,文化旅游业必将成为上万亿元的巨型市场,而文化旅游业对传媒业的产业链完善和产业转型将起着重要作用,可以预见,文化旅游业也必将成为并购的又一重要战场。

5. 国际文化市场领域

随着我国文化企业实力的增强,抢占国际市场就是必然选择,而并购无疑是最省时、成本最低的手段,因此,国际文化市场也将成为并购的重要市场。

6. 养老保健领域

老龄人可支配收入较高,我国进入老龄社会后将带动养老保健领域的快速发展,因此,这也将成为传统媒体进入的又一领域。

此外,为了补足各自的短板,互联网和传统媒体的双向进入将是新的热点,在线教育行业也将是新的市场。

六 新媒体产业的总体判断与趋势展望

(一)总体判断

第一,我国新媒体产业仍然处于高速发展期。虽然我国新媒体产业经历了近几年的高速发展,已经具有了较大的规模,但是仍然处于发展的初级阶段,未来几年内依然会保持高速增长态势。

第二,马太效应更为明显。目前,新媒体产业已经形成了BAT的格局,其中百度、阿里巴巴、腾讯分别在打造自身的生态系统,已经形成新媒体产业的第一方阵,营业收入都已经过300亿元;奇虎360、雷军的小米、搜狐、网易等成为第二方阵。可以看出,通过并购等手段,互联网行业"强者愈强、弱者愈弱"的马太效应充分显现。

第三,新媒体产业正在和传统媒体产业高度融合。新媒体产业以其先进的技术和巨大的资金量收购传统媒体,例如,腾讯在各地和传统媒体共建"大"字号网站;阿里巴巴收购文化中国的股份,阿里巴巴入股华数公司等传统媒体业务。

第四,新媒体产业正由PC互联网产业加速向移动互联网产业发展。以百度、阿里巴巴和腾讯为代表的互联网公司高速向移动互联网领域迁移,移动互联网产业处于爆发式发展前夜。

(二)趋势展望

第一,新媒体产业正在加速与其他产业融合。互联网技术提供了最好的产业融合平台和基础。在此基础上,信息业、传媒业与IT业融合成信息服务业;传媒业与旅游业融合成文化旅游业。多种产业之间的大融合将为新媒体产业带来更大的发展空间和更多的机会。

第二,移动互联网新媒体产业将取代PC互联网新媒体产业的位置。随着智能终端的快速普及,移动新媒体产业正呈现爆发式发展态势。

第三,大数据将成为新媒体产业的基础和平台。目前,我国大数据产业还处于起步阶段,市场规模仍然很小,2012年仅为4.5亿元,而预计2016年将突破100亿元。大数据能够有效地分析和挖掘用户个性化、定制化的需求,并通过大数据技术不断优化和迭代,进而精确实现信息提供、市场机会与用户个性化、定制化的需求,实现智能匹配,成为新媒体产业进一步大发展、大繁荣的基石。

第四,技术和传媒有机融合,大力激活潜在的市场需求。传统媒体业的基因是"内容",而新媒体产业的基因是"技术",随着新技术的层出不穷,传媒业和技术将会有机融合,形成新的产业蓝海。

第五,大规模并购依然是快速发展的重要手段。2013年是我国新媒体产业的"并购年",未来相当长的一段时间内,新媒体巨头依然会大范围采用并购手段来实施战略布局。2014年开年不久,腾讯就投资大众点评网,在三、四线城市大力布局,同时投资京东,布局电子商务;而阿里巴巴不仅以62.44亿港币获得文化中国60%的股份,同时以20%的股份入股华数传媒。

第六,传媒业成为互联网生态系统的标配。百度、阿里巴巴和腾讯正在积极布局其互联网生态系统,而传媒业未来将只是其生态系统的一个标配,正如腾讯网之于腾讯公司一样。

B.22
2013年中外移动阅读终端产业发展报告

吴小坤　吴信训*

摘　要： 2013年移动阅读终端产业增长态势良好，呈现了白牌产品与品牌优势产品竞争市场的新格局；中国本土品牌形成新的市场推动力，App目标终端转向和新功能需求形成未来消费刺激点。本报告通过解读全球及部分国家的移动阅读终端产业相关数据，分析了2013年移动阅读终端产业的发展现况，并从产业的需求与开发视角，为我国移动阅读终端产业的未来发展趋势提供参考。

关键词： 移动阅读终端　电子书　平板电脑

一　2013年全球移动阅读终端产业概况——出货量、渗透率、品牌划分与App应用

移动阅读终端是指以阅读为核心功能的手持电子设备，目前主要包括电子书、平板电脑和智能手机等。考虑到智能手机以电话和即时通信等人际交流功能为核心的功能定位，本报告将主要聚焦于电子书和平板电脑这两大移动阅读

---

* 吴小坤，博士，上海大学影视学院副教授；吴信训，教授、博导，上海大学中国艺术产业研究院院长，传媒经济研究中心主任。本文为上海市社会科学创新研究基地/工作室、上海市高校"085"工程项目之"新媒体与社会发展"阶段性成果，主持人为吴信训教授。

终端,从发展现况和未来趋势两个方面对移动阅读终端产业的发展加以梳理和分析。

(一)平板电脑与电子书移动阅读终端全球出货量:稳步增长、前景看好

国际数据公司(IDC)在2013年9月发布的统计报告显示,从整体出货量来看,移动阅读终端市场仍是平板电脑占据主流。平板电脑出货量自2010年以来增长迅速,在2013年超过笔记本和桌面电脑,达到22730万台。随后仍将保持较快增长,到2016年全球出货量将达37500万台,年均增长率为16%(见图1)。

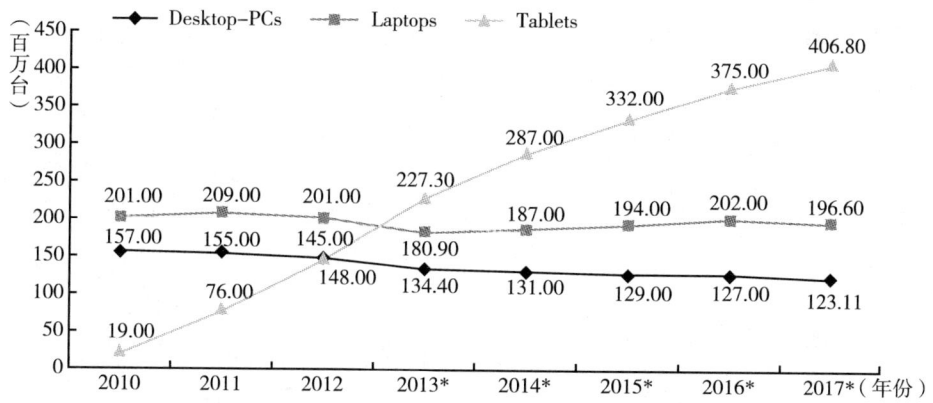

图1 IDC:2010~2017年全球桌面电脑、笔记本和平板电脑的出货情况(*预期)

数据来源:IDC,www.idc.com,September 2013。

较之平板电脑,电子书的全球出货量处于相对弱势地位。电子书产业的未来市场究竟有多大,也是不同市场调研公司在评估中产生分歧的地方。比如,市场调查公司eMarketer在2012年底对电子书的全球出货量的评测认为,2013年全球电子书年出货量1820万台,2016年将达到2300万台,年均增长率为6.5%(见图2)。

但是,另一家知名的市场调查机构iSuppli的统计预测则认为,全球电子书出货量在2011年达到2320万台之后就开始持续下降。2013~2016年,全球

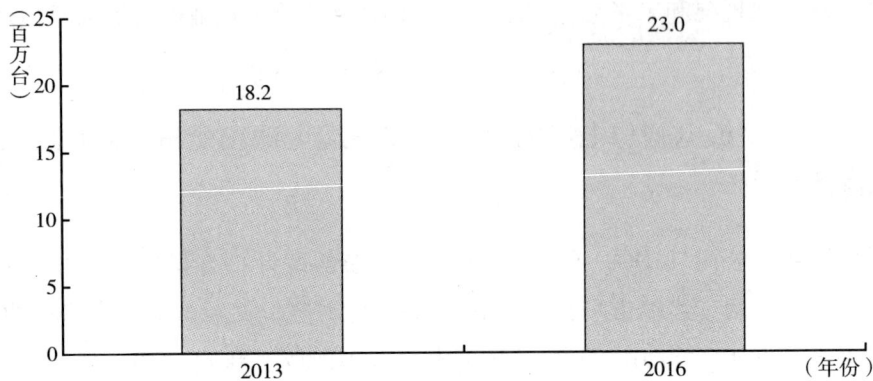

图 2　eMarketer：2013～2016 年电子书全球出货量

数据来源：eMarketer，emarketer.com. November 2012.

电子书出货量还将持续走低，从 2013 年的 1090 万下滑到 2016 年的 710 万台，年均下滑率为 11.6%（见图 3）。

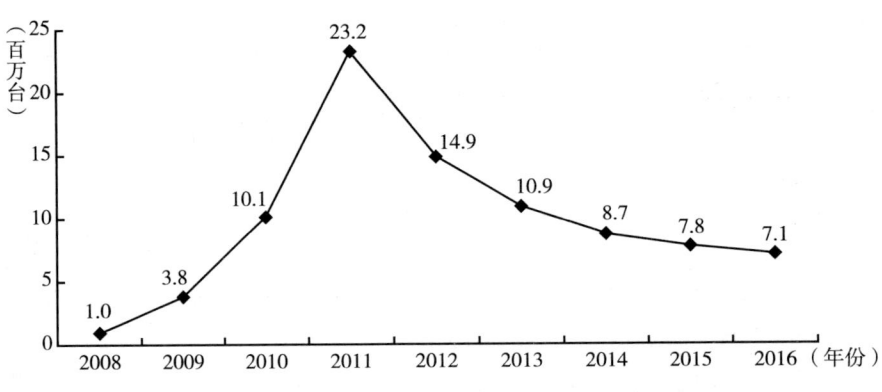

图 3　2008～2016 年全球电子书出货量

数据来源：iSuppli，IHS，cnet.com. December 2012。

（二）平板电脑与电子书移动阅读终端用户渗透率：国家地区差异显现

在世界很多国家和地区，平板电脑和电子书移动阅读终端都获得了用户渗透率的逐年增长。皮尤调查 2013 年 10 月 8 日发布的报告数据显示，2010～

2013年中外移动阅读终端产业发展报告

2013年，美国电子阅读器的持有率持续上升。到2013年9月，美国16岁以上居民平板电脑的持有率达到35%，电子书如Kindle和Nooks的持有用户达到24%；2013年，美国的电子阅读设备持有率总体达到43%（见图4）。

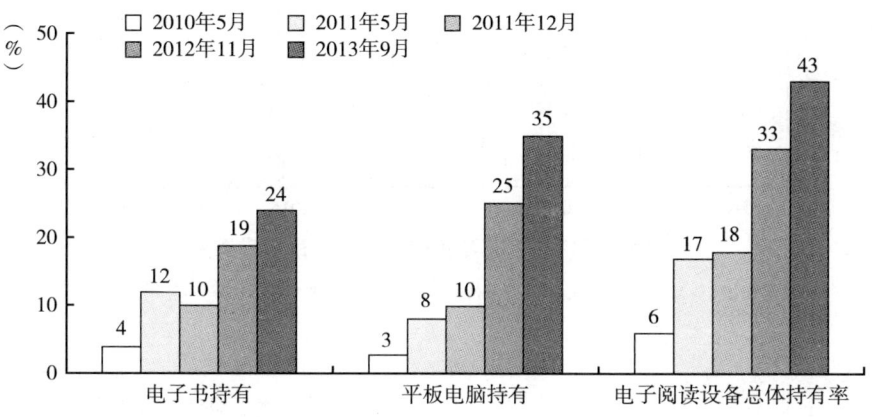

图4　美国平板电脑和电子书的用户渗透率（2010～2013年）

在美国，无论是平板电脑还是电子书的持有率都呈现了较为显著的上升趋势。较2012年11月，电子书的持有率上升了5%，平板电脑的持有率上升了10%。从2010年以来的电子阅读器持有率的上升幅度来看，2011～2012年是移动阅读器上升幅度最大的一段时间，持有率上升了16%，这主要是由于平板电脑的持有率在该时段上升较快，而电子书则相对稳定。

在英国，2013年平板电脑的用户渗透率达到30.9%，比2012年上升了8.6个百分点。市场预估显示，2013～2017年，英国平板电脑的用户渗透率还将持续稳定地上升，到2017年一半以上的英国人将拥有至少一台平板电脑（见图5）。

法国和德国的平板电脑渗透率增速低于美国和英国，根据eMarketer 2013年的统计评测，法国平板电脑的用户渗透率为24%，德国为25.9%；到2017年，平板电脑在法国的用户渗透率将达到42.5%，在德国将达到45.9%，这就意味着在这两个国家，届时将有近一半的人拥有至少一台平板电脑（见图6、图7）。

然而，同样地处欧洲的意大利和西班牙等国家在平板电脑的用户渗透率方

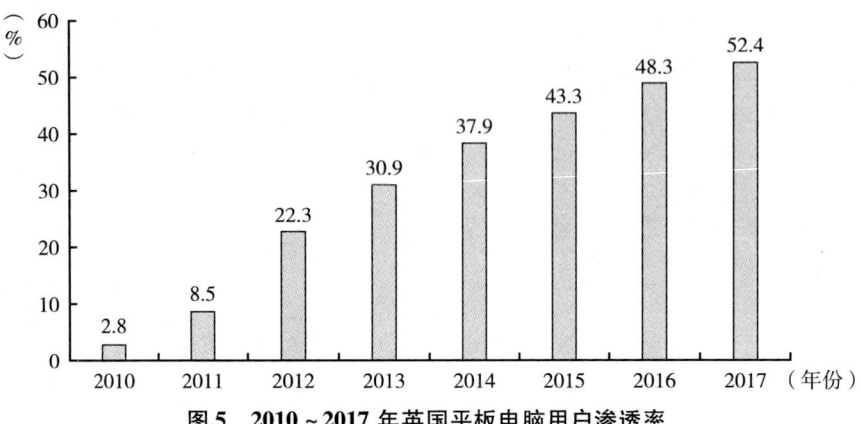

图5　2010～2017年英国平板电脑用户渗透率

数据来源：eMarketer：emarketer.com. September 2013。

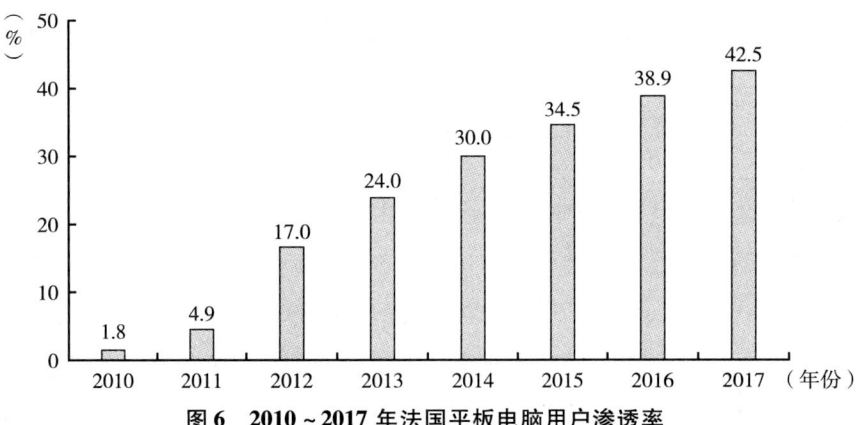

图6　2010～2017年法国平板电脑用户渗透率

数据来源：eMarketer：emarketer.com. September 2013。

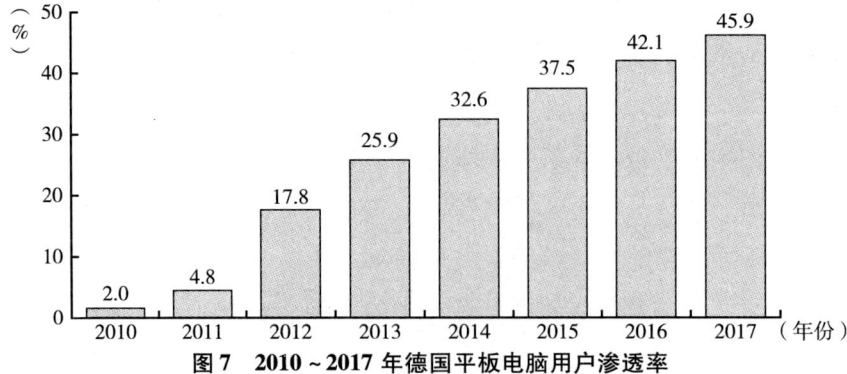

图7　2010～2017年德国平板电脑用户渗透率

数据来源：eMarketer：emarketer.com. September 2013。

面相对滞后。根据 eMarketer 的市场评测，2013 年平板电脑在意大利的用户渗透率为 19.6%，到 2017 年使用平板电脑的意大利用户也还不到三成。西班牙的用户渗透率比意大利略高，2013 年为 24.9%，而 2017 年的预期渗透率也仅为 34.7%（见图 8、图 9）。

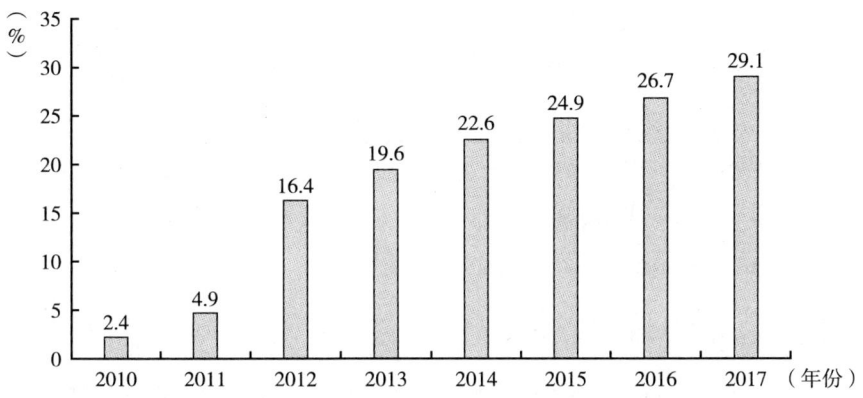

图 8　2010~2017 年意大利平板电脑用户渗透率

数据来源：eMarketer：emarketer.com. September 2013。

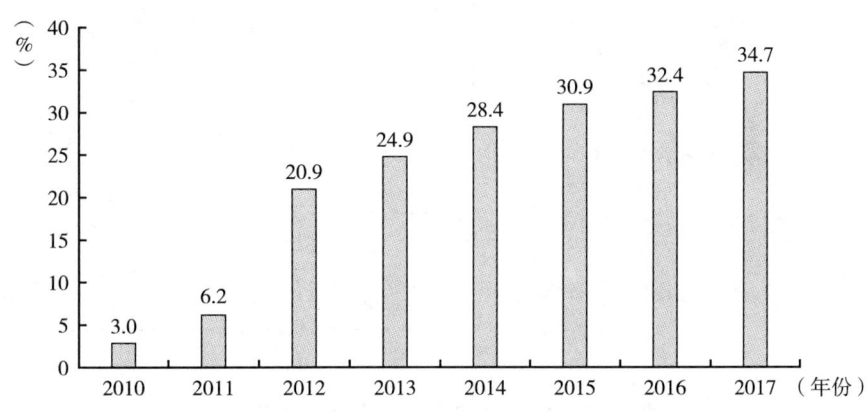

图 9　2010~2017 年西班牙平板电脑用户渗透率

数据来源：eMarketer：emarketer.com. September 2013。

从移动阅读需求来看，平板电脑的市场占有率上升并未带来电子书终端市场用户的减少。eMarketer 发布的另一项报告显示，2012~2015 年全球电子书用户数呈现缓慢而平稳的增长态势（见图 10）。

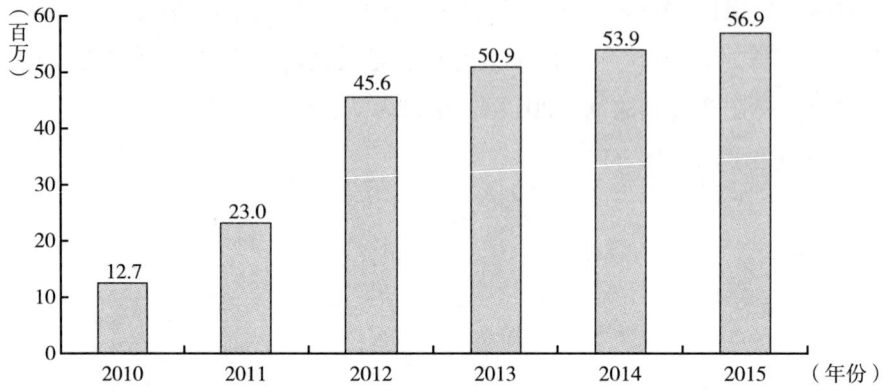

图 10　eMarketer：2010～2015 年全球电子书用户数评测

数据来源：eMarketer：emarketer.com. November 2012。

2013 年 4 月皮尔森发布的关于学生对学习过程中使用平板电脑的态度调查显示，92%的学生认为平板电脑将改变未来学习的方式，它不仅能够减少书籍携带的负担（87%），而且使学习的过程变得更加有趣（90%）（见图 11）。

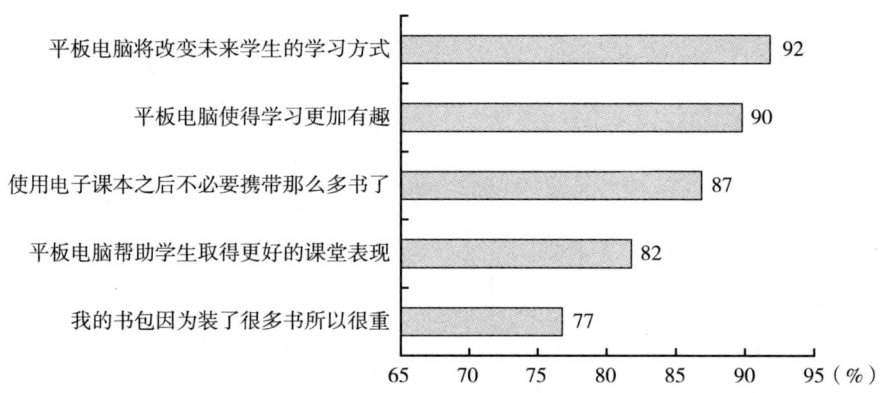

图 11　2013 年学生对移动终端使用态度调查

数据来源：Harris Interactive，Pearson，*Pearson Student Mobile Device Survey* 2013，April 2013，p.10。

欧洲、日本和中国等国家和地区正在建设的电子书包工程，也是对新一代用户移动阅读习惯的培育。而目前，尽管由于阅听习惯、网络和设施完善程度以及服务提供完善程度等多种复杂因素，有些国家和地区的用户似乎对平板电脑和电子书等移动阅读终端尚未表现出强烈的需求，但从全球市场的出货量和用户渗透率来看，移动阅读终端市场在未来几年仍将呈现较为稳定的攀升态势。我们认为，随着一些国家和地区市场潜力的进一步挖掘，移动阅读终端市场还将迎来新一轮的发展。

（三）移动阅读终端品牌市场划分：白牌阅读终端与主导优势品牌争夺市场

在产业竞争中，品牌市场的竞争尤为激烈，主导优势品牌与白牌阅读器产品并行发展。2012～2013年，移动阅读终端品牌市场几经洗牌，已形成了主导性优势品牌竞争的基本格局。IDC在2014年1月发布的最新数据显示，在2013年的全球平板电脑市场上，苹果的市场占有率最高；其次是三星、华硕和联想。亚马逊虽然在发布Kindle Fire之后也占据一席之地，但相较前面几家，明显缺乏市场优势。和三星一样，亚马逊在2012年的市场占有曾出现较快的上升幅度，但2013年电子阅读终端市场上除了三星略有上升，整体趋于平稳（见图12）。

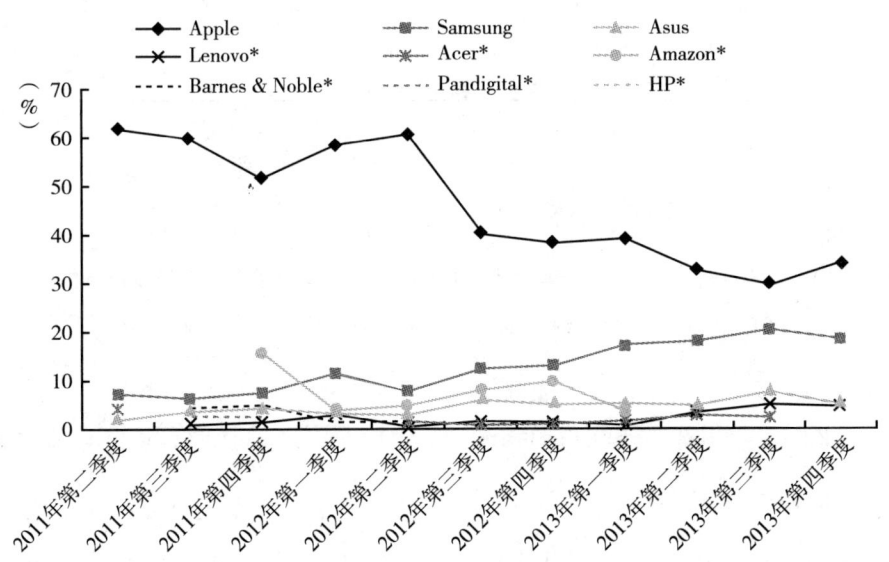

图12 IDC：2011年第二季度至2013年第四季度全球平板电脑品牌市场占有率

数据来源：来源：IDC，www.idc.com. January 2014.

与之相应，另外一家市场调查公司 iSuppli 其全球平板电脑品牌出货量的统计也显示，苹果 iPad 在 2011 年第三季度至 2013 年第三季度的出货量高于三星、华硕、联想、亚马逊、Barnes & Noble 等品牌的平板电脑。但值得注意的是，在 2011 年与 2012 年之交以来，品牌标示为"其他"的一些平板电脑超过了苹果，成为出货率最高的一条线（见图 13）。这一现象从侧面反映出：随着无线网络的快速布局和电子阅读器在全世界的普及，平板电脑已经由经济发达地区向经济欠发达地区渗透，而在很多经济欠发达地区，消费者对品牌的需求相对较弱。2012～2013 年，除了上述知名品牌外的"其他"平板电脑终端成为市场的新生力量。

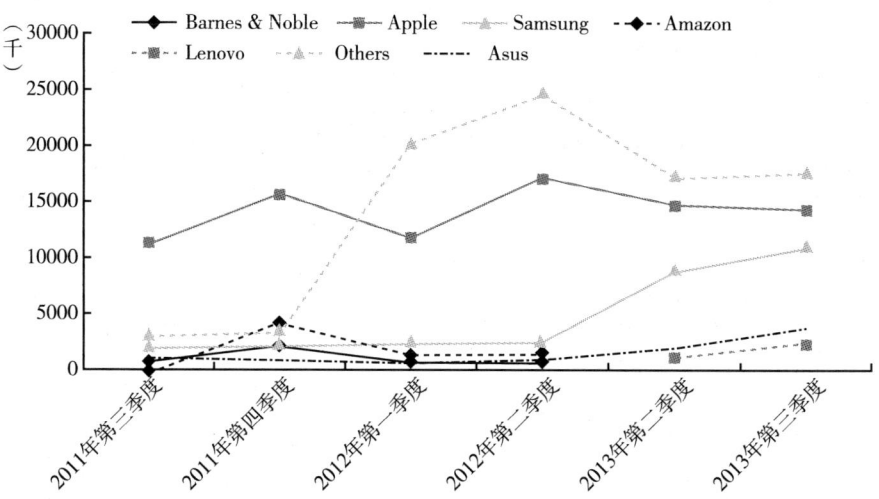

图 13　iSuppli：2011 年第三季度至 2013 年第三季度全球平板电脑品牌出货量

数据来源：IHS，iSuppli，www.isuppli.com. October 2013.

（四）移动阅读终端操作系统及 App 应用：目标终端的期待转向

在现有的电子阅读终端上，ISO 操作系统的主要是苹果 iPad，除苹果外的终端设备大多使用 Android 操作系统，还有一些使用 Linux 操作系统。Strategy Analytics 公司 2013 年 4 月发布的统计显示，与苹果的出货量相应的是 ISO 系统在全球平板电脑操作系统中占比最大，其次是 Android 系统；但曲线的变化同时也显示，2013年第一季度，在市场占有率上，Android系统紧逼苹果系统，并且仍在上升中（见图14）。

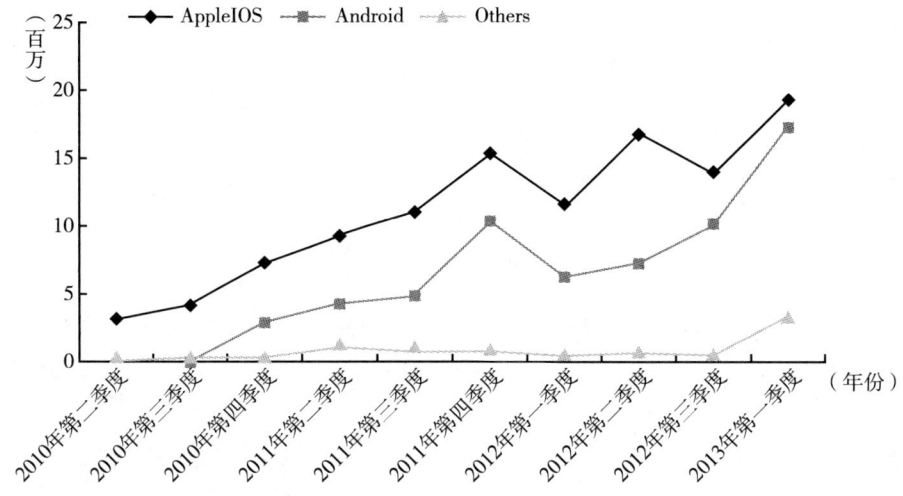

图14　2010年第二季度至2013年第一季度全球使用不同操作系统的平板电脑出货量

数据来源：Strategy Analytics. www.strategyanalytics.com. April 2013.

无论适用于哪一种操作系统，重视用户体验和需求是决定未来媒体终端发展的最关键因素。因此，App的开发和应用是电子阅读器能够适应市场需求的必然条件，App开发与电子阅读器产业紧密相关。从互联网数据统计公司Statista 2013年7月发布的调研数据可以看到，当前App的开发者主要还是针对智能手机（93%）设计微应用程序，其次是平板电脑（70%）、上网本（26%）、未来电话（18%）、电子书（6%）、游戏机（4%）、M2M（4%）、电视/机顶盒（4%）；并且，针对不同终端的App设计开发比例差别巨大（见图15）。

值得注意的是，在关于未来App应用开发所适应的目标终端方面，仅有4%的App开发者将智能手机作为其核心目标；而变化较大的包括电视/机顶盒（15%）、游戏机（13%）、电子书（10%）、M2M（9%），针对这四个终端的App开发意愿都超过了现有的比例。在这一趋势中，电子书也成为App开发者所关注的重点，无线网络、终端设备和移动应用的进一步开发，都将推

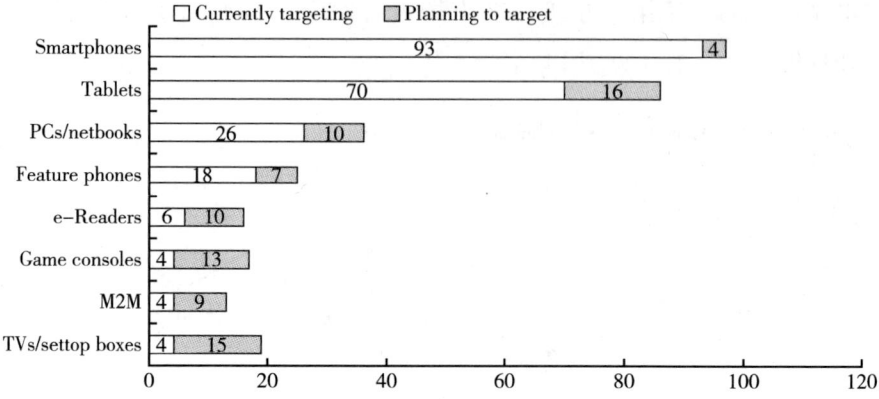

图 15　全球 App 开发者 2013 年正在开发程序和目标程序适应终端设备情况

数据来源：Statista，www.statista.com，July 2013.

动移动阅读行为习惯从碎片化的浅阅读向替代某些纸质书籍的深度阅读转变，这也将为电子书在移动阅读终端产业中的新一轮发展创造契机。

二　2013 年中国移动阅读终端产业市场竞争分析

中国互联网络信息中心（CNNIC）第 33 次《中国互联网络发展状况统计报告》指出，2013 年，中国移动互联网用户在手机等移动设备的各项功能使用中，浏览新闻资讯网站是其中最重要的一项功能。在使用手机浏览器的人中，有 71.8% 的用户都会使用手机阅读新闻资讯网站，除此之外，43.1% 的用户会使用手机在线阅读小说。① 由此可见，移动阅读已经成为中国移动互联网用户日常使用最多的一项功能。伴随我国移动网络用户的增长，除了手机厂商的市场争夺外，还有平板电脑和电子书等以移动阅读为核心功能的终端设备市场竞争的提升；传统的电脑生产商、手机生产商、服务提供商甚至电视厂商都加入了竞争的行列。总体来看，2013 年中国移动阅读终端产业市场在竞争中形成了有别于国际市场、相对独立的市场特色。

---

① 中国互联网络信息中心（CNNIC）：第 33 次《中国互联网络发展状况统计报告》，2014 年 1 月。

（一）国产本土品牌显现市场推动力

在图 13 中，我们注意到，2013 年电子阅读终端市场上标示为"others"的终端设备显示出的市场销量超过苹果、三星等知名品牌，成为销量最大的一条曲线。这说明，在一些国家和地区，不知名的本土小品牌正在成为推动市场增长的重要力量。相关报道显示，2012 年，中国厂商的平板电脑出货量近 6000 万台，80% 出口国外。其中，品牌平板电脑约 500 万台，白牌机平板电脑约 5415 万台，约占平板电脑出货量的 90%，出口产品主要发往欧洲、中东、东南亚和南美洲。① 尽管在国内的移动阅读终端市场上苹果、三星、华硕等国际品牌受到广泛欢迎，但从 2012~2013 年的市场关注来看，我国移动阅读终端市场的品牌关注度并不集中，白牌和自主小品牌的产品关注度达到 33.6%，② 国产品牌市场份额达到 27%，其所拥有的市场空间值得关注。

在国产品牌市场上，2013 年用户关注度最高的是联想（22.2%）与台电（16%），蓝魔、酷比魔方、昂达、原道、纽曼、Colorfly、E 人 E 本等用户关

表 1 2013 年 Q1~Q4 中国国产平板电脑市场品牌关注排名对比

排名	Q1	Q2	Q3	Q4
1	联想	联想	联想	联想
2	台电	台电	台电	台电
3	昂达	蓝魔	酷比魔方	Colorfly
4	蓝魔	原道	蓝魔	蓝魔
5	酷比魔方	昂达	Colorfly	酷比魔方
6	原道	酷比魔方	五元素	E 人 E 本
7	五元素	纽曼	原道	五元素
8	纽曼	五元素	E 人 E 本	原道
9	华为	神舟	纽曼	驰为
10	艾蔻	E 人 E 本	驰为	乐凡

资料来源：ZDC：《2013~2014 中国国产平板电脑市场研究年度报告》，2014 年 1 月。

---

① 武义新闻网：《2013 年中国国产平板电脑市场态势分析》，2013 年 07 月 11 日，http://wynews.zjol.com.cn/wynews/system/2013/07/11/016643277.shtml。
② 互联网消费调研中心：《2013~2014 中国国产平板电脑市场研究年度报告》，2014 年 1 月。

注度位列前十，但市场占有率都在10%以下。① 总体上，榜前十大品牌占据72.4%的关注份额，且并不稳定，这也反映出白牌产品在我国移动阅读终端市场上仍有较大的空间。

（二）中低价格产品受到市场青睐

与本土小品牌市场关注度提高相呼应的是，价格相对低廉的移动阅读终端受到中国市场青睐，2000元以下的产品市场关注度接近90%，高端价位产品的用户关注度则相对较低，5000元以上产品的用户关注度仅为2.4%。② 2013年7月的统计数据显示，中国市场上平板电脑产品均价2432元，国外产品为3076元，国产平板只有1500元左右。

中低价位的产品直接推动了中国移动阅读终端市场的出货量，以ZDC的监测来看，2010年中国市场上平板电脑的出货量为174万台，其中国产终端产品少之又少；直到2011年，国际大品牌还在移动阅读终端市场上扮演主流角色；2013年，国产平板电脑成功逆袭，仅上半年零售量就达到了758万台，同比增长65%，较2012年下半年上涨了23%。③

移动阅读中低端产品市场占有率上升的现况，一方面反映出该领域市场经济的加剧，促使国内一些小品牌厂商在激烈的市场竞争中由于无法在硬件上与苹果、三星等国际大品牌相抗衡而被迫低端化；另一方面也反映了中国市场发展过程中由城市用户向城郊及农村用户渗透过程中的产品需求与市场潜力。随着用户需求的提高和市场在未来几年进一步的成熟完善，国产小品牌的移动阅读终端产品只有培育差异化和创新竞争力，才能保障销量与盈利。

（三）用户结构和使用倾向显示移动阅读终端与手机和笔记本电脑市场存在差异化竞争空间

ZDC在2013年10月发布的《2013年中国平板电脑用户行为调查报告》

---

① 互联网消费调研中心：《2013～2014中国国产平板电脑市场研究年度报告》，2014年1月。
② 互联网消费调研中心：《2013～2014中国国产平板电脑市场研究年度报告》，2014年1月。
③ 消费品市场研究公司（GFK）：《中国平板电脑在线市场2013年上半年回顾与展望》，2013年10月14日，http://www.padh.net/article/2013/101425365.html。

显示，在互联网使用者中，有74.6%的人拥有移动阅读设备。移动阅读终端用户以中青年为主，其中26～35岁的用户占比最高，达到42.4%；18～25岁用户占比为27.5%，36～45岁用户占比为17.8%，其余年龄段用户占比均不足10%。① 同时，值得注意的是，受访者中使用终端设备不到一年的用户比例为53.6%，而使用三年以上的用户比例低于10%。这也从另一个角度反映出2013年中国移动阅读终端用户数的快速增长。当问及用户在平板电脑、超级本和智能手机三者之间的选择倾向时，有一半以上（50.4%）的用户都选择了平板电脑，可见平板电脑等移动阅读终端已经成为中国市场上最受用户欢迎的移动终端产品。

从功能需求来看，主要有浏览网页（25.7%）、看网络视频（23.3%）、网络社交（12.0%）、玩游戏（18.7%）和看电子书（13.6%）。可以看到，移动阅读在用户使用中占据着最重要的比例，浏览网页和看电子书的使用需求在总体使用中占到近四成。然而，通话功能对平板电脑等移动阅读终端用户来说并不重要，83.6%的用户表示不会用通话平板电脑代替手机，表示会使用通话平板的用户占比仅为4.6%。②

从使用环境来看，用户更倾向于在生活中使用移动阅读终端设备，ZDC调查显示，28.4%的人认为移动阅读终端对自己非常有用，其中86.1%的用户认为其在生活中非常有用或比较有用，49.7%的人认为其在工作中非常有用或比较有用。因此，尽管"多屏融合"的趋势继续，但在现阶段的市场竞争中，移动阅读终端与手机和笔记本电脑市场还存在较大的差异化竞争空间。

（四）4G网络和新功能需求形成新的消费刺激点

2013年底，4G网络的推行在中国市场上掀起一阵不小的波澜。在国际市场上，美国、日本和欧洲的很多国家早已开始布局4G网络，移动终端设备也随之跟进；韩国甚至已经在2014年初开始了5G网络的新布局。对于中国市场来说，4G网络将为移动阅读终端设备在视频相关领域的应用带来广阔的发

---

① 互联网消费调研中心：《2013年中国平板电脑用户行为调查报告》，2013年10月。
② 互联网消费调研中心：《2013年中国平板电脑用户行为调查报告》，2013年10月。

展前景,而这一领域的发展将使屏幕适中、便于携带的移动阅读终端获得更广泛的市场普及;2013年中国平板电脑市场销量的大幅上涨也显示了这一前景。

一方面,4G网络带来的不仅是移动应用的新发展,而且还将包括移动终端市场的再建构;另一方面,在全球市场上,尽管平板电脑占据了出货量的绝对优势,但电子书终端也呈现稳定的上升态势。同时用户使用数据也说明,阅读仍然是移动设备上人们使用的最主要功能。尽管终端技术的开发还处于不断尝试的阶段,但4G网络和移动阅读及应用的新需求正在形成新的市场消费刺激点。

三 结语:移动阅读终端产业前瞻思考

考察国际国内电子书与平板电脑等移动阅读终端产业的相关数据,可以看到,2013年移动阅读终端产业呈现总体良好的发展态势。尽管有些国家和地区还尚未形成广泛的需求;同时,在中国和其他一些相对欠发达地区,白牌产品占有相当大的市场份额,目前这些产品所提供的技术水平与未来网络发展和智能生活需求尚不能完全匹配,但从出货量和渗透率的上升可以看出,移动阅读终端产业未来巨大的市场潜力和空间。

那么,我国的移动阅读终端产品在未来几年里将如何更好地实现良性的和可持续的发展?或者说,人们需要什么样的移动阅读设备?这是移动阅读终端厂商所需要考虑的重要问题。综合以上分析,我们认为,移动阅读终端产业的未来市场开发有必要关注以下三方面。

(一)用户结构与市场划分

美国是移动阅读终端产业发展最为完善的国家之一,已经形成了"终端—内容—渠道"配合良好的产业结构。但是,在美国市场上畅销的亚马逊Kindle却在中国市场上栽了跟头。[①] 结合前文的数据不难看出,中国移动阅读产业市

---

① 凤凰网:《亚马逊被中国市场背叛了》,2013年6月7日,http://tech.ifeng.com/internet/special/amazon/detail_ 2013_ 06/07/26223508_ 0. shtml。

场在目前的发展阶段与国际市场有着鲜明的不同,这主要可以看作国民收入水平的匹配程度与移动阅读终端与内容产业链发展现况的影响。然而,若要在未来赢得移动阅读终端产业的市场,不可能仅仅依靠以低价换取销售量的方式,当市场呈现一定饱和程度的时候,用户必然需求品质更优的产品。因此,在分析用户结构变化与市场划分的基础上,完善硬件技术是一项必然需求。

观察美国移动阅读终端用户结构可以发现,受教育程度、家庭收入、年龄都是影响移动阅读终端选择使用的要素,但所处地区对用户持有率的影响不大。更近一步来看,美国拥有大学及以上学历的人平板电脑的持有率为49%,而高中以下的受访者中平板电脑的持有率仅为21%;在大学以上学历受访者中的电子书持有率为35%,而高中以下的为14%。家庭年收入在150000美元的受访者中,有65%的人持有平板电脑,38%的人持有电子书;年收入在100000~149999美元的家庭中有57%的人持有平板电脑,38%的人持有电子书;而家庭年收入低于30000美元的家庭中,仅有22%的人持有平板电脑,15%的人持有电子书。从年龄分布来看,平板电脑在青少年中的受欢迎程度较高,而电子书在30~49岁的人群中更受欢迎。然而,美国移动阅读终端在地域差异方面并不明显,在市郊的渗透率甚至高于城市。在城市、市郊和乡村,平板电脑的持有率分别为36%、37%和27%;电子书持有率分别为24%、26%和21%。①

美国的用户结构与市场划分让我们看到:①与我国相比,美国电子书持有者所占的比例相对较高,这与美国电子内容产业的发展相匹配,在昂贵的纸质书籍购买环境下,很多人选择购买电子书籍。②随着用户年龄的增长,使用取向也会更多地转向深度阅读。③由于较早地实现了城镇化以及无线网络的广泛普及,移动阅读终端在市郊和乡村拥有较高的渗透率。随着中国出版业市场结构的变化、无线网络向欠发达地区的渗透,中国移动终端产业还将形成新的产业联动和市场空间。

(二)新兴市场产业政策与区域发展新需求

CNNIC发布的第33次《中国互联网络发展状况统计报告》显示,截

---

① Pew Research Center, E - Reader and Tablet Ownership 2013, 2013年10月。

至2013年12月，中国网民中农村人口占比28.6%，规模达1.77亿，农村网民规模的增长速度为13.5%，比城镇网民增速高了近一倍。① 信息技术由城市向农村的转移，除了网民规模的增加外，更主要是体现在农业信息化建设领域。

自2005年中共中央首次在一号文件中提出要"加强农村信息化建设"以来，国家就一再强调农村信息化的重要性。经过近十年的建设发展，中国农村信息平台数量逐步增多、功能不断完善，农业经营管理信息服务已初现成效。然而，在目前的建设条件下，农村信息系统设备还主要集中在农业经营管理机构的设备布局和使用推广；但随着农民个人对农业信息互联的需求深化，能够便利、实用地接入信息服务的个人移动终端设备将迎来又一大市场空间。

从国际现况和经验来看，移动终端在农业中的应用目前在大多数国家还处于概念化的发展阶段；换言之，新型信息技术在农业生产管理中的应用尚未成熟。比如，农业产品物联网的概念在美国的大型农场中还处于试验阶段，移动终端针对农业生产管理的应用开发也相对不足。然而，在我国的农业销售管理中，互联网和移动互联网正在发挥着越来越显著的作用。比如淘宝网对卖家进入零门槛的规定，使得边远地区的农产品生产者能够直接进入交易市场；而传统网络平台向移动终端的聚拢以及基于移动终端的新型应用开发，还将带动电子阅读移动终端在欠发达地区和农村信息管理领域的未来潜力。

（三）App应用开发新导向

美国2013年的一项调查显示，智能手机用户每天平均查看手机150次②，其中包括查看电话和短信、语音信息，打发时间，社交，播放音乐，看视频，上网，玩游戏以及一些个性化使用。这一调查从侧面反映了美国用户对移动终端信息消费的分配，从这项调查中可以发现，用户对功能性应用的需求

---

① CNNIC：第33次《中国互联网络发展状况统计报告》，2014年1月。
② Anujeet Majumdar, Smartphone users check their phones an average of 150 times a day [DB/OL]. 30 May 2013. http://tech.firstpost.com/news-analysis/smartphone-users-check-their-phones-an-average-of-150-times-a-day-86984.html.

（54%）仍然高于娱乐需求（46%）。正如我们在前文中所谈到的那样，在上述领域中的移动应用开发已渐趋饱和，App应用开发者对未来应用终端的考量正在发生转向。以需求为核心的媒体发展规律显示，全世界的媒体都正在经历着从"多媒"到"融媒"的结构性变革，而移动阅读终端及应用的不断创新，构成了这一变革的技术驱动力。

在移动App应用的新趋势下，我们预见，未来移动阅读终端市场的开发与探索，将更关注并努力实现如下新特点：①解放我们的双手；②语言无障碍转换；③远程信息接入更便捷；④更广泛的实时应用；⑤新闻聚合；⑥海量信息同步传输；⑦知识查询与自我学习的虚拟课堂，等等。这些新的趋势与导向，不仅将在技术层面形成媒介发展的新动力，也将促动媒介运营跳出原有的思维。移动阅读由此将被赋予更为广泛和多元的形式，其意义也将随着产业应用的融合而拓展，并向更多的领域渗透。比如现代农业生产过程与农产品销售市场建构中的信息获取、分享与服务，对匹配性移动应用和设备的新功能需求等。

B.23
2013年中国网络视频产业发展报告

张 斌　曹三省　唐朵朵＊

摘　要： 2013年是中国网络视频迅速发展的一年，整体产业逐渐走向成熟，产业规模、用户规模不断提升；市场结构进一步完善；版权分销、视频增值服务份额逐步提升；产业并购潮出现使市场进一步优化；网络视频制作能力迅速提高，UGC用户生产内容和PGC专业生产内容成为网络视频的重要来源，视频内容呈现多样化与高清化；网络视频用户参与度增强、体验更好，出现了视频社交化倾向；移动端视频用户规模的不断攀升，促进了网络视频广告新的发展，网络视频广告效果的监测更为精准；HEVC（H.265）和AVS2视频编码技术发展和推进，为超清视频的传输提供了技术支持；随着4G技术的应用，移动宽带的渗透率及网络覆盖面积的提升，移动视频将迎来快速发展。

关键词： 网络视频　产业策略　UGC

2013年，中国网络视频产业发展迅速，创新层出不穷。一方面，网络视频以新的内容、新的形式，通过新的渠道向受众进行快速而深刻的传播；另一

＊ 张斌，博士，中国传媒大学中国传播能力建设协同创新中心，中国传媒大学新媒体研究院讲师，研究方向为新媒体；曹三省，博士，中国传媒大学中国传播能力建设协同创新中心，中国传媒大学新媒体研究院副院长，博导，研究方向为新媒体；唐朵朵，中国传媒大学新媒体研究院。

方面,网络视频行业内以及相关行业间也开始迅速的渗透与融合,呈现新的格局和新的特征,同时也带来了新的问题和新的挑战。本研究报告从2013年网络视频产业相关的市场、内容、受众、广告、技术等领域出发,通过全面的数据分析研究,总结了网络视频产业发展的新趋势、新问题,并提出了相应建议与策略。

一 2013年网络视频产业发展概况

(一) 2013年网络视频产业发展概况

1. 产业规模

2013年,中国网络视频产业规模不断扩大,增速持续提高。网络视频产业规模在2012年基础上持续高速增长,市场规模达128.1亿元,相对2012年同比增长41.9%,与2012年43.9%的增速相当,超过搜索引擎、网络广告、网络游戏等相关产业的平均增长率。

2. 用户规模

2013年,中国网络视频用户规模不断扩大,增长趋势显著。2013年网络视频用户规模在2012年基础上持续高速增长,用户规模达到4.28亿,相对于2012年底增加5600万人次,增长率为15.2%。[①]

3. 重点网络视频企业

用户对网络视频的旺盛需求,推动了网络视频企业的迅速发展,近年来产生了优酷土豆视频、百度视频、腾讯视频、搜狐视频、爱奇艺、PPTV聚力和乐视网等重点网络视频企业,目前这些企业覆盖用户均超过1.5亿人,季度广告营收超过1.5亿元。其中,优酷土豆2013财年综合净收入为30亿元,第四季度首次实现了季度盈利,综合净收入达到9.01亿元,较2012年同期增长42%。爱奇艺2013年全年移动视频广告收入高速增长,第四季度移动视频广告已占广告总收入的20%以上。2013年9月,爱奇艺移动端流量首次超越PC端。

---

① 中国互联网络信息中心:第33次《中国互联网络发展状况统计报告》。

（二）2013年网络视频市场发展

1. 网络视频市场

2013年网络视频市场结构上依然是以广告收入、版权分销、视频增值服务为主，网络视频行业最主要的收入依然是广告，占比高达75%。网络视频需求不断加大，网络视频用户规模达到4.28亿，视频网站在市场中越来越得到重视，市场议价能力不断提升，受关注程度不断提高。同时，传统媒体纷纷借力新媒体向网络视频市场转型和整合，进一步扩大了网络视频市场的规模和影响力。

2. 网络视频并购，资产组合

2013年网络视频资本市场迎来积极变化，网络视频行业加速发展，整合兼并不断，被称为网络视频产业"并购元年"。

2013年5月7日，百度宣布以3.7亿美金收购PPS视频业务，并将PPS视频业务与爱奇艺进行合并。2013年8月14日，SMG百视通正式宣布以总计3.07亿元的货币资金增持风行网股权，从35%增加至54%。2013年10月28日，苏宁宣布，联合弘毅投资以4.2亿美元战略投资PPTV。

这几项交易的达成，给网络视频行业的格局带来巨大影响：网络视频行业基本格局向多极化转变，优酷土豆行业领先者的地位面临挑战，同时网络视频行业的规模效益愈加明显。

二 2013年网络视频内容特点分析

网络视频产业链需要以视频内容为核心导向，提供优质的内容是网络视频各产业链生存的必要条件。内容的多样性也是各视频企业摆脱同质化的关键。

（一）网络视频内容的特点

1. 内容生产

版权购买：为了摆脱内容平庸贫乏和同质化现象，扶持正版市场，购买版权已成为视频企业丰富自身视频数据库的重要方式。2013年上半年，优酷土豆的营收成本中，内容成本占比53.8%，内容成本已成为网络视频企业的主要成本项。版权内容也是在线视频企业营收的重要保障，其涵盖的类别也越来越多。① 由于购买内容给视频企业带来大量点击量和广告收益，内容购买有从版权分销向独家版权转变的趋势。独家版权不仅使视频企业内容产生差异化，也使视频企业找准品牌定位，对培养用户忠诚度与黏性有较大作用。因《中国好声音》的成功案例，视频网站也开始了综艺节目独播权的竞争：PPTV拿下《最强大脑》第一季网络独播权，乐视网拿下《我是歌手》第二季网络独播权，爱奇艺获得《百变大咖秀》第五季和《爸爸去哪儿》第二季节目独播权，《中国达人秀》《中国好歌曲》《中国好声音》第三季、《变形计》被腾讯视频独揽麾下，综艺节目网络独播权成为2013年视频网站的重要赢利方式。②

台网合作：台网互动是传统媒体在新媒体时代为自身发展谋求空间而产生的自发性变革，也符合电视行业与视频行业双方的利益诉求。视频网站有其强大网络平台与稳定大量的用户，拥有电视行业所缺少的互动性。而电视行业拥有的是高质量的节目，二者互补，必能共赢。2013年，受新闻出版广电总局"限购令"的影响，全国卫视综艺类节目转投网络视频平台趋势更为显著，并且视频企业在内容生产上成为内容制作参与者。河南卫视、爱奇艺共同打造的《汉字英雄》，改变了以往视频企业节目宣传推广、资源互换的合作方式，在制作与推广等层次全方位联动。并且视频企业实现了反向输出，台网合作从原有的传播渠道层次逐步深入内容制作、内容互通、广告营销等方面。如爱奇艺的自制节目《以德服人》的广播版登入北京人民广播电台数字广播、人物访谈类节目《青春那些事儿》登陆河北卫视、电视剧《奇异家庭》落户山东教育电视台。③

UGC用户生成内容：UGC内容以亲民性、草根性、成本低等特点，在2013年一度活跃，各大视频企业都非常关注UGC。对于用户来说，UGC内容

---

① 艾瑞新媒体产业数据库中国传媒大学新媒体研究院Up2date数据库。
② 《2014年将是综艺视频井喷之年》，http：//www.jfdaily.com/wenyu/bw/201402/t20140207_71705.html。
③ 《网络视频"拐点年"——新媒体视频2013年度8大现象》，http：//www.zongyiweekly.com/new/info.asp？id=3934。

一般时长短,内容紧凑亲民,符合移动视频分享、短视、视频社交的发展。对于视频企业,UGC 内容相对于其他内容的视频成本较低,并且 UGC 内容可推进视频企业内容平台差异化。如优酷网的"牛人推广"栏目就是对 UGC 的扶持。类似 56.com、酷 6 网、六间房(6.cn)、呱呱等视频企业,则以美女主播等 UGC 秀,通过与上传用户分红的方式吸聚人气。

PGC 专业生成内容:PGC 内容在 2013 年得到了广泛发展,也是摆脱同质化、形成特色品牌平台的另一出路。PGC 主要涵盖微视剧、微电影、综艺等类型。PGC 内容在生产方面主要以制播分离为生产机制,不断趋于制作专业化、内容丰富化、产出稳定化、价值增长化、关注扩大化等。在版权费用居高、各网站急于寻求内容差异的背景下,自制内容将是网络视频企业的关注重点。2012 年底,优酷就开始打造"优酷出品"、"优酷自制综艺"、"土豆映像"三大自制战略,优酷 mini 剧《万万没想到》、综艺和微电影《优酷全娱乐》、户外真人秀《侣行》、访谈类节目《晓说》均是其打造的精品 PGC 内容。PGC 内容不仅入驻了综艺类节目,视频网站也投资电影,如优酷在 2013 年出品了《风暴》《等风来》等大电影。①

2. 内容类别

在内容类别上,除延续以往内容类别外,视频企业在多元内容类别下注重细分,提高了用户的搜索精度,增加了用户的体验。在传统娱乐内容类别持续升温的情况下,各大视频网站在视频类别上都有不同侧重:如搜狐视频侧重英美剧,优酷侧重搞笑剧和访谈节目与纪录片,新浪视频侧重体育赛事等。直播内容成为 2013 年网络视频重要的播放内容,体育类与演唱会等类别是直播发展的重点。

3. 内容形态

视频端口多样化与高清化在 2013 年成为主流。大多视频企业都开展 PC 端、手机端、智能电视端等多屏战略。弹幕视频也令用户评论与互动更加具有实时性与个性化。根据用户的喜好提供自主推荐与主动搜索、在视频的时间码

---

① 《网络视频"拐点年"——新媒体视频 2013 年度 8 大现象》,http://www.zongyiweekly.com/new/info.asp? id=3934。

表1 2013年流行的视频网站节目/剧

平台	招牌节目	播放量	节目类型
优酷	《晓说》	两季累计3.7亿	脱口秀
	《侣行》	两季累计14亿	户外真人秀
	《万万没想到》	近4亿	迷你喜剧
	《优酷全娱乐》	近5亿	娱乐资讯
爱奇艺	《汉字英雄》	上线一个月超过2千万	益智综艺
腾讯视频	《大牌驾到》	近3亿	明星访谈脱口秀
	《爱呀幸福男女》	第一、第二季均过亿	明星访谈
搜狐视频	《屌丝男士》	两季累计过7亿	网络喜剧
	《我的前任是极品》	累计1.7亿	
	《极品女士2》	开播26天过亿	
	《大鹏嘚吧嘚》	自2007年开播以来点击量过10亿	脱口秀

数据来源：易观智库，中国传媒大学新媒体研究院Up2date数据库，2013年11月。

中提供视频基本信息、提供跨屏追剧与雷达功能，方便用户选择精彩内容，丰富了用户体验。2013年移动互联网入口成为各大视频网站新的战略主题，国内移动视频市场仍是一片蓝海，未来移动端口的播放量与时长会超过PC端口，这些皆体现出视频网站对用户体验的重视。机顶盒设备和智能电视的出现也改变了以往客厅格局，改变了用户线性观看电视的行为。随着H.265等技术的出现，视频内容更流畅、更清晰，音质更好。

（二）网络视频内容的发展趋势

1. 原创视频

开发原创视频，打造UGC新热土。这与宽带技术的成熟、端口移动化、原创版权保护制度不无关系。原创的UGC视频优点在于版权成本低，有大众的参与性、社交性；大多为短视频，适合碎片化、移动端观看；改变了视频网站差异化格局。视频企业也鼓励精品UGC视频的出现，扶持有大批忠实粉丝的草根红人及原创作者从UGC走向PGC生产之路。

2. 内容差异化

"内容为王"、"娱乐至上"等业界共识引领着内容差异化发展。以往版权分销的方式，虽减少了成本，但也导致用户分流、企业同质化、用户对平台没有黏

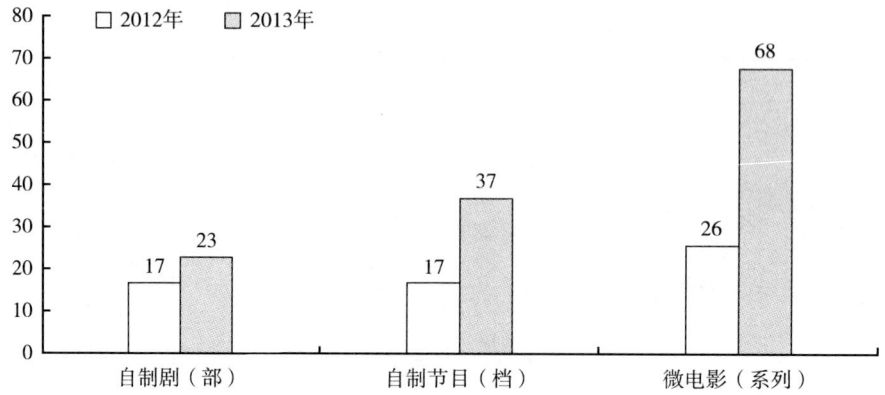

图 1　网络视频原创出品内容规模

数据来源：灵思传播新媒体数据库中国传媒大学新媒体研究院 Up2date 数据库。

性。独有内容和功能才能形成网站的独特性和品牌独立性。一线视频企业平台战略以全网独播、自制 PGC 剧、发展 UGC 内容三路并行，为内容差异化铺路。

3. 定制化发展

定制化视频是消费者主导时代的一大特色，包括视频企业主打的特色内容项目以及为消费者提供符合其需求和令其满意的服务。视频企业由原来的内容平台方与内容采买方变为内容制作方，为不同年龄、兴趣、欣赏喜好的人群量身定制视频内容，也通过自制内容建设内容差异化平台，改变视频行业竞争格局，得到广告效果和广告商认可。视频企业变身为内容制作方，在内容调度上灵活性加大，娱乐影视类定制化内容大多以季的形式出现，每季 5～15 集的规模播出，可以及时得到观众的反馈，做出调整。

4. 社交化视频

社交与视频的深入融合成为大势所趋。通过社交来增进用户的视频分享体验，衍生出节目线上线下的互动，可以使观众左右节目发展。如《快乐男声》与 YY 视频平台合作，创造出网络赛场模式，使淘汰的歌手通过网络复活赛争取复活的机会。短视频更为用户社交化增添活力。2013 年，优酷拍客推出 15 秒"微拍"、酷 6 推出"短酷"、腾讯主打"微视"、新浪推出"秒拍"。短视频与自制相结合，成为 2013 年末视频行业热点。随着 4G 时代的到来，突破了流量限制，短视频分享的活跃度预计会出现爆发式增长。

三 2013年网络视频用户分析

不同的内容会吸引不同的用户群体，对用户群体属性的分析对内容生产的方向起着至关重要的作用。

（一）网络视频受众总体特征

2013年，中国网络视频用户总体规模达到4.28亿，增长率为15.2%。2013年11月，中国网络视频PC客户端与PC端网页月度覆盖人数分别为3.4亿人和4.6亿人，环比增长分别为1.6%与6.7%。[①]

2013年6月，网络视频App月度覆盖人数达到1.3亿人，较2012年8月增长64.0%；网络视频移动端的有效使用时长份额为11.8%，且较2013年5月增长3.0个百分点。[②]

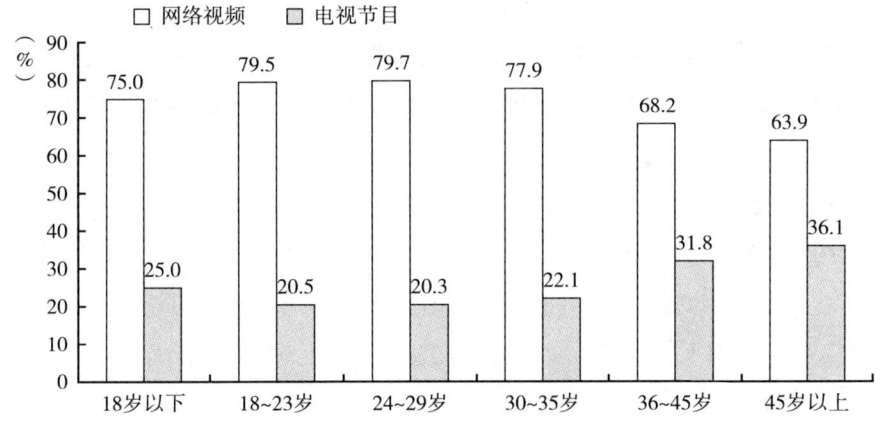

图2 各年龄段调查者对网络视频的偏好

数据来源：中国互联网络信息中心。

据调查，各年龄段的受调查者对网络视频的偏爱程度均明显高于电视。调查显示，18~29岁的受调查者，人数占比均接近八成。此外，年轻用户对于

[①] 艾瑞新媒体产业数据库中国传媒大学新媒体研究院Up2date数据库。
[②] 艾瑞新媒体产业数据库中国传媒大学新媒体研究院Up2date数据库。

电视剧、UGC、电影等内容的消费程度普遍较高，对新闻内容的消费程度则不如中老年用户。

从受教育程度看，各个学历阶段的受调查者对网络视频的偏好程度都远高于电视。其中，本科学历受调查者对网络视频的偏爱程度最高，达到77.6%。

（二）用户收视习惯

1. 使用时长

网络视频用户观看网络视频的频率以及每天的观看时间是衡量网络视频受欢迎程度的重要标准。调查显示，2013年6月，网络视频总有效浏览时间总计为28.8亿小时，较2012年1月的24.5亿小时大幅增长17.5%。2013年6月，网络视频的总浏览时间占据所有网络服务份额最高，达到33.9%，是网民最主要的娱乐方式。[①]

就观看频率而言，30%的网民一周内有1~2天观看网络视频，16.38%网民每天都看，观看频次达3~6天的网民也占到接近两成。由数据不难得出，网络视频已成为互联网的主流媒介，网民普遍习惯上网时通过网络视频软件来观看视频内容，使用时长方面的优势造就网络视频天然拥有高黏度的用户群。

2. 内容偏好

2013年数据调查显示，网络视频用户观看需求呈现泛娱乐化。影音娱乐依然是网络视频用户集中偏好的内容，其中微电影比较突出，其在2013年进入长足发展期，用户关注度高于其他内容，且延伸出了用户自定义微视频内容即UGC内容的出现，如腾讯推出的"微视"、爱奇艺的"啪啪奇"等，引起了大范围的受众关注。

3. 网站品牌选择

2013年中国网络视频网站继续迅猛发展，产生了多个不同特色的视频品牌，例如搜狐视频主打美剧、搜狐自制剧等。受众可根据自己喜欢的视频内容选择不同的网站。因此，对不同视频网站的选择也成为分析网络视频用户行为的重要标志。就网站分类而言，在中国网民访问比例占据前30位的中国视频

---

① 艾瑞科技新媒体数据库中国传媒大学新媒体研究院 Up2date 数据库。

网站中，位居前列的分别为优酷土豆、爱奇艺、搜狐、乐视等。在网络视频用户选择网络视频的过程中，视频品牌引导用户选择，搜狐视频的英美剧、自制剧以及爱奇艺的独播剧都为其视频网站树立了独特而强大的品牌效应，受众能够依据个人喜好自主选择视频网站。

4. 网络视频终端选择

2013年6月，网络视频App月度覆盖人数达到12918万人，较2012年8月急剧增长64.0%。①

随着智能手机、平板电脑等移动终端设备普及度的提升和移动视频观看体验满意率的持续提高，未来网络视频移动用户端的有效使用时长份额还将持续增长，受众的行为从PC端逐渐迁移至移动端，移动视频业务已经成为各大视频企业的战略发展重心。

（三）网络视频受众的心理特征

1. 受众个人意识的体现

由于受众自我意识的表达，网络视频越发强调要注重用户的个人体验。受众通过下载或者在线观看使得自己的观影期待得以满足，并乐于把自己的体验和感受与网友分享，共同交流，加强了网络视频的社交性。

在享受网络影视艺术的过程中，受众不断地参与到影视作品的各环节中，一人充当多人的角色，极大地丰富了受众主动享受影视作品的权利。网络视频为用户提供一个发现自我、找到自我、满足自我和提升自我的平台。

2. 受众自主选择的能力

网络视频技术使受众选择自己喜欢的视频网站、视频内容或服务的自由度提高。更重要的是，网络视频用户的视频选择行为，在时间和空间上有更多自主性。②2012年大火的美剧《纸牌屋》就是根据受众的观影行为来为用户量身打造的影视剧，从而一经播出就收到超高的收视率。这促使网络视频媒体必

---

① 艾瑞新媒体产业数据库中国传媒大学新媒体研究院Up2date数据库。
② 蒋谊：《网络影视受众的思维及审美探析》，硕士学位论文，江南大学，2012。

须不断研究用户需求、心理和行为习惯,并在传播内容、手段、方式等方面推陈出新,力求变革。

3. 受众的参与与体验

网络视频用户与传统电视媒体受众相比存在着重大区别,前者更多加入传播过程,可以自主上传视频参与网上传播。此外,网络视频用户的身份也呈现复杂多样的趋势,其不仅是网络视频的使用者,也是网络视频的生产者。随着网络视频的发展,原创视频成为 UGC 的重要内容,如腾讯旗下的"微视"就在不断鼓励受众进行内容自制。

四 2013 年网络视频广告业务分析

了解用户的属性,可以根据用户的数据分析实现精准的广告投放,既使广告商受益,也满足了用户的潜在需求。

(一) 2013 年网络视频广告整体现状

1. 网络视频广告市场规模

2013 年,中国网络视频广告市场达 96.2 亿元,同比增长 46.8%。2013 年网络视频广告保持了快速增长;优质视频资源大量涌现,广告主更多地将广告投放到优质视频资源上,带来了广告总量的增长;网络视频广告的影响力持续攀升,单条广告价格随之提高;移动设备的普及使移动端广告收入大幅增加;随着移动互联网业务应用范围和领域不断扩展,其也带动整体广告收入的新增长。

2. 网络视频广告收入构成

2013 年中国网络视频市场结构中广告收入所占份额最高,达 75.0%。[①] 目前,网络视频网站的绝大多数收入依靠广告。随着移动端用户数量的不断增长以及新商业模式的推广,非广告收入在营收中的占比将得到一定比例的提升。

---

① 艾瑞咨询新媒体产业数据库中国传媒大学新媒体研究院 Up2date 数据库。

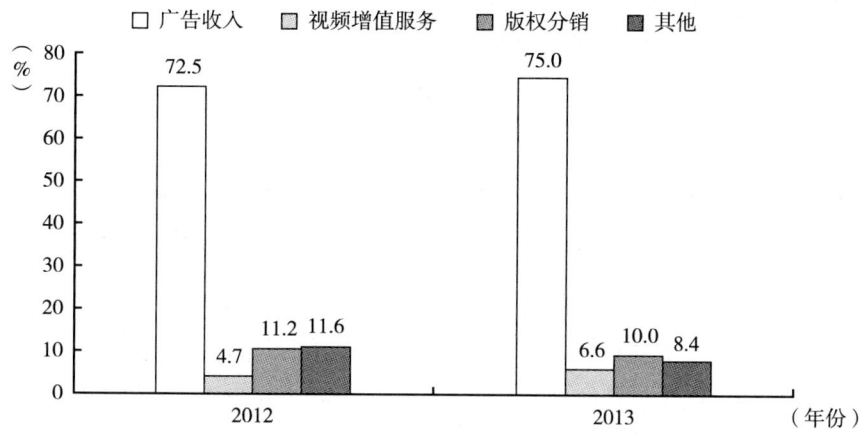

图 3　网络视频广告收入构成

数据来源：艾瑞咨询新媒体产业数据库中国传媒大学新媒体研究院 Up2date 数据库。

3. 各大视频网站的市场份额

2013 年网络视频广告市场中，综合视频网站的广告收入份额高达 86.3%[①]，是整个网络视频行业广告收入的主力，综合视频网站在拥有大量的视频内容的基础上，有着明确的广告目标，其份额也远超其他类型网络视频媒体。其中，以传统媒体为代表的网络电视台的广告收入份额为 9.2%[②]，居于次席，在互联网时代依然有一定影响力。

（二）网络视频广告创新

1. 移动端广告效果监测创新

自 2012 年起，第三方机构纷纷开始推出自己的移动端 SDK（Software Development Kit，软件开发工具包）监测代码，对移动端广告效果进行监测。但各方开发的监测代码均为闭源代码，缺乏统一的行业标准，相互之间不能通用，并且容易和移动端 App 产生冲突。2013 年，优酷土豆集团向中国无线营销联盟（MMA）提出研发行业统一的 SDK 监测代码的建议，希望以此结束各

---

① 艾瑞咨询新媒体产业数据库中国传媒大学新媒体研究院 Up2date 数据库。
② 艾瑞咨询新媒体产业数据库中国传媒大学新媒体研究院 Up2date 数据库。

方SDK混战的局面。① 2013年7月，中国无线营销联盟推出了《移动互联网App应用嵌入广告SDK监测标准V.1.0》，旨在建立一个被行业多方采纳的基础通用的广告监测标准以推动市场的发展和提升消费者的接受度。

2. 广告平台创新

2013年，第三方DSP需求方平台接入了网络视频网站的广告交易平台，为RTB实时竞价提供了可能。② 所谓的RTB，是利用人群定向技术在网站上针对用户行为进行评估及出价的技术。这种新的计费模式能将广告在正确的时间、地点展现给最有价值的目标受众。DSP平台的进入，推动了网络视频的程序化购买，也使网络视频贴片广告、暂停广告通过RTB投放成为可能，同时DSP也可以为视频网站带来更多的潜在广告主。

五 2013年网络视频产业存在的问题与发展策略

网络视频产业链各环节发展迅速，已具备一定规模，但亦存在一些问题，需要解决和完善。

（一）存在问题

从整个视频产业格局来看，产业发展集中于十余家骨干企业及其他众多中小企业，产业链中间型企业市场竞争激烈，同质化现象严重；视频网站不断发展的过程中，赢利仍是大问题，很多企业营收额增加，却未实现盈利；经营模式单一，对广告的依赖性大，天花板效应逐渐显现；视频网站不惜成本拼抢海外剧、综艺节目独播权，使网站内容成本居高不下，而其他内容品质则有待提高；视频版权问题依然突出，盗版、侵权等行为屡有发生；微视频、微电影等自制内容蓬勃发展，但其暴力、色情等内容备受诟病，缺乏有效的管理手段。

---

① 艾瑞咨询集团：《移动广告效果监测不再瓶颈优酷土豆率先支持行业统一SDK监测》，http://video.iresearch.cn/sharing/20140307/228083.shtml。

② 飞象手机：《DSP品友互动对接投放百度、优酷广告交易平台》，http://www.cctime.com/html/2013-8-15/201381510531348.htm.2013。

（二）发展策略

1. 完善和优化产业链结构，推动网络视频可持续发展

鼓励传统的网络视频网站型企业通过合并、扩展、渗透、转型等方式向产业上下游渗透，这样不仅有利于形成企业自身特有的核心竞争力，同时也打通了内容生产与输出链条，对丰富视频内容、保证内容独特性、扩大内容传播范围具有重要意义。

2. 构建多元化的运营模式与赢利模式，并提高企业经营水平

通过拓展多元化的经营方式，改变网络视频企业对广告赢利模式过度依赖的现状，网站可在播放渠道、其他增值服务等方面加大投入，拓展营收来源，发挥付费模式、自制模式、版权分销模式和渠道模式等网络视频产业赢利模式的作用。

3. 加强自制内容生产，降低内容成本，提高内容质量

为摆脱对海外剧、综艺节目等内容源头的依赖，视频网站应大力发展自制内容，特别是PGC专业生产内容，其质量上有保证，也容易形成制播分离的优良格局，同时可以形成特色化的视频媒资体系。同时，在自制内容的管理上要不断加强，坚决防止暴力、色情等内容的制作、传播与泛滥。

4. 不断增强版权意识，加强版权管理，保护作品的知识产权不受侵犯

要加强行业自律和政府监管，对盗版、盗播等行为坚决抵制。版权问题一直以来成为优质内容创作的瓶颈，同时也影响了网络视频企业获得主流品牌的广告营收，视频企业要善于利用法律手段保护自身的视频内容，从而推动网络视频产业进入购买版权、付费传播的良性循环。

5. 有效利用大数据、实时竞价等技术，提高网络视频技术创新应用

大数据技术可以为网络视频提供推荐引擎、收视情况分析、内容制作、内容购买、定向广告、音视频内容分析等众多功能。特别是结合大数据的RTB实时竞价技术能有效利用资源，提高传播效果，实现广告计费方式的创新，进而增加广告收入，其发展潜力不容低估。未来网络视频企业应利用相关视频先进技术，提高企业技术核心竞争力。

6. 重视发展移动互联网视频和社交化视频，抢占移动互联市场

移动互联是重要的发展趋势，也是网络视频企业发展网络剧、自制内容等特色视频的重要载体。现代社会的生活节奏越来越快，碎片化时间多被花费在移动端，短视频、微视频、社交视频将成为人们"宠儿"，这种短小精悍、互动性强的内容有利于增加用户黏性。网络视频企业应抓住时机，迅速实现移动互联网布局。

综上所述，通过应用有效的发展策略，处理好产业发展过程中一些关键问题，我们有理由相信，2014年网络视频产业会迎接一个更美好的春天。

B.24
2013年中国手机游戏发展报告

张 倩 童清艳*

摘 要: 本报告通过解读2013年各项政策、分析各渠道排行榜和用户对手机游戏的满意程度,探索和了解2013年中国手机游戏的发展情况。

关键词: 手机游戏 政策市场

2013年中国游戏市场用户数量达4.9亿人,销售收入为831.7亿元。中国移动游戏的市场规模达112.4亿元,移动游戏市场规模同比增长246.9%,占中国游戏出版市场总规模的近12.5%。2013年移动游戏市场占有率为13.5%,较2012年的5.4%增长了8.1个百分点,是游戏产业细分行业中市场份额增长幅度最为明显的一个分支①。2013年是中国移动游戏发展的拐点,游戏开发商和手游产品都出现了"双料井喷式"增长。其中,移动游戏特别是智能移动端成为最重要的推动力。

一 手机游戏政策环境分析

2013年是手机游戏发展的重要一年,国家相关职能部门将目光聚焦到手机游戏市场,并付诸行动,制定了一系列规章制度,推动手机游戏市场的发

---

* 张倩,上海交通大学媒体与设计学院研究生,研究方向为新媒体传播;童清艳,上海交通大学媒体与设计学院教授,博士,研究方向为新媒体传播、受众研究。
① 国家新闻出版总署游戏工委、中新游戏研究中心:《2013年中国游戏产业报告》。

展。在2012年底和2013年初，政府多次在公开场合表示对手机游戏的发展非常支持，并正在准备制定手机游戏的相关政策。部分地方政府为了支持手机游戏发展，引进相关人才，发布不少优惠政策。政策逐渐出台的同时，手机游戏的行业环境也有了新的发展和变化。国际市场对手机游戏的关注重点和手机游戏的影响力等在2013年也有了不少值得关注的改变。2013年，手机游戏市场的环境变化主要分成下面两部分。

（一）政府职能部门

1. 目标和态度

2013年1月8日，时任文化部文化市场司网络处处长韩险峰在第二届"金鹏奖"中国原创Android手游大赛的颁奖典礼上表示，文化部正在制定移动游戏政策措施。主要目标有三点：①研究制定进一步推进移动游戏健康发展的政策措施；②加强内容管理和内容建设；③加强对游戏的运营管理。

2013年1月21日，文化部副部长王仲伟在"第一届中国应用游戏大赛成果发布会"上指出：文化部将继续对基于移动通信发展的在线文化这一新兴产业给予大力支持。

2013年10月10日举行的首届国际移动游戏大会上，文化部文化市场司网络处处长李建伟透露，当前移动游戏文化产业发展势头强劲，移动游戏产业将是扩大信息消费的重要渠道，文化部正改进政策，引导产业发展。

2013年12月26日至28日，年度中国游戏产业年会在武汉举行。国家新闻出版广电总局副局长孙寿山表示，总局将落实《新闻出版总署关于支持民间资本参与出版经营活动的实施细则》，降低进入门槛，鼓励和支持非公有制文化企业有序参与网络游戏出版，鼓励和支持网络游戏出版企业开展多种形式合作。继续实施"中国民族网络游戏出版工程"，为民族原创网络游戏精品提供获奖机会，争取资金支持。

2. 建立框架

2013年3月23日，文化部文化市场司副司长庹祖海出席第九届中国游戏行业年会时提到：文化部将推动研究修订《互联网文化管理暂行规定》《网络游戏管理暂行办法》，并且联合各有关部门进一步落实《未成年人网络游戏成瘾和防治工程工作方案》。

2013年8月20日，文化部出台《网络文化经营单位内容自审管理办法》规定，其中移动游戏行业无须报文化部审批，移动游戏行业的审查备案工作交由企业自审，这一办法自2013年12月1日起实施。

3. 制度调整深化

在2013年11月21日举行的第四届中国移动游戏企业高峰论坛上，文化部文化市场司副司长庹祖海表示，文化部出台了《网络文化经营单位内容自审管理办法》，并将推行游戏企业的内容自审制度。监管部门将适度调整游戏审批政策，游戏初期的审查工作将交给有资质的企业，政府将从事前的审查进入事中的巡查和事后的核查和处罚。

2013年12月，文化部集中整治手机网游市场，其中包括涉赌、运营过程中以随机抽取诱导用户付费和未经批准擅自从事手机网络游戏的经营活动的企业。文化部官网公开了通知的内容与违规企业的名单。文化部此次整治的重点，一是部分手机游戏平台违规运营含有"赌场"字样、诈金花类、梭哈类、六合彩类等涉嫌宣扬赌博的手机游戏；二是部分手机游戏在运营过程中以随机抽取等偶然方式，诱导网络游戏用户采取投入法定货币或网络游戏虚拟货币的方式获取网络游戏产品和服务；三是部分企业未经批准擅自从事手机网络游戏的经营活动。

（二）行业环境

2013年1月25日，动漫游戏产业标委会成立。会议通过了《全国动漫游戏产业标准化技术委员会章程》《全国动漫游戏产业标准化技术委员会秘书处工作细则》《本届动漫游戏产业标准化技术委员会工作计划》和《全国动漫游戏产业标准体系框架》等文件。该"标委会"将制定一系列动漫游戏技术、产品、内容、创作和市场运营方面的规范和技术指标。

11月27日，第三届MGS中国移动游戏大会在上海顺利召开。移动游戏联盟秘书长缐森代表移动游戏发展联盟宣读了《中国移动游戏行业自律公约》：①遵守国家法律法规，承担企业自律责任；②完善行业竞争规则；③加强行业共同协作，促进各方共同发展；④履行企业社会职责，树立行业整体形象。

二 排行榜背后的手机游戏市场

（一）手机游戏产品分析

1. 产品数量

针对 IOS 系统，对手机游戏中的免费下载榜、付费下载榜和盈利榜三大榜单进行 2013 年的月度 Top10 排名，三大排行榜各具特点。图 1 显示三大榜单每月 Top10 新上榜的游戏数量。可以明显看到，免费下载榜每个月新上榜的游戏都在 6 成或以上，变化都比较大。而付费排行榜变化则没有那么大，每月新的上榜游戏都在 5 成或以下。盈利榜比较明显的是，每月新上榜游戏比较少，变化不大。免费排行榜体现了 2013 年中国手机游戏市场的繁荣，游戏数量井喷，变化多样。由于中国消费者对付费游戏的接受程度相对来说还是不如免费游戏，故而付费游戏的每月的变化没有免费游戏多。但从盈利榜可以明显看到，尽管游戏种类数量在不断变化，游戏的最终盈利情况还是非常稳定的，集中于为数不多的高质量作品上。

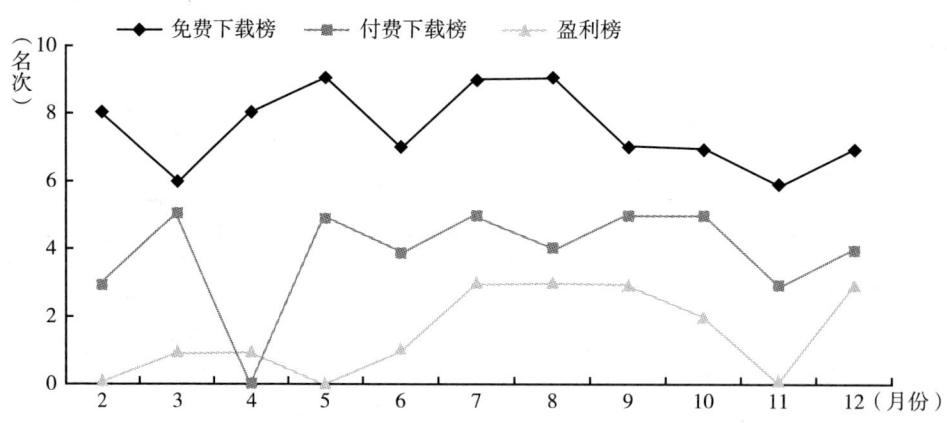

图 1　2013 年月度 Top10 中新上榜的游戏数量

注：图中横轴为 2013 年月份分布，纵轴为排行榜名次。
资料来源：App ANNIE 公司对 IOS 系统手机游戏的统计排名。

2. 产品类型

Android 系统 2013 年前三季度 Top10 的产品体现了一定的趋势，同时也反映出各渠道中游戏类型的特点以及市场竞争的激烈性。其中，轻度游戏发展比重下降，重度游戏比重轻微上升。角色扮演类游戏后劲十足，而休闲动作类游戏则表现稳定。同时，各渠道对游戏类型的偏好也是有所区别的。九游、应用汇和手游天下这三个渠道分别占据重度游戏比重的前三位；360 助手、腾讯、应用汇这三个渠道分别占据中度游戏比重的前三位；91 助手、优亿市场、当乐这三个渠道分别占据轻度游戏比重的前三位。[①]

各渠道的游戏类型比重 Top3 中，益智类游戏比重最高，角色扮演类比重也很高。数据显示，长期稳居 Android 系统各渠道 Top10 的游戏共有 12 款，其中单机手机游戏 12 款，网络手机游戏 7 款，其中 15 款游戏进入 Top10 排行榜时间长达 5 周以上[②]。

在游戏玩法类型中，特别值得一提的是手机游戏中的卡牌类游戏。2013 年上半年畅销手游类型收入分布中，中国移动网络游戏起步虽然略晚，但市场成长较快，52% 的收入来自卡牌综合类游戏。卡牌类成为竞争最为激烈的品类之一。

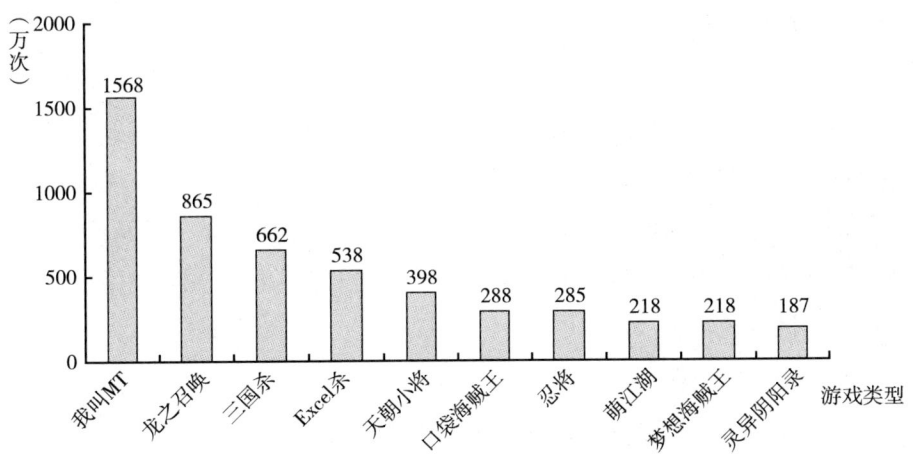

图 2　卡牌类手机游戏下载排行榜

资料来源：5point 中国手游观察网发布的《榜观察》。

---

① 《榜观察》，5point 中国手游观察网，http：//www.5point.cn/category/points，2013 年。
② 《榜观察》，5point 中国手游观察网，http：//www.5point.cn/category/points，2013 年。

（二）手机游戏渠道分析

1. 操作系统分析

中国手机游戏用户手机操作系统分布情况为：Android 系统为 76.16%；IOS 系统为 29.63%；Window Phone 系统为 9.22%；Symbian 为 5.86%；Blackberry OS 为 0.91%；其他为 3.20%。2013 年手机操作系统市场依旧维持谷歌安卓和苹果 IOS 两强垄断的格局，但稍有变化的是，安卓的垄断程度在加重，而苹果的市场份额却有所下降。两强格局下小众系统生存艰难。三星自主研发的 Tizen 系统、Mozilla 的手机操作系统 Firefox OS、阿里云 OS、锤子 OS、Sailfish 等小众系统层出不穷。但从市场份额来看，短期内，小众化的操作系统依然难以撼动整体格局①。

2. 各渠道下载情况

目前中国手机游戏下载渠道非常多，总体来说，渠道比较分散，有部分较为强势的下载渠道，但还未出现寡头垄断现象。其中，Android 系统下载渠道较为混乱。从下载数量上看，Android 系统有着绝对优势。从质量和付费上看，IOS 系统则更胜一筹。

据 CNNIC 调查数据，腾讯和 UC 两大综合平台对手机游戏的下载作用较大，分列手机游戏下载渠道的第一、第二位。除综合平台外，第三方应用商店（含手机助手等）也是下载手机游戏的重要渠道，比主流的专业移动游戏下载渠道更具优势。IOS 渠道分为 App Store 以及第三方渠道，基于 iPhone 用户属于高端用户群体，个人的付费能力要大于其他渠道，中国 IOS 游戏用户表现出高质量、高付费的特点。

（1）Android 系统

2013 年上半年中国 Android 系统移动网络游戏用户数量超过 1 亿人，约占中国移动网络游戏用户总量的 72%。2013 年 1~6 月，在总量接近 2 亿人的移动网络游戏用户中，Android 设备的用户占比高达 72%。用户选择游戏下载

---

① 中国互联网监测研究机构 DCCI 互联网数据中心：《2013 年中国手机游戏用户调查研究》，2013 年。

时,游戏排行榜是首要的影响因素,占比46.5%,这是一种从众心理和权威影响,用户会根据下载量、好评率等来决定是否下载;排在第三位的是用户评论,占比为24.7%。

(2) IOS 系统

尽管腾讯手机游戏于2013年下半年才开始发布,但立刻抢占了后半年月排行榜Top10的席位。腾讯手机游戏后来居上,在2013年IOS中国区手机游戏年度排行榜Top10中占据了一半席位,分别是天天酷跑、欢乐斗地主、节奏大师、天天爱消除和天天连萌。在免费排行榜上,中国出品的游戏与国外相比,在席位数量上有一定的优势。在付费排行榜上,国外出品的游戏在席位数量上领先中国公司。在盈利排行榜上,中国本土出品游戏占到八个席位,远远领先国外出品的游戏(见表1)。

表1 2013年IOS中国区手机游戏年度排行榜Top10

名次	免费下载排行榜	付费下载排行榜	盈利排行榜
1	植物大战僵尸	Temple Run	我叫MT
2	天天酷跑	Contra:Evolution	大掌门
3	Find Something	我叫MT	龙之力量
4	大富豪	植物大战僵尸	Clash Of Clans
5	欢乐斗地主	石器时代	天天酷跑
6	节奏大师	Aspha lt 7:Heat	神仙道
7	Temple Run	暖暖环游世界	三国来了
8	Kung Pow Granny Seasons	武林盟主	摩卡幻想
9	天天爱消除	Asphalt8:Airborne	雄霸天地
10	天天连萌	Archer Cat	武侠Q传

资料来源:App ANNIE 公司数据库。

(3) Windows Phone 系统

Windows Phone 在中国的份额远远落后于国内IOS平台与Android平台智能手机的市场份额。就中国手机游戏市场而言,Windows Phone系统的弱势使得App商店里的应用都很难出彩。在Windows Phone商店免费游戏排行榜中,国产手游所占比例非常小,主要被来自国外厂商的游戏瓜分。以2013年12月26日为例,国产游戏仅占Top10中的2席,热门付费榜中更是难有国产手游。

（三）手机游戏公司分析

一款游戏的成功除了游戏本身优秀之外，发行和运营商也扮演着重要角色。在未来的手机游戏产业竞争中，一些集开发、运营于一体的全平台型公司在资源整合方面占据着优势。

1. 中国游戏公司开始发力

中国手机游戏在 2013 年迎来了起势和飞跃，中国手机游戏不仅在国内市场展现出百花齐放的繁荣景象，在国际排名也表现出明显的上升势头。国际排行榜显示，2013 年第三季度中国 IOS App 跻身全球前三：在第三季度下载榜上仅次于美国排名第二；在第三季度盈利榜单上紧跟美国、日本，排名第三，这是中国 App 的一个巨大进步①。

IOS 和 Google 2013 年月度排行榜显示，中国在后半年逐渐发力，开始进入游戏公司下载榜、游戏公司盈利榜、游戏下载榜、游戏盈利榜，并占据一定的席位。这与 2013 年中国手机游戏国内的市场发展状况正好相契合——国内大型游戏公司开始发力，逐步抢占排行榜高位，并牢固守位。如图 3 所示，从整体市场上看，2013 年第三季度 IOS App 下载排行榜上，中国位列第二，仅次于美国；2013 年第三季度 IOS App 盈利榜上，中国紧随美国、日本，排名第三。随着中国 App 市场的繁荣和飞跃，中国手机游戏市场也在 2013 年发生了巨大的变化。如图 3、图 4 所示，从 2013 年 6 月份开始，中国公司开始比较频繁地出现在 Google Play 和 IOS 游戏下载排行榜和盈利榜上。点状图在 2013 年后半年明显更加密集，主要集中在下载榜上，盈利榜比较少。中国手机游戏的发展空间还很大，除了在数量上抢占优势之外，高质量和高付费是需要着重考虑的下一个目标。

2. 腾讯游戏厚积薄发

腾讯应用在 8 月初动摇了 IOS App Store 的排名。天天爱消除成为腾讯的第一个闯入八月下载榜单 Top10 的游戏；节奏大师紧跟其后，闯入九月份的下载排行榜 Top10。

---

① 数据来源：App ANNIE 公司数据库，2013 年。

2013年中国手机游戏发展报告

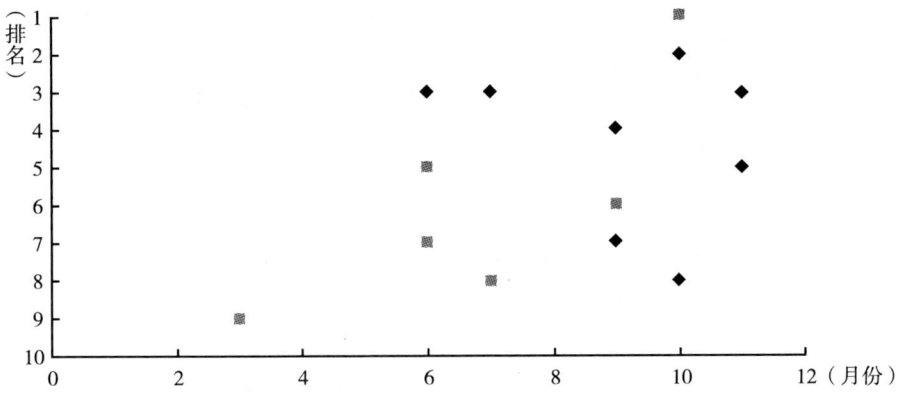

图3　中国游戏及公司在 IOS 平台下载量排名

注：图中横轴为2013年月份分布，纵轴为排行榜名次。
资料来源：App ANNIE 公司对 IOS 系统手机游戏的统计排名。

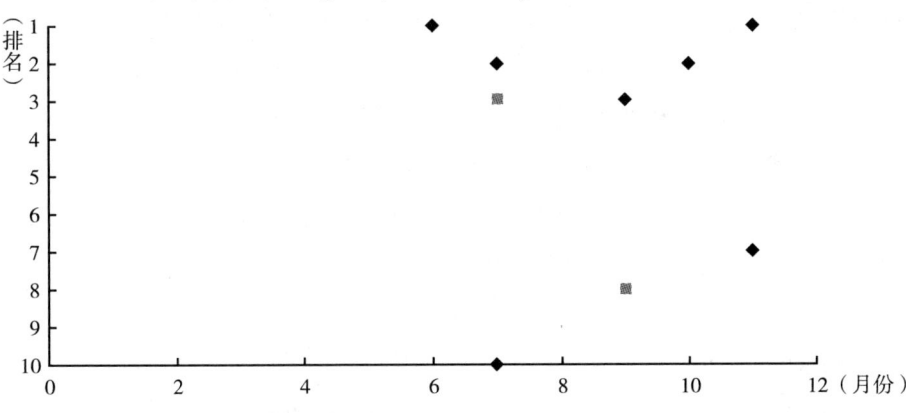

图4　中国游戏及公司在 google play 平台下载量排名

注：图中横轴为2013年月份分布，纵轴为排行榜名次。
资料来源：App ANNIE 公司对 Google Play 平台手机游戏的统计排名。

腾讯不仅在下载数量上面厚积薄发，取得较好的成绩，在盈利榜单上也表现出很大的潜力。腾讯发布在 IOS 的游戏应用，已经闯入2013年11月盈利榜的 Top10。腾讯游戏的增长主要由天天酷跑和欢乐斗地主这两款游戏拉动的，

323

同时，腾讯已经开始透过微信游戏中心实现收入增长。

腾讯游戏副总裁吕鹏在公开演讲中透露，腾讯移动游戏平台总注册用户数已经接近7亿，其中41%的用户是腾讯游戏的新用户。腾讯公司掌门人马化腾曾透露，欢乐斗地主的日活用户为2000万；节奏大师的日活用户则为1700万。

三 中国手机游戏用户分析

（一）用户特点

1. 规模

2013年，中国手机游戏网民的数量持续上升，手机游戏用户的规模不断扩张，保持着迅速上升的势头。

2013年，中国游戏市场用户数量约达4.95亿人，移动游戏用户数量约达到3.1亿人，同比增长248.5%。其中，截至2013年6月底，我国手机网络游戏网民数为1.61亿，较2012年底增长了2187万，半年增长率为15.7%，手机网络游戏使用率为34.8%，较2012年底提升了1.6个百分点。截至2013年8月25日，我国手机网民中使用手机游戏的用户规模达2.08亿，在手机网民中占比为44.9%。① 艾媒咨询2013年12月发布的《2013Q3中国手机游戏调研报告》显示，中国手机游戏用户规模在第三季度有较大幅度提升，同比增长35.0%，环比增长7.8%。

2. 地域特点

中国版协游戏工委、CNG中新游戏研究联合发布的《2013Q3中国移动游戏产业报告》显示，从移动游戏用户的地域分布来看，粤、浙、苏、鲁、豫、京、川、沪、冀、鄂等10个经济大省（市）累计移动游戏用户占比59.8%。②

---

① 中国互联网络信息中心：《中国手机网民娱乐行为报告》，2013年9月。
② 中国版协游戏工委、CNG中新游戏：《2013Q3中国移动游戏产业报告》，2013年12月。

3. 年龄和收入特点

手机游戏的主要用户还是集中于收入在 8000 元以下的青年族群中。其中，18～39 岁的用户占到了 81%，25～29 岁的用户分布最为密集，占到了 35%。这类用户的碎片化时间较多，智能手机使用比例高，手机社交程度高，对手机游戏的接受程度和依赖程度都相对较高（见图 5）。

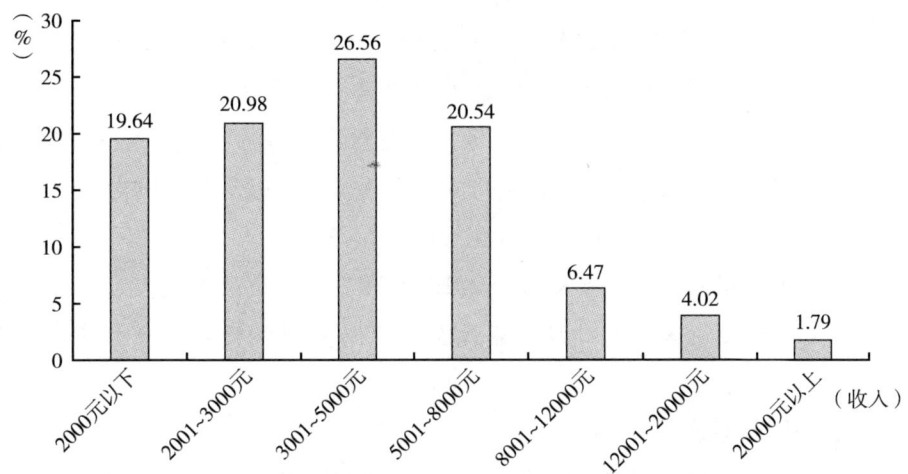

图 5　手机用户收入分布

资料来源：《腾讯手机游戏的体验情况》问卷调查数据。

（二）用户行为习惯

1. 游戏需求偏好

手机游戏是中国消费者为数不多的休闲方式之一，用户对其功能的需求和偏好主要体现在两个方面：一个是游戏模式能够迎合用户的"碎片化的时间"；另一个是游戏要具有一定的社交功能。同时，手机游戏的模式正好迎合了其主要消费群体时间碎片化的特征。手机游戏的社交功能满足了当代消费者线上交流的功能，逐渐成为手机游戏中不可或缺的一部分。

《中国手机网民娱乐行为报告》中指出，手机游戏用户对新游戏的选择和决定主要受自身兴趣影响和朋友影响，具有较大的主动性。其中，"自己感兴

趣想玩"占比为52.2%,"看见周围朋友同学玩觉得有意思后自己开始玩"的比例为67.9%。

2. 消费行为偏好

中国手机游戏用户购买额度相对较低,购买习惯还未养成。在手机游戏付费玩家中,冲动型消费成为主导。

《2013年中国手机游戏用户调查研究》显示,"从不消费"的用户占36.94%,消费额度"10元以内"的占28.87%,消费额度30元以下的占将近八成。①

《腾讯手机游戏的体验情况》中,关于"是否愿意为手机游戏花钱"的调查显示:愿意为手机游戏花钱的占三成,不愿意为手机游戏花钱的占四成,剩下的持无所谓态度。针对具体游戏的问题"您是否在腾讯手机游戏上花过钱",有35%的调查者表示花过,没花过的占65%。

数据分析公司Playnomics发布的2013年第三季度玩家参与度研究报告显示,移动游戏付费玩家普遍冲动,累计游戏支出中的63%发生在购买游戏内道具的首日。

3. 游戏时长频次

尽管中国手机游戏用户留存率有待提高,但用户游戏在线时间相对较长,登录次数比较频繁,用户黏性较强。其中,青少年游戏在线时长增长最明显。

DCCI互联网数据中心发布的《2013年中国手机游戏用户调查研究》显示,平均每天在线1小时以上的占62.07%,平均每天登录一次以上的占64.58%。《腾讯手机游戏的体验情况》调查显示,每天至少登录游戏一次的用户占87.73%,每天在线1小时以上的用户占到了将近五成。

4. 类型选择偏好

中国手机游戏用户对益智类、棋牌类游戏最为青睐。游戏风格方面,武侠和历史题材最受消费者拥护。

61.1%的手机游戏用户偏好简单易上手的游戏,58.8%的用户偏好不断有新关卡的游戏。玩过益智类游戏的用户占73.57%,棋牌类和射击类紧随其后,分别占64.13%和62.60%。除此之外,策略类、冒险类、模拟经营类都

---

① 中国互联网监测研究机构DCCI互联网数据中心:《2013年中国手机游戏用户调查研究》,2013。

达到了五成以上。① 《腾讯手机游戏的体验情况》调查显示，喜好玩棋牌类的用户最多，占到了 41.07%，益智类占到了 39.96%。在游戏风格方面，玩过中国历史题材的用户占到了 45%，武侠题材占到了 45.24%，紧随其后的萌系卡通风格占到了三成。

5. 对手机游戏满意度

中国手机游戏用户对目前中国手机游戏的满意度比较一般，整体处于刚及格的阶段。用户对游戏类型的满意度最高，对收费方式的满意度最低。

根据对 2013 年手机游戏市场发展势头最猛最强的腾讯手机游戏进行的问卷调查，了解用户对当前中国手机游戏的满意程度。用户对游戏类型的满意度最高，达到 78 分。其次是操作方式，社交功能排在第三，表现形式排第四，收费方式的满意度最低，指标分数为 55.31 分。

四 手机游戏发展存在的问题

（一）政策制度不够完善，力度不足

2013 年，手机游戏的重要政策才陆续出台。手机游戏行业的政策体制处于初步形成阶段，很多行业内的乱象都还处于没有具体规章管理阶段。例如，我国手机游戏的分级制度还未出台，未成年人的游戏环境令人担忧。2013 年 12 月，文化部集中整治手机网游市场，但实际效果并不明显。

（二）手机游戏人才缺失

近年来，国内手机游戏企业进入了高速发展期，庞大的市场需求以及国家陆续出台的各类扶植政策，促使着手机游戏行业突飞猛进。与此同时，手机游戏产业正呈现人才紧缺的现象。

（三）手机游戏下载渠道混乱

智能手机的操作系统除了两大垄断系统之外，还有很多小众系统。每个系

---

① 中国互联网监测研究机构 DCCI 互联网数据中心：《2013 年中国手机游戏用户调查研究》，2013。

统的游戏下载渠道又分别有很多种，其中，Android 系统上的手机游戏下载渠道尤其多，很难管理。

（四）手机游戏公司恶意竞争

2013 年手机游戏公司花钱雇用"水军"将自己的游戏刷到排行榜的前几名，这种不良现象比较突出。

（五）手机游戏产品质量欠缺

产品内容质量欠缺——游戏周期短，产品同质化严重。报告显示，由于手游交互方式简单、分发渠道便捷，手游产品较难长期吸引用户注意力。

（六）付费不合理，过度调用权限

手机游戏付费缺乏规范。国内手机游戏市场各种不规范付费情况泛滥，甚至屏蔽运营商的业务确认短信进行强行扣费。

（七）手机游戏捆绑病毒

根据腾讯移动安全实验室发布的《2013 年上半年手机安全报告》，2013 年上半年感染软件款数最多的手机病毒大部分为针对大量热门游戏的二次打包篡改。游戏具备口碑传播的特性，更新换代的速度快，含金币消费、道具、恶意广告等特征对应了手机病毒神不知鬼不觉植入病毒消耗资费或恶意扣费的逐利特性，使得手机游戏 App 成为被病毒海量打包篡改的青睐对象。[①]

五 手机游戏市场发展建议

（一）政府政策方面

中国手机游戏市场是一个发展势头强劲的新兴市场，国家相关职能部门需

---

① 腾讯安全实验室：《2013 年上半年手机安全报告》，2013 年 7 月。

要从宏观上把控。手机游戏市场发展迅速，变化多端，政府需要跟上市场，甚至走在市场前端，迅速快捷地出台规章制度和调整政策。

1. 政策内容需要多元化

第一，中国手游市场的政策法规还处于起步阶段，行业标准性和框架性的政策需要尽快出台。第二，效果明显的扶植性政策应该快速推广。第三，要重视手机游戏市场上多重乱象的治理。

2. 政策执行需要更彻底

2013年12月，文化部集中整治手机网游市场中涉赌等问题，但很多游戏仅仅是将界面的用语和方式进行些微调整而已，本质上并未有太多改变。建议加大政策执行力度，并实施有效的监督和反馈机制。

3. 政策引导需要更清晰

我国首个游戏出版行业标准目前正在编制中。但手机游戏市场情况纷繁复杂，渠道众多，今后会更加变化多样。为了适应手机游戏行业，政策应该更加细化，对市场的引导应该更加清晰。

（二）行业社会方面

1. 行业自行监管

手机游戏市场发展与行业链上的所有部分都息息相关，行业不成熟与日益增长的影响力之间的矛盾已经越来越明显。现在越发需要行业内部的自行监管，需要更加完善行业监管机制，才能建立一个健康完善的游戏市场。

2. 利用精品走出去

部分游戏企业已经在积极开拓海外市场，如腾讯和完美均在北美参与了一系列的游戏相关项目。我国手机游戏进出口市场还有很大的发展潜力。艾媒咨询数据显示，在整个出口游戏产业结构中，以端游和页游为主，手机游戏占比为13.4%。需要更多优秀精致游戏产品发挥长处，将手机游戏作为突破口，走出国门，向世界宣传中国。

3. 培养付费习惯

一直以来，中国消费者的版权意识比较薄弱，对游戏的付费习惯还未培养成型，着重培养消费者的付费习惯对于整个市场发展来说是非常重要的环节，

只有消费者拥有健康的付费观念和付费意识，中国手机游戏市场才能真正健康地发展。

4. 舆论引导影响

手机游戏的影响力已经越来越大，舆论的监督和引导对手机游戏的发展起着不可估量的作用。媒体应该充分利用舆论资源，将手机游戏的影响力转化为正能量。

5. 寓教于乐

现在手机游戏用户的年龄呈现低龄化趋势，青少年接触手机游戏已经非常普遍。好的游戏能够寓教于乐，对青少年的教育效果更加明显。教育游戏领域已经开始发展，众多教学应用逐渐在移动设备上普及。

B.25
2013年网络广告发展报告

王凤翔*

摘　要： 2013年，中国大陆网络巨头从技术、市场、资源方面全面展开竞争与合作，搜索引擎、电商、社交、门户、视频、垂直等网站在互联网、移动网与户外广告网广告市场进行激烈的市场争夺。移动广告市场、资本市场与RBT市场是网络广告的发展重点，网络广告联盟发展势头良好，全球化市场布局是中国网络广告发展的必然。同时，广告技术标准、广告市场平台与法律监管建设是网络广告发展的问题与挑战。

关键词： 网络广告　移动广告市场　资本市场　广告技术标准

市场研究公司（MagnaGlobal）和优盟中国的联合报告显示：2013年，全球广告增量收入总计150亿美元，中国大陆占近50亿美元，占全球广告增量收入的30%，比美国与日本加在一起还要多。实力传播发布的《2013年新媒体广告市场预测报告》显示：中国大陆已超过日本成为世界第二大数字广告市场，市场规模达145亿美元。易观数据显示：2013年，中国网络广告市场规模达1000.1亿元，较2012年增长了36.8%；移动视频广告市场规模为8.3亿元，占网络广告市场规模的0.83%。艾瑞咨询数据显示：2013年度中国大陆网络广告市场规模达1100亿元，较2012

---

* 王凤翔，中国传媒大学博士后。

年增长46.1%。①

2013年，网络"土豪"们从技术、市场、资源方面展开全面的竞争与合作，搜索引擎、电商、社交、门户、视频、垂直网站等在互联网、移动网与户外广告网广告市场进行激烈的市场争夺。其中，搜索引擎网络广告市场份额仍然排在第一位，电商网络广告正在成为中国网络广告发展的主力，社交网站广告强势发展，门户网站广告呈现上涨趋势，品牌广告市场良性发展，视频网站广告发展良好，房地产业与汽车业等垂直网站的网络广告发展特别突出，分众传媒布局移动广告市场。

2013年，网络广告发展具有其自身特点。网络移动市场竞争与整合异常激烈，移动广告投放在网络广告市场大放异彩。网络广告市场对资本市场产生驱动力，各大网络巨头通过资本市场整合数字网络广告市场，资本市场与网络广告市场的互动作用日益显著。在网络广告大数据的技术语境下，各网络巨头纷纷建设网络广告市场平台，加强程序化购买，打造RTB生态圈，增强网络广告产业链的市场布局，形成网络广告联盟的凝聚吸附。网络广告联盟市场规模进一步壮大，其中阿里妈妈发展迅猛。中国网络巨头与网络广告商积极开拓海外市场，加强全球化的市场布局，重在争夺移动互联网市场与构建全球性的数字媒体广告公关网络。

一 发展概况

（一）网络"土豪"们从技术、市场、资源方面进行激烈的、全面的竞争与合作，在网络市场与网络广告市场上通过资本并购与融资多元化途径，打破领域界限，整合产业链，争夺互联网、移动网与户外网的巨头地位，成为功能综合型网站的网络巨头

在2013年互联网并购里，在中国网络市场及其广告市场的激烈争夺中，

---

① 该网络广告市场规模的数据是指互联网广告数据，包括部分移动互联网广告数据，不包括户外新媒体广告网数据。国家权威部门与相关公司的部门财报发布的数据是本文引用数据的首选，其次是市场调查公司数据与预测数据。在本文截稿之时，相关权威部门没有公布互联网广告、移动互联网广告与户外新媒体广告的准确数据。因此，市场调查公司数据与预测数据被大量引用。特别致谢为本文供引数据的市场调查公司。

百度、阿里巴巴与腾讯各领风骚,而且影响深远。百度通过对91无线、百分之百、糯米网、PPS等的并购,实现了市场扩张,生产了14个超过亿个用户的移动产品,股价迅速攀升。阿里巴巴投资新浪微博、UC浏览器、高德地图、菜鸟物流、天弘基金、打车软件等,试图主导移动网络市场与网络广告市场。腾讯微信市场极火,注资搜狗,投资海外创业公司,谋求国际化发展道路,实现了网络市场及其广告市场的大扩张。

百度、阿里巴巴、腾讯占据中国网络广告市场份额的第一、第二与第四的位置,年度市场总额分别为31.4%、16.2%、5.2%。在第一至第四季度以及年度总额的市场份额争夺中,百度、阿里巴巴、谷歌中国、腾讯、搜狐一直排名前五,排位没有发生互动变化,成为占有2013年中国网络广告市场份额最大的"土豪"。搜房、新浪、优酷土豆在财季位置上有所变动,而财季与年度排位仍在前十位。凤凰新媒体、奇虎360、网易等财季上亦有变动,前两者年度排位不在前十位之内。汽车之家等上市公司始进入年度第十位等位置(见表1)。

表1 2013年中国网络运营商的网络广告市场份额概况

单位:%

	第一财季	第二财季	第三财季	第四财季	年度总额
百度	31.8	31.9	30.8	31.4	31.4
阿里巴巴	15.5	15.5	15.9	17.5	16.2
谷歌中国	5.8	5.7	5.5	5.7	5.7
腾讯	4.7	5.2	5.2	5.4	5.2
搜狐	4.4	4.4	4.4	4.3	4.3
搜房	3.6	3.4	2.7	2.8	3.0
新浪	3.2	3.2	3.2	3.4	3.3
优酷土豆	2.6	3.3	2.7	3.0	2.9
奇虎360	2.4	1.9	2.4	2.7	—
凤凰新媒体	1.0	0.9	0.7	0.8	—
网易	0.8	1.0	1.2	1.2	1.1
其他	24.2	23.6	25.3	21.8	26.2
总计	100	100	100	100	100

资料来源:笔者对易观智库EnfoDesk《2013年中国网络广告市场季度监测数据报告》的整理。

（二）搜索引擎网络广告市场份额排在第一位，搜索引擎第一的广告市场格局没有改变

中国互联网络信息中心（CNNIC）《2013年中国搜索引擎市场研究报告》显示：搜索引擎的网民知名度排名分别为百度、谷歌、搜狗、360、搜搜、雅虎。百度在搜索整体市场内份额达86.7%，百度PC搜索首选市场份额超过85%；手机搜索用户规模增至3.65亿，增长率为25.3%，远高于整体搜索用户增长速度。艾瑞咨询报告显示：2013年，搜索广告总营收为345亿元，同比增长34.9%。Enfodesk易观智库数据显示：在中国搜索运营商的市场收入份额中（未含渠道收入），百度市场份额为78.5%，谷歌中国为14.0%，新搜狗为5.1%。其中，关键词广告为搜索引擎广告市场份额的74.1%，联盟展示广告为13.7%，导航广告为4.5%，其他广告收入为7.5%，其他为0.3%。

（三）电商网络广告正在成为中国网络广告发展的主力

央视市场研究公司（CTR）2014年2月报告显示：2013年国内互联网广告投放有超过40%的增长，主力是各家电商企业，如阿里巴巴、京东等。其中，电商阿里巴巴网络广告市场份额最大。阿里巴巴网络广告在第一至第四财季的市场份额为15.5%、15.5%、15.7%、17.5%，财季营收额分别为46700万、59700万、75000万、87100万美元。网络广告总营收额为189500万美元，近19亿美元，占其年度总营收的16.2%。

（四）社交网站广告强势发展

微博商业化驱动网络广告发展。2013年4月，阿里巴巴以5.86亿美元战略性购入新浪微博公司股票，推动了网络移动广告的发展。2012年，新浪微博的广告收入为5100万美元（约31736万元），占新浪年度总营收的12.4%；2013年新浪微博的广告收入为14800万美元，占新浪网年广告总营收的28.2%，比2012年增加9700万美元。

腾讯对社交网络广告发展贡献巨大。其中，第一至第四财季网络广告营收

额分别为 13550 万、21000 万、22610 万、24540 万美元,各占中国网络广告市场份额的 4.7%、5.5%、5.2%、5.7%。腾讯网络广告总营收占其年度总营收的 5.2%,年广告总营收为 81700 万美元,年增长率为 34.1%,占腾讯年总营收的 8.2%。

(五)搜狐、新浪、网易、凤凰等门户网站的季度、年度互联网广告都呈现良好上涨趋势,品牌广告市场良性发展

搜狐、新浪、网易广告总营收各占其年度总营收的 4.3%、3.3%、1.1%。搜狐、新浪年广告总营收均超过 50000 万美元。搜狐排名第一,年广告总营收为 62700 万美元,年增长率为 37%。新浪排名第二,年广告总营收为 52650 万美元,年增长率为 28%。网易与凤凰新媒体均没有超过 20000 万美元。网易年总广告营收为 17894 万美元,年增长率为 38%。凤凰新媒体年广告总营收为 14110 万美元,年增长率为 41.6%。品牌广告在门户网站占绝对市场,搜狐品牌广告发展在网络视频与房地产的推动下,其品牌广告年总营收为 42900 万美元,年增长率为 48%,为搜狐网络广告总营收的 68.4%。

(六)视频网站广告发展良好

Enfodesk 易观智库数据显示:第一至第四财季网络视频的广告市场规模分别为 24.3 亿、28.8 亿、32.5 亿、36.6 亿元,年总营收为 122.2 亿元,年增长率为 38.2%。;以视频广告为代表的富媒体广告比重稳步提升,占比提升至 20.8%。[①] 艾瑞咨询分析,2013 年中国在线视频市场规模达 128.1 亿元,同比增长 41.9%。

视频网站在市场发展中,形成了以优酷土豆、爱奇艺+PPS、搜狐视频、腾讯视频、乐视网、PPTV 等视频网站为主,其他门户视频网站次之的市场发展格局。2013 年 5 月,百度以 3.7 亿美元收购 PPS 视频业务,将 PPS 视频业

---

① 按广告类型划分,在全年网络广告市场份额中,关键字广告占比 39.3%,品牌图文广告占比为 24.8%,视频广告为 20.8%,Email 广告为 0.8%,其他广告为 14.3%。

务与百度视频业务爱奇艺合并，加强对网络广告的市场争夺，是2013年网络视频网站发展史上的重大事件。Enfodesk易观智库数据显示：爱奇艺＋PPS在第三财季占中国网络广告市场总额的1.3%，排名第十位。优酷土豆广告市场为视频网站的鳌头。优酷土豆年广告总营收为44150万美元，占中国网络广告市场总额的2.9%。

（七）房地产业与汽车业等垂直网站的网络广告发展特别突出

房地产业网络广告形成了搜房网、焦点房地产网、新浪乐居等主导市场的发展格局。9月，搜房网在纽交所上市。第三财季广告营收为8650万美元，第四财季广告营收为9710万美元，年广告总营收为2.783亿美元，同比增长11.4%。搜房第一至第四财季网络广告营收占中国网络广告市场总额的3.6%、3.4%、2.7%、2.8%，在中国网络广告市场季度排名中位于第六位、第六位、第八位、第八位。

汽车市场每年呈20%的复合增长，2013年产销首破2000万辆，汽车业网络广告发展突出，形成了汽车之家、易车网、太平洋汽车等主导市场的发展格局。速途研究院数据显示：汽车之家第四财季广告服务营收为4580万美元，同比增长56.3%；年广告总营收为1.478亿美元，同比增长51%。其广告服务营收增长主要得益于汽车制造商广告和经销商广告的增长。Enfodesk易观智库数据显示：汽车之家第三、第四财季网络广告营收均占中国网络广告市场总额的1.1%，在中国网络广告市场排名中位于第12位、第11位；年营收占年网络广告市场总额的0.7%，排名第九位。易车网第四财季广告营收为4190万美元，同比增长55.2%；年广告总营收为1.193亿美元，同比增长49.7%。

（八）分众传媒完成管理层收购，布局移动广告市场

2013年5月，分众传媒以35.5亿美金的交易金额完成私有化，是迄今亚洲企业历史上最大一起MBO（管理层收购）。测试WiFi热点，计划从一级城市向二级城市铺设到全国范围。

二 发展特点

(一) 网络移动市场竞争与整合异常激烈，移动广告投放在网络广告市场大放异彩

AppFlood[①]平台显示，中国移动广告 2013 年第三季度的市场投放首超美国。AppFlood 平台上的中国移动开发者第三季度成为网络流量的最大购买者，买入平台 38% 的全球流量，而美国以 22% 的流量购买量位居第二。中国开发者第三季度在 AppFlood 平台上的广告投放额已超过美国，占据 AppFlood 平台上广告投放总额的 35%，美国为 26%，日本、印度各为 3%，俄罗斯为 2%，其他国家与地区为 31%。2013 年 3~8 月，AppFlood 平台上美国移动开发者的广告支出高于中国。9 月，中国移动开发者的广告支出增长 151%，美国只有 85%。在 AppFlood 平台上，中国正式取代美国，坐上全球移动广告支出的头把交椅。

视频广告移动终端市场的抢夺是 2013 年网络视频行业竞争的焦点。优酷为手机移动推出"多屏化"网站页面，如 App "二维码跨屏追剧"。百度收购 PPS，将扩大爱奇艺在移动客户端与 PC 端桌面的网络广告发展优势[②]。在视频内容采购方面，搜狐视频 2013 年签约购买内容的金额为 9000 万美元；同时搜狐以 1 亿元拿下 2013 年第二季《中国好声音》网络独播权，网络广告营收为 2 亿元，视频全网覆盖人数近 3 亿，实现了视频广告移动终端市场的大扩张。[③]爱奇艺以 2 亿元独播湖南卫视王牌综艺，腾讯视频以 2.5 亿元买断 2014 年《中国好声音》第三季网络独播，PPTV 与江苏卫视达成战略合作独播《非诚

---

① AppFlood 是木瓜移动为 Android 和 IOS 开发者提供的，可以完全免费使用的移动广告与交叉推广平台，拥有海内外近万名 Android 开发者，覆盖 1.47 亿用户。
② 艾瑞数据显示，PPS 在移动客户端的用户量方面遥遥领先。在 PC 互联网上，PPS 累计客户端装机量已经达到 5 亿，月度活跃一个多亿；在移动端，PPS 在 iPad 以及 iPhone 平台中下载量分别位居第三位和第一位。
③ 2013 年搜狐视频广告业务年度收入增长超过 100%。第三季度品牌广告收入为 1.25 亿美元，较 2012 年同期增长 60%，较上一季度增长 25%。收入同比增长主要是由于网络视频和房地产业务收入的增长。收入环比增长主要是由于网络视频业务收入的增长。

勿扰》等综艺节目，移动终端与移动广告市场的抢夺更加白热化。

移动 SNS 与网络广告联盟是腾讯移动广告的发展重点。腾讯依托聚赢（MobWIN）移动平台与广点通系统，主打社交平台广告与网络广告联盟。阿里巴巴战略投资新浪微博，布局移动广告市场，信息流广告（Promote Feed）移动终端实现精准营销。MagnaGlobal 与优盟中国的联合报告显示：微博广告（新浪微博、腾讯微博等）对数字广告收入的贡献率达 10%，对广告总收入的贡献率达 3.5%。新浪第二季度财报显示：信息流广告、阿里巴巴商户广告与传统品牌广告模式为 200 万美元、500 万美元及 2300 万美元。其中，阿里巴巴为微博带来的广告收入约 500 万美元，信息流广告营收大约为 1000 万元。

（二）网络广告市场对资本市场产生驱动力，各大网络巨头通过资本整合数字网络广告市场，资本市场与网络广告市场的互动作用日益显著

为拓展移动广告业务与移动市场，各巨头通过资本市场加强对地图、社交媒体、操作系统等关键移动服务技术与未来移动广告市场的控制权。2013 年 4 月，阿里巴巴为拓展移动广告业务与手游运营业，以 8000 万美元收购移动应用服务与统计分析平台友盟（Umeng）。5 月，阿里巴巴以 2.94 亿美元购入高德地图 28% 的股份，完善移动端地理位置数据与定位服务，建设移动互联网与 O2O（Online To Offline）的入口。这是同百度 4 月份以 1.6 亿美元战略投资糯米网以撬动 O2O 团购版图的竞争。

资本并购构建产业链延伸，推动网络广告及其资本市场的发展。2013 年 12 月，LED 生产商联建光电以 8.6 亿元并购户外网络广告商分时传媒。联建光电通过并购转型为 LED 生产与户外网络媒体广告企业，完成产业链的延伸，而分时传媒可借助联建光电登陆资本市场。

资本并购和融资整合与发展移动广告平台市场。2013 年 1 月，品友互动宣布 B 轮融资 2000 万美元（投资机构为宽带资本、盘古创富、富德资本），是中国 RTB 市场首次千万级别的融资。2 月，百度以超 3000 万美元收购 TrustGo，进军移动端安全领域。4 月，移动广告网络与移动营销服务商亿动广

告传媒（Madhouse）完成第三轮融资（高通风险投资领投）。6月，道有道移动广告公司（拥有iDian、iPush、iLive与iWei的平台化App服务商）完成首轮公开融资。8月，有米传媒完成第二轮1亿元融资（深圳同创伟业领投，广州润都资本和北京华扬联众共同出资）。11月，第三方移动数据服务平台TalkingData对外宣布完成A轮融资（北极光创投领投）。

看好网络广告市场，跨地区、跨行业、跨所有制兼并重组。2013年1月，浙报传媒为快速切入新媒体领域，以35亿元收购边锋、浩方游戏100%股权。8月，凤凰传媒以3.10亿元收购慕和网络64%股权；9月，其以2.77亿元收购都玩网络55%股权。10月，粤传媒为丰富广告平台的媒体形态，以4.50亿元收购上海香榭丽广告传媒股份有限公司100%股权，其媒体互动营销广告平台扩展至新媒体的户外LED大屏领域。10月，博瑞传播以10.4亿元购买漫游谷70%股权。

专业广告公关传播公司的收购对象是数字营销传播公司，加剧了国内数字市场广告市场的整合。其中，安吉斯媒体、WPP、蓝色光标、阳狮集团力度较大，影响较深。

（三）在网络广告大数据的技术语境下，各网络巨头建设广告市场平台，加强程序化购买，打造RTB生态圈，增强网络广告产业链的市场布局，形成网络广告联盟的凝聚吸附

将类搜索技术、大数据技术与Cookie技术运用到展示类广告的RTB（实时竞价，RealTime Bidding）是网络展示广告的发展趋势。中国大陆RTB市场发展规模，有关政府职能部门与市场机构均无准确统计。据业界人士估计，2012年全国RTB市场规模为1亿多元（2000万美元），为整体展示广告业务的0.3%；2013年为5亿元（8300万美元），为整体展示广告业务的1%～1.5%，广告主在RTB广告商的投放增长超过300%；2014年将扩增到10亿元。据DCCI预测，中国RTB市场将在未来5年保持100%的年均复合增长率。艾瑞数据显示：2012年中国RTB广告在展示广告中比重为2%，2013年占比4%左右，预计2016年占比将达18.8%。

阿里巴巴、谷歌、腾讯、新浪、百度等建设广告交易平台（Ad Exchange），

实现程序化购买,凝聚网络广告联盟力量,加强网络广告的市场布局。2013年1月,腾讯正式对外发布 Tencent AdExchange 广告实时交易平台,是对腾讯数十亿元广告曝光进行实时竞价的广告投放系统。3月,新浪推出私有广告交易平台 SAX（Sina AdExchange）。8月,百度利用自身流量优势、大数据能力、媒体资源与百度广告联盟60万家合作伙伴等优势,正式推出流量交易服务BES（Baidu Exchange Service）。

（四）网络广告联盟市场规模进一步壮大,阿里妈妈发展迅猛

艾瑞咨询数据显示:2010～2012年中国广告联盟分成金额分别为29.8亿、46.4亿、75.8亿元,占中国互联网展示广告市场的比重从2010年的17%提升到2012年的21.7%。2013年,网络广告联盟展示广告市场规模为130亿元,占中国网络展示广告市场份额的25%。2011年、2012年网络广告联盟年增长率分别为55.7%、63.4%,2013年年增长率超过70%。

2013年,网络广告联盟数量比2012年增加了800多家,发展势头良好。据2012年《中国网络广告联盟发展报告》统计有1101家。笔者查阅两家收录网络广告联盟最多的网站发现:至2013年,一家广告联盟测评网（www.lianmeng.la）收录有1800家[①],另一家广告联盟测评网（www.t8tg8.com）收录有1900家[②],比2012年增加了800多家。

阿里妈妈联盟以淘宝联盟、广告交易平台 Tanx 与移动广告联盟电商,通过展示营销和搜索营销迅猛发展,导引淘宝+天猫交易规模近1000亿元。2012年底,淘宝联盟重启"阿里妈妈"品牌。2013年,阿里妈妈升级广告营销平台。阿里妈妈通过按成交计费为主体的淘宝联盟,以"橱窗"展示广告为主体的TANX平台（Taobao Ad Network & Exchange）与移动广告联盟,同时继续推出"丝绸之路"合作计划以及"淘点金"、"如意投"等淘宝客创新产

---

① 2014年3月5日21:30笔者查阅,该网站46页网页收录了1828家广告联盟。右侧栏目"最新收录"显示从1月20日至2月26日收录有20家网络广告联盟。据此推断,2013年中国广告联盟数量大致在1800家左右。
② 2014年3月5日22:00笔者查阅,该网站65页网页收录1993家。右侧栏目"最新收录"显示2月13日～3月5日收录有10家网络广告联盟。据此推断,2013年中国广告联盟数量大致在1900家左右。

品与"CPA"（Cost Per Action）等产品，结合 CPS、CPC 等模式实现流量变现与自动化、精准化投放。阿里妈妈整体分成有望达 50 亿元，同比增长超六成，占国内网络广告联盟市场近四成的份额①。笔者根据 2012 年阿里妈妈联盟分成比例推断：2013 年淘宝＋天猫的销售总额突破 1 万亿元，阿里妈妈导引交易规模近 1000 亿元。

搜索引擎广告联盟市场份额略有下降。2013 年，中国搜索广告市场份额为 345 亿元，其中网络广告联盟展示广告为 43.7 亿元，占搜索引擎企业市场份额比重的 13.7%，比 2012 年下降了 1%。

（五）中国网络巨头与网络广告商积极开拓海外市场，加强全球化的市场布局，重在争夺移动互联网市场与构建全球性的数字媒体广告公关网络

扩占海外市场，吸纳新用户群体，开发新技术，争夺移动互联网市场，构建全球性的数字媒体广告公关网络，是中国互联网企业与网络广告企业规模扩张的战略性举措。

海外并购以抢夺移动市场与移动安全市场为主。2013 年，中国互联网海外并购案例共 16 起，近 25 亿美元。并购方主要是腾讯、阿里巴巴。其中，腾讯 7 起，阿里巴巴 3 起，奇虎 360 与蓝色光标各 2 起，百度与探路者各 1 起海外企业并购。其中，11 起移动互联网领域的并购涉及移动安全、搜索、手机游戏、数字媒体、广告公关、社交等方面。百度以 3000 万美元收购美国移动安全商 TrustGo，奇虎 360 以 2500 万美元收购巴西手机杀毒软件公司 Psafe，阿里巴巴以 5000 万美元收购美国移动应用内搜索商 Quixey，腾讯以 2 亿美元与 2300 万美元分别收购美国社交图片网站 Snapchat 与安卓第三方 ROM 开发商 CyanogenMob。

国内具有国际化视野的广告公司构建数字媒体方面的广告公关全球网络。2013 年 4 月，蓝色光标以约 3.5 亿元收购英国公关集团 Huntsworth② 19.8% 的

---

① 该数据为阿里妈妈的预测数据。
② Huntsworth 总部设在英国伦敦，是一家全球领先的公关顾问集团，在 32 个国家和地区拥有 72 个办事处，并在伦敦证交所上市。2012 年营业总收入达 1.73 亿英镑。Huntsworth 旗下公司业务横跨英美、西欧和东欧以及中东、非洲与亚洲太平洋地区。

股份,成为其第一大股东。Huntsworth 旗下拥有 Grayling 与 Red 两个具有广告公关数字化价值的著名品牌,为蓝色光标数字化广告的全球化提供市场布局。该案例是中国本土公关公司第一例海外重大收购,是中国公关广告集团第一次在营销传播领域投资世界巨头公司的标志性事件。12 月,拟收购社会化媒体专业传播公司 We Are Very Social Limited 公司(简称 We Are Social)82.84% 股份,实施国际化与数字化战略。从此,蓝色光标将拥有全球性的数字媒体广告公关网络,布局全球网络广告市场,为中国企业走向世界提供全球化专业服务。

三 问题与挑战

(一)加强网络及其网络广告技术标准的国际话语权与全球主动权的建设

网络经营商通过 Cookie 技术把个人数据与网络流量出售给广告运营商,广告运营商与网络广告联盟通过网络点击量与网络流量获取广告费,通过个人历史记录与浏览器等实现网络广告的精准营销与定向营销。这是现在网络广告普遍的商业模式与信息收集标准,也是美国原来推行的标准与法则。由于 Cookie 技术涉及网络隐私与个人信息问题,万维网联盟 W3C 在 2012 年 10 月为此专门制定"禁止追踪 DNT"协议,网络及其网络广告的信息收集的网络技术标准面临发展变局。美国微软、谷歌、苹果、脸书与亚马逊先后宣布支持"禁止追踪"(DNT, Do Not Track)协议,并积极建立自己的信息收集标准以取代 Cookie。微软 IE10 启用 DNT 协议作为默认设置,开发跨 PC、移动和 Xbox 跟踪技术,以放弃 Cookie 技术。谷歌开发 AdID 匿名追踪技术取代第三方 Cookie,苹果 Safari 浏览器已可以阻止 Cookie,脸书与亚马逊亦有针对第三方 Cookie 的计划。中国网络巨头与网络广告市场因此面临信息收集标准的发展转折,关键词搜索引擎广告与导航广告等将面临巨大市场压力,有可能会被隔离在全球网络广告市场布局之外,或生存在美国网络巨头技术标准的阴影之下。

在中国网络市场与网络广告发展过程中,中国对美国网络技术标准与网络广告技术标准亦步亦趋。现在美国网络巨头正在抛弃原来技术标准,而中国绝大多数网站当今是用得最欢的。因此，为了主导与引导全球网络积极发展及其网络广告技术标准的话语权，现在是中国业界主动参与制定符合网络发展趋势与信息传播规律的网络广告技术标准的时候了。

（二）网络广告营销平台的统一技术运作标准之制定与市场独立性建设有待大力加强

RTB营销模式的运营需要ADX（广告交易平台）、DSP（广告需求方平台）、DMP（数据管理平台，Data Management Platform）等技术标准的统一。统一技术标准，提供一站式平台，有利于网络广告的产品技术与服务、数据运营及优化的整体提升，有利于提升广告主与网络广告代理公司的效率和效果，有利于整合产业链与优化RTB生态圈。

把数据管理平台建设成为权威性的第三方数据提供者，以及供应方平台的市场独立性建设，亟待加强。加强与完善数据管理平台建设，加强供应方平台的市场地位建设，有利于广告交易平台、广告需求方平台与数据管理平台在各自平台的良性发展。

（三）网络广告违法犯罪现象与法律诉讼比较多，亟须网络广告监管的相关法律法规出台，加强有法可依与行业自律

网络广告违法犯罪现象与法律诉讼主要集中在网络隐性广告行为、网络不正当竞争行为、网络广告技术安全问题、网络广告中涉及的消费者保护问题、网络虚假广告、网络欺诈广告、网络滥用名人肖像广告等方面。据国家工商行政管理总局广告司通报：工商总局对搜狐、网易、腾讯等20家主要网站2013年3月至12月广告发布情况进行监测抽查发现，在被抽查的105.6万条次各类网络广告中严重违法广告有34.7万条次，约占总量的33%。

亟须网络广告监管的相关法律法规出台，加强有法可依与行业自律。如微博软广告给名人带来利益，形成完备的产业链，并与微信等社交工具形成推广联盟。据新华社报道：微博大V成为"掘金场"，明星单条微博发布价格为20万元左右，有的更是高达28万元。现行《广告法》中尚未纳入新媒体中明星微博软广告代言的内容，而行业亦无法自我管理与自律。

B.26
2013年中国移动新闻客户端发展报告

贾金玺*

摘　要： 近年来，移动新闻客户端快速崛起，逐渐成为用户从移动端获取新闻信息的主流方式。本报告在梳理移动新闻客户端发展现状与发展模式的基础上，对其发展过程中面临的四大问题进行总结，并对未来发展趋势做出判断。

关键词： 移动新闻客户端　手机新闻　新闻客户端

近年来，移动新闻客户端逐渐成为各大互联网公司和传统媒体在移动端的竞争新焦点。本报告认为，所谓移动新闻客户端，是借助数字和移动技术，以智能手机、平板电脑等移动终端为传播载体，向用户提供以新闻信息为主的服务程序。以网易、搜狐、腾讯为代表的门户网站、以《人民日报》为代表的传统媒体竞相打造并优化各自的新闻客户端产品，试图占领尽可能多的移动新闻客户端市场。比较而言，搜狐、网易、腾讯、新浪四大门户所推出的新闻客户端产品更受市场追捧。其中，搜狐新闻客户端率先成为国内首个用户数突破1亿的新闻客户端。①

一　移动新闻客户端发展现状

近年来，移动新闻客户端愈发受到用户的欢迎，逐渐成为用户在移动端获

---

* 贾金玺，中国社会科学院新闻与传播研究所信息室助理研究员，主要研究方向为网络和新媒体发展、数字新闻业、网络视频业等。
① 《搜狐新闻客户端用户破亿》，《每日经济新闻》2013年5月3日，第15版。

取新闻信息的主流渠道。2014年1月,人民网研究院援引 DCCI 互联网数据中心于2013年底发布的一项调查数据称,新闻资讯类应用在移动端的渗透率在2013年显著提升,已有高达96.7%的互联网用户通过新闻客户端来看新闻,同时,73.9%的互联网用户表示,最近一年使用移动设备浏览新闻的时长有增加。[1]

从移动新闻客户端的市场规模来看,其依然保持高速增长的态势。仅以手机终端为例,艾媒咨询(iiMedia Research)的数据显示,2013年底中国手机新闻客户端用户规模达到3.44亿人,同比增长48.3%,环比增长9.2%。手机新闻客户端在中国手机网民中的渗透率已经达到60.4%。[2]

2014年1月7日,赛诺市场研究公司(SINO Market Research)最新发布的《手机新闻客户端用户研究报告》披露了新闻客户端产品的安装率、使用率和激活率(见图1),从三项数据来看,搜狐新闻客户端的综合表现最优。搜狐在主流的七种新闻客户端中表现突出,安装率达到41%,使用率达到

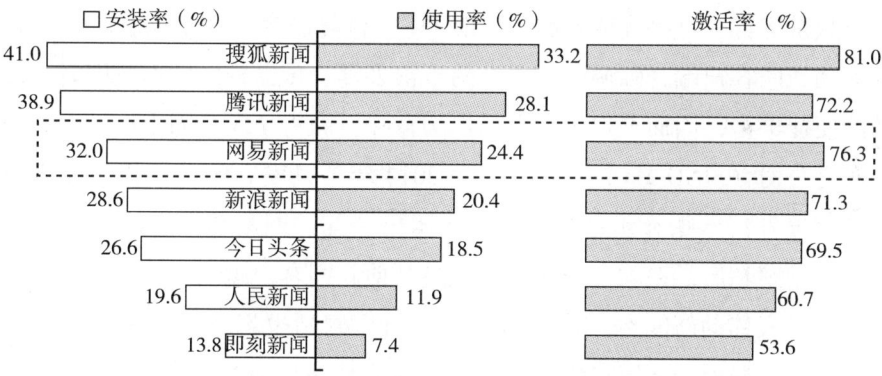

图1 主流新闻客户端安装率、使用率及激活率一览

数据来源:北京赛诺市场研究有限责任公司发布的《手机新闻客户端用户研究报告》,http://www.sino-mr.com/cn/。

---

[1] 人民网研究院:《DCCI 调查显示:移动新闻客户端用户渗透率已达96.7%》,http://yjy.people.com.cn/n/2014/0121/c245079-24185188.html。
[2] 艾媒咨询:《2013年中国手机新闻客户端市场研究报告》,http://www.iimedia.cn/37080.html。

33.2%，市场份额排名第一；从激活率来看，仅有搜狐客户端超过80%，而网易新闻客户端整体的安装率和使用率虽然低于腾讯新闻，但激活率达到76.3%，排名第二。

二 移动新闻客户端的主要模式及特点

依据移动新闻客户端内容来源的差异，当前开发的移动新闻客户端可划分为以下三种模式：门户式新闻客户端、移植式新闻客户端和搜索式新闻客户端。

（一）门户式新闻客户端

以网易、新浪、腾讯、搜狐四大门户网站所开发的移动新闻客户端为代表。

作为传统互联网门户，这些网站拥有得天独厚的海量资讯内容优势和庞大的用户数量优势。这些优势能够从传统PC平台复制到移动终端。门户网站推出的移动新闻客户端，强调资讯内容的丰富多样、传播推送的迅速即时、用户互动的便捷丰富，因而获得了大量用户的青睐，赢得了大量的市场份额。赛诺市场研究公司（SINO Market Research）2014年1月发布的《手机新闻客户端用户研究报告》数据显示，搜狐新闻、腾讯新闻、网易新闻、新浪新闻的安装率、使用率和激活率均为前四位，超过其他新闻客户端。

蜂拥挤入移动新闻客户端领域，各大门户网站也竭力避免出现高度同质化、雷同化的局面，力图走出一些特色化的道路（见表1）。

表1 五大门户移动新闻客户端主要特色一览

客户端名称	主要特色
搜狐新闻客户端	①打造搜狐全媒体平台，客户端已上线刊物2000余家，是《人民日报》《参考消息》等新媒体发行的独家渠道；入驻囊括明星、IT名人等各种类型自媒体3000余家 ②率先提出个性化阅读服务，为用户量身打造"订阅平台+实时新闻"，有海量刊物可供用户选择订阅 ③推出了直播间、音频、视频、组图、语音互动等丰富的媒体形式，尤其强调视频内容的制作与推荐

续表

客户端名称	主要特色
网易新闻客户端	①新闻服务：可提供本地新闻、天气概况、PM2.5数值等资讯，允许用户定制关注的城市新闻 ②拓展服务：与网易邮箱互通，看新闻也能收发邮件 ③跟帖栏目："无跟帖不网易"，以跟帖优势吸引用户 ④奖励机制：收看、评论、分享新闻可获得相应积分，累积积分可兑换多样奖品
腾讯新闻客户端	①新闻推送及时准确：承诺用户通过腾讯新闻客户端，3秒即可连接到世界新闻。重大事件发生时，腾讯新闻客户端能够实现30秒实时推送新闻，300秒即可尽览每日资讯 ②特色栏目与内容：提供图片精选、视频精选以及话题栏目。其中视频精选为其最大特色
凤凰新闻客户端	①新闻服务：定位"全球华人第一移动资讯平台"，依托凤凰卫视、凤凰网的新闻资源，拥有独特海外视野，关注世界，关注民生，提供大量访谈、时评等特色内容 ②图集优化服务：强调图片在新闻中的应用
新浪新闻客户端	①新闻定位：每天了解世界多一点 ②设置爆料栏目，融合新浪微博众多精彩内容 ③强调互动功能，吸引用户积极转发评论、参与盖楼，并注重集纳网友精彩评论

（二）移植式新闻客户端

以传统媒体（主要是纸媒）为主体所开发的移动新闻客户端，通常是将传统媒体承载的内容移植到移动端，原创自制内容相对较少。

这种类型的新闻客户端发展较早，最早是传统媒体针对iPhone、iPad平台开发的应用客户端，随着安卓系统的普及，针对安卓系统智能终端开发的客户端产品也越来越多。这类新闻客户端又可细分为两种类型：一类是仅包含一种传统媒体的客户端，比如《人民日报》《环球时报》等；另一类则是整合更多传统媒体资源，通过一个客户端可阅读同一集团旗下所有传统媒体资源，如"解放报业"客户端、南都阅读器等。与门户式新闻客户端相比，移植式新闻客户端缺乏特色新闻内容、推送更新频率偏低、用户体验相对较差，因而很难吸引大量用户使用，占据的新闻客户端市场份额日益低微。

（三）搜索式新闻客户端

依据计算机算法和搜索技术抓取内容，进一步整理聚合后，向用户提供新闻资讯服务的应用。百度新闻、"今日头条"可谓这类新闻客户端中的典型。

百度新闻是百度推出的移动新闻客户端,基于百度新闻搜索平台的海量搜索数据,整合互联网海量新闻资讯,为用户提供全面的新闻内容。百度新闻搜索来源涵盖了新闻、资讯、美女、图片、笑话、博客、社区等8000多种内容,通常会依据新闻发布的时间进行排序,将最新的内容呈现在前面;对于相似度超过70%的新闻内容进行合并,但点击打开具体的某条新闻之后,与之内容相似的新闻会一并呈现,供用户比较选择阅读。

"今日头条"也是一款基于推荐搜索引擎技术的新闻类应用。"今日头条"力在重塑"人和信息的关系"。通过对资讯在社交网站上的传播情况以及成千上万个网站的数据挖掘,"今日头条"能智能地分析出每时每刻最热门、最值得用户知道的资讯,从而解决用户看什么的问题;然后就是依据用户的阅读轨迹、兴趣爱好、社交关系等信息做个性化、针对性的推荐,主动向用户推荐其可能感兴趣或需要的内容,从而解决用户怎么看的问题。"今日头条"上线仅一年(2012年8月上线,截至2013年12月9日),便拥有超7000万注册用户,近千万的日活跃度,甚至多家互联网公司的大佬都是其忠实用户。[1]

三 移动新闻客户端发展中的问题

从目前的发展状况来看,中国移动新闻客户端市场明显虚火过旺,其中存在的一些问题不容忽视。

(一)内容资源同质化严重

移动新闻客户端旨在向移动用户提供更为全面且具有个性、特色化的新闻服务,也力图做到与传统媒体、PC门户有所不同,但实际上能够真正做到这一点的屈指可数,大部分新闻客户端还是对其PC端的简单复制重组,这不可避免地导致内容资源日趋同质化。笔者曾在同一时间内查看了腾讯、搜狐、新浪、网易四大门户的首页新闻分布情况,同时比对其移动新闻客户端的首页新闻推荐,

---

[1] 新华网:《2013,手机新闻客户端如何从"眼球"中看到"钱景"?》,http://news.xinhuanet.com/fortune/2013-12/09/c_118483311.htm。

发现移动新闻客户端上的新闻推荐和 PC 端首页基本相同。之所以会出现这种状况，主要还是因为客户端新闻运作机制与 PC 端新闻运作机制雷同，都属于后台编辑搜集推荐。编辑推荐的结果就是，移动客户端基本复制了 PC 端的内容。

（二）用户使用习惯仍有待培养

移动新闻客户端的用户使用习惯仍需要不断培养，这主要有以下几方面原因。

一是用户对移动新闻客户端的整体认知水平比较低。艾媒咨询的调查数据显示，44.6%的用户表示非常了解手机新闻客户端，而 15.7%的用户表示对手机新闻客户端完全不了解，39.7%的用户则对手机新闻客户端的认识较浅。[①] 这也就意味着，超过一半的用户对移动新闻客户端不甚了解，对移动客户端的选择就表现出极大的盲目性和随机性，不能够根据其产品特色进行自我选择。鉴于此，开发者需要对自己的移动新闻客户端进行大面积的业务介绍和普及，有针对性的加强产品推广。

二是用户习惯通过其他途径或方式获取新闻信息。艾瑞咨询 2013 年 10 月份发布的一份报告显示：63.8%的用户选择用浏览器的方式浏览新闻，25.0%的用户会使用微信、微博等方式阅读新闻。[②] 这也是移动新闻客户端的可替代性比较强所致。在传统 PC 端，浏览器完全可替代新闻客户端，用户能通过门户网站直接浏览到最新资讯；而在移动端，客户端同样面临浏览器、微博、微信等传播渠道的强烈竞争，发展生态不容乐观。

三是移动新闻客户端的阅读体验尚有很大改善余地。现在，技术已经不再被认为是移动客户端开发的主要瓶颈，但是在阅读模式、夜间模式、字号选择、横竖屏显示、社交分享、离线下载、推送时机等功能及用户体验指标上，移动新闻客户端仍存在或多或少的缺憾之处，有待不断优化。

只有不断在摸索中解决以上问题，才有望争取更多用户并扩展黏性用户群的规模。

---

① 艾瑞咨询：《2013 年中国手机新闻客户端市场研究报告》，http：//www.iimedia.cn/37080.html。
② 艾瑞咨询：《2013 上半年中国手机新闻客户端调研报告》，http：//www.iimedia.cn/36891.html。

（三）市场监管亟待加强

在移动新闻客户端崛起的同时，相应的监管政策与技术手段却未能及时跟上，一系列的问题也由此产生，客户端的监管亟待加强。

首先，对新闻客户端的开发、制作市场加强监管。客户端市场潜在的利益以及技术门槛的日益降低，吸引了大量开发者的蜂拥而至。这带来的一个问题就是，客户端的设计布局存在抄袭、模仿等侵权现象。2012年4月，网易公司指责腾讯公司发布的新闻客户端在产品整体布局、跟帖页面、图片浏览页面的设计上直接抄袭了网易新闻客户端的相关功能和设计，存在侵权现象。事实上，不知名的小开发者模仿、抄袭热门应用的现象更为普遍，例如，在百度应用商店，仅从名称上打擦边球模仿热门新闻客户端产品"今日头条"的就有"每日头条"、"今日头条精选"、"头条新闻"等多款应用。

其次，对客户端传播内容的监管，这是客户端监管的难点与重点。现在，各移动新闻客户端都在努力寻求差异化，避免内容的高度同质化，而想要内容出彩，难免会在一些尺度掌握上有失偏颇，突破了内容监管的底线。2013年9月30日，国家互联网信息办公室发出通知，要求"抽屉新热榜"、"鲜果联播"、"ZAKER新闻阅读"、"3G门户新闻"、"一五一十部落"、"蜜蜂新闻"等移动客户端，依法限期整改。① 这些被限期整改的客户端，几乎都是与内容监管有关的，有的不具备互联网新闻信息服务的合法资质，违规登载虚假信息；有的是公然打着"刊登一切不合适刊登的"旗号，开设"公众场合不宜"等栏目，发布低俗色情信息；有的是对自媒体内容缺乏有效审核。

最后，对客户端应用商店的监管。有的移动应用程序平台内部审核机制不健全，为违规的移动新闻客户端提供下载服务，扰乱了网络信息传播秩序。因此，也要对应用商店加强监管，使其不能为违法违规的移动客户端提供上架发布、推荐下载等服务，维护网络新闻信息传播秩序。

---

① 新华网：《国信办通报查处一批违规移动新闻客户端》，http://news.xinhuanet.com/info/2013-10/01/c_132766096.htm? prolongation=1。

（四）赢利模式尚不明确

迄今为止，移动新闻客户端的赢利模式仍不太明朗，对此投入重金的互联网企业和传统媒体普遍很难获得显著回报。2012年12月15日，新闻集团推出的全球首份独家iPad电子报 *The Daily* 正式宣布关闭，更是让不少人感到"赢利"之困。

从国内外业已展开的尝试来看，移动新闻客户端的赢利模式主要聚焦在两个方面：一是对部分优质、独特内容进行订阅收费，用户只有付费之后才能查看内容；另一个是广告，向广告主开放广告位，收取广告费用。但是，这两种模式都未获得显著回报。

在向用户收取订阅费这一方面，两大因素制约着用户付费行为的产生：一是具有用户付费价值的内容极为稀缺，新闻客户端上的大部分新闻资源都来源于各自的门户网站或传统媒体，这使得内容趋于高度同质化，一旦实施收费，用户可从其他免费途径替代查阅；二是用户付费条件尚不成熟，这包括用户的付费习惯有待培养、付费模式有待优化等。*The Daily* 的关张也从一定程度上印证了试图通过用户付费实现盈利的道路艰难。

广告营收是被广告主和移动客户端开发商看重的一种模式，由于广告主可以圈定移动终端用户的地理位置，从而能实现广告的精准投放与有效互动。但是，各移动客户端开发者对于广告的态度仍是相当谨慎的，毕竟过多的广告或不合理的广告设计会直接影响到用户体验的提升。现在，移动客户端上投放的广告，多数采用文中插入广告推广链接、客户端启动页面内嵌广告等方式，数量不多，形式也比较简单。

目前，移动新闻客户端的开发者也在等待时机的成熟。搜狐新闻客户端负责人就表示，在未来模式成熟之后，将开放广告位或者开启付费阅读模式，届时就可以带来广告收益、订阅收益。①

---

① 张意轩、冯霜晴、王杰：《门户网站搭台传统媒体唱戏"移动新闻"加速跑》，《人民日报》（海外版）2013年1月11日，第7版。

四 移动新闻客户端的发展趋势

移动新闻客户端未来走向如何?虽然有观点认为移动新闻客户端的发展生态不容乐观,面临着浏览器、社交媒体等多种应用的挑战,数据同时也显示移动新闻客户端的发展进入了增长放缓期,用户获取逐渐变得困难,但是,移动新闻客户端仍有足够的理由成为新闻服务的重要力量。展望未来,移动客户端将会在平台化、社交化、个性化、商业化等方面展现不同的发展趋势。

(一)平台化

目前,平台化模式正在不断改变着多个行业的发展面貌,也为平台化企业的成长构筑更为夯实的基础。所谓的平台化模式,是指连接两个(或更多)特定群体,为它们提供互动机制,满足所有群体的需求,并巧妙地从中赢利的商业模式。平台化模式的精髓,在于打造一个完善的、成长潜能强大的"生态圈"。[①] 在移动新闻客户端竞争日益激烈并不断趋于同质化的背景下,部分移动新闻客户端意图在平台化模式上寻求出路。

搜狐新闻客户端便是践行平台化发展战略的典型。2012年,搜狐新闻客户端抓住机遇快速崛起,通过"新闻+订阅"模式的创新方式构筑了"移动媒体平台"基础,超过网易成为最大的移动媒体平台。事实上,百度新闻客户端、腾讯新闻客户端等也在尝试走平台化的道路。展望未来,哪家客户端能打造出一个完善的、成长潜能强大的"生态圈",满足平台各方群体的要求,就会成为平台化最后的胜者。

(二)社交化

增强新闻客户端的社交功能,把新闻信息的人机互动有效地转化成为人与人在新闻信息上的分享互动,不仅有利于用户黏性的提高,也有利于其打造独特的核心竞争力。社交化最简单的体现就是,一方面能够制造一些话题

---

① 陈威如、余卓轩:《平台战略》,中信出版社,2013,第7页。

或信息吸引用户广泛投票、讨论，积极参与进来；另一方面能使用户在看到新闻信息之后，方便快捷地参与评论探讨，并将观点同步到微博、微信、空间等平台，吸引好友的关注与参与。社交化有望成为新闻客户端下阶段竞争的关键一环。

从现阶段来看，网易新闻客户端的社交化做得比较好，已逐渐形成了"网易特色"。其中，尤值一提的是网易的新闻跟帖和评论功能，移动端和PC端的数据互通，使得顶帖、回帖、分享、跟帖拥有一体化操作；编辑也会专门搜罗整理出精彩的评论跟帖，集纳在"跟帖"栏目中；对于论坛、博客、微博中的热点和精华内容，则提取集萃在"话题"栏目之中；此外还设置有"投票"板块，就当前最热门的话题吸引用户投票。凭借这些功能，网易新闻客户端吸引了众多以阅读新闻和参与评论为习惯的用户，形成了极高的用户黏性，这也逐渐成为网易新闻客户端最强大的竞争壁垒。

（三）个性化

数字时代，越来越强调依据用户需求进行个性化的设计与定制。个性化的发展将是移动新闻客户端一条重要的突围之道。移动新闻客户端的个性化发展可以通过界面个性化、内容个性化、营销方案个性化等方面实现。

界面个性化，是指用户可依据自身的使用习惯实现专属界面的定制，包括栏目呈现位置、阅读背景皮肤配置、字号设置、阅读场景模式设置等方面。目前，主流的客户端基本都允许用户订阅不同的栏目，关注不同的城市，并以用户排列的顺序呈现。

内容个性化，是指针对不同用户打造不同的阅读内容组合。目前，新闻订阅基本成为各主流新闻客户端的"标配"，但在用户订阅之余，各客户端更应发挥主动性，在信息匹配和内容原创上下功夫。

营销方案个性化，则主要指的是依据用户阅读习惯和网络行为，为广告主提供个性化的广告投放方案，提高广告的效度。相对来说，这方面的探索空间很大，有望成为移动客户端未来实现赢利的利器。

个性化能够有效增强用户黏性，将是移动新闻客户端未来发展的一大方向。

（四）商业化

虽然移动新闻客户端的赢利模式仍不甚明朗，大手笔的投入很难获得显著回报，但其商业化探索仍是未来发展的一个重心。

广告收入模式显然是探索的重点，目前也有好消息传出。据《科技日报》2013 年 8 月 26 日报道，搜狐新闻客户端商业化的路径已经悄然出现，仅入驻媒体《参考消息》就已获得百万级别（具体数字可能为 300 万元）的广告收入。[①] 而在《参考消息》获得广告收入之前，入驻订阅平台的《羊城晚报》业已获得了广告收入。不过，这也并非意味着广告模式足以依赖，搜狐还未明确新闻客户端整体的商业化路径安排，仍坚持让合作媒体先行尝试的态度。

用户付费订阅模式也有望成为新闻客户端的营收途径之一。用户订阅付费的基础在于新闻客户端中的订阅功能，随着用户付费习惯的培养、付费环境的改善，付费订阅或许会早一点出现。

除此之外，拓展包括游戏、付费视频、移动电商等在内的增值业务也有望成为未来尝试的营收途径。这方面，网易新闻客户端已经进行了一定程度的探索，包括 2013 年 7 月推出的积分体系、积分商城、打赏模式等功能，用虚拟道具促使用户进行客户端内消费。吸引用户在阅读新闻信息之余，做点别的事情。

虽然这些商业化路径和模式都不甚成熟，但移动新闻客户端的商业化进程必将是一个热门话题。

---

① 宋菲菲：《搜狐新闻客户端商业化路径凸显》，《科技日报》2013 年 8 月 26 日，第 4 版。

B.27
2013年中国数字电视产业发展报告

高红波[*]

摘　要： 2013年，中国数字电视产业的发展突出表现在互联网企业与电视机构跨界竞争方面，乐视、小米等互联网企业进军智能电视机硬件设备生产市场，优酷、腾讯等视频网站加快了网络原创视频内容品牌化策略的步伐，互联网电视用户数量快速增长，大视频产业的融合竞争愈演愈烈，大数据时代的电视平台面临互联网化转型。

关键词： 数字电视　互联网电视　4K电视　大视频产业

2013年，我国数字电视产业的发展突出表现在互联网化的跨界经营方面，受"大数据"等新概念影响，传统电视媒体开始广泛构建和谋划"云媒体平台"的转型，国家新闻出版广电总局的1号文件，将网络广播电视台的创办提升到重要地位，整个传统电视媒体机构沿着"互联网化"的道路疾驰，"开放、共享、互动、拓新"的互联网基因和互联网思维，成为广电新媒体发展的主导思想。

同时，媒介与电信产业的融合趋势日益明显。2013年，电视机构、电信企业、设备厂商、视频网站等原本不同行业的竞争者，争相进入数字电视行业，形成了以"视频"为核心的"大视频产业"。

---

[*] 高红波，河南大学新闻与传播学院副教授，传播学博士，艺术学博士后。本文为上海市社会科学创新研究基地/工作室、上海市高校"085"工程项目之"新媒体与社会发展"阶段性成果，主持人为吴信训教授。

一 2013年我国数字电视产业发展概略

回顾2013年中国数字电视产业的发展,在数字电视用户总数基本不变的情况下,用户在有线数字电视、IPTV、OTT TV之间分流游走,网络视频用户越来越多,移动化视频的发展趋势正在显现。

(一) OTT TV用户增幅惊人,在线视频市场规模持续攀升

以数字电视机顶盒市场的格局与变化为例。据格兰研究发布的《2013中国机顶盒白皮书》①,截至2013年9月底,我国机顶盒市场保有量为2.6亿台,相比2012年底增长了4674.2万台,增幅超过20%,以全国4.3亿家庭用户为基数,我国每百户家庭中拥有的机顶盒数量超过60台,机顶盒拥有率达到较高水平。其中,数字机顶盒用户为2.25亿,数字机顶盒在我国的全民普及率超过50%,全民数字化程度达到51.7%。在这些用户中,有线数字电视用户所占比例约为70%,IPTV机顶盒与OTT TV机顶盒分享余额。特别值得注意的是OTT TV,其机顶盒的市场份额,从2012年的4.7%上升到2013年的15.1%,涨幅惊人,足见OTT TV在2013年发展态势的迅猛。

在视频网站向电视化方向快速拓展,我国4G商业号角已经吹响的当下,网络视频与手机视频均已成为大视频产业的重要组成部分。

艾瑞咨询发布的《2013年度中国互联网在线视频核心数据》显示:② 2013年,中国在线视频市场规模达128.1亿元,同比增长49.1%。其中,2013年在线视频广告收入96.2亿元,同比增长46.8%。相比2013年全国广播电视预计创收3183亿元,全国广播电视行业广告收入1302亿元,在线视频市场规模和广告收入虽然还不能与之抗衡,但其增长速度和发展趋势却不容忽视。因为整体看来,2013年全国广播电视行业创收增幅仅为10.79%,较2012年19%的增幅明显下降,其广告收入增幅仅为2.52%,较2012年13%

---

① 格兰研究:《2013中国机顶盒白皮书》,流媒体网,http://dvb.lmtw.com/Market/201310/96421_2.html。
② 艾瑞咨询:《中国在线视频核心数据发布》,http://news.iresearch.cn/zt/225543.shtml。

2013年中国数字电视产业发展报告

的增幅降低更甚。此外，2013年全国广播电视网络收入约为755亿元，比2012年的661亿元增加94亿元，增幅较2012年也略有下降。① 可见，在三网融合快速推进的大趋势下，广播电视网络发展、业务增值尚未出现明显的成果。相比之下，网络视频市场规模和广告收入一路飙升，视频网站在影视节目版权引进、自制内容生产等方面的投入不断增加，网络视频正在抢占继个人电脑和移动终端之后家庭客厅的大电视屏幕，跨界的视频业竞争已经展开。

（二）跨界竞争号角吹响，互联网企业进军电视机市场

2013年中国数字电视产业最受人瞩目的热点，还属乐视、小米等互联网企业涉足智能电视机硬件设备的生产与营销。2013年5月，乐视网联合夏普、高通和富士康等全球顶尖公司，与CNTV播控平台合作，正式推出全球首款4核智能电视——乐视超级TV，成为全球首家正式推出自有品牌电视的互联网公司，标志着互联网模式正式杀入电视领域。2013年9月，小米科技宣布推出3D智能电视，并于10月中旬发售。互联网企业搅动了智能电视机设备生产的一池春水，吹响了大电视产业跨界竞争的号角。

（三）相关政策陆续出台，引领数字电视产业发展方向

2013年中国数字电视产业的互联网化发展，其实从年初国家广电总局1号文件的出台开始，已有前奏。2013年1月4日，国家广电总局发出《广电总局关于促进主流媒体发展网络广播电视台的意见》，其中指出："网络广播电视台是以宽带互联网、移动通信网等新兴信息网络为节目传播载体的电台电视台，是新形态的广播电视播出机构，是网上视听节目服务的重要平台，是网上舆论引导的重要阵地"，要坚持"台台并重"的原则，"经过三至五年努力，形成一批导向正确、内容丰富、业态新颖、技术先进、影响广泛、综合实力强的网络广播电视台，确立网络广播电视台在新媒体传播中的主流地位。"2013

---

① 中国广告网：《2013年全国广播电视行业收入3183亿元》，2014年1月27日，http://www.sinodtv.net/head/shuju! editcount.do? id = 365&page5. id = 365。

年 3 月，成立"国家新闻出版广播电影电视总局"，加挂"国家版权局"的牌子，广播电视产业加强"版权经济"价值开发的趋势初现端倪。2013 年 8 月，国务院印发《关于促进信息消费扩大内需的若干意见》，其中提到要全面推进三网融合，推动中国广播电视网络公司组建，推进电信网和广播电视网基础设施共建共享，加快推动地面数字电视覆盖网建设和高清交互式电视网络设施建设，加快广播电视模数转换进程，鼓励发展交互式网络电视（IPTV）、手机电视、有线电视网宽带服务等融合性业务，带动产业链上下游企业协同发展，完善三网融合技术创新体系。这一文件的出台，也为我国数字电视产业的进一步发展提供了政策支持和制度保障。

2013 年 11 月 26 日，国家新闻出版广电总局在其官方网站发布了《地面数字电视广播覆盖网发展规划》，提出到 2020 年基本建成全国地面数字电视广播覆盖网，地面模拟电视信号停止播出，地面电视实现由模拟到数字的战略转型。

二 2013 年我国数字电视产业发展关键词

2013 年，我国经济社会发展过程中出现了一系列的新政策、新现象、新变化，对数字电视产业的发展已经或正在发生作用和影响。笔者撷取了其中的几个关键词，梳理如下。

关键词一：互联网企业侵入

2013 年，互联网电视服务提供商乐视网、手机制造商小米科技，这两家互联网企业分别推出了其自主研制开发的品牌智能电视机——乐视超级 TV 和小米电视，打破了传统电视机厂商独占电视整机硬件设备市场的局面，宣告了互联网公司侵入电视机市场。由于互联网企业侵入电视机整机设备生产销售领域，加之对视频内容的集成与硬件设备的捆绑销售，传统电视产业已经演变成为电视传媒机构、电信企业、视频网站、电视机设备厂商等跨界竞争的大视频产业。同时，互联网企业侵入电视市场，在客观上降低了大屏幕液晶电视的价格。

关键词二：网络广播电视台

2013 年 1 月 4 日，国家广电总局下发 1 号文，《广电总局关于促进主流媒体发展网络广播电视台的意见》，要求将网络广播电视台提升到与电台电视台发展同等重要地位，并鼓励台长兼任。此举反映出传统广播电视主管部门在IPTV、OTT TV 等视听新媒体快速发展背景下产生的较为强烈的危机意识。视听新媒体的发展势不可挡，广播电视能否顺应潮流，积极开展与宽带互联网、移动通信网的融合，继续占据民众视听消费的主流阵地，关系到广播电视业的前途命运。面对"报纸消亡"等传统媒体发展的严峻形势，广播电视的新媒体化生存，或者说"互联网化转基因"显得尤为重要。根据总局1号文的意见，要"将网络广播电视台提升到与电台电视台发展同等重要地位，给予网络广播电视台建设和运营充分保障。经过三至五年的努力，确立网络广播电视台在新媒体传播格局中的主流地位"。同时，"在运营机制体制方面，实行三级整合措施，鼓励中央级网络广播电视台整合地方电台电视台资源，省级网络广播电视台整合省（区、市）辖区域电台电视台资源，城市联合网络电视台聚合地方城市台资源。同时，鼓励网络广播电视台采用市场运营机制，待形成一定规模后，通过转企改制成为企业性质的市场主体，形成专门的赢利模式。"但是，也有质疑的声音认为，这种运用广电思维和行政手段对于视听新媒体发展的倡导能否起到积极有效的作用，运用兴办传统广播电视的思维，促进传统广播电视的互联网化，究竟能起到多大的作用。

关键词三：4K 电视

2013 年，创维、长虹、海信、TCL、康佳等国内电视机厂商纷纷推出 4K 超高清电视，4K 电视成为电视机厂商宣传的主要卖点，也成为电视行业的热门词汇之一。2013 年 5 月，中国电子商会、国家广播电视产品质量监督检验中心、TCL 电视等联合制定并发布首个 4K 行业统一标准——《4K 超高清电视选购标准》，此举填补了全球 4K 电视领域的标准空白，为消费者选购 4K 电视提供了权威依据。2013 年 11 月，中国电子商会与国家广播电视产品质量监督检验中心在北京共同发布了首批 4K 超高清电视检测认证结果，TCL、索尼、三星、LG 和夏普等五家企业的 4K 电视产品通过了国家认证。

关键词四：4G 商用

2013 年 12 月 4 日，中国移动、中国电信和中国联通国内三大电信运营商终于获颁 4G 牌照。由于 4G 是集 3G 与 WLAN 于一体，并能够传输高质量视频图像，其图像传输质量与高清晰度电视不相上下。据了解，国外4G电视已经开始有所计划，比如荷兰电信运营商KPN将于2014年尝试推出拥有10个频道的4G电视试点。4G商用对广播电视业的影响究竟有多大，目前正在逐步显现，还需进一步观察。

关键词五：地面数字电视发展规划

2013年11月26日，国家新闻出版广电总局科技司发布《地面数字电视广播覆盖网发展规划》，制定了到2020年实现地面电视由模拟技术体制转为数字技术体制的总目标。具体分为三个步骤：第一步是2013～2015年在全国县级以上城镇以高、标清方式播出地面数字电视，逐步开始优化省会城市和县的覆盖网络。第二步是到2018年底在全国地级以上城市地面电视完成向数字化过渡，开始逐步停播模拟电视。第三步是到2020年底全面完善地面数字电视广播覆盖网，最终全面关闭地面模拟电视信号，全面完成地面电视向数字化的过渡。据格兰研究发布的《2013中国机顶盒白皮书》显示，每年地面数字电视用户增量仅为百万级别，远远低于有线数字电视的发展。"地面协同直播卫星"发展思路以及地面数字电视发展时间表的确定，将会促进地面电视模转数的进度。

三 我国数字电视产业发展趋势及建议

2013年中国数字电视产业发展处于格局变动调整时期，互联网企业进入电视机设备生产与制造领域，促成大数据时代对于电视行业产生冲击影响的讨论成为热点，OTT TV的快速市场拓展与电信媒介融合发展步伐的增速，诸多因素形成的合力效应，基本勾勒出我国数字电视产业竞争格局的变化和未来发展的趋势。面对新的发展趋势，数字电视产业的发展对策也日渐明朗。

（一）大视频产业，融合竞争愈演愈烈

媒介与电信产业的融合打破了原有的电视行业市场边界，以"视频"为核心的竞争愈演愈烈。电视机构、电信企业、视频网站和电视机相关设备生产商之间，以"视频"为中心，围绕硬件设备生产和视频内容产业展开了激烈

的市场竞争。这种跨界竞争的现实图景，拓展了传统电视产业的内涵，正在重新定位电视传媒机构在产业价值链条上的角色和作用，笔者称这个扩展了边界的数字电视设备和内容产业为"大视频产业"。

围绕"视频内容"，一种"泛电视化"的竞争在原本分属不同行业的市场主体间激烈开展。电信产业与媒介产业融合的过程中，中国电信、中国移动、中国联通的手机视频、IPTV抢滩电视市场，优酷、土豆、爱奇艺等视频网站争夺在线网民的注意力，康佳、TCL、海信等厂商的"智能电视"和"云电视"越发讲求硬件设备之外的内容集成与供应，电视机构也在加大对"全媒体传播"、"全业务运营"等新媒体发展的锐意改革。同时，这种跨界的竞争，还反映在乐视网垂直整合电视产业链自主研发"超级电视"硬件设备，更反映在全球视频网站对网络原创节目的重视和投入生产等方面。数字电视产业在跨界竞争的媒介生态变化中，从节目的生产制作、内容传输，到电视机硬件设备的设计研发与生产制造等各个方面，面临着全面的跨界竞争。2013年，这种大视频产业的融合竞争已经显现，并有愈演愈烈之势。

受到乐视、小米等互联网企业可直接生产电视机硬件设备的启发，电视机构也可以借鉴中国移动、中国电信、中国联通等电信企业定制手机的经营模式，尝试定制智能电视机、手机电视等硬件设备，打通大视频产业价值链条，整合优质内容资源和社会资源，以新的姿态积极加入大视频产业的融合竞争市场。

（二）大数据时代，电视面临平台转型

2013年，大数据时代对广播电视业的影响成为业界和学界研讨和关注的重点。"大数据时代"的提法，强调的是一种"数据相关性"的思维方式，这种思维方式对受众行为的研究和未来电视业营销策略的选择以及内容生产的研发都有着重要的意义。目前，国内大数据与电视业的研讨议题主要集中在信息互动平台建构、电视节目评估体系的影响、电视内容生产与营销传播等方面。未来，这一方面的研讨议程将会向信息化社会建构、电视媒介平台的大数据转型、电信与电视业融合发展的解决方案等问题延伸，深入探讨如何运用互联网思维改变传统电视单向传播的局限，寻求符合信息产业特征的现代传播体系的

建构。

笔者认为,数字融合与媒介融合引领电视业进入了大数据时代,网络融合拓展了电视业的信息空间,使其在传输电视节目的基础上,增加了互联网接入等网络信息服务功能。① 在数字融合、网络融合背景下,大数据时代的电视业呈现"一云多屏"、"平台制胜"、"全媒体传播"的发展趋势,平台转型将是大数据时代电视业变革的主旋律。大数据时代电视业的发展变革,主要体现在全媒体、全终端、全业务、全功能等方面的转型,其实质是建构现代化的电视传播体系,推动电视内容生产、存储和传输实现由模拟信号向数字信号、由固定接收向移动接收、由信息独占向信息共享、由单一格式向多种格式、由人工管理向智能管理的转化。

(三)有线用户流失,数字电视亟待互联网转向

回顾2013年中国数字电视产业的发展,一个突出特点就是OTT用户的猛增。按照格兰研究的《2013中国机顶盒白皮书》数字核算,截至2013年9月,我国OTT TV机顶盒的市场份额,从2012年的4.7%飙升到15.1%,短短一年时间,OTT TV机顶盒的增加量,超过了整个机顶盒保有量的1/10,可见其发展速度之快。与之相应,我国有线数字电视整体转换工作正在全面铺开。另据工信部官方网站数据统计,截至2014年1月,全国IPTV用户近3000万户,从区域来看,我国东、中、西部地区IPTV用户分别达到1729.2万户、500.7万户、684.4万户,占比分别为59.3%、17.2%和23.5%。全国IPTV用户数前三的省份分别是江苏、广东、浙江,三省用户数之和的占比达到43.7%。② 在全国电视用户总数基本稳定的情况下,互联网电视和IPTV用户的增加,实质上吸引和转移了有线电视的用户,迫使我国数字电视产业向互联网化发展。

伴随着中国传媒业不断"互联网化转基因"的过程,数字化生存的传统电视,在其视听新媒体形态的发展创新方面,不断融入"互联网基因"和

---

① 高红波:《大数据时代电视平台的战略转型》,《南方电视学刊》2013年第3期。
② 工信部运行监测协调局:《2014年1月通信业经济运行状况》,工信部官方网站,2014年3月3日,http://www.miit.gov.cn/n11293472/n11293832/n11294132/n12858447/15907323.html。

"互联网思维"。比如,传统电视与固定互联网融合产生网络视频、IPTV(交互式网络电视)、OTT TV(互联网电视),传统电视与移动互联网融合产生手机视频(手机电视)等,传统电视的互联网化转向成为媒介形态进化的大趋势。在这种互联网化转向的过程中,用户的自主性要求越来越高,其选择空间也越来越大,相应地,传统电视用户的流失也在所难免。数字电视产业的用户在卫星数字电视、有线数字电视、IPTV、OTT TV、地面数字电视等多种形态之间保持着一种动态的平衡。

(四)多元化生产,网络原创内容加速制播分离进程

2013年网络原创视频内容进一步增加,视频内容的生产主体更加多元,视频网站成为网络原创视频内容的主要增长力量。优酷、土豆、乐视、56、搜狐视频、腾讯视频、爱奇艺等网站,已经不满足于购买影视剧版权内容吸引受众,在版权费用持续走高的状况下,纷纷采取多种投资与合作方式,鼓励生产个性鲜明的网络原创视频内容,走上了视频内容的"自制"之路。同时,UGC内容也在发生着变化,一批传统电视机构工作者开始加入网络原创内容生产队伍,比如原央视电视工作者罗振宇在优酷平台创办《罗辑思维》,原凤凰卫视知名主持人杨锦麟在腾讯视频网站创办《天天看》等。专业的传统电视工作者加入网络原创内容生产的大军,有效提升了视频网站UGC内容的水准,丰富了网络视频的内容,增强了网络自制节目的看点和卖点。在传统电视机构"制播分离"的大背景下,网络原创栏目的风起云涌,客观上对影视节目社会制作力量的崛起起到了促进作用。

网络原创视频内容主要分为网络自制短片、网络自制剧和网络原创视频栏目。2013年,各家视频网站纷纷加入网络原创视频内容的生产和制作,网络原创栏目受到重视,成为视频网站电视化发展的一个显著特征。比如"腾讯出品"的网络原创视频栏目有明星纪实访谈节目《封面人物》、生活类节目《你说了蒜》等。优酷网的网络原创视频栏目有网剧《万万没想到》、微电影《美好2013:大师微电影》等。此外,还有搜狐视频、爱奇艺等视频网站的网络原创剧和多个网络原创视频栏目,呈现视频网站原创内容百花齐放的网络视频内容生产新格局。从现有的视频网站的原创视频内容品牌化策略和资源发布

状况来看，2014年，网络原创视频内容的兴盛趋势及效应将会更加明显。

多元化内容生产。网络原创节目数量和质量的提升，一方面影响着视频内容市场的竞争力量和市场格局，另一方面促进了原本在我国电视行业进展缓慢的"制播分离"改革。大视频产业的竞争，已经在内容生产、传输渠道、硬件设备等方面展开，全方位的竞争为我国数字电视产业的发展提供了极具想象力的巨大空间。

B.28
2013年中国手机视频产业发展报告

江 凌*

摘　要： 2013年，手机上网用户成为互联网发展的主要动力，视频移动端超越PC端，手机视频跃升至移动互联网第五大应用，手机视频产业在政策环境、使用环境、生态环境方面不断优化，内容建设逐渐增强，产业链条进一步完善，手机视频产业继往开来、迅猛发展，并将进一步催生更丰富的应用模式，带来互联网经济的迅猛增长。

关键词： 手机视频　4G手机移动客户端　App应用

手机视频是指使用手机移动终端收看或下载的视频和电视节目，主要包括手机视频短片、视频网站手机移动客户端、移动视频应用App等形式。2013年，我国手机视频迅猛发展。截至2013年12月，我国手机网民数达5亿，网民中使用手机上网的人群占比提升至81.0%，使用手机在线收看或下载视频的用户数为2.47亿，与2012年底相比，增长1.12亿人，增长率高达83.8%。手机视频的网民使用率为49.3%，比2012年底增长17.3个百分点，手机视频跃升至移动互联网第五大应用。[①]

---

* 江凌，四川大学文学与新闻学院2011级新闻学博士研究生。本文为上海市社会科学创新研究基地/工作室、上海市高校"085"工程项目之"新媒体与社会发展"阶段性成果，主持人为吴信训教授。

① 中国互联网络信息中心：第33次《中国互联网络发展状况统计报告》，2014年1月。

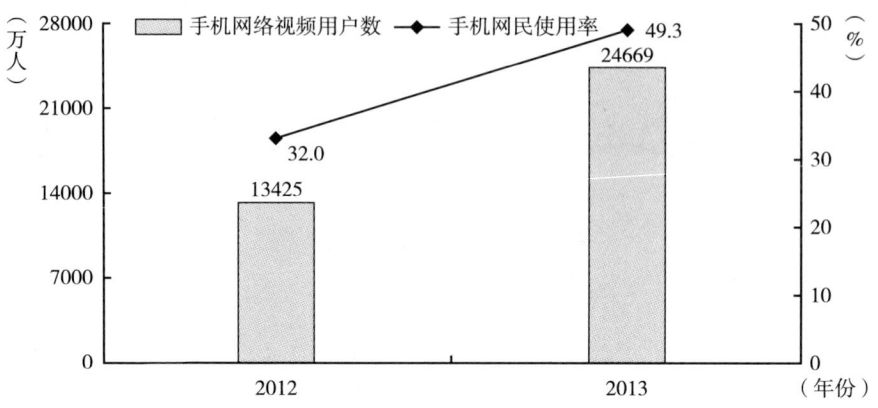

图1　2012~2013年手机网络视频用户数据及使用率

一　手机视频产业环境

（一）政策环境

2013年，手机视频产业的政策环境不断优化：2013年8月1日，国务院《"宽带中国"战略及实施方案》的公布，进一步明确了宽带在各行业、各领域的集成应用，及其在推动信息消费，培育新服务、新市场、新业态方面的战略意义；2013年9月，《关于促进信息消费扩大内需的若干意见》及实施方案出台，《意见》聚集于新型信息消费"4+3"体系，即包括智能手机在内的四类新型产品和移动互联网接入等三类新型服务；2013年11月，《中共中央关于全面深化改革若干重大问题的决定》关于"文化体制改革"的要求，进一步将"三网融合"发展提上日程。

（二）使用环境

4G网络的到来和智能终端的廉价普及改变了手机视频的使用环境，视频移动端超越PC端。2013年12月4日，4G牌照的发放，拉开了我国4G时代发展的序幕，而4G网络覆盖范围的扩展与资费下调，将进一步促进更多用户在非WiFi环境下在线收看视频。

2013年是平板手机年,大屏手机、智能手机的密集上市,价格的进一步平民化,使其用户不断渗透中低收入群体。视频移动端超越PC端。一方面,随着上网资费降低、视频运营商和网络运营商包月合作等措施的落实,手机视频使用门槛不断降低;另一方面,视频网站为了适应硬件和网络技术的提升,也推出体验更好的视频播放服务。截至2013年底,优酷土豆移动端日均视频播放量已经超过3亿;爱奇艺全年移动视频广告收入高速增长,第四季度移动视频广告已占总收入的20%以上;PPTV移动端在移动营销方面破亿元;[1] 搜狐2013年第四季度及年度财务报告显示,搜狐视频移动端广告增长势头强劲,已高于PC端。[2]

(三)生态环境

2013年也是手机视频产业生态环境得以改善的一年:在有利政策的鼓励下,手机视频用户数不断攀升,市场经过一番洗牌重组、资源整合,逐步从最初的恶性竞争进入几家企业独大、小公司抱团取暖、合作共赢的局面。

2013年11月13日,在中国网络视频反盗版联合行动发布会上,优酷土豆、搜狐视频、腾讯视频、乐视网共同宣布将联合对抗百度、快播等日益严重的网络视频盗版和盗链行为,并向百度索赔3亿元。反盗版的另一方面,则促进了各家在视频版权购买上增加支出,如2013年第三财季,在版权购买上,优酷土豆花掉近3亿元,百度则达2.222亿元。同时,为了节省版权购买开支,各家也加强了对内容自制的战略探索,手机视频逐渐摆脱同质化发展,走向差异化竞争,市场竞争趋于有序合理,产业生态大为改善。

二 手机视频产业发展现状

从传输网络来看,目前的手机视频服务主要基于三种不同的网络:互联网、移动通信网及广播网。按照不同的运营平台,手机视频产业的业务类型可

---

[1] 徐芳:《2014,视频网站的四个"元年"》,中广互联,2014年1月26日,http://www.sarft.net/a/153426.aspx。

[2] 《搜狐视频移动端收入已超PC》,《工人日报》2014年2月15日。

分为视频网站手机移动客户端、移动视频 App、手机流媒体业务和移动多媒体广播 CMMB 业务四大类。

（一）视频网站手机移动客户端

此类手机视频业务，也可理解为手机电视的互联网模式，即通过手机上网收看或下载优酷土豆、乐视等视频网站节目。2013 年是我国网络视频行业的"拐点"，在硬件技术、网络环境、线下节目的推动下，视频网站手机移动客户端可谓顺势而为，占据了手机视频市场的大半江山。

1. 风格化 + 差异化

视频网站的风格化和差异化更加明显：优酷继续巩固其在自制领域的领跑地位；爱奇艺主打综艺；搜狐视频成为美剧引进第一平台；土豆网大力加强纪录片内容制作；乐视主打高清长视频；腾讯视频探索互联网众筹剧模式，使"边写边拍边播"模式成为可能，探索从 Play（看）到 Play2.0（看+玩）的模式创新。①

2. 上演热播综艺节目播放权争夺战

围绕热播综艺节目线上播放权的争夺，成为 2013 年视频网站争夺的焦点。《我是歌手》《爸爸去哪儿》《中国好声音》一系列选秀、亲子、婚恋等综艺热播节目的影响力与日俱增，其带来的点播量、广告收入、用户增长与覆盖让视频网站尝到甜头，并加大战略布局：爱奇艺斥资 2 亿元，购买 2014 年包括《爸爸去哪儿》在内的湖南卫视六大热门综艺节目，及《爱情公寓 4》等十部热播电视剧的独家版权；乐视花费 5000 万元购买了《我是歌手》第二季的独家版权；PPTV 也与江苏卫视达成独家综艺合作，将获得《非诚勿扰》等热门综艺独家网络版权。

3. 发力原创自制内容

自制电视剧和综艺节目不仅降低了引进版权的高价成本开销，而且以原创独特的内容吸引受众，增强用户黏性，提升网站影响力及品牌知名度。中国青年报社会调查中心通过搜狐新闻客户端进行的调查（1432 人参与）显示，

---

① 《网台联动，视频网站反向输出电视台》，创途网，2014 年 2 月 12 日，http://www.chuangtoo.com/jingyuedu/20140212/15589.html。

90.9%的受访者看过网络自制剧,受访者中,63.0%为90后,30.9%为80后。笑点密集(68.2%),主题年轻、接地气(58.2%)和想象力丰富(50.2%)、剧集简短(43.6%)、观看方便(20.6%)、年轻演员有活力(27.7%)等是网络自制剧最主要的吸引点。①

2013年,《万万没想到》《我的极品是前任》《嘻哈四重奏》《钱多多嫁人记》等精彩纷呈的自制节目密集上线,并获得较好反应。搜狐视频《屌丝男士》创3亿播放量,6000万用户覆盖量,6亿网民渗透率;优酷《泡芙小姐》总播放量超过2亿次;乐视网首部自制剧《东北往事之黑道风云20年》开播仅16天播放量就突破2亿次;腾讯视频《我为宫狂》点击破五万②……预计到2015年,网络自制剧的点播量将达15亿次。

(二)移动视频App

App即Application应用的简写,由于App更加容易实现开发者对移动应用领域的创意,在适应手机用户们对个性化视频观看的需求方面独树一帜,发展势头迅猛。按照内容和产品形式,可将移动视频App大体分为以下三类。

1. 主流的视频网站App客户端

垂直App是各大视频网站近两年的布局方向,凭借丰富的内容和平台,视频网站已成功将影响力延伸到手机终端,在手机视频市场中一路领先。易观智库数据显示,2013年9月移动视频类App活跃用户数排名如下:优酷为4634.2万;搜狐视频为2457.9万;爱奇艺视频为2337.7万;PPTV为2211.3万;PPS影音为1319.7万;腾讯视频为941.1万;风行电影为663.9万;乐视影视为648.9万;土豆为489.5万;迅雷为328.8万。③

2. 卫视App

卫视App包括卫视官方App和热播节目App。如东方卫视"哇啦"、湖南卫视"呼啦"、安徽卫视"啊呦"、江苏卫视"荔枝新闻"、凤凰卫视"凤凰

---

① 孙震:《90.9%受访者看过网络自制剧"万万没想到"爆红》,《中国青年报》2013年11月7日。
② 张静:《网络自制剧缘何异军突起?》,《西安晚报》2013年11月13日,第18版。
③ 《易观智库权威发布:2013年9月移动视频类App活跃用户数排名》,《法制晚报》2013年10月15日。

电台"等，卫视 App 拉近了卫视（节目）与受众之间的距离，观看起来更加方便，基于手机开发的"扫一扫"、"摇一摇"等功能，也不断增强了电视屏与手机屏的双向互动，满足了观众的互动性与社交性。

3. 社交电视 App 产品

社交电视 App 产品，如"电视粉"、"蜜蜂导视"、"段落 TV"、"蜗牛视频"、"电视 E 族"、"新浪看点"、"卫视通"、"电视切客"、"TV – time"、"Dopool 社交电视"、"电视派"、"TV 客"、"百视通看点"等。此类产品迎合了互联网扁平化特征下，受众对于 SNS 等全新交流模式和创新多业态融合业务的需求。不同的 App 各有功能侧重，通过满足受众的不同产品应用需求，提升匹配度，为受众提供个性化、生活化、社交化服务。

（三）手机流媒体业务

手机流媒体业务是基于移动网络进行传输，通过流媒体及视频下载方式，为客户提供各类适合手机播放的视频类内容的增值业务。[①] 手机视频一直是中国移动、中国电信、中国联通三家运营商移动互联网的布局重点。纵观 2013 年，在网络视频的巨大冲击下，手机流媒体业务发展缓慢。

1. 中国移动

2013 年，中国移动先后推出了 V + 、G 客 G 拍、I 视界等多元化视频产品，以拉动市场，增加受众。在未来的大数据时代，中国移动将凭借其在数据分析、用户行为习惯分析方面积累的丰富经验，在充分研究数亿手机用户习惯、智能化分析的基础上，为用户提供精准独到的个性化视频内容，打造服务为王、个性为王的视频新体验。[②]

2. 中国联通

早在 2012 年，中国联通就推出了为 3G 用户提供综合视频服务的手机电视客户端，提供中央电视台、上海文广等 34 个直播电视频道，分别有新闻、财经、电影、电视剧、体育、娱乐等 16 个栏目，分为包月订购和付费点播。

---

① 李璐：《移动视频风潮来袭运营商把握产业主动权》，《通信世界周刊》2012 年 10 月 15 日。
② 《中国移动"I 视界"打造多屏互动新坐标》，中国网，2013 年 6 月 26 日，http：//finance.china.com.cn/roll/20130626/1585922.shtml。

总体来看，中国联通的手机电视内容来源单一，缺少来自互联网的视频内容；在平台方面，用户体验还有待优化，缺乏互动性和用户体验，应加强对用户行为和数据的分析能力，探索个性化定制功能设计、个性化页面编辑、开发手机视频上传和下载、评论、投票等互动交流型功能。

3. 中国电信

自2009年天翼视讯传媒有限公司成立以后，其已与全国30多家视频运营商形成合作，包括央视、湖南卫视、上海文广等广播电视台，以及优酷土豆、搜狐等互联网视频公司。① 天翼视讯在经历了成立、上线、打造国内最大收费视频平台等阶段之后，已在国内付费行业中占据一席之地。通过产业链的完善，不断实现上下游资源整合和利益共享，增强内容提供商的积极性，达成产业链各方参与者的共赢。未来，在实现多屏互动，发挥固网优势，实现手机视频内容同IPTV高清视频内容库的结合上，中国电信还有大有作为的空间。

（四）移动多媒体广播CMMB业务

CMMB是中国移动通信有限公司和中广传播集团有限公司共同利用中国移动多媒体广播（China Mobile Multimedia Broadcasting，简称CMMB）技术推出的便携式的移动多媒体广播电视产品，又称"手持电视"。凭借北京奥运会的一把东风，CMMB火极一时，前景也被人看好，但随着时间的推移，尤其在移动互联网的冲击下，CMMB因内容单一、用户收看视频习惯的改变和过早收费等，发展日益被边缘化。

三 手机视频产业的趋势分析

（一）大数据应用

通过对数据的"加工"，实现数据的"增值"是大数据的核心本质。运用

---

① 《天翼视讯，确立平台媒体运营发展之路》，《新民晚报》2013年2月6日。

数据分析和数据挖掘实现文化产品创新和服务质量提升，或将成为视频企业在信息时代发展的必然趋势。国内视频网站也开始了对大数据应用于视频的新尝试。而具备用户数据资源优势的三大电信运营商，更应在大数据技术利用上，创新作为。

（二）综艺娱乐自制

2013年围绕版权争夺的硝烟还未散去，2014年，视频各家已经开始新一年的自制战略布局，或将迎来综艺娱乐自制的元年。优酷土豆表示，将投入3亿元加强网络自制，并加大优酷和土豆双平台的差异化运营，强化核心竞争力；搜狐视频表示，2014年针对自制的投入将是2013年的两倍，自制内容的流量产出将是2013年的四倍，并使自制成为搜狐视频布局中仅次于电视剧的品类；腾讯出品总制片人、在线视频部副总经理马延琨指出，腾讯视频将在自制剧和原创节目两个维度发力，提出精品打造和Play2.0战略；PPTV聚力也将自制出品作为其2014内容差异化战略的核心。①

（三）内容反向输出

内容反向输出成为趋势，从前几年的"台网联动"到"网台联动"，视频网站的发展实现了逆袭，这深刻体现了视频网站在营销、内容、形式、视角方面的独特优势日益明显。

一方面，传媒电视媒体人陆续加盟到视频网站企业，越来越多的传统电视人被视频网站收至麾下，视频网站平台影响力正日益攀升。另一方面，随着"网台联动"趋势，视频网站内容反哺传统电视台。内容反向输出无疑是视频网站朝着超级电视台发展发出的信号。

（四）"产品为王"

在新媒体时代到来之前，"内容为王"一直是媒体行业公认的法宝。如何

---

① 徐芳：《预测：2014，视频网站的四个"元年"》，中广互联，2014年1月26日，http://www.sarft.net/a/153426.aspx。

通过更加人性化的产品设计抓住受众成为手机视频行业突出重围的关键因素。传统意义上的"内容为王"在如今的互联网时代已不再是唯一的制胜法宝,一切从受众出发,关注受众体验,"内容"+"产品"为王的时代已悄然到来。①

四 手机视频产业发展建议

(一)视频网站:把握与完善自制内容

自制剧对于视频网站而言是很好的战略尝试,随着其不断发展与完善,未来或许会成为人们观看影视剧的主流。而目前自制剧在我国还处于起步阶段,存在诸多问题需要克服,如题材扎堆、制作粗糙、娱乐化倾向严重、缺乏艺术价值和文学价值等。同时,在人才和资金规模方面,网络自制剧也无法与传统电视剧相提并论,其按照流量广告分成的商业模式也有待促成赢利。

(二)移动视频App:加强内容+技术创新

一方面应是优质的内容,包括产品设计、受众体验、服务品质等,在优质的内容基础上,还需克服版权问题;另一方面是基于技术的创新,如百度视频App就利用了高清云播放内核技术,提升了1080P高清视频在不同网络条件下、不同手机上播放的清晰度和流畅度。"雷达"功能还能利用LBS技术搜索附近的视频共享,整合离线下载、云端加速、个性化视频推荐、电视直播、多屏互动等多项核心技术。②

(三)手机流媒体:多维变革

内容上,拓展合作领域,丰富内容建设,增强形式多样的节目内容;平台

---

① 林起劲:《天人合发,万物定基——2014年视频行业十大趋势》,中广互联,2013年12月30日,http://www.sarft.net/a/152246.aspx。
② 李鹏:《百度视频App用户破亿,跃居行业第一》,2013年9月22日,http://www.techweb.com.cn/。

功能优化上，实现全面的用户互动体验，充分发挥手机媒体互动、及时定向、分众的传播特点，完善交互功能，内容分享能力，提升业务支撑能力；在大数据时代，充分掌握并发挥用户使用数据的优势，利用大数据技术，加强统计分析，开发基于用户使用数据的分析，做好精准化推荐，推出个性化产品服务。

（四）CMMB：提升品质，开放更多免费频道，拥抱更多智能终端

广播制式的 CMMB 在使用上不如手机移动客户端，不能随意点播，已属先天不足，如果再因为节目内容的不足，则更加降低用户的收视热情。也有专家认为 CMMB 应加强与 DTMB 的融合发展，多关注可穿戴式智能设备，在 OTT 盒子的发展方向出新招，努力探索突围之道。①

---

① 钱立富：《CMMB：手机电视抢跑者的边缘化危机》，通信世界网，2013 年 7 月 22 日，http：//www.c114.net/news/44/a781439.html。

B.29
2013年中国IPTV产业发展报告

王建磊*

摘 要：

"宽带中国"战略的实施，三网融合的推进，移动视频、OTT TV等相关业务的爆发式增长构成了2013年IPTV产业的复杂背景。预计IPTV产业在未来2~3年将进入深度调整期，总体建议中国IPTV产业发展选择相应的以"博弈"、"嫁接"、"开拓"为特征的市场战略。

关键词：

IPTV　宽带中国　三网融合　OTT TV

2013年是行业环境遽变和市场分裂加速的一年。从2003年至今，10年已过，IPTV产业整体上变得更为成熟、稳健，预期在2013~2015年进入深度调整期，蓄势待发。

一 2013年IPTV产业的发展环境

（一）政策环境："宽带中国"战略出台

目前，已有130多个国家将宽带列为国家战略中优先发展的领域。2013年8月17日，中国国务院发布《"宽带中国"战略及实施方案》。随着"宽带

---

* 王建磊，博士、副研究员，深圳广播电影电视集团技术创新研究所高级研究员。本文为上海市社会科学创新研究基地/工作室、上海市高校"085"工程项目之"新媒体与社会发展"阶段性成果，主持人为吴信训教授。

中国"战略的推进,光纤宽带会进一步提速降价,宽带运营环境也将更为优化,这将成为以互动为主的IPTV产业发展的最大利好,也为IPTV的全面高清化奠定坚实的基础。因而,这一战略的实施会成为未来几年IPTV发展的持续性利好。

(二)宏观态势:三网融合全面推进

从2013年起,按照国务院三网融合方案规划,三网融合将步入"总结推广试点经验,全面实现三网融合发展,普及应用融合业务,基本形成适度竞争的网络产业格局"的阶段,具体工作包含了加快电信和广电业务的双向进入,推动中国广播电视网络公司加快组建,推进电信网和广播电视网基础设施共建共享,鼓励发展IPTV、手机电视、有线电视网宽带服务等融合性业务,带动产业链上下游企业协同发展,完善三网融合技术创新体系等。作为最具三网融合代表性业务的IPTV,在逐步克服"双向进入"的关键问题后,其发展势头会逐步超越三网融合的"大盘",而三网融合的全面加速也会成为IPTV最坚实的助推力。

(三) 行业环境:移动视频、OTT TV多点爆发

随着以iPhone、安卓手机、平板电脑等为代表的移动终端对视频技术的完美支持,移动视频行业迎来了爆发式增长。OTT TV产业在世界范围内形成了广播电视产业规模大、业务增长快的发展趋势,国内则形成了以"牌照"为中心,可管可控的发展模式。部分广电运营商进行了业务布局,但最活跃的是终端生产商和互联网企业,他们共同的动作是推出机顶盒/一体机来切入OTT市场,2013年OTT盒子出货量预估在1000万台。可以说,在整个大视频产业市场中,OTT TV、手机视频与IPTV形成了齐头并进的局面,尤其是前者有不可小觑的市场潜力,在用户体验、智能扩展方面形成了相对的竞争优势,给IPTV产业带来了很大的市场压力。

(四)顶层设计:爱上电视传媒有限公司成立

根据百视通公司2013年5月18日公告,中国网络电视台(出资方:央视

国际网络无锡有限公司）与上海广播电视台（出资方：百视通技术公司）联合投资的"爱上电视传媒有限公司"正式成立。此举以资本为纽带将之前二者"貌合神离"的合作推向实质，合资公司将会具体负责与各地方播控平台的对接、与电信运营商的合作事宜，从根本上提升业务推进的执行力，并从市场的角度对各方所存在的利益冲突进行调和，因而，将对IPTV行业的未来发展产生直接影响。

此外，2013年3月22日，根据《国务院机构改革和职能转变方案》，广电总局正式与新闻出版总署合并组建为国家新闻出版广电总局。这一整合也会对IPTV行业发展产生利好的影响：一是简化监管、审批流程，有利于视频内容的快速输出；二是有利于减少职责交叉、追责和提高管理效率；三是进一步增强中央播控平台的管控力度，有利于推进、落实各类对接问题。

总体来看，2013年，IPTV产业继续以其扎实的市场基础、健康的商业模式向前推进，但在政策、行业、技术、市场等多重力量的交织影响下，IPTV用户增长速度减缓。截至2013年底，我国4个直辖市、332个地级市以及26个省县级市中已有超过280个地市开通了IPTV业务。[①] 根据工业和信息化部《2013年通信运营业统计公报》，中国（大陆）IPTV用户数在2013年末达到2842.5万户[②]，较2012年增加540万户，继续保持全球IPTV用户规模第一的地位。

二 2013年IPTV产业的发展举措

（一）百视通：贯穿产业链上下游

百视通是国内IPTV产业发展的标杆，其2005年就开始试水IPTV，目前已发展成为全国乃至全球最大的IPTV运营商，截至2013年底，发展国内IPTV用户2000万。

---

① 格兰研究专项报告《2013中国三网融合季度分析报告（总第八期）》。
② 工业和信息化部官方网站：http://www.miit.gov.cn/n11293472/n11293832/n11294132/n12858447/15861120.html。

百视通模式是典型的全产业链式发展，主要表现在以下三方面：一是与上游内容版权方对接。在2013年百视通密集地与超过十家重大内容制作企业达成紧密的合作，获得涵盖体育、影视、卡通、纪实、综艺、广播等优质版权资源。其与迪士尼成立在华合资公司，与NBA续约三年，与"新英体育传媒"签署《英超新媒体播映协议》，获得独家宝贵的内容资源，具备了同行难以逾越的优势。二是与视频网站等渠道对接。2013年8月，百视通正式宣布将以总计3.07亿元的货币资金增持风行网股权，其股权从35%增加至54%。同时，百视通下属的东方宽频、上海欢腾宽频的100%股权将按照流程转让给风行网。对百视通来说，公司将其内容输出渠道从电视扩展至互联网，使其内容版权价值实现最大化，同时也首次突破了电视台与互联网之间基于内容版权交易关系的"台网联动"，真正开启了"台网一家"的业务模式，更利于在技术、人才等方面发挥传统媒体与新媒体的互补优势。三是与终端制造商展开合作。2013年初，百视通新媒体与华为终端联合宣布，双方合作推出全球第一款采用四核处理器的互联网电视机顶盒（OTT）产品。中旬，百视通与上海电信联合推出机顶盒产品——"小红"，也获得了市场的广泛青睐。综合来看，百视通在上游的内容产业、下游的渠道和终端领域都有步骤地展开部署，并逐步在各个环节形成了优势的市场地位。

在发展举措上，百视通一是运用大数据细分受众，将个性化服务体验大幅提升，二是注重技术研发和专利保护，三是善于资本运作，力拓海外市场。截至2013年前三季度，百视通营收为17.42亿元，同比增长20.47%；净利润为4.98亿元，同比增长27.07%。此外，百视通自2012年开始涉足印尼市场，2013年与印尼电信达成全面战略合作，覆盖了IPTV、OTT、手机及直播卫星业务，将技术、内容、平台运营、服务等打包出海。2013年又与印尼国家出版社展开合作，进一步提升百视通在印尼国内的多产业市场份额，展现其以东南亚为基础，然后有序地向全球辐射的长远目标。

（二）各地方IPTV：角力智能化、高清化与公共服务

江苏IPTV自2012年起开始加速发展，用户规模一直居于全国首位。2013年，江苏重点推动广电和电信企业加强技术、业务和合作模式创新，并率先建

成覆盖全省的"智慧江苏"门户平台,提出了全省智慧城市群建设的工作思路,开通运行多种便民服务,上线应用已超过460个;在"宽带中国"战略的推进下,江苏省的光纤网络通达1.9万多幢商务楼和1.6万个住宅小区,光纤入户覆盖家庭数达1300万户。基于100M家庭宽带接入能力,江苏IPTV推出了高清直播点播iTV、iTV卡拉OK、天翼看家、云分享、云游戏、e布线等众多家庭信息化产品与服务。在丰富的收视内容与多元服务的带动下,江苏IPTV用户规模在2013年达到500万。①

广东IPTV应该是2013年地方IPTV业务增长最快的一家。2013年8月,广东iTV正式改名为广东IPTV,开始在三方协议的支持下发展独立用户,截至年底用户也达到300万②的量级。为推进"宽带中国·光网城市"策略,广东电信三年累计投资150亿元,持续开展光网宽带普及工程,发展宽带用户1600多万。2013年,广东电信又在全国率先开放了100M家庭宽带的市场及使用,这让更多的家庭互联网应用成为可能,IPTV必然受益。当前,广东IPTV服务的主打口号是"高清互动",可提供80路标清直播和12路高清直播,超过5000小时的高清专区点播内容。

另外值得一提的是深圳IPTV,深圳是最早签订三方协议的试点城市之一,自2012年推广以来,本地用户发展迅速,但是在2013年,由于深圳电信公司决定对IPTV业务进行调整,发展用户策略由原本IPTV与宽带捆绑销售的捆绑式业务转变为独立经营型业务。在这种情形下,深圳IPTV灵活调整策略,通过积极转网百视通存量用户、新用户"订购有礼"、"新装激励"、"存量用户砸金蛋"、"问卷有礼"以及提升节目内容、优化平台系统和EPG界面等系列手段努力发展新用户,提升用户活跃度。与此同时,通过创新推进内容平台建设,丰富节目内容、发展增值业务,引入43路频道,向用户提供超过5.5万小时点播节目,着重推出高清大片、高清热剧、高清纪实、高清娱乐等举措,实现用户的递增,截至2013年底,发展用户规模接近

---

① 该数据包括百视通在江苏的早期用户。
② 注:在上年的统计测试中,广东省340万用户中包括了原百视通60万用户,现在广东IPTV不再包括原百视通用户,统计范围也不包括深圳地区,因此变为300万用户。该数据来自电话访问。

40万。

在其他运营商的发展举措方面,上海IPTV"上海智慧旅游社区"频道上线试运行,上海地区已有180万用户通过该频道获取旅游信息,甚至还可购买旅游产品;湖南电信IPTV高清版在2013年上线,可提供12路高清直播和回看,2000小时的超高清点播内容;浙江IPTV继续加强便民服务和"三务"公开信息平台的建设,试点范围由市级扩展到县村级,服务内容涵盖了征地拆迁、养老保险、政务审批以及水电费、社保、医保、公积金等方面。

可见,各地方运营商纷纷借势宽带进行升级,并充分利用IPTV可交互的特点,在高清化方面追赶有线,在交互产品设计和公共服务方面持续发力,致力于提供差异化服务和良好的用户体验。

三 2013年IPTV产业的发展态势与建议

作为一个发展了十年并形成清晰商业模式的规模产业,IPTV既受益于技术环境的快速迭代所带来的发展机遇,也受益于政策的利好,总体发展势头良好。然而在快速演进迭代的媒体技术环境下,IPTV若要保持上升通道,需持续根据市场形势做出调整与改变。

一方面,在2013年展开部署IPTV业务或开启IPTV进程的省份稳步增加,在继云南、四川、湖南、辽宁、北京、河北、山东、广东和深圳之后,海南、山西、河南和广西分别在6月5日、6月29日、7月11日、11月11日签署三方协议,标志着该地区的IPTV进入商业运营阶段,从量化层面看,随着三网融合有条不紊地推进,IPTV版图也得到了稳步扩张。

另一方面,2013年新增用户总量却低于2011、2012年的水平,用户增长速度呈现减缓趋势。笔者分析这是由内外两方面原因造成的。从内部因素来看,第一,在原试点地区,IPTV刚刚度过第一个高速渗透期,宽带提速的福利还没有真正到来,因而在这段调整期内发展潜在用户的难度进一步增加;第二,2013年新签署三方协议的地区,大多在下半年开始布局业务,甚至在2012年就签署协议的北京IPTV的真正商用也起步于2013年下半年，因而新增地区的 IPTV 业务大多还处于调整及试运营阶段，并没有真正开始大规模发展用户；第三，在试点地区以外，网络建设还相对落后，无法向用户提供高质量的服务体验，因而原来 IPTV 的"野蛮式生长"也臻于止步。

而从外部原因来看，IPTV 面临着复杂、多变的市场环境，面临着激烈的行业竞争，最直接的是 OTT TV 业务的发展和有线高清互动电视的推进给 IPTV 带来了很大的压力。在这场愈演愈烈的"客厅入口"争夺战中，如果说 IPTV 原来的竞争策略是通过"第二屏定位"避开与有线的正面冲突，那么 OTT TV 不仅是迎面而来，而且大有后来居上之意。在遭遇双面夹击的境况下，IPTV 面临的暂时困顿几乎是必然的。

综上因素，我们判断，IPTV 在未来 2~3 年将进入深度调整期，总体建议如以下三点。

一是 IPTV 要更加充分地对当前的竞争态势做出判断和应对，选择更为适合自身发展壮大的博弈策略。IPTV 本身就是市场竞争的产物，因而从一开始就有着竞争意识和"自适应"的基因。在 IPTV 不断进化发展的过程中，其竞争对手也没有停止前进的脚步，并且市场上还出现了新的技术和新的业务形态，那么在不断变化演进的竞争环境中，运营商如何审时度势实现资源平衡、调配是成功的关键。IPTV、有线电视、OTT TV 三者博弈的局面会长期存在，但在整个大视频产业趋好的形势下，三者之间并不是此消彼长，而是业态之间走向融合，共同发展壮大的过程。

二是 IPTV 要以开放的心态，积极引入和借鉴竞争对手的优势领域，善于学习和"嫁接"。作为新兴事物，OTT TV 的发展壮大体现了适者生存的自然规则，那么 IPTV 面对 OTT TV 时，重点是要看到新对手的崛起到底带来了什么？哪些能为我所用？OTT TV 的开放技术、优良体验、海量内容、多样化销售模式等，都促使 IPTV 运营商在网络建设、平台建设、用户体验及销售模式等方面不断提升。近期，可以在以下方面进行改进：①"嫁接"OTT 的新技术，提高平台运行和维护能力，降低机顶盒成本，吸引新用户；②"嫁接"OTT 的内容，并且通过 IPTV 的 CDN 进行分发，使 IPTV 用户直接可以观看 OTT 的内容；③"嫁接"OTT 强大的扩展性，突破原有的影视点播、音乐、游戏等互动应用,在多屏联动方面展开一定探索;① ④"嫁接"OTT 的互联网思维和营销策略,更加贴近用户的实际需要和心理需求,获得良好的市场口碑与高知名度。

三是伴随着宽带网络的改造升级,IPTV 的产业形态和服务内容也会发生较大的变化,要更为积极主动地开拓新的疆土和市场空间。

---

① 吴虹:《电信应对 OTT TV 的 IPTV 发展策略浅析》,《信息安全与技术》2013 年第 11 期。

B.30 2013年中外数字报纸发展报告

李 珠*

摘　要： 本报告是对2013年中外数字报纸发展情况的汇总概括，主要分为两个部分：第一部分介绍了2013年西方国家的数字报纸在收费、业务安排、海外拓展以及和其他媒体合作等方面的情况；第二部分则介绍2013年中国数字报纸的发展状况，主要是收费、业务发展、新技术等方面的情况。

关键词： 数字报纸　国外数字报纸　中国数字报纸

一　2013年国外数字报纸发展情况

（一）几个主要国家数字报纸发展情况

1. 美国

2013年的美国报业，行业低迷一如既往，偶尔出现了一些向好迹象。其各项指标并没有发生根本性的转变，现在的报业规模只有其全盛时期的1/2多一点。

（1）报纸发行总量中数字版超越印刷版

美国审计媒体联盟（Alliance for Audited Media）根据新的统计方式得出的

---

* 李珠，博士，上海大学影视学院讲师。本文为上海市社会科学创新研究基地/工作室、上海市高校"085"工程项目之"新媒体与社会发展"阶段性成果，主持人为吴信训教授。

数据表明，截至 2013 年 9 月 30 日，《今日美国》日均发行量达到 290 万份，《华尔街日报》（The Wall Street Journal）从 2012 年同期的 229 万份跌至 2013 年的 227 万份，《纽约时报》为 190 万份，高于 2012 年同期的 160 万份。不过该统计方式将网站、平板和智能手机应用程序的下载量也纳入了统计范围。在这份统计中，《华尔街日报》的发行量包括 140 万份印刷版和 91.77 万份的数字版发行量，《纽约时报》则是 67.7 万份的印刷版和 120 万份数字版，《今日美国》包括了 130 万份印刷版和 150 万份数字版。可以看出，这三份占据美国报纸发行量前三的报纸中数字版所占分量很重，除了《华尔街日报》的数字版发行量不及印刷版之外，《纽约时报》的数字版发行量几乎是印刷版的两倍，而《今日美国》的数字版发行量也超过了印刷版（见表1）。

表 1　2013 年美国三大报纸印刷版与数字版发行量比较

单位：万份

报刊名称	印刷版发行量	数字版发行量
《今日美国》	130	150
《华尔街日报》	140	91.77
《纽约时报》	67.7	120

数据来源：美国审计媒体联盟（Alliance for Audited Media）。

（2）纸质版仍有停刊消息传出，报纸业裁员还在继续

2013 年 3 月 19 日，好莱坞权威刊物《综艺报》出版最后一期后停刊，此后将只发行网络版。①

2013 年 10 月 29 日，全球著名财经新闻和信息提供商汤森路透集团宣布，将在全球裁员 3000 人，占雇员数量的 5%。② 5 月 30 日，《芝加哥太阳时报》宣布裁掉整个摄影部。③

---

① 王军：《综述：好莱坞〈综艺报〉宣布停刊》，新华网，2013 年 3 月 20 日，http：//news.xinhuanet.com/newmedia/2013－03/21/c_124484284.htm。
② 杨牧、邓志慧编辑：《汤森路透集团将在全球裁员 3000 人》，人民网国际频道，2013 年 10 月 30 日，http：//usa.people.com.cn/n/2013/1031/c241376－23383453.html。
③ 新华社专电：《〈芝加哥太阳时报〉裁掉摄影部》，人民网，2013 年 6 月 1 日，http：//world.people.com.cn/n/2013/0601/c157278－21697321.html。

2013 年中外数字报纸发展报告

（3）报业巨头纷纷出售纸媒

2013 年 2 月，美国媒介综合集团（Media General）的全部 63 份日报及周刊（除了坦帕论坛报与它的周刊以外）被巴菲特收购。① 8 月 3 日，纽约时报公司以 7000 万美元的低价抛售了旗下包括《波士顿环球报》（*The Boston Globe*）在内的新英格兰媒体集团（New England Media Group）。8 月 6 日，《华盛顿邮报》以 2.5 亿美元的价格被亚马逊创始人贝索斯（Jeff Bezos）收购。②

（4）数字广告收入下降，数字订阅收入稳中有升

自 2012 年第四季度《纽约时报》数字订阅收入首超数字广告收入之后，2013 年这一趋势仍在延续。2013 年 10 月 31 日，纽约时报公司（NYT）发布财报，该公司的广告收入下降 2%，其中，数字广告收入下降 3.4%，在广告收入中所占比重从第二季度的 24.7% 降至 23.8%。与此同时，数字付费的发行收入增长 4.8%，为 2.04 亿美元。③ 2013 年第三季度数字订阅收入比 2012 年第三季度增长近 1000 万美元。④

（5）数字支付的概念已被普遍接受，加入数字付费的报纸和用户越来越多

根据 2013 年 3 月美国皮尤研究中心发布的《2013 年媒体状况》，数字支付计划已经被美国 1380 家日报中的 450 家接受。2013 年 8 月初，纽约时报公司的第二季度财报显示，其旗下《纽约时报》和《国际先驱论坛报》的网站、电子阅读器以及其他数字版本的付费订阅者达到了 69.9 万，同比增长 35% 以上。⑤ 10 月 31 日发布的第三季度财报则显示，该公司的付费数字用户达到大约 72.7 万，同比增加 28%。

（6）报纸 App 开始选择收费模式

美国审计媒体联盟 2012 年度调查显示，美国绝大多数纸媒发行商已发布

---

① 斯年编译《2013 年美国纸媒状况报告：数字付费业务走俏》，《新浪传媒》，2013 年 3 月 25 日，http：//news. sina. com. cn/m/2013 - 03 - 25/140526633792. shtml。
② 是冬冬、张璐：《苏兹伯格家族：纽约时报不卖》，《东方早报》2013 年 8 月 9 日，第 A34 版。
③ 《纽约时报第三季亏损 2420 万美元》，凤凰网财经，2013 年 11 月 01 日，http：//finance. ifeng. com/a/20131101/10988319_ 0. shtml。
④ 尹琨编译《〈纽约时报〉付费墙拉动数字订阅收入》，《中国新闻出版报》2013 年 11 月 14 日，第 6 版。
⑤ 是冬冬、张璐：《苏兹伯格家族：纽约时报不卖》，《东方早报》2013 年 8 月 9 日，第 A34 版。

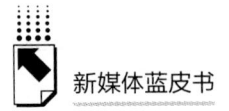

了某种类型的移动版，87% 的发行商已经发布了 iPad App，85% 有 iPhone App，75% 推出了 Android App。①

2012 年 App 服务基本是免费的，但这份免费午餐的适用范围已经越来越小了。从 2013 年 6 月 27 日开始，纽约时报公司对其移动客户端（App）用户收费。此后普通用户每天只能免费阅读三篇文章。②

（7）数字报纸不断寻求新的技术手段和内容表现形式

2013 年 4 月 25 日，纽约时报公司宣布推出谷歌眼镜应用，用户可以随时随地使用谷歌眼镜阅读最新的头条新闻。至此，《纽约时报》成为第一个可以安装使用第三方应用的报纸。③

2. 英国

2013 年，英国的报业也不景气。2013 年 11 月，英国记协还提出要设立公共补贴来挽救地区报业濒临灭亡的命运。④ 与此同时，数字报纸的各项努力也正在进行中。

（1）停发纸质版，转向数字报

在纸质版订阅量逐渐减少的情况下，顺从读者的选择转向数字报纸，也是一种明智的做法。2013 年 9 月 25 日，全球最古老的报纸《劳埃德船舶日报》宣布，鉴于阅读该报印刷版的用户仅占全部用户数的 2%，该报将在 12 月停止发行印刷版，全面转向数字化。⑤

（2）报纸业裁员仍在继续，记者转型势在必行

2013 年 1 月，《金融时报》宣布裁员 25 人，同时雇佣 10 名新闻记者充实其在线岗位，这一举措的目的是贯彻"数字第一"的策略。⑥

2013 年 2 月，三一镜报集团决定裁员 92 人，同时雇佣 52 名新员工，以实

---

① 李光焱：《美纸媒 App 变脸 免费只能看 3 篇》，《广州日报》2013 年 6 月 26 日，第 c2 版。
② 李光焱：《美纸媒 App 变脸 免费只能看 3 篇》，《广州日报》2013 年 6 月 26 日，第 c2 版。
③ 张和：《纽约时报成为谷歌眼镜首款第三方应用》，《腾讯科技》，2013 年 4 月 26 日，http://tech.qq.com/a/20130426/000099.htm。
④ 《青年记者》编辑部：《英国记协呼吁设立公共补贴以挽救地区报业》，《青年记者》2013 年第 23 期。
⑤ 彦飞编译：《全球最古老报纸将停止发行印刷版全面数字化》，《新浪科技》，2013 年 9 月 26 日，http://news.sina.com.cn/m/2013-09-26/142528307543.shtml。
⑥ 王帆编辑：《〈金融时报〉实施数字转型策略裁员 25 人》，《搜狐 IT》，2013 年 1 月 22 日，http://it.sohu.com/20130122/n364316498.shtml。

现从印刷版转向数字内容和电子版的策略，通过编辑结构的调整，今后的工作重心将在数字内容上。①

2013年3月，英国每日电讯报集团将《每日电讯报》与《星期日电讯报》合并，为此裁员80人，占员工总数的14%。与此同时，该报将雇佣50名"新数字编辑"，以应对印刷版收入下降而数字版访问量上升的局面。②

(3) 数字报纸收费

2013年3月27日，英国销量最大的报纸《太阳报》(The Sun) 宣布从2013年下半年起对在线内容收费，数字版《太阳报》拥有3000万用户，是其印刷版日发行量的13倍。③ 与此同时，英国另一家知名大报《每日电讯报》(The Daily Telegraph) 也宣布对在线内容收费，不过它允许用户每月免费浏览20篇文章。此举使其成为英国第一份竖起"收费墙"的全国性大众报纸。④

3. 德国

德国报业危机出现的时间比美国要晚，但衰退的趋势在前两年已经出现，2012年，先后有三家有影响力的报纸《纽伦堡晚报》《法兰克福论坛报》和《德国金融时报》宣告破产，⑤ 于是2012年末的德国出现了一个新词"Zeitungssterben"（报纸之死）。在2013年危机呈现愈演愈烈的态势，发行量大幅下滑、倒闭、出售、流失等词语频频见诸报端，纸质报纸的日子越来越不好过。另外，西方其他国家在数字报纸方面的努力成为德国报业效仿的对象，德国也进行了多方面的尝试，并获得了一定的经验。

(1) 纸质报纸发行量下降明显

《慕尼黑晚报》在辉煌时每天的发行量可达30万份，可到了2013年年

---

① 斯年编译《英国三一镜报集团转型数字化将裁员40人》，人民网，2013年2月5日，http://zgbx.people.com.cn/n/2013/0205/c347611-20437148.html。
② 斯年编译《每日电讯报与星期日电讯报合并裁员80人》，《新浪传媒》，2013年03月14日，http://news.sina.com.cn/m/2013-03-14/103326529747.shtml。
③ 唐风编译《英国第一大报〈太阳报〉将对在线内容收费》，《新浪科技》，2013年3月27日，http://tech.sina.com.cn/i/2013-03-27/09358186401.shtml。
④ 唐风编译《英国第一大报〈太阳报〉将对在线内容收费》，《新浪科技》，2013年3月27日，http://tech.sina.com.cn/i/2013-03-27/09358186401.shtml。
⑤ 黄霜红：《德国纸媒现战后最大倒闭潮》，中国新闻网，2012年12月2日，http://www.chinanews.com/gj/2012/12-02/4375428.shtml。

中,发行量已经下降至10.76万份,只有原来的1/3。这种现象不是个例,在柏林、汉堡以及慕尼黑,当地报纸在过去10年中发行量普遍下降了30%。[1]

(2) 传统报业频频出售、倒闭

2012年9月,发行了93年的《纽伦堡晚报》停刊。2012年11月,《法兰克福评论报》(Frankfurter Rundschau)申请破产保护。2012年12月,德国最大的金融报《德国金融时报》(Financial Times Deutschland,简称FTD)停刊。2013年4月12日,德国第二大通讯社德国国际通讯社(DAPD)因资不抵债正式关闭。[2]

2013年7月25日,德国出版商施普林格(Axel Springer)集团将旗下《柏林早报》(Berliner Morgenpost)、《汉堡晚报》(Hamburger Abendblatt)和杂志《聆听》出售,据称此举是为了专注于数字产品。[3]

(3) 在数字报纸上下功夫

数字化是德国报业转型的必然选择,随着新媒体技术的发展,尤其是社交媒体出现,数字报纸在如何实现赢利上进行了探索,并取得了一定成效。截至2013年,德国报业普遍认可的赢利模式有以下三种:[4]

①在免费阅读的在线新闻上增加付费的 Puls+;

②在移动阅读的 App 客户端上进行收费订阅;

③以在线新闻吸附广告。

4. 日本

日本纸质报纸虽然不如美国同行受到的冲击大,但发行量下降也是不争的事实。基于阅读习惯,数字报纸以免费为主,但从《日本经济新闻》实行付费之后,陆续有其他报纸尝试付费手段。

2013年初,《朝日新闻》开始下调价格,报纸订户只要加500日元,就可以订阅数字版;同时其也在内容下功夫,到2013年3月,付费的数字版用户突破了10万,一天可以免费阅读3篇报道的免费会员人数也达到了100万。

---

[1] 杨柳:《报业危机横扫德国 报纸发行量和收入锐减》,《工人日报》2013年8月15日,第8版。

[2] 邓的荣:《转型中的德国媒体印象》,《中国记者》2014年第1期。

[3] 是冬冬、张璇:《苏兹伯格家族:纽约时报不卖》,《东方早报》2013年8月9日,第A34版。

[4] 邓的荣:《转型中的德国媒体印象》,《中国记者》2014年第1期。

2013年,《朝日新闻》数字版的新举措不断:24小时发布新闻,按读者提供的关键词专送"我的新闻",根据读者登录浏览情况配送100篇报道,提供过去一年报道的检索,还有"纸面+"服务(数字版读者可以在线阅读到报纸上没有刊载的信息,还能享受访谈全文刊载及视频等服务)。①

除了《朝日新闻》,其他报刊,如地方报的《神户新闻》《神奈川新闻》等也先后在2013年开始数字化改革。

(二)趋势分析和发展建议

以上几个国家的报业发展是具有代表性的,从2008年至今,这几国的报业尽管在具体的表现上不尽相同,但都先后经历了不同程度的发行量下滑、广告收入减少、报社破产、裁员等一系列问题。2013年似乎是低谷之后的复苏,尽管前景仍不明朗,但有些趋势已经初露端倪,并将成为今后一段时间内发展的大方向。

①数字报纸的收费是大势所趋。
②数字订阅可以和数字广告一样成为一个可以期待的赢利点。
③数字报纸在内容、表现形式和新技术上不断探索。
④报业内部的人员的数字化转型势在必行。

尽管未来的发展还存在诸多变数,但有一点是可以肯定的,那就是对于报业的发展来说,数字化是一条必经之路。相信在这条道路上,会有更多的风景。

二 2013年中国数字报纸发展情况

(一)国内数字报纸发展情况

1. 报纸发行量下降,报纸广告衰退

2013年,除少数机关报发行量有所上升以外,绝大多数依靠市场发行的

---

① 高井洁司:《日本报纸网络化进展研究》,南方报业网,2014年1月15日,http://www.nfmedia.com/cmzj/cmyj/sysj/201401/t20140114_363008.htm。

报纸销量持续下滑（见表2）。根据世纪华文全国报刊发行监测数据，2013年上半年，全国报纸订阅市场稳固，零售下滑，总零售量环比下降8.87%。①

表2 2013年报纸发行数据

零售市场		
全国报纸零售下降百分比		单位：份/摊，%
指标	整体平均销量	增长率
2012年上半年	3096.58	—
2012年下半年	3006.58	-2.91
2013年上半年	2740.02	-8.87
2013年下半年	2680.87	-2.16

一、二、三线城市的表现						单位：%
区域	实销率			覆盖率		
	2013年上半年	2013年下半年	同比	2013年上半年	2013年下半年	同比
一线城市	82.34	78.26	-4.08	97.02	94.23	-2.79
二线城市	88.32	80.72	-7.60	92.55	89.04	-3.51
三线城市	87.51	85.23	-2.28	91.95	92.76	0.81

订阅市场			
全国10城市读者订阅忠诚度排名			单位：%
城市	报纸名称	订阅5年以上比例	排名
广州	《广州日报》	71.59	1
北京	《新京报》	51.53	2
郑州	《大河报》	38.29	3
杭州	《都市快报》	37.34	4
南京	《扬子晚报》	35.50	5
成都	《华西都市报》	33.61	6
上海	《新民晚报》	32.43	7
沈阳	《辽宁日报》	31.52	8
天津	《天津日报》	31.21	9
重庆	《重庆晨报》	19.51	10

数据来源：北京世纪华文国际传媒咨询公司。

① 罗会文：《发行受困，报业需借势破冰》，《中国新闻出版报》2013年12月31日，第7版。

2014年1月26日发布的《2013年度中国报纸广告市场分析报告》显示，2013年报纸广告刊登额下降8.1%，降幅超过了2012年的7.5%。从各季度数据看，第一季度为2.1%；第二季度为8.8%；第四季度为6.2%；最引人注目的是第三季度，该季度历来是报纸广告最高的季节，本年的降幅却最大，达到10.6%。①

2. 社区报的数字转型还有待加强

社区报被视为"报业第三次大发展"。上海《新民晚报社区版》发行的街镇报系列，截至2013年上半年已有20家。② 2013年3月，广州日报传媒股份有限公司出资480万元成立社区报有限公司，在清远、增城、番禺等地发行了四份社区报，并计划到2014年底达到20份。③ 但是由于社区网站发展较好，社区报的电子版境遇尴尬，数字化的热情不高。④

3. 注重移动传播平台的建设

据2014年2月19日发布的《2013中国报刊移动传播指数报告》显示，在统计的150家报纸中，开通新浪认证微博的有149家，开通腾讯认证微博的有137家，还有121家拥有微信认证公众账号。报纸的App拥有率也较高，不过自有App市场不尽如人意，150家报纸中，有110家拥有苹果版App（33家是非独立App），105家拥有安卓版App（29家是非独立App）。⑤

4. 报网广播联手，跨地域跨媒体合作

2013年12月13日，东方网、河南人民广播电台、郑州晚报社签署协议，联手在河南和上海打造新媒体公共服务智能终端项目。该终端可通过互动触摸屏进行全媒体信息发布，实现数字政务和民生服务。这是国内首次跨地域、跨媒体、多媒体的合作探索。⑥

---

① 晋雅芬：《报纸广告衰退加剧 2013年报纸广告降幅达8.1%》中国新闻出版网，2014年1月29日，http://www.chinaxwcb.com/2014-01/29/content_285755.htm。
② 刘劲松：《社区报能否拯救报业》，《中国记者》2014年第1期。
③ 任凭录入编辑：《粤传媒480万元成立社区报公司》，东方早报网，2013年3月14日，http://www.dfdaily.com/html/136/2013/3/14/961030.shtml。
④ 刘劲松：《社区报能否拯救报业》，《中国记者》2014年第1期。
⑤ 魏薇：《纸媒"拥抱"移动化》，人民网，2014年2月20日，http://cpc.people.com.cn/BIG5/n/2014/0220/c83083-24413133.html。
⑥ 刘伟平：《沪豫报网广播携手打造智能终端》，《中国新闻出版报》2013年12月17日，第3版。

5. 尝试新的数字内容产品

2013年12月10日,上海报业集团在成立后推出第一个新媒体阅读产品——"上海观察"。"上海观察"由解放日报社出品,主要围绕上海发展的重大话题,为读者提供有价值的分析和评论。用户可通过手机下载客户端或电脑登录网站看到它,同名微博、微信也已同步推出。①

6. 技术手段上的尝试

(1)云报纸上线

2013年5月17日,全国60余家媒体在北京启动成立了全国云报纸技术应用平台,包括《都市快报》《金陵晚报》《三秦都市报》《齐鲁晚报》《成都商报》在内的29家全国主流报纸签约该平台,成为全国云报纸技术应用平台第一批成员。②

2013年6月26日,《海峡导报》云报纸正式上线,这是福建省第一家使用云报纸技术的报纸。8月8日,《三秦都市报》云报纸正式上线,这是陕西省第一家使用云报纸技术的报纸。③

(2)传播形态创新

2013年3月25日,《陕西日报》采用二维码技术链接陕西传媒网,使读者通过手机扫描二维码就可以在手机上直接看到、听到"会动的"、"直观的"视频化《陕西日报》新闻。此举使传统报纸从平面媒体升级为全息媒体。④

2013年7月1日,《人民日报》宣布,该报将利用二维码、图像识别等技术,将一部分新闻报道由原来的单一文字形态转化为文字、视频、音频兼有的多媒体形态。为配合这项工作,人民日报社增设了报网互动编辑室,人民网成立了报网互动部,充实了网络电视部,培养编辑记者的音视频制作能力,并对

---

① 武鸣:《上海报业集团"上海观察"上线》,《中国新闻出版报》2013年12月11日,第3版。
② 古晓宇:《全国云报纸技术应用平台启动》,京华网,2013年5月20日,http://epaper.jinghua.cn/html/2013-05/20/content_1990681.htm。
③ 武康乐等编辑制作:《三秦都市报云报纸正式上线》,陕西传媒网,2013年8月8日,http://www.sxdaily.com.cn/n/2013/0808/c278-5197572.html。
④ 都红刚:《陕西日报成为"会动的"视频化省级党报》,新华网,2013年03月26日,http://news.xinhuanet.com/2013-03/26/c_115164670.htm。

技术设备进行改造升级。①

（3）报业向全媒体方向努力

2013年6月6日，河南日报报业集团与河南省联通公司签署协议，加强在移动互联网、云采编平台、大河物流移动信息化、新媒体业务等方面的合作，以此向全媒体转型。② 6月29日，山西日报报业集团与中国移动山西分公司签署协议，投资1亿元用于其全媒体建设项目。③

三 对我国报纸数字化发展的趋势分析和发展建议

（一）趋势

2013年，受经济因素的影响，中国报业的日子并不好过。数字化虽然已是业内公认的发展趋势，也有国外的经验可以参照，但因为国情不同，并且国外报业发展也是在探索中，所以我们也只能一点点地摸索着前进。就过去几年的情况来看，我国数字报纸的发展呈现以下趋势。

1. 偏重于对技术方面的提升

云报纸、二维码、全媒体、微博、微信……一个个新技术出现不久，就被运用于报纸，而且短时间内就可以在全国流行起来。数字化本身就是新技术的代表。可以预见，在未来，只要与信息传播有关的新技术出现，就一定会很快被报纸采纳。

2. 开始重视内容产品的开发

适应数字化特点的内容，才是数字报所需要的。《上海观察》这样融合新媒体特点的内容产品，在未来是有很大发展前景的。

3. 社区报的数字化转型是下一步的工作

省市级纸质报纸的数字化转型工作基本已经完成，社区报的数字化转型目

---

① 于洋：《"新纸媒"探路》，人民网，2013年8月1日，http://cpc.people.com.cn/n/2013/0801/c83083-22403978-3.html。
② 陈学桦：《河南日报报业集团转型全媒体》，《河南日报》2013年6月7日，第1版。
③ 范非：《山西日报集团投5亿元做全媒体等三大项目》，新浪网，2013年7月2日，http://news.sina.com.cn/m/2013-07-02/181127557192.shtml。

前虽然并不顺利,但应该也只是时间问题。只要能够找到合适的转型方法,让数字报可以生存并发展起来,这项工作就能继续下去。

4. 注意对报纸工作人员的培训

数字报纸的工作和纸质报纸是不一样的,对于报社的记者、编辑来说,掌握数字采编技术是自身转型的必要步骤。除了能够熟练运用文字软件以外,还需要会使用音频、视频的制作剪辑软件,使自己成为一个合格的融合媒体工作者而不仅仅是报纸工作者。这项工作在各家报纸已经不同程度地展开,但培训的深度和广度还有待提升。

(二)发展建议

我国报业困境的出现时间比国外晚,但这两年随着发行量和广告收入的下滑,业内人士对未来报纸的发展并不持乐观态度。当数字化成为报纸的救星,国外的成功经验会给我们一些启示,从这个角度出发,也许可以为数字报纸提供一些发展建议:

①从内容和技术等方面为数字报纸收费做好准备;

②加强报社各部门和人员的转型工作;

③社区型数字报纸可加强针对性的服务信息。

Abstract

Annual Report on the Development of New Media in China is a series of annual reports written and edited by the Institute of Journalism and Communication of the Chinese Academy of Social Sciences. The 2014 report has five sections: General Report, Hot Topics, Investigations, Communication Research and Sector Reports. It is a comprehensive summary of the current status of development of new media in China. It also interprets the trends in new media and analyses its profound impact.

Since 2013, new media in China speeds up its convergence with society in its development of mobilization. Applications of microblogs, WeChat and micro-videos based on mobile internet are expanding their market. Micro-communication further changed the communication ecology and the patterns of public opinion in China. Micro-affairs of government became a new route to innovate in the social governance mode, and deep infiltration of new media into economic field triggered industrial upgrading and the heat of internet finance.

The General Report is a general summary of the trends in Chinese new media. It includes an inventory of new technologies, new applications and new modes such as mobile internet, big data, microblogs, WeChat, cloud computing, 4G, nee media economy, etc. It also analyses hot topics and focus points of the whole society, like the high value this country places on the development of new media, convergence and transformation of traditional media, state network security, intervention to prevent the online rumors and so on. The Report then analyses the profound impact of the development of Chinese new media towards social politics, economy and culture, and brings forward some expectation of the future developing trend of Chinese new media.

This book contains reports by dozens of specialists and scholars studying new media, exploring important areas such as security of cyberspace in China, the development of WeChat and microblogs, public opinions in social media, the

transformation of traditional media, the development of the industry of new media, the guidance of public opinions by mainstream media, online political participation, the adolescents' behavior of using new media, new media literacy and e-schoolbag. This book also summarizes the development of the industry of new media such as digital TV, mobile games, online video industry, IPTV, new media advertisement, mobile news applications, etc.

This book takes the view that in 2013, new media in China experienced a rapid development of mobilization, fast socialization, and convergence pushed the expansion of the function of new media. Its influence on society is also intensified. With the enhancement of top-level design on state level, the strategic position of Chinese new media in social development is better reflected. New media has bypassed the traditional media to transform into a super industry crossing several fields and has become a structural factor during the key social transitional period of China. With its deep convergence with politics, economy, media and culture, new media is now continuously releasing its positive energy. China, a big country of new media, is moving forward to become a powerful country of new media.

Contents

B I General Report

B. 1 The Mobility of New Media: Micro-Communication
Changes China　　*Tang Xujun, Huang Chuxin and Liu Ruisheng* / 001

Abstract: Since 2013, moring new media in China has accelerated convergence with society. Based on mobile Internet, WeChat, micro-blogging, micro video applications are becoming increasingly popular. Hence, micro propagation is further changing Chinese communication environment and the pattern of public opinion. "Micro government" has become a new path in China's social governance innovation. New media led to the upgrading of traditional industries and Internet finance a hot phenomenon. In the social development process of new media there also appeared a few new issues, such as network information security, network commercial order, protection of personal information, etc. How to solve the problems is crucial to the healthy and quick development of new media in China.

Keywords: New Media; Mobility; Socialization; Network Security; Integration

B II Hot Topics

B. 2 Report of Analysis on Cyberspace Security
in 2013　　*Fang Xingdong, Hu Huailiang and Zhang Jing* / 027

Abstract: In June 2013, the Snowden incident is the world's most important

event on the Internet so far that was created in the US. The National Security Council of China was established in Nov. 2013. In some ways, China's cyber security and development was entering a new historical stage. Only by fully understanding the domestic and international cyber security situation, can we be calmer in the face of the cyberspace game between the US & China for a long time in the future.

Keywords: Cyberspace Security; Cyber Power; First Strategy Year

B. 3 Research on the Development of WeChat   *Kuang Wenbo* / 041

Abstract: WeChat is a mobile text and voice messaging communication service developed by Tencent in China, first released in January 2011. WeChat provides multimedia communication with text messaging, hold-to-talk voice messaging, broadcast (one-to-many) messaging, photo/video sharing, location sharing, and contact information exchange. There are more than 600 million WeChat users in the world. This paper discusses WeChat's development in terms of user's amount, market scale, and function improvement. The author analyzes the characteristic, social function, risk of WeChat communication by quantitative research. The author finds the Chinese deem webchat information as most credible. Credibility of Wechat, microblog, webnews, newspaper, broadcast, TV in China are respectively 63.4%, 38.6%, 21.7%, 19.6%, 14.6%, 33.9%.

Keywords: WeChat; Wechat user; User Credibility

B. 4 Strong Media in Micro-commumication Structure: Report on
       the Development of Micro-blogging in China
                                        Liu Ruisheng, *Wang Jing* / 053

Abstract: Micro-blogging has entered a stable development period since 2013 in China. This report is based on data of Chinese Internet micro-blog data platform of CNNIC. It sums up the basic characteristics both of the Chinese micro-blogging and its users. This report compares the basic characteristics and user structure of China's major micro-blogging sites, and analyzes communication and social influence of the micro-blog. Finally, this paper prospects the development trend of micro-blogging, and suggestions on micro-blogging development are put forward.

Keywords: Micro-blogging; User Characteristics; Internet Public Opinion

B. 5 Report on the Trend of China's Social Media Public Opinion in 2013
Liu Pengfei, Lu Yongchun and Qiu Ruochen / 067

Abstract: In 2013, an essential change occurred in Chinese social network. WeChat, micro-blog and various news applications absorbed most public attention and shared the market of public opinion. Social media's strengths as localization, mobilization, personalization, fragmentation, diversification and interaction have shown its profound impact on real life.

Keywords: Social Media; Micro-Blog; Wechat; News App; Public Opinion; Political Communication

B. 6 Annual Report of 2013 on the Transformation of TV in China
Yin Le, Xu Chang / 085

Abstract: In 2013, the most popular field of the study on TV is still their transformation into new media. This article mainly talks about the path and the trend of the transformation of TV to new media from the four aspects of digital television, IPTV, OTT, network video, multiple terminal and social media.

Keywords: TV New Media; Transformation

B.7 Integration and Development of the BBC in the
New Media Environment

Huang Chuxin, Qiu Zhili and Wang Shiyu / 097

Abstract: Under the high speed development of media integration, one of the largest media providers, BBC, has jumped over the traditional media type, changed itself to a new type of media that provides program and information service according to customer demand. This makes it outstanding over the innovation of media integration. This essay mainly focuses on the causes, methods, effects and significance of BBC's media integration under the environment of new media, and on giving suggestions regarding the transition of Chinese television media.

Keywords: BBC; New Media; Integration

B.8 Development Trend and Suggestion of the China's
New Media Industry in a Global View

Fan Zhou, Wu Jianing / 108

Abstract: Though the growth of world economy in 2013 is at a low speed, the new media industry shows its strong development momentum. There are many characteristics and development trends in technology upgrade, market integration, and cultural innovation in the new media industry. On the basis of global new media industry, this paper analyzes the current situation of new media industry in China, by focusing on its prominent effects on the change of technology, market and culture, and on social and economic development. It then analyzes the problem of the new media industry in China and puts forward measures constructively.

Keywords: New Media Industry; Technology Upgrade; Market Integration; Multi-culture

Contents

B.9 New Technology and New Application: An Exploration
     on the Guiding Direction of Public Opinion in
     Mainstream Media　　　　　　　　　　*Meng Wei, Yao Jinnan* / 120

Abstract: With the evolution of media environment, mainstream media is facing new challenges caused by technology and opportunities. At the mean time, new characteristics has been shown in the setup of public opinion guidance. With the help of practical investigation, this article explores the problems and causes existed in the process of public opinion guidance in mainstream media. Under the new media environment, the characteristics and the direction of public opinion guidance are analyzed as well. In addition, suggestions and strategies are put forward.

Keywords: Mainstream Media; New Media; Public Opinion Guidance

B Ⅲ Investigation Reports

B.10 Report on the Development of Government
      WeChat in China　　　　　　　　　　　　　　*Hou E* / 130

Abstract: Since August 2012, Tencent launched the Public Platform in WeChat. WeChat extension became the platform of both medium of communication, social, and the comprehensive properties of the new "Mobile Instant Information Medium." The WeChat space is filled with a variety of political risks. Government WeChat was in emergency management. Public opinion guidance, and other areas of social mobilization played a strong social function, resulting in a positive and practical influence. However, with the WeChat v5.0 upgrade and "removal of media properties" process, and the vigorously promotion of the State Council No. 100 file, future development of government WeChat also needs significant adaptation and transformation strategy.

Keywords: WeChat; Public Platform of WeChat; Government WeChat; WeChat Version 5.0

B. 11　A Survey and Research on China Youth's Network
　　　　Use Behavior　　　　　　　　　　*Zhong Ying, Li Qingqing* / 141

Abstract: Based on a national survey of adolescents' network use behaviors, this paper presents the basic situation of Chinese teenagers' network information-retrieval behavior, network communication behavior, network entertainment behavior, network shopping behavior and network participation behavior. It puts forward sustainable countermeasures and suggestions in view of the problems found in the research.

Keywords: Adolescents; Network Use Behavior; Basic Situation; Conclusions and Suggestions

B. 12　Redefine and Survey the Concept of Media Literacy for
　　　　the Public in Social Media Environment
　　　　　　　　　　　　　　　　　　Zeng Fanbin, Peng Lan / 163

Abstract: By new communication mechanism, social media influences the structure of communication environment and plays a vital role in social reality. Based on a national survey on media literacy for the public (N =1074), this study finds out that the literacy of media use has significant positive impact on the behavior part of the literacy of information production, the literacy of information consuming and the literacy of social interaction. The cognitive part of literacy of information consuming, literacy of information production and literacy of social interaction has significant positive impact on the cognitive part of the literacy of social collaboration. The behavior part of the literacy of information production and the literacy of social interaction has significant positive impact on the behavior part of the literacy of social engagement. This study presents suggestions on improving media literacy for the public based on the survey.

Keywords: Social Media; Media Literacy; Civic Literacy; Media Use

Contents

B.13 The Practical Status, Problems and Countermeasures of
Network-Aid-Administration in China
Liu Hou, Yang Meiyan and Yan Lu / 178

Abstract: With the rapid development of information technology and the acceleration of media convergence, Web 3.0 mobile Internet penetrates unconsciously into every part of political, economic and social life. On the basis of Network- Inquiry -Administration in the Web 2.0 era, this article elaborates an innovative concept "Network-Aid-Administration", which features mobility, social interaction and subversive user experience. Based on the analysis of the practical status and existing problems of Network-Aid-Administration in China, this article tries to recommend specially adapted countermeasures to carry out this conception in the current complicated network environment.

Keywords: Network-Aid-Administration; Network Development; Network Countermeasures

B.14 Social Media and Judicial Communication: An Analysis of the
Original MicroblogPosts Related to the Li Tianyi Case
Sun Xiangfei, Dong Jun and Yangxiu / 192

Abstract: New media platforms such as Weibo and Wechat have become an important means through which Chinese internet users obtain information and share their opinions. Systematic analysis of the opinions expressed in microblog posts about particular legal cases is beneficial in understanding the current state of public perceptions about China's judicial system, as well as examining the main problems of these perceptions and possible solutions. This study was carried out using the Xuetang Data Analysis System. The System was used to compile the more than 760,000 original Sina Weibo microblog posts published about the Li Tianyi case between January 1, 2013 and September 29, 2013. After the microblog posts were compiled, theories of judicial communication were then used to examine them.

Keywords: Social Media; Judicial Communication; Li Tianyi Case

B.15 Report on the Progress of E-Schoolbag in China

Jiang Fei, Wu Yajing / 205

Abstract: The essence of education is communication. As mass-communication technology develops and matures, ideas and methods of education communication have changed a lot. One example is e-Schoolbag, which gradually bridges the gap between mass-communication and education communication in some ways. So this paper systematically combed the elementary progress of e-Schoolbag since 2000 in China. The article outlines the status development of each stage, discusses issues arising from the progress, and gives suggestions on solving the problems.

Keywords: E-Schoolbag; E-Textbook; Digital Campus; Education Pattern

ℬ Ⅳ Communication Research

B.16 Analysis on Chinese Internet Media and
Internet Communication in 2013 *Min Dahong / 217*

Abstract: This paper sketches out the overall state of affairs of internet media and internet communication in 2013, which covers policy, laws and regulations, public opinion, publicity, government micro-blogging, social media, and network culture. It also picks ten events in Chinese internet media and communication as events of the year.

Keywords: Chinese Internet Media; Internet Communication; Development of Internet

B.17 The Era of Big Data "House of Cards" *Xiang Fen / 230*

Abstract: Abstract: Netflix's original political drama *House of Cards* is the first to completely bypass the traditional TV distribution channel. It is also the first to claim that the use of big data helped in the success of the network. Influenced by two seasons of *House of Cards*, Netflix rose in 2012. The company credits the secret of its success to big data. At that time the global culture industry began to discuss the "magic power" of big data.

In recent years, the company has been occupying nearly a third of the North America network traffic. HBO, Showtime and other pay-tv channels are losing users, but Netflix is making profit. The growth of Internet TV is enough to send the once powerful traditional television industry into crisis in the era of internet. Netflix's *House of Cards* has formed a viewing boom and became the focus of public opinionin US and China. At the same time, it also struck a chord with China's video websites, because they face a similar situation as Netflix. But internet applications of big data still face difficulties.

Keywords: Big Data; House of Cards; Netflix; TV Industry

B.18 Connotation, Models and Social Impact of the
       Social Television   *Guo Xiaoping, Chen Xi* / 241

Abstract: Social TV is essentially a way of watching and experiencing television, making the television watching behavior more socialized. Social TV is personalized, participatory, conversational, multi platform and real-time. Promoting television watching practice has changed it from a family-watching-together one to a more personalized one. Social TV has extended its platform to the "second screen", promoted audiences' social interaction on the TV platform, altered traditional TV rating research methods and advertisement measurement patterns. It has also expanded the industrial space of traditional TV.

Keywords: Social Television; Second Screen; Interaction

B.19 Study on Mass Media Change in the Era of
       Cloud Communication   *Li Weidong* / 249

Abstract: In the era of cloud communication, all kinds of new media will continue to emerge. They form a new media service model and profit model. Mass media content control is more difficult. Forms of mass media will also further converge.

Keywords: Cloud Communication; Cloud Computing; Mass Media

B.20 Trend and Strategy of Repository and Social
    Media Integration   *Liu Jun, Wu Zhuojing* / 258

Abstract: The trend of integration between the repository and social media was predicted in this study, and some countermeasures are put forward. The social repository was tried to be used to connect the repository and social media. Firstly, the author also believes that the authority of social repository is firstly from uploaded information and traces are kept by users when they are browsing the website. Secondly, from the accuracy and justice of information, the author believes that the earlier of repository and social media integration is, the better its effects.

Keywords: Repository; Database; Social Media; Internet; Big data

B V   Sector Reports

B.21 Development and Prospect of China's New
    Media Industry in 2013   *Guo Quanzhong* / 271

Abstract: In 2013, China's new media industry and Internet companies are still in rapid development momentum, with four new features: The trend is showing five features.

Keywords: New Media Industry; Big Data; New York Development

B.22 Annual Report on the E-Reader & Tablet
    Industry 2013   *Wu Xiaokun, Wu Xinxun* / 282

Abstract: With the well performing industrial growth of tablet and e-readers in 2013, the market competition presents a new pattern, within which the established brands competes with the non-brands. In China, domestic and local brands contribute to the current market force. The target mobile terminals for app developers are diverting, and updating demands for functions lead the trends of consuming. By analyzing the global and local released data, this report reveals the development of the e-reader and tablet industry. The overall scope and consuming-oriented market analysis may provide a reference for the future development in the e-reader and tablet industry.

Keywords: Mobile Reading Facilities; E-reader; Tablet; Industrial Trends; Forecast

B.23　Report on the Online Video Industry in 2013
Zhang Bin, Cao Sanxing and Tang Duoduo / 300

Abstract: Online video in China has been developing rapidly in 2013. As its industrial scale and user scale improved, the whole online video industry has become gradually mature. The market structure of the online video market has got further improved simultaneously. And the market share of copyright distributors and value-added services has also increased gradually. Since the emerging of online video acquisitions, market has been optimized. UCG (user content generate) and PCG (professional content generate) had become important sources of network video, which led to the promotion of diversity and clarity of video content. In addition, user involvement becomes higher and user experience becomes better. It has been a tendency that online video has become a social tool. With the increase of subscribers in mobile terminals, the total browsing time of network video is also rising. The unified standard SDK has been established in 2003, which makes the monitoring results of network video advertising more precise. The combining of advertising platform and demand-side platform has brought a new development to online video advertising. The development of HEVC (H.265) and AVS2 video encoding technology provides technical support to the ultra-clear video transmission. With the acceleration of 4G commercial process and the expansion of mobile broadband penetration and the network coverage area, mobile network video will get rapid development.

Keywords: Online Video; Industrial Strategies; UGC

B. 24　Report of China Mobile Game Development in 2013

Zhang Qian，Tong Qingyan / 315

Abstract：This paper will explore the development of China's mobile games in the year 2013 by analyzing the policy for mobile games, ranking list of each distribution channels and customer satisfactions.

Keywords：Mobile Games; Policies; Market

B. 25　Report on the Development of the Online
　　　　Advertising in 2013　　　　　　　　*Wang Fengxiang* / 331

Abstract：In order to lead and own the network market and the network advertising market, the network tycoons of mainland China carried out comprehensive competitions and adequate cooperations in the aspect of technology, market and resource. Meanwhile, search engines, SNS, portals, video and vertical websites were for the market of online advertising in terms of the internet, mobile internet and outdoor advertising network. The development emphasizes the mobile advertising market, the capital market and the RTB. Online advertising alliance developed well. It is inevitable that the network corporations and the adverting network companies in China compete and will compete for the market layout of the whole world. The challenges and problems are very severe, such as the common standards of advertising technology, market of common platforms, and legal supervisions .

Keywords：Network Advertising; Mobile Advertising Market; Capital Market; RTB; Common Standard of Advertising Technology

B. 26　Report on Development of Mobile News
　　　　Clients　　　　　　　　　　　　　　　　*Jia Jinxi* / 344

Abstract：In recent years, with its rapid rise, mobile news clients have gradually become the mainstream channel for users to get news and information. This report reviews the driving forces of mobile news clients, and describes its developing status and types of mobile news client. Meanwhile, it summarizes four problems in its development, and forcasts its future development trend.

Keywords: Mobile News Clients; Mobile News; News Clients

B. 27　Report on the Development of China's Digital

　　　　TV Industry in 2013　　　　　　　　　　*Gao Hongbo* / 355

Abstract: In 2013, the development of China's digital TV industry was outstanding performance in the cross-border competition. Internet companies like Le TV and MI entered the smart TV hardware equipment market. Video websites like Youku and Tencent speeded up their original video content strategy. The number of OTT TV users grew rapidly. Mega-video industry competition intensified. In the era of big data, traditional television platforms are facing a Internet transformation.

Keywords: Digital TV; OTT TV; 4K TV; Mega-video Industry

B. 28　Report on the Development of Mobile Phone

　　　　Video Industry in 2013　　　　　　　　　*Jiang Ling* / 365

Abstract: The mobile phone video industry developed rapidly in 2013. Mobile phone terminal users have become the main driving force of the development of internet. Mobile video jumped to fifth largest mobile Internet application. The mobile phone video industry continues to be improved in the environment of policy. Content building and industrial chain are also constantly improving. It will spawn more new application models and make the rapid growth in the economies of Internet in the future.

Keywords: Mobile Phone Video; 4G; Mobile Phone Terminal; App

B.29 Report on the Development of IPTV Industry
in 2013 *Wang Jianlei* / 375

Abstract: The implementation of the Broadband China strategy, the advancement of Tri-network Integration, and the explosion of mobile video, OTT TV together constitute the complex background of the IPTV industry in 2013. The IPTV industry will step into the depth of adjustment period (2013 -2015), which needs IPTV industry to choose the appropriate strategies to compete, merge and exploit.

Keywords: PTV; Broadband China; Tri-networks Integration; OTT TV

B.30 Development Report on Domestic and Foreign
Digital Newspaper in 2013 *Li Zhu* / 383

Abstract: This report is a summary on the development situation of domestic and foreign digital newspapers in 2013. It's divided into two parts: The first part describes the development status in the field of digital newspaper in Western countries in 2013, such as the charge, the newspaper service arrangement, overseas market expansion as well as the cooperation with other media. The second part briefs China's digital newspaper development condition in 2013, mainly regarding charge, database construction, business development, and new technologies.

Keywords: Foreign Digital Newspaper; Chinese Digital Newspaper; Status of Development

权威报告　热点资讯　海量资源

当代中国与世界发展的高端智库平台

皮书数据库　　www.pishu.com.cn

　　皮书数据库是专业的人文社会科学综合学术资源总库，以大型连续性图书——皮书系列为基础，整合国内外相关资讯构建而成。该数据库包含七大子库，涵盖两百多个主题，囊括了近十几年间中国与世界经济社会发展报告，覆盖经济、社会、政治、文化、教育、国际问题等多个领域。

　　皮书数据库以篇章为基本单位，方便用户对皮书内容的阅读需求。用户可进行全文检索，也可对文献题目、内容提要、作者名称、作者单位、关键字等基本信息进行检索，还可对检索到的篇章再作二次筛选，进行在线阅读或下载阅读。智能多维度导航，可使用户根据自己熟知的分类标准进行分类导航筛选，使查找和检索更高效、便捷。

　　权威的研究报告、独特的调研数据、前沿的热点资讯，皮书数据库已发展成为国内最具影响力的关于中国与世界现实问题研究的成果库和资讯库。

皮书俱乐部会员服务指南

1. 谁能成为皮书俱乐部成员？
- 皮书作者自动成为俱乐部会员
- 购买了皮书产品（纸质皮书、电子书）的个人用户

2. 会员可以享受的增值服务
- 加入皮书俱乐部，免费获赠该纸质图书的电子书
- 免费获赠皮书数据库100元充值卡
- 免费定期获赠皮书电子期刊
- 优先参与各类皮书学术活动
- 优先享受皮书产品的最新优惠

卡号：7809051666307548
密码：

3. 如何享受增值服务？

（1）加入皮书俱乐部，获赠该书的电子书

　　第1步 登录我社官网（www.ssap.com.cn），注册账号；

　　第2步 登录并进入"会员中心"—"皮书俱乐部"，提交加入皮书俱乐部申请；

　　第3步 审核通过后，自动进入俱乐部服务环节，填写相关购书信息即可自动兑换相应电子书。

（2）**免费获赠皮书数据库100元充值卡**

　　100元充值卡只能在皮书数据库中充值和使用

　　第1步 刮开附赠充值的涂层（左下）；

　　第2步 登录皮书数据库网站（www.pishu.com.cn），注册账号；

　　第3步 登录并进入"会员中心"—"在线充值"—"充值卡充值"，充值成功后即可使用。

4. 声明

　　解释权归社会科学文献出版社所有

皮书俱乐部会员可享受社会科学文献出版社其他相关免费增值服务，有任何疑问，均可与我们联系
联系电话：010-59367227　企业QQ：800045692　邮箱：pishuclub@ssap.cn
欢迎登录社会科学文献出版社官网（www.ssap.com.cn）和中国皮书网（www.pishu.cn）了解更多信息

法律声明

"皮书系列"(含蓝皮书、绿皮书、黄皮书)由社会科学文献出版社最早使用并对外推广,现已成为中国图书市场上流行的品牌,是社会科学文献出版社的品牌图书。社会科学文献出版社拥有该系列图书的专有出版权和网络传播权,其LOGO( )与"经济蓝皮书"、"社会蓝皮书"等皮书名称已在中华人民共和国工商行政管理总局商标局登记注册,社会科学文献出版社合法拥有其商标专用权。

未经社会科学文献出版社的授权和许可,任何复制、模仿或以其他方式侵害"皮书系列"和LOGO( )、"经济蓝皮书"、"社会蓝皮书"等皮书名称商标专用权的行为均属于侵权行为,社会科学文献出版社将采取法律手段追究其法律责任,维护合法权益。

欢迎社会各界人士对侵犯社会科学文献出版社上述权利的违法行为进行举报。电话:010-59367121,电子邮箱:fawubu@ssap.cn。

社会科学文献出版社